Presente do acaso

João Pombo Barile

Presente do acaso

Um ensaio biográfico sobre Silviano Santiago

autêntica

EDITORES RESPONSÁVEIS
Rejane Dias
Schneider Carpeggiani

PREPARAÇÃO DE TEXTO
Schneider Carpeggiani

REVISÃO
Aline Sobreira

CAPA
Diogo Droschi
(Capa: sobre imagem de acervo pessoal do Silviano Santiago. Contracapa: sobre imagem de Nikolas Candido)

DIAGRAMAÇÃO
Guilherme Fagundes

Dados Internacionais de Catalogação na Publicação (CIP)
(Câmara Brasileira do Livro, SP, Brasil)

Barile, João Pombo
Presente do acaso : um ensaio biográfico sobre Silviano Santiago / João Pombo Barile. -- 1. ed. -- Belo Horizonte, MG : Autêntica Editora, 2025.

ISBN 978-65-5928-633-1

1. Escritores brasileiros - Biografia 2. Santiago, Silviano, 1936- I. Título.

25-299868.0 CDD-928.69

Índices para catálogo sistemático:
1. Escritores brasileiros : Biografia 928.69

Eliete Marques da Silva - Bibliotecária - CRB-8/9380

GRUPO **AUTÊNTICA**

Belo Horizonte
Rua Carlos Turner, 420
Silveira . 31140-520
Belo Horizonte . MG
Tel.: (55 31) 3465 4500

São Paulo
Av. Paulista, 2.073, Conjunto Nacional
Horsa I . Salas 404-406 . Bela Vista
01311-940 . São Paulo . SP
Tel.: (55 11) 3034 4468

www.grupoautentica.com.br
SAC: atendimentoleitor@grupoautentica.com.br

Recebe com simplicidade este presente do acaso.
Mereceste viver mais um ano.
Desejarias viver sempre e esgotar a borra dos séculos.
Teu pai morreu, teu avô também.
Em ti mesmo muita coisa já expirou, outras espreitam a morte,
mas estás vivo. Ainda uma vez estás vivo,
e de copo na mão
esperas amanhecer.

Carlos Drummond de Andrade.
Passagem do ano. *In*: *A rosa do povo*.

Agradecimentos

"O mundo é os outros. A vida é os outros. Sem os outros não sou", gostava de repetir o dramaturgo Domingos Oliveira.

Este livro não existiria sem a ajuda de um monte de gente. De muitos outros.

Ao amigo Silviano, pela confiança e paciência.

Ao meu amor, Carol. E aos meus filhos, Maria e Francisco.

Às minhas irmãs, Fátima, Teté e Fabiana.

Ao poeta Carlos Machado e ao jornalista Schneider Carpeggiani: leitores atentos, que sabem misturar afeto e razão.

A Rejane Dias, que desde os anos 1990 já me falava da necessidade deste livro.

Ao amigo Humberto Werneck e nossas conversas sobre Fernando, Otto, Hélio, Paulo, Sérgio e Jaime.

A Ezequiel Neves (*in memoriam*).

A Celia (*in memoriam*) e Norberto. Sempre.

PREFÁCIO

"Sim, você fez a coisa certa"

Karl Posso[1]

No final de maio de 2023, durante um jantar em Copacabana, Silviano e eu nos reencontramos para colocar a conversa em dia. Era a primeira vez que nos víamos desde o fim da pandemia. Havia muito tempo que não conversávamos pessoalmente, e, por isso, o encontro se estendeu por horas. Por coincidência, naquela mesma época, completavam-se quase 25 anos desde que nos conhecêramos, quando eu ainda era estudante na Universidade de Cambridge. Talvez por isso nossa conversa acabou girando em torno da passagem do tempo.

Silviano, cuja vivacidade e perspicácia desmentem completamente sua idade, foi encantadoramente franco ao refletir sobre a própria vida a partir da consciência de sua proximidade com o "fim". Sua eloquência e seu senso de humor ao abordar o tema eram reforçados pelos ensaios que, na época, ele escrevia para o livro *Grafias de vida – a morte.* Falamos também sobre a vida acadêmica. Comentei com ele que, no Reino Unido, o futuro da maioria dos departamentos de Línguas e Culturas Modernas no ensino superior é cada vez mais incerto – sendo a situação particularmente grave para línguas menos difundidas, como o português.

Entre histórias pessoais, reflexões acadêmicas e a discussão sobre o ensino de línguas, ele então me contou de uma conversa que havia tido, alguns anos antes, com o dramaturgo Tom Stoppard. Ele lhe perguntara como era escrever em uma língua que poucas pessoas liam. Silviano então respondera ao dramaturgo: acreditava (e seguia

---

[1] Professor de Literatura e Cultura Latino-Americana na Universidade de Manchester.

acreditando) que escrever em português tinha lhe proporcionado uma liberdade expressiva que ele certamente não encontraria em nenhuma outra língua. A pergunta de Stoppard, feita de maneira direta, objetiva e sem rodeios, claramente incomodou o escritor, que ficou com aquela pergunta na cabeça.

Foi aí que Silviano me perguntou se eu achava que ele tinha feito a coisa certa: ter deixado, décadas antes, a América do Norte e voltado para o Brasil.

A resposta à pergunta inesperada de Silviano foi relativamente simples. Eu lhe respondi que, caso ele tivesse ficado nos EUA, seus escritos acadêmicos certamente teriam sido muito mais lidos fora do Brasil e da América do Sul do que são hoje. Ele sabia disso: afinal de contas, ele mesmo havia testemunhado o sucesso que o seu ensaio "O entrelugar do discurso latino-americano" tinha feito fora do Brasil, antes de sua volta. Lembrei-lhe também o que as exigências da vida universitária nos EUA – e a inexorável mudança para escrever quase exclusivamente em inglês – teriam significado para sua carreira literária, intimamente ligada à vida no Brasil e que mantém um diálogo tão sutil com a história literária brasileira. Sua ficção teria tido muito menos chances de florescer. Em inglês, ainda argumentei durante o jantar, ele teria sido rotulado como um pensador pós-colonial ou pós-estruturalista. E certamente seria celebrado por isso, talvez até mais do que é agora. Mas isso também poderia tê-lo desencorajado a seguir e, eventualmente, se comprometer com sua literatura.

Claro que eu sabia que sua volta ao Brasil e a publicação em português tinham lhe trazido muitas dificuldades. Basta lembrarmos como o *establishment* acadêmico reagiu quando ele lançou, em 1985, *Stella Manhattan*. Mas sabia também que os sacrifícios do longo caminho percorrido por Silviano tinham, sim, valido a pena: o conjunto da obra produzida, e ainda em expansão, era verdadeiramente excepcional.

Senti-me aliviado por poder dizer "sim, você fez a coisa certa", e dizer isso com sinceridade. Silviano sorriu para mim, generosamente. Não sei se isso significava que ele estava satisfeito com a resposta ou se achava que eu estava sendo gentil. Alguns dias depois, a discussão foi retomada em seu apartamento. Vimos cartazes de eventos em

Buffalo que ele tinha organizado com René Girard, envolvendo Jacques Derrida e Michel Foucault, e convites que ele conseguiu fazer a Glauber Rocha e Hélio Oiticica durante seu período como chefe de departamento. O assunto que poderia ter novamente surgido dessa vez foi rapidamente cortado pela raiz, e a conversa se voltou para os projetos em que ele estava trabalhando agora e ideias para o que ele poderia trabalhar a seguir. E então comentou comigo que um amigo seu, jornalista em Minas, estava escrevendo sua biografia, o livro que o leitor vai ler a seguir.

*

A biografia de Silviano Santiago escrita por João Pombo Barile conseguiu uma façanha notável. Figura bastante conhecida, sempre produzindo, Silviano deu centenas de entrevistas ao longo dos anos. Além disso, toda a sua produção literária se baseia no fascínio, ou na perspectiva, da autobiografia. Este estudo, ou diálogo prolongado, mostra que, apesar da aparente familiaridade, há muito de Silviano que não sabíamos. Mostra também que não são apenas os muitos narradores de Silviano que são mercuriais.

Sempre altruísta, Silviano é, porém, um homem muito reservado quando se trata de sua família e sua vida privada. Por isso, fiquei surpreso quando ele me disse que estava entregando as chaves de seu arquivo (com toda a sua correspondência acumulada) a um jornalista. Afinal de contas, eu tinha visitado sua casa muitas vezes, ao longo de vários anos, e nunca pisei em sua biblioteca, que ele sempre mantinha em um segundo apartamento.

Quando Silviano concordou em participar da biografia, parecia disposto a oferecer a João acesso irrestrito. Mas, com o tempo, passou a pontuar as conversas com sorrisos enigmáticos – ou a interrompê-las por completo, graças a inesperadas aulas de pilates que, de maneira curiosamente oportuna, sempre pareciam prestes a começar assim que as perguntas começavam a incomodá-lo.

Biógrafo e biografado conversaram longamente, com cordialidade, mas não evitaram, de tempos em tempos, um duelo criativo. Silviano reconhece que esta biografia fará parte de seu legado como artista e, embora frequentemente fale aqui em primeira pessoa, o faz para expor sua luta em ceder o controle da narrativa – e a necessidade constante de renegociar sua forma. As tentativas ocasionais de dissimulação de Silviano renderam passagens divertidas. Em vários trechos do livro, Silviano testa a coragem de seu biógrafo, tanto como pesquisador quanto como autor, claramente desejando que ele se torne seu Boswell contemporâneo. João Barile aceitou o desafio. E suas reflexões sobre a dinâmica desses encontros ao longo dos anos são ao mesmo tempo bem-humoradas e reveladoras, oferecendo *insights* valiosos sobre a psicologia de seu personagem.

Como o próprio Silviano diria, é no entrelugar – neste caso, na relação dos interlocutores – que mais aprendemos.

1. Conversar

"O que você pretende com essas entrevistas? Vamos decidir antes." Logo que ele abriu a porta do seu apartamento em Copacabana, pela cara fechada, senti que a conversa era séria. Silviano estava desconfiado. Silviano é desconfiado. O ganhador do Prêmio Camões 2022 queria saber, de saída, que livro seria este que você, caro leitor, tem agora nas mãos.

Por ingenuidade, ignorância ou mero vício jornalístico, a ideia me parecia simples: conversar. Um grande papo, feito em várias sessões de entrevistas.

Minha referência inicial era um livro de Didier Eribon, que adoro, *De perto e de longe*, no qual o jornalista e escritor francês arranca histórias deliciosas, e elucidativas, do antropólogo Claude Lévi-Strauss. Pensava também nas entrevistas da revista *Paris Review*: sou fã da publicação norte-americana criada nos anos 1950 e que durante mais de seis décadas conversou com centenas de escritores, traçando excelentes perfis.

Além dessas referências, eu tinha em mente ainda uma conversa que tivemos, em 2019, quando ele relançou *Uma literatura nos trópicos*. Em um dos ensaios, "Bom conselho", Silviano, já nos anos 1970, chamava a atenção para a importante função social que a entrevista tem na cultura brasileira. No texto, ele explicita como o diálogo do leitor com as obras pode ser feito por meio delas. "O livro é caro e muitos leitores não têm acesso a ele. Nossa cultura sempre foi muito mais oral do que escrita. Para mim, as entrevistas são importantes porque você pode dizer o que está implícito em sua realização artística. Se por acaso a Globo me pedisse uma entrevista, eu jamais diria não, mesmo sabendo que falaria de assuntos de que não trataria se a entrevista fosse feita por um jornalista da área de literatura ou mesmo um crítico literário. Ao fazer uma entrevista na tevê, posso transmitir uma mensagem que será assistida por pessoas que nunca me conheceram, que nunca me leram e que provavelmente nunca lerão meus livros. A entrevista tem, portanto, uma enorme função social no Brasil."

Um escritor não nasce no primeiro livro. Ele percorre uma trilha: uma reflexão preliminar a respeito da literatura, do mundo. O primeiro livro frequentemente é precedido de muitas tentativas frustradas. Por trás dos livros, há também um homem, uma vida: um monte de acontecimentos, paixões, histórias familiares e sonhos. Assim, nesse livro imaginário, Silviano falaria de sua infância, de sua formação intelectual, de seus amigos, de filmes e de livros. E do que mais lembrasse. Meu papel seria mínimo: quanto menos minha voz aparecesse, melhor. Nossas conversas girariam, principalmente, em torno dos seus romances e contos. Silviano escritor de ficção. E só tratariam dos seus textos teóricos onde estes tocassem no seu universo ficcional.

Silviano faz parte de uma tribo hoje quase extinta. E que tem caciques como Alexandre Eulalio, Antonio Candido, Francisco Iglésias e Otto Lara Resende. Gente que, em um papo despretensioso, explica a cultura brasileira melhor, e de forma mais elegante e precisa, do que a maioria dos nossos especialistas. Conversando com Silviano há quase três décadas, sempre acreditei existir uma relação entre esse grande contador de histórias e seus livros. Ele faz parte da tribo dos "irremediáveis ensaístas", como escreveu Antonio Candido numa carta ao próprio Silviano em 1983.

Confirmando o lugar-comum de que o mineiro é, antes de tudo, discreto, Silviano nunca faz muito alarde. Abre o jogo aos poucos. Com poucos. Escolhe os interlocutores. Apesar de saber de tudo o que se passa naquilo que Brito Broca chamou de "vida literária", odeia escândalos. "Você acha que vou expor a intimidade dos meus amigos? Jamais", ele não cansou de me repetir, ao longo dos anos, sempre que eu sugeria a ele a ideia de colocarmos no papel algumas das suas histórias.

Silviano, quando quer, é um grande conversador. Quando quer.

"O que você tinha pensado?" Foi a primeira coisa que ele me disse, assim que começamos a conversa. "Você acha mesmo que um livro de entrevista funcionaria? Ao longo da vida, dei centenas delas. Tenho até um livro com as melhores."

Arquivo pessoal/Silviano Santiago

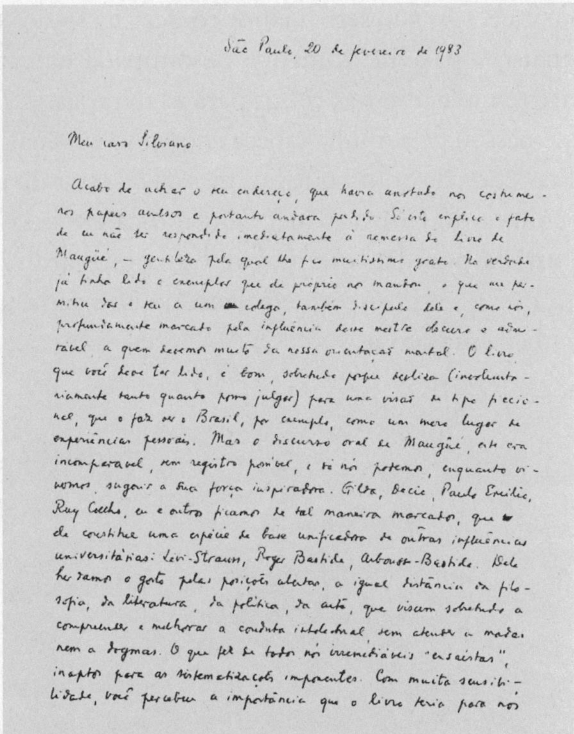

São Paulo, 20 de fevereiro de 1983

Meu caro Silviano

Acabo de achar o seu endereço, que havia anotado nos costumeiros papéis avulsos e portanto andava perdido. Só isto explica o fato de eu não ter respondido imediatamente à remessa do livro de Maugüé, — gentileza pela qual lhe fico muitíssimo grato. Na verdade já tinha lido o exemplar que ele próprio me mandou, o que me permitiu dar o seu a um colega, também discípulo dele e, como nós, profundamente marcado pela influência desse mestre discreto e admirável a quem devemos muito da nossa orientação mental. O livro que você deve ter lido, é bom, sobretudo porque desliza (involuntariamente tanto quanto posso julgar) para uma visão de tipo ficcional, que o faz ver o Brasil, por exemplo, como um mero lugar de experiências pessoais. Mas o discurso oral de Maugüé, este era incomparável, sem registro possível, e só nós podemos, enquanto vivermos, sugerir a sua força inspiradora. Gilda, Decio, Paulo Emilio, Ruy Coelho, eu e outros ficamos de tal maneira marcados, que ele constitui uma espécie de base unificadora de outras influências universitárias: Lévi-Strauss, Roger Bastide, Arbousse-Bastide. Dele herdamos o gosto pelas posições abertas, a igual distância da filosofia, da literatura, da política, da arte, que visam sobretudo a compreender e melhorar a conduta intelectual, sem atender a modas nem a dogmas. O que fez de todos nós irremediáveis "ensaístas", inaptos para as sistematizações imponentes. Com muita sensibilidade, você percebeu a importância que o livro teria para nós

Detalhe da carta de Antonio Candido (onde está escrito irremediáveis ensaístas).

Nos primeiros 30 minutos da conversa, comecei a achar que a minha genial ideia da conversa, livre e solta, talvez não fosse assim tão boa.

*

Duas características na ficção de Silviano podem deixar o leitor ingênuo meio perdido.

Em primeiro lugar, a mudança constante do foco narrativo: a cada novo livro, um novo tipo de narrador. Silviano adora experimentar.

Odeia se repetir. Assim, já foi Graciliano, Stella, Artaud ou Machado. Já foi até mesmo Silviano. "Gosto de uma frase do Jack Kerouac que diz 'Não sou *eu sou*. Mas sim um espião num corpo estranho'", me disse uma vez em Belo Horizonte.

Em segundo lugar, a mistura de gêneros. Seus livros sempre deixam os livreiros confusos: em qual estante a obra de Silviano deve ficar? Ensaio? Romance? Ou não será melhor colocar na seção de biografias, que vende mais? A palavra "romance", estampada na capa de alguns dos livros, até tenta facilitar as coisas para as livrarias.

Tudo isso passou pela minha cabeça enquanto eu olhava para aquele quadro de Francisco de Souza que fica na sala de estar do apartamento da Nossa Senhora de Copacabana. Sem nunca ter lido um livro de Silviano, o artista popular, que trabalhou como jardineiro durante anos na casa que o escritor teve em Petrópolis, criaria uma imagem que sintetiza bem sua prosa.

Arquivo pessoal/Silviano Santiago

Casa de Petrópolis, quadro de Francisco de Souza.

Naquela tarde, durante o nosso primeiro encontro, irredutível, Silviano não abriu a boca. Já meio entediado, eu olhava para aquele quadro e tentava pensar numa pergunta que parecesse inteligente. Uma pergunta que abordasse os seus narradores ou a mistura de gêneros na sua obra. Enfim: tentava fazer com que ele, simplesmente, falasse. Mas, naquele dia, nada funcionava. Mesmo percebendo que ele não queria falar, fui em frente.

A conversa começou a ficar enlouquecedora: em vez de responder, ele não parava de perguntar. "Vai ser mesmo um livro de entrevista? Que tipo de narrador você tinha pensado? Só posso começar a falar depois que você achar o narrador. Se você não sabe por onde começar, não é possível prosseguir."

Ao final da primeira hora daquela estranha conversa que não saía do lugar, eu me sentia numa banca de qualificação de doutorado e comecei a dar por perdido o dia de trabalho. Silviano, curiosamente, não estava preocupado. Parecia até se divertir com a minha aflição.

Já passava das cinco da tarde, quando ele então se levantou da cadeira. Decidido, foi em direção à cozinha. "Está com fome? Gosta de cereja? Comprei umas portuguesas ótimas. Vou trazer. E pegar um pão de queijo também."

Quando voltou da cozinha, Silviano parecia não perceber meu incomodo em não conseguir fazer que ele falasse. Ou, se notava, não se importava muito com isso.

"Fique tranquilo. Temos tempo. É preciso, antes de tudo, achar a forma. Você está acostumado com texto de jornal. Aqui é diferente. Só se começa um livro depois que a gente acha o narrador", repetia sem parar. "Tudo pode entrar nesse livro. Inclusive isto: a dificuldade do começo. Entende? De eu lhe perguntar sobre como será o livro; de eu me levantando e indo até a cozinha para trazer cereja e pão de queijo. Entende? Acredite: quero te ajudar a encontrar uma maneira de escrever esse livro."

Aos poucos fui me dando conta: Silviano resistia à minha ideia inicial de criar um narrador neutro, objetivo. Sem a minha voz. "Você não pode escrever esse livro de fora. Engano seu. Você pretende ser objetivo: não há como. Impossível. Não existe essa possibilidade de você escrever esse livro do lado de fora."

Por alguns minutos, ficamos ali conversando sobre amigos comuns. Dos mortos e dos vivos. E comendo cereja e pão de queijo.

O acaso, sempre ele, levou nossa conversa até Francisco Iglésias, grande historiador brasileiro, morto em 1999. Silviano preparava uma conferência sobre ele, em homenagem ao centenário do amigo. A figura divertida do erudito Iglésias tomou conta da sala. Lembrei-me das visitas que fazia a ele, no seu apartamento da Rua Levindo Lopes, em Belo Horizonte. Já nos últimos anos de vida, Iglésias perdia seu precioso tempo com um repórter impenitente chamado João. E, generoso, compartilhava seu oceânico conhecimento.

Por alguns minutos, esqueci completamente que estava tentando fazer uma entrevista.

Na hora não percebi, mas este livro já começava a ser escrito ali.

2. **"Você viu nos jornais de hoje?"**

No dia seguinte, antes das oito, Silviano me esperava em frente ao prédio do seu apartamento. Já tinha feito a leitura dos jornais, hábito herdado do pai, e pronto para o trabalho.

"Vamos lá? Pensou nas coisas que conversamos ontem?", foi disparando, eufórico, assim que me viu, e começamos a caminhar em direção a Ipanema. Durante o caminho, me dei conta do entusiasmo que ele começava a ter pelo novo projeto. E me lembrei de um ensaio do escritor Antonio Olinto sobre a obra de André Gide.

Escritor fundamental nos primeiros anos de Silviano – seu doutorado na Sorbonne seria sobre o autor de *Os moedeiros falsos* –, no texto Olinto revela o segredo da eterna mocidade do pensamento de Gide, que participou de quase todos os movimentos literários posteriores aos de sua geração: o escritor francês nunca perdeu o interesse pelo contemporâneo. "Gide nunca deixou de se interessar pela novidade literária", escreve Olinto. Impossível não pensar em Silviano e no seu espírito inquieto, sempre ligado no aqui e agora. "Você viu nos jornais de hoje?" é a frase que mais ouço toda vez que telefono para ele.

"Tenho uma boa notícia", me disse quando estávamos quase chegando à Praça General Osório. "Hoje pode me perguntar o que quiser.

Prometo que respondo. Mas, antes, quero te mostrar meus papéis e a minha biblioteca, que fica na Rua Antônio Parreiras."

Às vezes me esqueço de que Silviano tem 89 anos.

3. O livro de Rosa

Assim que entramos no apartamento, uma espécie de esconderijo onde até a pandemia costumava se isolar, Silviano tenta ligar o computador. Inútil: a engenhoca não reage. O lugar, que desde 2004 servia de local de trabalho, estava meio abandonado. Na parede, em frente à mesa de trabalho, uma antiga fotomontagem da cidade de Formiga remete ao seu passado mineiro. E me faz lembrar de sua ficção. De um trecho de *Uma história de família*:

> *Você sabia, tio Mário, que tenho uma fotografia não da sua Pains, mas da minha Formiga dos anos 1930 na parede. O fotógrafo francês – me disse uma tia paterna dando os créditos da foto ao nosso avô prefeito – subiu ao alto do morro da Caixa-d'Água e tirou oito chapas da paisagem citadina recobrindo uma vista com ângulo de 180 graus. Reveladas as fotos, colou os oito cartões-postais um ao lado do outro, perfazendo o todo uma vista global da cidade cujas casas e ruas aparecem como sementes jogadas pelo vale. O ponto central é o encontro dos dois rios, o Formiga e o Mata-Cavalos, que correm em V pela foto, já baça e ganhando coloração sépia. O fotógrafo viu Formiga lá embaixo em pontos brancos e lá em cima e à esquerda ladeada por um grupo de seis palmeiras. Gosto de europeu nos trópicos.*

Disciplinado, desde que se aposentou da vida universitária, a rotina é a mesma: trabalhar, de segunda a sábado, das sete ao meio-dia. E, quando necessário, até de domingo. Todo dia, logo de manhãzinha, às seis e meia, no máximo sete, ele já estava no apartamento-biblioteca. Ali conseguia o isolamento necessário para ler e escrever sem ser interrompido por telefonemas indesejáveis. "Nunca quis que aqui fosse confortável. Para não virar uma segunda casa."

Vida ascética. Para Silviano, não existe diferença entre os ofícios do escritor e do artesão. Sentar e trabalhar. E muito. Numa sociedade cada vez mais tecnológica, a literatura talvez seja mesmo uma das últimas formas de artesanato.

Tenta, mais uma vez, ligar o computador. De novo, nada. Vencido pela máquina, que insiste em hibernar, resolve me mostrar a biblioteca. De forma metódica, professoral, explica a disposição dos volumes nas estantes. Centenas de livros, distribuídos por todo o imóvel de dois quartos, o acervo ocupa até mesmo cozinha e área de serviço.

Como nos seus textos, ficção e crítica misturam-se sem preconceito nas estantes. Os livros estão organizados em ordem alfabética. Sobrenome do autor: Furtado, Celso; Fusco, Rosário; Gabeira, Fernando; Gagnebin, Jeanne Marie. Literatura, crítica literária, história econômica, sociologia, filosofia, antropologia. Tudo interessa ao escritor-crítico/crítico-escritor, como um dia o chamou o crítico literário Alfredo Bosi.

Arquivo pessoal/João Pombo Barile

Detalhe de uma estante da biblioteca de Silviano Santiago.

De repente para e ordena.

“Vai lá na letra R. Procura a edição do *Grande sertão*.”

Perdido no apartamento, demoro alguns minutos até encontrar o livro. Silviano se impacienta.

"Achou?"

Quando finalmente encontro, retiro com cuidado o livro. Ele então começa a manusear a primeira edição da obra-prima de Rosa. Na folha de rosto, em cima, do lado direito, está lá, escrito a lápis: "Ezequiel, novembro de 1956".

Por alguns segundos, olha para a letra do exagerado José Ezequiel Moreira Neves, morto em 2010, e amigo desde os anos 1950 em Belo Horizonte. Zeca, como era chamado pelos amigos, acabaria virando personagem central de um dos seus livros, *Mil rosas roubadas*, publicado em 2014. O cara que deveria estar aqui escrevendo este texto no meu lugar. "Foi o Zeca quem me deu. Comprou assim que o livro saiu. Leu e achou chato. E então me deu de presente. Disse apenas: 'Não gostei, mas tenho certeza de que você vai adorar. É a sua cara'. O Ezequiel acertava sempre. Sempre achei que ele viveria mais do que eu e seria o meu biógrafo. Foi por isso que escrevi *Mil rosas roubadas*: queria contar a vida de nós dois."

Um pouco antes, quando caminhávamos do seu apartamento na Nossa Senhora de Copacabana em direção à biblioteca, ele já tinha se lembrado do amigo. "Era nesta esquina que eu ficava esperando por ele para caminharmos no calçadão. Ele morava nesta rua, lá em cima."

Zeca sempre está presente nas nossas conversas. Uma época Silviano quis me apresentar a ele. "Um dia, quando vier ao Rio, seria legal você conhecê-lo. Você vai gostar dele. Aposto que vai querer fazer um perfil dele", me disse algumas vezes.

Não deu tempo. A morte chegou antes.

O livro de Rosa, com a letra do amigo exagerado, ameaça entristecer a manhã quente de verão. Avesso a qualquer sentimentalismo, ele logo muda de assunto.

"Está vendo aquele livro ali ao lado do livro do Otto Lara Resende? Branco? Pega ele, por favor."

Uma edição em capa dura, *Cartas*, de Graciliano Ramos, de 1980, publicada pela Record, fora do comércio. Depois de 27 anos da morte do escritor alagoano, sua viúva, dona Heloísa, decidira pela publicação da correspondência.

A carinhosa dedicatória não deixa dúvidas: Silviano foi peça-chave na decisão da família do velho Graça de tornar público o material. "Na época em que escrevi *Em liberdade*, as cartas ainda não estavam organizadas. Dona Heloísa me deixou ter acesso a elas. Foi de grande serventia."

A lembrança do conturbado final dos anos 1970 parece irritá-lo. O livro, que imagina os dois meses e meio da vida de Graciliano Ramos logo depois de o escritor sair da prisão durante o Estado Novo, fez grande sucesso. Mas causou também mal-entendidos. E algumas críticas.

A mais virulenta foi mesmo a do crítico Wilson Martins, que, no *Jornal do Brasil*, em 19 de dezembro 1981, disparou.

> Em liberdade *deve ser lido como um livro de Silviano Santiago. Mas, se se trata de "ficção", por que pretender, ao mesmo tempo, que não o é e que se funda em rigorosa pesquisa historiográfica? Não há correspondência profunda, nem no estilo, nem na temática, nem na psicologia, entre o Graciliano Ramos desta ficção e o Graciliano Ramos da vida real, o que deixa em aberto a questão de saber até que ponto o processo pode ser tido por legítimo e moralmente aceitável.*

O que Wilson Martins não sabia é que o falso diário de Graciliano não era tão falso assim. Obsessivo, Silviano ficaria durante meses treinando o pulso para mimetizar o estilo do escritor alagoano. Além de levantar praticamente tudo sobre o período histórico.

Do poeta Paulo Henriques Britto, por exemplo, pegou emprestado um guia antigo do Rio para saber a exata geografia da cidade dos anos 1930 e 1940. Durante meses, enfurnou-se na Biblioteca Nacional para consultar jornais da época. De revistas populares, como *Ilustração Brasileira* ou *Careta*, retirou informações do cotidiano carioca.

Queria entrar no clima e, por isso, tudo importava: como era o relógio da Mesbla? E a fonte da praia de Botafogo? Chovia ou fazia sol naqueles primeiros dias em que Graciliano deixou a cadeia? Quais filmes estavam passando nos cinemas da cidade?

Silviano olha fixamente para o volume, que traz na capa um retrato de Graciliano desenhado por Portinari. O livro das *Cartas* faz lembrar os anos em que escreveu *Em liberdade*. "Muita gente não entendeu o livro. Quando saiu, fui acusado de inventar histórias. Um absurdo. Não tem nada inventado: é tudo pesquisa. O livro me deu um trabalhão."

4. **O médico e o monstro**

Quase na hora de irmos embora, Silviano se lembra dos papéis. Da burocracia. De sua vida universitária.

"Você não precisa, não deve acreditar em nada do que eu disser. Como é que se chama mesmo aquele brasileiro que virou deputado nos Estados Unidos inventando currículo? Na vida universitária brasileira não é muito diferente: se mente muito também." Caminha então na direção de um antigo arquivo de metal e abre a primeira gaveta.

Pastas antigas, desorganizadas e empoeiradas, são testemunha silenciosa da sua vida profissional. Um dos mais atuantes professores brasileiros, e que desde os anos 1960 trabalhou em universidades espalhadas pelo mundo, parece ter a necessidade de provar que não é nem falso nem mentiroso. Síndrome do impostor? "Duvide de tudo, por favor", insiste.

No meio dos documentos, perdida, uma pasta enorme, com dezenas de folhas anotadas a mão. "O que é que isso está fazendo aqui? São as minhas anotações dos cursos. Deveriam estar na outra gaveta."

Silviano nunca entrava em sala de aula sem antes preparar o que iria dizer. Sempre achou desonesto improvisar a fala na frente dos alunos. "Conheci muita gente que dava aula sem preparar nada. Nunca consegui. Posso até não ser um grande escritor. Mas posso garantir: fui um bom professor."

Durante alguns anos, a convivência entre os dois personagens, professor e escritor, causaria nele certo incômodo. Na universidade, ao lado dos professores e dos alunos, tinha vergonha de ser escritor; junto dos amigos escritores e artistas, vergonha de ser professor. Herança dos anos de formação em Belo Horizonte, quando cursava a Faculdade de Filosofia, Ciências e Letras da Universidade Federal de Minas Gerais (UFMG)? Talvez.

Arquivo pessoal/Silviano Santiago

Cartaz de um curso da Universidade de Buffalo.

Na provinciana capital mineira dos anos 1950, vida universitária e vida boêmia eram dois planos distintos e alicerçavam duas colunas comportamentais que nunca deveriam se tocar. Como no famoso romance de Robert Louis Stevenson, *O médico e o monstro*, durante o dia, na sala de aula, todos faziam o estilo do laborioso doutor Jekyll. Quando a noite chegava, nos bares e nas livrarias, o modelito era mesmo do devasso senhor Hyde. Ou, como ele mesmo escreveu um dia:

> *Do lado universitário, exigia-se, sob pena de reprovação, acesso a um saber institucionalizado e tradicional, codificado dos livros (cuja leitura era obrigatória, alertava o professor). Do outro lado, servíamos – que nem a uma cuba-libre – um sal anônimo, nômade e vagabundo, ao mesmo tempo anárquico e democrático, construído que era de rompantes que rasgavam o céu da conversa como punhais de cigano.*

Com a publicação de *Em liberdade*, essa angústia ficou no passado. Quando lhe perguntam como o professor de literatura e o romancista convivem dentro de um mesmo homem, gosta de citar uma passagem do *Diário de um ladrão*, de Jean Genet, que até hoje sabe de cor. "Jean Cocteau acha que sou um mau ladrão. Isso porque, ao lado dele, sou antes de tudo um escritor. Os ladrões me julgam um mau escritor."

Lembro-me bem de uma conversa que tivemos, em 2004, com o amigo escritor Carlos Herculano Lopes. Silviano disse: "Sabem de uma coisa? Não posso fingir que não sou, não fui, professor de literatura. E isso é bom e mau. Bom porque adquiri, pela leitura e pela discussão em sala de aula, artimanhas e mumunhas que não estão à disposição de quem mantém uma relação distante com a escrita ficcional do outro. Mau porque a carga de conhecimento livresco às vezes pode inibir a criação, tolher movimentos mais anárquicos, desrespeitosos e transgressores que uma literatura madura requer. Para não me deixar seduzir muito pelas artimanhas, virar simplesmente um formalista, para não me deixar seduzir pela erudição e virar um pedante, acabei me transformando num esquizofrênico. Vivo, sem neuras, as duas faces da moeda: a experiência anfíbia é o forte das coisas que escrevo".

Depois de guardar a pasta com as anotações de aula na gaveta correta, volta à burocracia. Durante alguns minutos, ficamos ali checando os papéis que provam que Silviano é mesmo Silviano Santiago: Albuquerque, Rutgers, Toronto, Nova York, Buffalo, Indiana, Pontifícia Universidade Católica do Rio de Janeiro (PUC-Rio), Universidade Federal Fluminense (UFF).

Arquivo pessoal/Silviano Santiago

Arquivo de metal da biblioteca de Silviano Santiago.

"Tudo o que você escrever deve estar documentado. Desconfie sempre", disse fechando uma das pastas. "Bom. É isso. Espero você lá em casa amanhã para mais uma conversa. Nove horas é um bom horário para você?"

5. **Sobreviver**

Enquanto caminhava de volta para o hotel, torcia para que Silviano cumprisse a promessa. E que, no próximo encontro, começasse a falar. Durante o caminho, na avenida entupida de turistas eufóricos, me lembrei dos anos da pandemia. Dos nossos telefonemas durante aqueles meses do pesadelo da covid-19.

No início, o isolamento não o abateu. Pelo contrário. Parecia até animado. "Agora finalmente terei mais tempo: vou poder me concentrar mais e escrever."

O escritor colhia os frutos de *Machado*. O livro experimentava um grande sucesso de público e tinha sido o vencedor do Prêmio Jabuti de melhor romance em 2017. Um feito, se considerarmos que o texto é uma refinada análise dos últimos anos de vida de Machado de Assis.

Machado venderia tão bem quanto *Em liberdade*, até hoje seu romance de maior sucesso. Na obra, a análise biográfica, que anda meio fora de moda entre os machadianos, é retomada. Nadando contra a corrente das leituras com foco sociológico da obra de Machado de Assis, uma quase unanimidade nas universidades brasileiras nos últimos 50 anos, Silviano escreve um comovente retrato de um escritor velho, fragilizado e solitário.

"Depois de *Mil rosas roubadas*, escrevi mais um romance de literatura da sobrevivência", me disse na época do lançamento. "Se Flaubert e Joyce escreveram romances de formação, retratos de artistas quando jovens, com esses dois livros quero mostrar o artista quando velho", repetia sempre.

Entusiasmado com o sucesso do livro, ele já fazia planos para o próximo trabalho: as memórias. O acerto de contas com o passado.

Desde meados dos anos 1970, ele já vinha ensaiando, criando coragem, para escrever sobre sua vida. Naquela década, depois de uma pesquisa feita na biblioteca do Institute of Latin American Studies da Universidade do Texas, escreveria um conjunto de poemas chamado *Crescendo durante a guerra numa província ultramarina*, que seria publicado em 1978 no Brasil. Na época, Silviano ainda sofria influência do concretismo: basta pensarmos num livro como *Salto*, publicado alguns anos antes, em 1970. Seu interesse em relacionar literatura, história e memória estava apenas começando.

A princípio, suas memórias seriam divididas em três volumes: Formiga, Belo Horizonte e Rio-Paris. Em setembro de 2019, já tinha pronta uma versão inicial da primeira parte. Sempre preocupado com a veracidade das informações, para a elaboração do livro contratou um pesquisador, com a tarefa de checar tudo o que escrevera. Além disso, ele se envolveria ativamente no projeto gráfico do livro, que trazia na capa um desenho de Jean Cocteau, uma de suas maiores paixões e obsessões, e ilustrações do inglês, radicado no Brasil, Sam Hart.

Menino sem passado chegou às livrarias em janeiro de 2021. Depois do grande sucesso de *Machado*, criou-se enorme expectativa sobre esse novo livro.

Lançado no auge da pandemia, em um ambiente altamente politizado, o livro não teria a mesma recepção do anterior. A fria acolhida minou o ânimo de Silviano para o projeto. Com o passar dos meses, suas referências aos outros dois volumes das memórias começaram a diminuir. O autor – que sempre faz questão de dizer que na velhice suas maiores felicidades vêm mesmo é da literatura e que, portanto, só lê e escreve aquilo que deseja – começava a mudar de ideia. "Faz sentido continuar? Acho que não. Vou retomar uns escritos sobre Machado e Proust que ainda quero fazer. Sabe de uma coisa? Meu desejo de recordação acabou", me disse no final de 2021.

Andando sozinho pela Nossa Senhora de Copacabana em direção ao hotel, todas aquelas nossas chamadas telefônicas me vinham de novo à lembrança. E eu só torcia para que Silviano não tivesse perdido sua vontade de lembrar. E que, finalmente, começasse a falar.

6. **O pesadelo**

"Dá uma história? Se dá, começa há três anos. Em abril de 1976, quando é publicado meu primeiro livro, ele me manda uma carta."

As primeiras linhas de *Respiração artificial*, do argentino Ricardo Piglia, me vêm à cabeça agora quando me lembro daquela noite. Depois de um dia de trabalho perdido, no qual não tinha conseguido arrancar nada de interessante do meu personagem, já no hotel e quase na hora de dormir, meu celular tocou: um e-mail de Silviano. No texto, escrito apenas: "Acho que isso pode te interessar".

Chamado "Segundo volume, primeiro capítulo", o documento em Word tinha pouco mais de 50 páginas. A princípio não vi nada de extraordinário na mensagem: Silviano sempre me manda artigos de jornal ou ensaios que leu e achou interessantes. "Deve ser mais um", me lembro de ter pensado na hora. Displicente, comecei a ler de maneira preguiçosa.

> *12 de outubro de 2020*
>
> *Acabo de fazer a revisão das primeiras provas de Menino sem passado, primeiro volume das memórias. O arquivo já foi devolvido à Editora. Um novo ensaio, Fisiologia da composição, já tem o design da capa e o texto da orelha, e passa pelo processo de diagramação. Pela frente, tenho os meses vazios do final de ano. Planejo preenchê-los com os primeiros capítulos do segundo volume das memórias, ainda sem título.*
>
> *[...]*
>
> *Em março de 1960, mal ponho o pé em terra carioca e a cidade de Brasília rouba do Rio de Janeiro o título de capital federal. Brasília é logo rebatizada pelo povo: Novacap. Sendo Juscelino Kubitschek o presidente da República, não pôde ser outra a data escolhida para a cerimônia de inauguração – o 21 de abril, Dia de Tiradentes.*

Sonolento, a princípio tive dificuldades em entender do que se tratava: seria um trecho do diário de Silviano? Impossível. Desde que o conheço, ele sempre fez questão de repetir que nunca teve um. O que era, então? Seria o novo conto que tinha acabado de escrever e que tinha me dito que me mandaria para que eu desse um palpite? Só entendi o que era quando cheguei ao final da segunda página.

> *O segundo volume das memórias recobrirá, como adiantei, meus doze anos de experiência belo-horizontina. Na tentativa de imaginar e propor forma prévia a seu conteúdo, julguei oportuno jogar no papel variadas anotações de caráter autobiográfico. Digitei-as no Word e guardei-as. No entanto, desde os primeiros meses de 2020, venho carregando às*

costas outro e diferente conteúdo para o livro. Tem o caráter persistente e persecutório. Estamos todos a viver e a sobreviver sob o império da pandemia causada pelo vírus da covid-19. De corpo presente em todo o planeta e a reproduzir rebanhos intermináveis e indomesticáveis por vacina, o vírus encontra morada e alimento nos humanos. Deixa-se espraiar por todas as comunidades, ameaçando, destruindo e nos sugando vidas. O tema intruso ainda está desacompanhado de anotações neste 12 de outubro de 2020.

Estou pensando. Não consigo pensar e, ao mesmo tempo, escrever. Estou pensando.

Ligo o computador. Digito a data de hoje na tela branca do Word. Viro mero espectador de um insano duelo virtual e mental, que se trava na tela em branco. Se ela chegar a ser toda preenchida, virar página escrita e ser reproduzida em livro, será a de abertura do segundo volume das memórias. Como fiel em fila de confessionário ou de mesa de comunhão, o subtítulo – a data de hoje – fica por enquanto à espera de revelações fatais e de sentimentos de coragem e de dúvida e também de remorso.

[...]

Qual companheiro de geração poderia ter imaginado que, nos últimos anos de nossas vidas, uma tragédia mundial de dimensão tão espetacular viria a ser nossa companheira de casa, cama e comida. Sobrevivemos, e vivo confinado ao apartamento onde moro, em Copacabana. Alimento-me graças ao serviço de delivery dos restaurantes vizinhos. Os remédios de controle da hipertensão me são entregues pelas farmácias em casa. Fazia ginástica na academia. Ficou fechada por quatro meses, só se reabriu para adultos com menos de 65 anos. Estou excluído. Para o corpo não endurecer de vez, faço diariamente algum exercício físico na varanda do apartamento. Espreguiço-me por quinze minutos. Não são os músculos que se soltam, são as gordurinhas. Adeus, Castro Alves. A praça não é mais do povo. A praça é da covid-19 como a janela volta a ser da imaginação humana.

Depois de 20 minutos de leitura, a ficha caiu: aquele documento em Word era o esboço do segundo volume das memórias que Silviano estava começando a escrever quando fomos atropelados pela covid-19.

Indústria, comércio e serviços entram em pânico. Falências estão à vista e são alardeadas pelos economistas no governo ou de plantão na imprensa. Escasseia o dinheiro que movimenta a indústria, o comércio e os serviços, e que acaba por sobrar nas bolsas de valores, redirecionadas pelo lucro sobrevindo dos aplicativos tecnológicos de comunicação. Educação e professor, aula e aluno se distanciam umas dos outros, ou os grupos se reencontram canhestramente graças aos suportes para comunicação pela Internet. O transporte público municipal, interestadual e internacional se anarquiza. Não há nada mais perigoso que transporte coletivo. A taxa de desemprego bate recordes.

Mal os olhos se levantam para o duelo travado na tela do computador, minhas mãos arrepiam caminho. Os braços se dobram sobre o teclado. Causa não tem efeito. Os dedos se tornam catatônicos, incapazes de catar racionalmente as teclas de letras, de espaço e de sinais de pontuação. Chegamos ao mês de outubro. Há seis meses vivo confinado ao apartamento e às máquinas variadas. As anotações pessoais, arquivadas na memória no computador, foram se amesquinhando a cada dia. Reduziram-se a pó de traque. No dia de hoje, estão a caminho da inutilidade. Contam pouco ou quase nada. No entanto, elas são tudo o que a imaginação criadora do escritor tem na ponta dos dedos tomados pela perplexidade e pelo estupor. Recomendável seria abandonar o arquivo de notas no estado em que se encontra. Procurar trabalho noutra e mais rica freguesia.

Naquela noite fui dormir às três da manhã. E tive um pesadelo: a pandemia tinha voltado.

7. *Padre padrone*

Silviano é pontual. Disciplinado, detesta atrasos. Sempre chega no horário. Às nove, em ponto, já estávamos reunidos na biblioteca de sua casa.

"Pergunte o que quiser. Hoje prometo que respondo tudo", disparou logo que sentou na cadeira.

Sexto de uma família de sete filhos – mais tarde onze, já que o pai se casaria uma segunda vez –, Silviano Santiago nasceu às nove horas

Versátil/reprodução

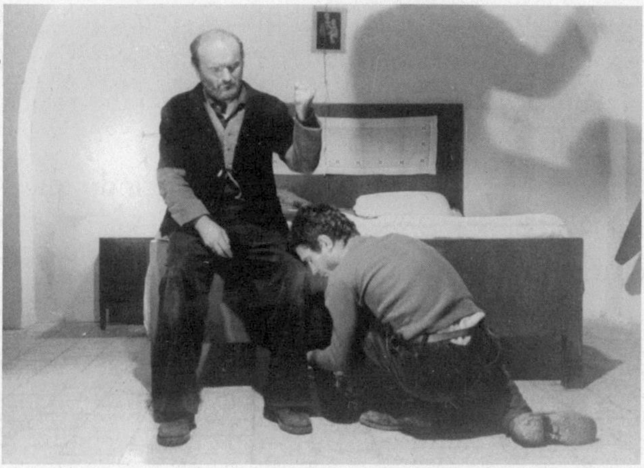

Cena do filme *Pai Patrão*, dos diretores Vittorio e Paolo Taviani.

do dia 29 de setembro de 1936, em Formiga, Minas Gerais. Filho de Sebastião Santiago e Noêmia Farnese. Teve como avós paternos José Santiago Imparato e Maria Thomasia Barbosa, e como avós maternos José Farnese e Piacedina Moreira Farnese.

Na época do seu nascimento, os Santiagos moravam na Rua Barão de Piumhi, 31. Do primeiro casamento nasceriam Hilda, Sebastião, Nilda, José, Orlando, Silviano e Haroldo. Com a morte de Noêmia, em decorrência do parto de Haroldo, Sebastião se casaria com Jurandy Cabral. Com ela, teria mais quatro filhos: Rodrigo, Rui, Ricardo e Gilda.

O pai era farmacêutico de diploma e cirurgião-dentista de profissão. Para sustentar a numerosa família, mantinha ainda um escritório de artigos dentários, onde fornecia material para outros profissionais da região. Era um pequeno depósito que se tornaria, mais tarde, quando toda a família se transferisse para Belo Horizonte, uma empresa de dimensão nacional: a Dental Santiago, com filiais em vários estados.

Disciplinado, austero e sem nunca demonstrar afeto, o rígido Sebastião sempre teve como sua maior preocupação dar a cada um dos filhos uma profissão. Para isso, valia-se de uma estranha pedagogia: incentivar a competição entre os irmãos. Na hora das refeições, tinha o perverso hábito de jogar um contra o outro. "Quem tirou a melhor nota na escola esta semana?", repetia sempre. De maneira nada sutil, estimulava uma disputa entre os filhos que, se, por um lado, tornou-os quase todos produtivos (a maioria teria formação universitária, algo pouco usual naqueles anos), por outro, dificultou um relacionamento mais solidário entre os onze irmãos.

Trabalhador obsessivo, Sebastião vivia repetindo que, se um dia ficasse doente – ou pior: morresse –, não haveria mais renda na família. E todos passariam necessidade. Ou mesmo fome.

"Nunca vi o doutor Sebastião sorrindo", me contou uma vez o escritor Ivan Angelo, amigo de Silviano desde os anos 1950, que faria com ele a estreia em livro com *Duas faces*, em 1961. "A lembrança que tenho dele é de um cara durão. Sempre de cara fechada. Não era de muita conversa, não."

A dura infância de Sebastião, o pai, talvez ajude a entender sua rígida personalidade. Uma série de mistérios encobre sua origem e sua infância.

Nascido em 20 de janeiro de 1892, Sebastião não era formiguense, mas natural de Passos, cidade ao sul de Minas. Até aí, normal. Nenhum problema. Mas como ele foi parar em Formiga? Esse é o "xis" da questão.

Aqui tudo é mera especulação. De concreto, sabe-se apenas que sua mãe, Maria Thomasia Barbosa, fugiu do marido, o italiano José (ou Giuseppe) Santiago Amparato (ou Imparato), que em Passos trabalhava na área de panificação, deixando para trás o filho. O motivo da fuga? Sebastião não tocava nunca no assunto. Maria Thomasia muda-se então para Formiga e passa a morar com o coronel José Gonçalves D'Amarante, ou vovô Amarante, como Silviano sempre gostou de chamá-lo. Importante liderança política da região, ele seria prefeito da cidade de 1913 a 1918. Com Maria Thomasia teria três filhos: Amélia, Zezeca e Neném.

Para a conservadora sociedade brasileira dos anos 1930, Maria Thomasia era o que na época se chamava "mulher separada". O poderoso coronel Amarante, que pertencia a uma tradicional família da cidade, jamais quis dividir o mesmo teto com o pequeno Sebastião, que sempre morou em Pains, localizada a 35 quilômetros de Formiga.

Silviano e seus irmãos nunca souberam como e quando Sebastião foi parar na região de Formiga. A hipótese mais provável, sempre repetida por Hilda, a irmã mais velha da família – que morreu em 2001 e que era a guardiã de todas as histórias dos Santiagos –, é a de que Sebastião teria vindo atrás da mãe quando já adolescente. Em Pains, foi morar na pensão de dona Piacedina Farnese, mãe de Noêmia, com quem se casaria anos mais tarde.

*

A julgar pelo semanário *Tango*, a presença de Sebastião em Formiga era mesmo incomum. A ponto de virar notícia de jornal. Na edição do dia 9 de setembro de 1917, pode-se ler, no pequeno pasquim, uma nota sobre o enteado do prefeito, que estava visitando a cidade. Manter certa distância de Sebastião parece ter sido a estratégia encontrada pelo coronel Amarante para tentar diminuir, ao menos em parte, a fofoca inevitável do lugarejo.

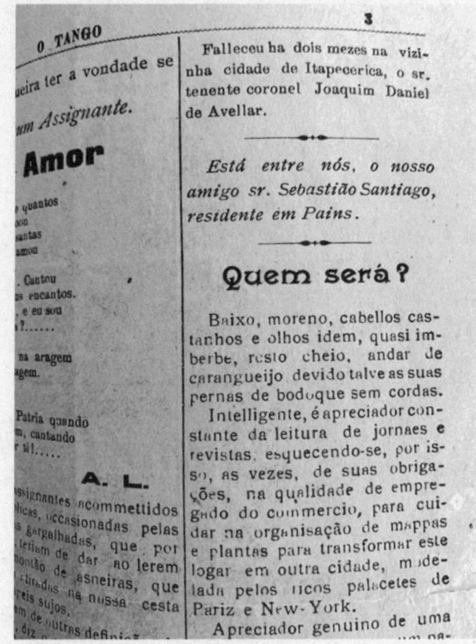
O TANGO 3

Amor

A. L.

Falleceu ha dois mezes na visinha cidade de Itapecerica, o sr. tenente coronel Joaquim Daniel de Avellar.

Está entre nós, o nosso amigo sr. Sebastião Santiago, residente em Pains.

Quem será?

Baixo, moreno, cabellos castanhos e olhos idem, quasi imberbe, rosto cheio, andar de carangueijo devido talve as suas pernas de bodoque sem cordas.

Intelligente, é apreciador constante da leitura de jornaes e revistas, esquecendo-se, por isso, as vezes, de suas obrigações, na qualidade de empregado do commercio, para cuidar na organisação de mappas e plantas para transformar este logar em outra cidade, modelada pelos ricos palacetes de Pariz e New-York.

Apreciador genuino de uma [illegible]

Detalhe do jornal *O Tango*, de Formiga.

Arquivo pessoal/João Pombo Barile

Sebastião era mesmo uma figura cercada de mistérios. Quando percebi que naquele dia Silviano estava disposto a falar, achei que a conversa talvez pudesse render se começasse por ele: o pai.

Lugar-comum? Talvez. Mas quem leu *Menino sem passado* sabe que Sebastião é figura central do livro. O retrato pintado por Silviano do patriarca dos Santiagos mescla muita admiração, mas também muito ressentimento.

Li então, em voz alta, um trecho de *Menino sem passado*:

> *Sendo viúvo e incansável trabalhador, como consegue estar tão bem informado sobre cada um e todos os filhos? Pouco sai à rua, nada acompanha de perto, nada vê com os próprios olhos. No consultório, dedica-se de corpo e alma aos dentes alheios.*

> *Desconfiamos. Tem informantes. Invisíveis aos nossos olhos, jantam conosco alguns ou muitos espiões. Não nos dávamos conta – eu não me dava conta? – da triste vivência comunitária que cerca e ameaça o convívio saudável dos irmãos e irmãs na família Santiago.*

Depois da leitura, perguntei se ele se lembrava de um telefonema que tivemos durante a pandemia, em que falamos da figura do pai em alguns escritores: Kafka, Philip Roth, Proust, Paul Auster. Quase no fim da ligação, ele então me perguntou. "Você assistiu a *Padre padrone*, dos irmãos Taviani?"

Segundo Silviano, a história do menino sardo o fazia, muitas vezes, lembrar os tempos do seu primeiro emprego na empresa do pai, a Dental Santiago. Dos 12 aos 21, trabalharia diariamente ao lado do pai-patrão: no início como menino de entrega, depois como balconista e finalmente fazendo a contabilidade da empresa. "Desde os 12 fui jogado para a vida prática", me disse quase no final da ligação.

Ter lembrado esse telefonema, em que ele mesmo aproximou o doutor Sebastião do pai-patrão dos irmãos Taviani, não foi uma boa ideia.

"Você está confundindo tudo. Por favor: tenha mais cuidado com as datas. Aí já é uma outra fase da minha vida: esse trecho do *Menino sem passado* se passa em Formiga. Já o trabalho na Dental foi só em Belo Horizonte, quando eu já tinha 14, 15 anos. Não tem nenhuma relação com essa época. Só fui conhecer dinheiro quando nos mudamos para Belo Horizonte. A gente tinha um padrão de vida muito bom no interior. Foi a transferência que acabou mudando as coisas. Éramos uma família enorme. E, em Belo Horizonte, sem a clientela que papai tinha em Formiga, ele teve que se virar: não se esqueça que papai era responsável por 11 filhos quando mudou para a capital", disparou, querendo, ainda que inconscientemente, defender a memória do pai.

Na hora, confesso que pensei em contra-argumentar. E me lembrei do primeiro conto, "Pai e filho", do primeiro livro, *Duas faces*. Que começa assim:

> *De onde teria vindo aquela vontade de matar meu pai? – pergunto-me. Como se a análise das causas, a conclusão, ou seja, a resposta possa livrar-me dos meus pensamentos.*

Texto totalmente autobiográfico, o conto é uma clara alusão à difícil relação de Silviano com Sebastião. Mas achei que falar do conto escrito ainda na juventude pudesse soar como provocação. E recuei. Sempre comedido, Silviano, que quase nunca altera a voz, estava visivelmente irritado.

Estabelecer relações rápidas entre sua vida e obra sempre o tira do sério. Pintar o retrato de um Sebastião simplesmente pai-patrão seria não levar em conta que esse mesmo pai aceitou a ideia, heterodoxa para aqueles anos 1960, de um filho virar professor de Letras. Uma tolerância que seria demonstrada na prática quando, em 1961, Silviano embarcasse no navio *Provence*, rumo à França, para fazer seu doutorado: com a filha Hilda, o velho Sebastião faria questão de despencar de Belo Horizonte até o Rio só para se despedir do filho.

"É preciso evitar respostas esclarecedoras, mas falsas. Acho que a gente vai ter que evitar o tom convencional das biografias. Ou das autobiografias, né? Isso vai ser um problema para você", disse Silviano, ainda irritado com o rumo que a prosa tinha tomado. "Não há como eu falar da minha família de uma maneira convencional. Isso vai ser um problema para você. Minha infância é marcada por uma tragédia: a perda da mãe com um 1 e meio de idade,"

Era preciso agora escrever sobre a mãe.

Sobre a perda.

Sobre as perdas.

Arquivo de família

Foto de Sebastião Santigo na loja Dental Santiago, em Belo Horizonte.

*

Meses depois da nossa conversa sobre o doutor Sebastião, mandei um e-mail a Silviano, no qual voltei ao tema do pai. Contei que muitos da família Santiago com quem eu havia conversado se lembravam bem de um verso do poema "Pai", do seu livro *Crescendo durante a guerra numa província ultramarina*, que termina assim:

> *Cultiva flores no jardim*
> *e esquizofrênicos em casa.*

Ele então me escreveu:

> *As figuras humanas familiares não entram no meu universo pela porta da experiência cotidiana. Essa tem a transparência de vidro, ligeiramente colorido por sentimentos, dependendo da situação. Sou contido e obediente diante dos mais velhos. Sou um tanto alheio (aloof) ou atrevido, se diante dos de igual idade ou mais novos. Nesse contexto destaco a figura do pai. Criança, nem sentia sua presença física. Muito trabalho no consultório, muitos filhos e certo desamparo na vida que me desamparava ainda mais na orfandade prematura. Tinha prazer em ficar ao seu lado, sentado no chão, quando lia os jornais e escutava as notícias do dia, transmitidas pelo rádio. Retrospectivamente, vejo-o sempre a cuidar das rosas no jardim.*

8. **Mãe**

Não sei dizer quando percebi que Silviano gosta de usar o WhatsApp. Sem essa invenção diabólica, não teria escrito este livro. Convivendo com muitos escritores de sua geração, e com alguns que resistem até mesmo a trocar a máquina de escrever pelo computador, fiquei surpreso quando, de pronto, ele respondeu ao primeiro "zap" que mandei, só para ver se ele sabia usar a geringonça. Aos poucos, comecei a notar que, para falar sobre a história da mãe, assunto sempre incômodo, a maneira mais eficaz não era nem pelos nossos papos presenciais nem pelo telefone: era pelo WhatsApp.

A primeira imagem que lhe mandei, para testar sua intimidade com o aplicativo, foi um papel solto, que encontrei na biblioteca da rua Antônio Parreiras.

Arquivo pessoal/Silviano Santiago

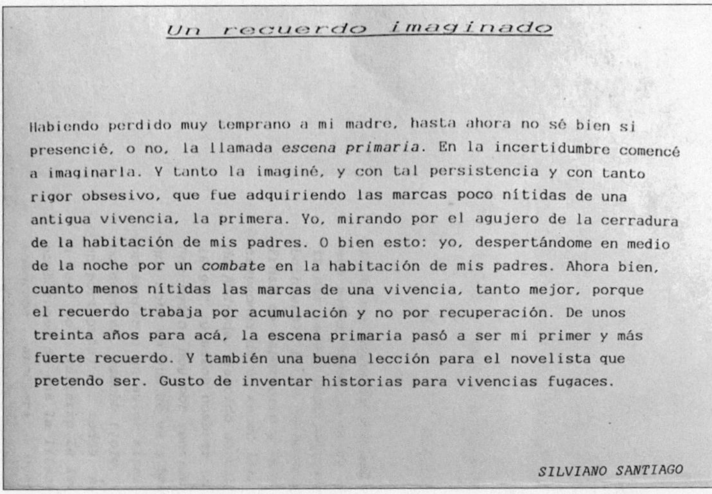

Un recuerdo imaginado

Habiendo perdido muy temprano a mi madre, hasta ahora no sé bien si presencié, o no, la llamada *escena primaria*. En la incertidumbre comencé a imaginarla. Y tanto la imaginé, y con tal persistencia y con tanto rigor obsesivo, que fue adquiriendo las marcas poco nítidas de una antigua vivencia, la primera. Yo, mirando por el agujero de la cerradura de la habitación de mis padres. O bien esto: yo, despertándome en medio de la noche por un *combate* en la habitación de mis padres. Ahora bien, cuanto menos nítidas las marcas de una vivencia, tanto mejor, porque el recuerdo trabaja por acumulación y no por recuperación. De unos treinta años para acá, la escena primaria pasó a ser mi primer y más fuerte recuerdo. Y también una buena lección para el novelista que pretendo ser. Gusto de inventar historias para vivencias fugaces.

SILVIANO SANTIAGO

Detalhe de uma anotação de aula.

Sempre durão, até quando fala do triste período da infância e da perda da mãe com apenas 1 ano e meio, percebi que o bilhete o incomodou. Perguntei se ele lembrava quando tinha escrito aquilo. Será que fazia parte de algum trecho de conto, novela ou romance? Será que era um parágrafo de *Uma história de família* de que eu não me lembrava? Silviano não hesitou um minuto na resposta, que veio por "zap".

"Está em espanhol. Deve ter sido alguma palestra que dei nos anos 1980, na Alemanha, depois que lancei *Stella Manhattan*. Na universidade alemã, muitos estudantes compreendem espanhol. Sempre tive esse hábito quando me apresentava para um público que não entendia o português: escrever um parágrafo para nortear minha fala."

O pequeno texto antecipa, em quase quatro décadas, o tom de algumas páginas de *Menino sem passado*. Se a ausência da mãe já pode ser notada em vários dos seus livros de ficção, como *Uma história de família* (1992) ou *O falso mentiroso* (2004), é em *Menino sem passado* que ele finalmente decide exorcizar o fantasma de Noêmia Farnese. Valendo-se de Roland Barthes, uma de suas maiores paixões, Silviano analisa, no livro de memórias de 2021, uma foto sua, ainda bebê, que ganhou de presente da sua irmã mais velha, Hilda. E escreve:

> *Vejo os olhos que veem minha mãe viva [...] Só a consigo enxergar em carne e osso se a vejo refletida nos olhos do bebê, fotografado aos quatro meses de idade [...] O que a fotografia reproduz ao infinito só ocorreu uma vez: ela repete mecanicamente o que nunca mais poderá repetir-se existencialmente.*

Arquivo pessoal/Silviano Santiago

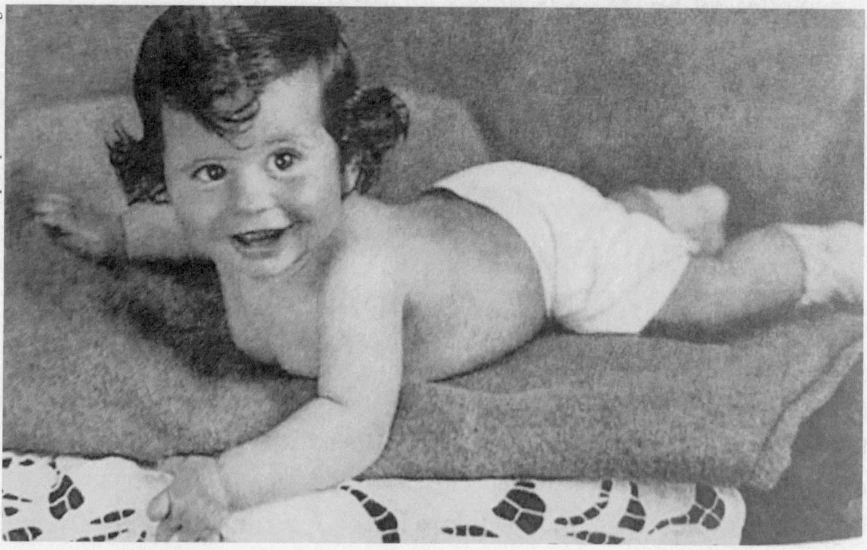

Foto do bebê Silviano Santiago.

Filha de José Farnese Feio de Gouveia e Placedina Moreira Farnese, Noêmia nasceu no dia 26 de junho de 1905, em Divinópolis. Sua trágica morte, em decorrência do parto do sétimo filho, Haroldo, no dia 6 de abril de 1938, acabaria transformando o assunto Farnese num tabu entre os irmãos. Acontecida no mesmo dia do nascimento de Haroldo, a morte da mãe faria com que Sebastião tomasse uma decisão radical: entre os Santiagos, não se comemorava aniversário. De ninguém.

Além da dor de perder a mulher, Sebastião era ainda obrigado a conviver com a acusação da sogra de ele ter sido o causador da morte da filha. Para todos que a visitavam na sua pensão em Pains, dona

Placedina não cansava de repetir: o genro era o culpado. Afinal, argumentava, ele sempre soubera que a gravidez representava um risco para a filha. Todos os seis partos anteriores ao que resultaria na fatalidade tinham sido de risco. Depois do nascimento de Silviano, o médico teria inclusive alertado Sebastião: Noêmia não poderia ter mais filhos. A silenciosa, mas tensa, relação entre Placedina e Sebastião deixaria marca no menino Silviano, que escreveria mais de 80 anos depois:

> *"Eclampsia" – tenho certeza absoluta de que, desde a mais tenra idade, o som dessa palavra me é familiar, embora seu significado nunca tenha sido explicitado em conversa.*

Acusado por Placedina, Sebastião reage mineiramente: nunca brigou abertamente com a sogra. Mas também nunca fez as pazes. Talvez para manter as aparências de uma boa relação com os Farneses, obrigava os filhos a visitarem a avó em Pains. Silviano, o mais obediente deles, seria levado lá muitas vezes. As visitas, sempre forçadas, também serviriam, mais tarde, de inspiração para *Uma história de família*.

> *Corre para mim e sem me tirar da cadeira onde estou sentado me afaga e me asfixia em apertado abraço. Num movimento brusco se interpõe entre a cadeira e a mesa. Estala nos meus ouvidos o ritmo ofegante da sua respiração de velha que cruza pelos labirintos da cabeça com o gosto do café com leite. Pareço entreouvir: "Pobrezinho, que culpa tem ele?" Enceguecido pelo afago e pelo pano negro do vestido que fecha as minhas pálpebras, ganho calor e nojo com os sabores de café, leite, pão, manteiga, que misturam na boca quase em vômito.*

Arquivo pessoal/Silviano Santiago

Foto de casamento de Noêmia e Sebastião Santiago.

Sem embate, discretamente, Sebastião decide criar os filhos longe dos Farneses. Distância que aumentará ainda mais quando ele se casar com Jurandy Cabral. E que se tornará definitiva quando a família, em 1948, se mudar para Belo Horizonte.

*

Mas afinal: quem eram os Farneses?

Existem registros de Farneses em Minas Gerais, um sobrenome supostamente italiano, já desde o século XVII. Isso significa que os primeiros membros da família não fizeram parte da grande onda migratória de italianos para o Brasil, acontecida sobretudo na segunda metade do século XIX. A família teria primeiro se fixado na região do Serro, passando depois a residir em Ouro Preto, São João del-Rei, Tiradentes, Campanha, Baependi, Pitangui, Divinópolis, Formiga e, finalmente, já no segundo decênio do século XX, em Pains.

O pai de Noêmia, José Farnese, trabalhou durante toda a vida como chefe da Estação da Estrada de Ferro Oeste de Minas (Efom), localizada em Pratinha, próxima de Araxá, a cerca de 160 quilômetros de Formiga. Morreria ainda jovem, aos 39 anos de idade. Com a sua morte, o filho mais velho, também José, com apenas 17 anos, passa a administrar a Estação de Pratinha. O suposto emprego herdado do pai duraria pouco: como a Efom nunca regularizou sua situação, remunerando-o pelo trabalho, ele nunca se tornou de fato funcionário. Depois de alguns meses de muita enrolação, e sem dinheiro, decide abandonar o comando da estação e se juntar à mãe, que já tinha se mudado para Pains. Placedina e os oito filhos viviam mesmo uma situação delicada: sem renda, a viúva procura um novo local para ganhar a vida.

O que a levou a escolher Pains talvez tenha sido o fato de o lugar situar-se numa região de grandes fazendas. O dinheiro ali circulava. A pequena cidade era ainda ponto de passagem de tropeiros, que se dirigiam para regiões mais ao oeste de Minas, como Paracatu, e mesmo para Goiás Velho, então capital de Goiás.

Em Pains, dona Placedina manteve uma pensão próxima à atual Igreja Nossa Senhora do Carmo, na parte central da cidade. Lá, Noêmia conheceria Sebastião ainda muito menina e se casaria com o jovem farmacêutico e dentista no dia 26 de novembro de 1921. A jovem

Farnese tinha 16 anos. Sebastião, 29. Depois do casamento, os dois se mudam para Formiga, onde ele se estabelece como dentista.

Em 1938, depois de sete partos, Noêmia morreria aos 33 anos de idade.

9. *Mamma*

Com a morte da mãe, José Maria (Juca) e Diogina Palhares, amigos da família, sugerem a Sebastião que o viúvo entregue a eles a guarda dos dois bebês. "É trabalho pesado demais para um homem só", argumenta o casal Palhares. "Você já terá de criar cinco filhos sozinho. Deixe o Silviano e o Haroldo com a gente." Padrinhos dos dois bebês, o casal achava que poderia dar um futuro mais tranquilo aos dois. Comerciante de tecidos, Juca, de uma família de prestígio na região, tinha situação financeira muito melhor, mais estável, que Sebastião. Bem-sucedido homem de negócios, Juca nos anos 1940 acabaria se transferindo para Belo Horizonte, onde se tornaria um dos maiores atacadistas do estado.

Sebastião rejeita a proposta. É uma questão de honra: vai criar os sete filhos juntos. Como Hilda, a filha mais velha, ainda não tem idade suficiente para tomar conta dos irmãos, contrata uma espécie de governanta, a jovem "italiana" Sofia D'Alessandro, que cuidará de Silviano e Haroldo até quando Sebastião se casar novamente.

Filhos criados por empregadas domésticas não chegam a ser exatamente nenhuma novidade na vida da classe média alta brasileira. Ainda hoje, em clubes ou shoppings, trombamos com babás, uniformizadas ou não, tomando conta da criança enquanto os pais se divertem. Já governantas, ainda mais estrangeiras, são mais raras. Figuras como a alemã Fräulein, de *Amar, verbo intransitivo*, romance de Mário de Andrade, existem mais na ficção do que na vida real. São exceção.

Das poucas informações que restaram da "italiana" Sofia na família, tudo parece indicar que, se ela não chegava a ter a mesma formação da alemã Fräulein, tampouco pertencia ao mundo da mítica Etelvina, espécie de Irene Boa dos Santiagos, que trabalhará na casa da família ao longo de décadas. Diferentemente da cozinheira Etelvina, Sofia era branca. Isso, por si só, para os olhos das racistas famílias brasileiras da primeira metade do século XX, já a qualificava para tomar conta dos dois bebês.

Ninguém na família nunca soube dizer ao certo como Sofia foi parar na casa dos Santiagos. Em uma carta escrita por Hilda a Silviano, já nos anos 1980, a irmã revela que teria sido vovó Placedina a responsável por levar a "italiana" para a casa deles em Formiga. Depois de ficar tomando conta dos dois netos por quatro meses, Placedina precisava retomar a vida, o comando da sua pensão em Pains. E teve então a ideia da babá: a "italiana" Sofia. Com Etelvina, cozinheira ainda do tempo de Noêmia, Sofia tomaria conta de Silviano e Haroldo durante pouco mais de quatro anos. Até sumir da casa dos Santiagos misteriosamente.

Os irmãos Haroldo, Silviano e José se lembram, cada um à sua maneira, de Sofia.

Para Haroldo, bebê de colo na época, Sofia é apenas um som, um nome. Ele diz não ter nenhuma lembrança ou imagem dela. Conta apenas que, ao longo de toda a vida, muitas vezes acordou assustado chamando pelo seu nome. Sem nunca entender direito por quê.

Já para Silviano, Sofia será a maior presença-ausência de sua vida: talvez maior do que a própria mãe. Afinal, ele conviveria com a governanta dos 2 aos 6 anos de idade, guardando memórias mais vivas dela do que da própria mãe.

De Sofia ficarão lembranças, sobretudo sensoriais, muito fortes. Como as caminhadas diárias ao alto do Cruzeiro de Formiga, na tentativa de curá-lo das crises de coqueluche; ela polvilhando, carinhosamente, seu corpo com talco Johnson's depois do banho; a paciência com que o acolheria depois das crises noturnas que tinha, com ele acordando estatelado no chão do quarto. Em *Menino sem passado*, a palavra "Sofia" aparece mais de 130 vezes. Em um dos mais tocantes trechos, ele escreve:

> *A Sofia é o único adulto que me acarinha de modo particular. Tão particular que não sou capaz de reproduzir o modo como ela me acarinha. Sinto na pele, nos braços, no rosto, o carinho de suas mãos. Um beijo furtivo me chega à bochecha. Estala. Estrela. E logo foge para longe.*

*

Mas seria com José que o mistério do desaparecimento de Sofia da casa da Rua Barão de Piumhi seria solucionado.

"Me lembro bem dela", me contou o irmão mais velho de Silviano, quando estive na sua casa, no bairro Prado, em Belo Horizonte, em 2024. José, que na época tinha quase 10 anos, se recorda claramente da sua figura, com vasta cabeleira ruiva e muito elegante. "Era uma senhora clara que dormia no mesmo quarto do Silviano e do Haroldo. O quarto ficava ao lado do quarto do papai. Isolado. Os irmãos mais velhos dormiam do outro lado da casa, e a gente não podia ir lá. Depois que o papai casou, Sofia voltou para Itapecerica. E aí nunca mais a vi."

Itapecerica. Começava aí o fim do mistério.

No Cartório Malachias, de Registro Civil de Pessoas Naturais, em Itapecerica, encontrei o registro de óbito da "italiana".

Nascida em 1911, Sofia, diferentemente daquilo em que todos na família sempre acreditaram, não era italiana, e sim mineira de Itapecerica. Seus pais, Victor e Nicolina, esses, sim, italianos, faziam parte da família D'Alessandro, ainda hoje bem conhecida na cidade. Sofia morreria solteira, em 1993, e seu corpo está enterrado no Cemitério de São Miguel da pequena cidade mineira.

Para Silviano, porém, a morte de Sofia acontece muito antes: no final de 1942, quando Jurandy assume o comando da casa.

E a bela italiana simplesmente desaparece.

10. **Uma irmã na vanguarda**

Desde que comecei a fuçar a vida de Silviano, convivo com o fantasma de Zeca. Ezequiel Neves: o cara que deveria estar aqui escrevendo este livro no meu lugar, como já disse ali atrás. O que eu não sabia era da existência de outra assombração. Tão poderosa quanto. Um fantasma chamado Hilda.

Com a morte prematura da mãe, a irmã mais velha dos Santiagos, ainda adolescente, reivindicará para si a condição de primeira (e única) substituta de Noêmia – tentativa que seria temporariamente abortada com a chegada de Sofia. E que se tornará missão impossível quando a madrasta, Jurandy, virar a rainha do lar dos Santiagos e passar a dar as cartas.

Foto de Hilda Santiago caminhando na avenida Afonso Pena em Belo Horizonte.

"Você está pesquisando sobre o Silviano? Já achou alguma carta da Hilda? Ela escrevia divinamente bem", me disse uma vez Lúcia Helena Monteiro Machado, a Duda. Autora de um livro de memórias, *A filha da paciência*, Duda participou da Geração Complemento e conviveu com Silviano, e toda sua família, desde os anos 1950. Ela não poupa adjetivos quando o assunto é Hilda. "Da família, ela era quem tinha mais jeito para escrever", me disse uma vez, carregando na tinta.

Quando comecei a ler as cartas de Hilda, entendi o que Duda queria dizer. Mesclando uma grande capacidade de síntese com enorme elegância, suas cartas ao irmão Silviano reconstroem parte importante do passado dos Santiagos, família cheia de curvas e muito, muito silêncio. Numa delas, encontrei o mais bem-acabado retrato da morte da mãe. E dos meses que se seguiram à tragédia.

> *Gostaria de encontrar as palavras adequadas ao que desejo lhe transmitir. Caso não consiga, releve-me, por favor. Silviano, quando você estava na França escrevi-lhe uma carta que teria sido a resposta à perspectiva que você apresentou para o problema do silêncio em torno da mãe. Infelizmente, não lhe enviei a carta. Não sabia como você a receberia. Não é problema para mim falar de nossa mãe. Salvo a emoção que desperta em mim a recordação de sua bondade, de sua dedicação, da tremenda falta que me fez na época em que morreu e que continua me fazendo nas diversas etapas da minha vida, não me custa nada. Eu a conheci muito bem. Tinha 12 anos quando ela morreu. Era boa, mansa, humilde, acanhada e sensível. Pensei um pouco em cada um, sentindo de forma diferente o mesmo fato, principalmente considerando a idade. Orlando se lembra e já me falou de que comeu feijão no dia do enterro e até hoje*

não gosta de feijão. Ele tinha 5 anos e deve se lembrar um pouco. Não sei se alguém já lhe contou que você tinha 1 ano e 7 meses. Era um menino muito amado por todos nós. Tinha orgulho de sair com você, porque todos me paravam na rua para fazer agrados. Só achava ruim porque às vezes eu tinha pressa e era obrigada a demorar-me. Você era muito agarrado a mamãe. Acordava à noite e ela ia com você para a sala ficando a brincar durante muito tempo. Eu vivia ao lado de mamãe, acompanhando todo o movimento dela. Você era sensível e requeria atenção. Quando ela morreu eu não me lembro de mais nada do que se passou naqueles dias. Apenas de uma falta tremenda que sentia dela.

O primeiro dia em que voltei do colégio cheguei com um grito estrangulado na garganta porque me lembrei de que não adiantava chamá-la como fazia sempre que chegava da rua. [...] Papai estava desesperado e fumava sem cessar. Ficava horas a fio no escritório e parecia assustado e desamparado. Chorava muito. Eu soube que ela havia morrido, porque ele entrou em meu quarto aos prantos, consolado pelos médicos. Depois, muitos anos ele me chamava, sem querer, pelo nome dela. Lembro-me de que você uma vez estendeu os braços para uma senhora nossa vizinha que usava óculos, como mamãe. Quando ela o segurou no colo você olhou bem para a fisionomia dela e começou a chorar. [...] Eu não tinha condições para substituí-la como era minha vontade e papai muito menos. Ele pensava em se casar como uma solução para nós e foi por isto que se casou. Depois, era pouco delicado ficar falando em outra mulher quando estava casado novamente. Acredito que o silêncio dele tenha muito de delicadeza. Para não magoar a Jurandy. A primeira vez que fomos ao cemitério, o papai chorou tanto, tão convulsivamente que não tolerou permanecer lá e nem quis voltar nunca mais. [...] Quanto a aceitar a conduta do papai casando-se novamente, o gênio dele, etc. nem sempre foi muito fácil. Tive minhas fases tremendas de revolta e ódio. Por duas vezes saí para estudar porque não aguentava mais.

*

Sair de casa o mais rápido possível. Era esse o projeto de Hilda. Depois de se formar na acanhada Escola Normal de Formiga, ela não se conformará em seguir carreira onde vive: não quer terminar os dias sendo professora numa cidade de interior. Nem ficar a vida toda sob as asas do pai e, pior ainda, ao lado da madrasta. E, em fins da década de 1940, decide especializar-se em psicologia experimental com o professor catalão Mira y López, no Rio de Janeiro.

Hilda fará parte do grupo de jovens professores e pesquisadores brasileiros e sul-americanos que, sob o comando do mestre europeu, dá início às atividades do Instituto de Seleção e Orientação Profissional (ISOP), no Rio. O pai, que sempre incentivou os filhos a estudarem, não cria nenhuma resistência aos projetos da filha de morar fora. Pelo contrário: a ajuda financeiramente para que possa alugar um apartamento, com amigas, na Avenida Beira-Mar, no Rio. Em Formiga, o menino Silviano admira, embasbacado, os cartões-postais e as fotos de Hilda com colegas nas praias de Botafogo e de Copacabana.

As novas ideias trazidas na bagagem da mana vanguardeira acabariam sendo determinantes para o futuro de Silviano. Segundo a teoria pregada por Mira y López, não competiria mais ao patriarca da família escolher a profissão do filho, motivado apenas pela busca de sucesso na comunidade ou pelo mero interesse financeiro. Um discurso que se encaixará como uma luva quando, anos mais tarde, Silviano terá de enfrentar a conservadora sociedade mineira dos anos 1950 e comunicar ao pai seu completo desinteresse em continuar trabalhando na Dental Santiago. Ou em virar engenheiro ou advogado.

"Tanto ela quanto o meu irmão Sebastião, que também estudou no Rio um pouco antes dela, foram incentivadores", me disse Silviano uma vez, tentando relativizar o peso do fantasma de Hilda. "Talvez não diretamente, mas indiretamente, pois, nesse período em que eles estudam fora, já estamos todos saindo do interior e indo para BH. O Sebastião, talvez sem querer, foi mais estimulante, passando-me os livros da Virgínia Côrtes de Lacerda, sua professora de língua e de literatura, e me sugerindo procurar o CEC [Centro de Estudos Cinematográficos]. Era como se eles me dissessem: 'Agora é a sua vez'."

Se os dois irmãos tiveram o mesmo peso no destino de Silviano, em *Menino sem passado* isso não transparece. Hilda é muitas vezes mais lembrada do que o irmão Sebastião. Num dos trechos, ao se lembrar dela, ele escreve:

Revejo-a. Continua a única pessoa que abre o sorriso antes de abrir a porta de entrada para a visita. Tento imitá-la ao abrir o sorriso antes de cumprimentar a pessoa amiga que vejo à frente. Alguns me ridicularizam. Chamam-me de hipócrita. Mal sabem que estou a acender vela no altar de uma santa alma.

11. Os cigarrinhos de Jura

"Dinheiro a rodo para a gurizada." O título da matéria, publicada na edição de 11 de junho de 1938 do *Diário da Noite*, não deixa dúvidas: cigarrinhos de chocolate eram a grande mania da garotada no final dos anos 1930. Numa jogada de marketing de deixar os publicitários de hoje com o queixo caído, a Loja Victor, no Rio de Janeiro, monta um estande de vendas onde os pais podem comprar uma carteira de cigarros mirins e levar ainda de brinde imitações de cheque para seus filhos. Dá até fila. "Fumar não é mais privilégio dos grandes, também as crianças podem 'fumar' e ganhar dinheiro", garante a propaganda que circulava nos jornais e nas revistas da época.

Arquivo pessoal/João Pombo Barile

Detalhe de anúncio dos cigarros de chocolate.

Filha do coronel Erasmo Cabral, um dos mais poderosos barões do café da Primeira República, aos 32 anos Jurandy Cabral é mesmo uma linda mulher. Nascida e criada numa fazenda no interior de Minas, frequentou desde menina o Rio de Janeiro. Sempre muito elegante, está atualizada com as últimas modas da capital federal.

Jura, como é chamada pelos íntimos, tem lá suas artimanhas. Sabe seduzir. Na noite marcada para conhecer os sete órfãos do noivo, tem uma ideia genial: por que não levar cigarrinhos de chocolates para os futuros enteados e com isso ganhar os pequenos Silviano e Haroldo pela barriga? O truque funciona e impressiona as crianças. Uma impressão tão forte, que fará com que Silviano, mais de 70 anos depois, ainda se lembre do dia. E escreva em *Menino sem passado*.

> *Na primeira visita à família na rua Barão de Pium-i, a Jurandy tinha nos oferecido duas carteiras com cigarrinhos de chocolate. Eles fazem efeito no abdome. [...]. Não sei se a noiva as tinha comprado no bom comércio do sul de Minas ou da capital do estado. Sei que o pacotinho não tem a forma das guloseimas que são vendidas no balcão da confeitaria Ponto Chic. O bombom tradicional perde o aspecto redondo, colorido e feminino, para se apresentar como se acondicionado para o gestual sedutor das mãos masculinas, em close-up do rosto de ator cínico de Hollywood. A mera posse da carteira de cigarrinhos certifica que o menino proprietário já é adulto e fora de série.*

Versátil/reprodução

O ator Humphrey Bogart.

Se os pequenos Silviano e Haroldo caem na armadilha sentimental e adoram o presente, os irmãos – ou melhor, as irmãs –, por sua vez, reagem de forma diferente à visita da intrusa. Não será fácil conquistar a confiança das meninas Hilda e Nilda.

Hilda a princípio é simpática, receptiva, e trata a futura madrasta com educação. Talvez ainda não tenha percebido que, a partir de agora, vai perder o papel de mãe postiça dos irmãos, função que tentaria exercer até o fim da vida. Já Nilda dá apenas um aperto de mãos, bem formal, e volta para o quarto. Mais pragmática, compreende, de cara, a nova situação: tem agora uma rival. Durante anos não engolirá a decisão do pai de arranjar uma substituta para a mãe. Para evitar maiores atritos, no futuro não se matriculará na Escola Normal, onde a madrasta leciona e dá as cartas. Decide ir estudar no Colégio Santa Teresinha, outra escola da cidade, dirigida por freiras. A forte resistência daquele primeiro encontro jamais permitiria imaginar que, na velhice de Jura, Nilda seria seu maior esteio, cuidando da madrasta como se se tratasse da própria mãe.

Biblioteca Nacional/reprodução

Os fructos de uma grande capacidade realisadora

Foi inaugurado, hontem, o grande deposito da manteiga "Jurandy"

A inauguração do deposito da "Manteiga Jurandy"

HOTEL CENTRAL

Petropolis. Teleph. 215

ALFANDEGA

Affecções pulmonares chronicas

TUBERCULOSE

Dr. Cunha e Mello

Matéria do jornal carioca *Gazeta de Notícias*.

*

A economia, sempre ela, ajuda a explicar como Jura, nascida numa família tão poderosa e influente, foi parar na distante Formiga. A crise financeira mundial de 1929 levara à falência seu pai, o coronel Erasmo Cabral. Falido, o poderoso cafeicultor e produtor de leite de Santa Rita do Sapucaí comunica então aos filhos: daqui para frente, vocês vão ter de se virar sozinhos. Jurandy, que na juventude tinha sido até nome de uma famosa manteiga vendida com sucesso pelo pai no Rio, precisa agora trabalhar.

Profundamente religiosa, a futura madrasta de Silviano não se abate. E, depois de se formar em Belo Horizonte, na Escola de Aperfeiçoamento, tendo sido aluna da psicóloga Helena Antipoff, aceita o emprego de diretora da Escola Normal de Formiga; a pequena cidade fica a quase 300 quilômetros de distância de sua terra natal.

Basta olhar para a professora caminhando pelas ruas da cidade para descobrir que ela não é mesmo dali. Tudo na moça é diferente: seu modo de se vestir, de pisar. O modo de falar. Seu guarda-roupa é de loja com estoque de tecidos finos. Usa crepe georgete e chiffon.

O viúvo Sebastião logo se interessa pela beldade e passa a cortejá-la. E, assim, o precavido pai, que sempre controlava tudo o que os sete filhos comiam ou deixavam de comer durante as refeições, naquela noite nem se importou que a bela noiva tenha presenteado os dois filhos mais novos com cigarrinhos de chocolate, que são cheios de açúcar e causam cáries. Estava apaixonado. Em menos de um ano estarão casados. Silviano, num tom meio vingativo, se lembrará daqueles anos assim, em *Crescendo durante a guerra numa província ultramarina*:

> *Conversa de parentes do sul de Minas*
>
> *O primeiro forde*
> *por aquelas bandas foi nosso,*
> *como na fotografia (aponta) por detrás da família em grupo.*
>
> *As iaiás iam para a Capital*
> *estudar no Sacré Coeur*
> *porque dinheiro era mato.*
>
> *Aí, o café caiu.*

Moratória.
Lei da Usura.
Gangrena nos pés de café,
gangrena no pé do fazendeiro.
Morte patriarcal.

A filha, solteirona, que remédio!
trabalha e procura marido:
vai ser diretora das classes anexas
à Escola Normal, no Oestes

Para evitar o falatório, a cerimônia de casamento seria realizada na Basílica de Nossa Senhora Aparecida, em Aparecida, no interior de São Paulo, em janeiro de 1942. Lá, tanto o viúvo quanto a jovem noiva têm contatos com a paróquia local, e as coisas podem se arranjar de forma mais rápida e, sobretudo, discreta.

Coincidência ou não, assim que os noivos voltam da lua de mel, o casal se livra de Sofia.

A bela ruiva "italiana" vira fantasma.

Arquivo de família

Foto do casamento de Sebastião Santiago e Jurandy Cabral Santiago.

12. O monstro

São tranquilos os primeiros meses após a chegada da madrasta à casa da Rua Barão de Piumhi. Aos poucos, ela se ambientará à dura rotina do novo cotidiano. Ao peso da cruz de criar sete filhos que não são seus. Beata, no novo lar converte toda a prole de Noêmia ao catolicismo. O marido consegue escapar da conversão obrigatória. Ir à missa todo domingo pontualmente às oito da manhã vira lei.

Era antiga a relação de Jura com o catolicismo. A infância, passada ao lado de dona Matilde, avó paterna, tinha deixado marcas. Com ela, aprendera a recitar preces e ladainhas. E, mais tarde, ainda estudará no Colégio das Irmãs Santa Doroteia, em Pouso Alegre. Assim, os filhos de Sebastião não têm outra opção, e começam então a frequentar a matriz de São Vicente Férrer. Os dois enteados mais novos, Silviano e Haroldo, ainda são obrigados a fazer a primeira comunhão com o vigário Remaclo Fóxius.

Arquivo de família

Haroldo e Silviano na casa da família Santiago em Formiga em 1942.

Silviano era o obediente. Haroldo, o revoltado. "Eu nunca aceitei ordens da Jura: ficava na porta da igreja e não entrava. Nunca acreditei em religião", relembrou Haroldo numa conversa em 2024.

Ninguém podia faltar à missa. Jura só aliviava mesmo para o marido, que, liberado do programa, aproveitava as manhãs livres de domingo para se dedicar ao seu hobby antigo: enxertar roseira no jardim. Liberado do consultório, o dentista Sebastião vestia seu longo avental e mãos à obra: passava horas cuidando de suas plantas. Meticuloso, sabia de cor o nome das rosas que mandava trazer de uma floricultura paulista. Seu lindo jardim durará até o início dos anos 1940, quando a Rua Barão de Piumhi será alargada para dar lugar ao trânsito das carroças, dos muares, das bicicletas e dos poucos carros e motocicletas.

Nesses idílicos primeiros meses, nem mesmo o súbito desaparecimento de Sofia incomoda Silviano. O menino parece adaptado à nova família. Feliz. Tudo caminha nos conformes. Até o dia em que chega a notícia: Jura está grávida.

> *Minha madrasta tem o primeiro filho em novembro de 1943. Perco a terceira mãe no dia em que nasce o bebê [...]. Desespero-me por ocasião do nascimento. Por estar sendo desapossado por dois escroques, sinto-me uma vez mais constrangido a viver.*

Será com esse tom exagerado, incomum em Silviano, que o escritor se lembrará, em *Menino sem passado*, do ano do nascimento do primeiro filho de Jura e Sebastião.

Rodrigo nasce no dia 27 de novembro. A princípio todos acham que o mais enciumado com o novo morador da casa é Haroldo. Afinal, não é ele o caçula? Não é ele quem está perdendo o título de majestade? Ledo engano. Por dentro, o introvertido Silviano se corrói de ciúme. O monstro prepara o bote.

Foi numa tranquila manhã de dezembro. Silviano acordou mais tarde e percebeu que a casa, sempre cheia e barulhenta, naquele dia estava vazia, silenciosa. Parecia um cemitério.

"É hoje", pensou o menino, que começou a rondar o quarto dos pais, até criar coragem e entrar.

Ali o pequeno Rodrigo dormia tranquilo. Devagarzinho, a pequena fera se aproximou do berço que um dia tinha sido seu. E então pulou para dentro do pequeno leito. Como um cão raivoso, passou a morder violentamente o bebê, que, depois de alguns segundos, começou a chorar e gritar sem parar.

Chegaram então pessoas de todos os cantos da casa. O menino-cão ficou paralisado. "Não sei como agir. Não me entendo", rememoraria Silviano em *Menino sem passado*. "O que fazer? O que dizer? Correr. Sou criminoso e única testemunha do crime. No entanto... um escudo invisível me protege. Os familiares não sabem o que fazer comigo e como me tratar [...] eu ganho destaque imprevisto. Viro um caso sério e perturbador. Uma ameaça."

13. Nhô Campeiro

O pequeno Silviano, que só agora começa a se dar conta do vazio deixado por Sofia, reage de forma discreta, mas definitiva: se parente é serpente, como ensina o diretor italiano Mario Monicelli na sua divertida comédia, quem sabe se ele escolher quem deve ser chamado de parente as coisas não funcionem melhor? "Afinal, Jura é praticamente uma desconhecida, tão desconhecida quanto a Sofia. Por que amigo não pode ser parente?", pensa o menino.

Arquivo da família

Foto de moradores da cidade de Formiga.

Com menos de 6 anos, Silviano descobre a rua e começa a frequentar a casa de um vizinho: o sobrado de nhô Campeiro. Longe da família, sente-se melhor, mais acolhido.

"Lembro bem do sobrado. A gente ia demais lá", me contou José, irmão mais velho de Silviano, numa conversa em 2024. "Nunca vou me esquecer: no dia em que mamãe morreu, me levaram para a casa de nhô Campeiro para que eu não visse o movimento. Da janela, eu lembro que ficava tentando ver o caixão, que estava sendo velado dentro da nossa casa."

A lembrança de José, quase 80 anos depois do enterro da mãe, diz tudo. Era grande a amizade que todos da casa do doutor Sebastião tinham com nhô Campeiro. O comerciante – que vivia com a filha Lucila, a melhor amiga de Hilda, num sobrado em frente ao endereço dos Santiago – acabaria se tornando referência sentimental importante para Silviano. Que em *Menino sem passado* assim se lembraria dele:

> *Por minutos, o nhô Campeiro deixa a fala parada na garganta, já tomada pelo pigarro causado pelo hábito do cigarrinho de palha. Tosse de vez em quando, e aproveita os movimentos do tórax para se ajeitar na cadeira de balanço. Sentindo-se mais à vontade, expele algumas das palavras já impressas no rosto sob a forma de uma, no máximo duas frases. Ficamos os dois a não conversar. Às vezes, carrego comigo um gibi e fico lendo sentado nos ladrilhos do alpendre, enquanto ele faz de conta que nem me vê. Será que sabe que estou atento a todos os seus gestos?*

Era só atravessar a rua e, naquele sobrado, ser logo acolhido por nhô Campeiro, sempre disposto a ouvir o menino. Silviano ganhava abraço carinhoso. Beijo na bochecha. Era tocado. Algo raro entre os Santiagos-Cabral. O menino estranha a expressão aberta de afeto.

Sentado na sua cadeira de balanço, no alpendre do sobrado, o velho comerciante será o primeiro amigo-parente de Silviano.

14. **O cigano e o coronel**

"Acertou no alvo. Fantástico o documento. Como escrevia bem. Com bom controle de língua e vocabulário. Me alegrou o dia."

Foi assim que Silviano reagiu quando mandei um "zap" com a foto da edição do jornal *A Notícia*, de Formiga. Publicado em 28 de julho de 1917, no texto o presidente da Câmara, José Gonçalves d'Amarante, ou vovô Amarante, como ele prefere chamá-lo, presta contas aos moradores do município. Num estilo seco, direto, o texto de jornal faz lembrar os relatórios de Graciliano Ramos, escritos entre 1928 e início de 1930, quando o escritor alagoano foi prefeito de Palmeira dos Índios.

Nascido em 14 de setembro de 1869, o coronel Amarante foi prefeito de Formiga entre os anos 1913 e 1918. Durante sua gestão, a educação seria prioridade, e ele construiria o primeiro grupo escolar da cidade, o Rodolfo Almeida, assim como o primeiro colégio, o São José, hoje chamado Ginásio Antônio Vieira.

A esta altura da história o leitor já sabe, mas não custa lembrar: vovô Amarante nunca foi avô de sangue de Silviano. O avô biológico nem ele nem os irmãos conheceram. Sabiam que ele se chamava Giuseppe. E mais nada.

Até o fim da vida, o velho Sebastião sempre evitava falar sobre sua pré-história em Passos. Do avô italiano, a única coisa que o menino Silviano ouvia em casa, sempre em tom maledicente sugerido pela madrasta, que vinha da mesma região de Giuseppe, era uma história fantasiosa. Nela, o avô carcamano, que atendia ora pela alcunha de Zé Santiago, ora pela de Zé Amparado, usava brincos e tinha origem cigana. A associação com zíngaros não era aleatória: a descrição preconceituosa deles, como perigosos bandidos, sempre andando em bando e raptando crianças desgarradas da família, era bastante comum naquelas primeiras décadas do século passado.

A história, sem qualquer lastro na realidade, comprova que *fake news* não são invenção da era digital. Na verdade, o italiano Giuseppe Santiago Imparato teve uma vida bem mais dura e sem graça. Trabalhava no ramo da panificação e nunca saiu de Passos. Além de Sebastião, teve ainda mais quatro filhos: Antônio, João, Amélia e mais uma menina cujo nome ninguém na família sabe dizer. Só que virou freira.

"Papai sempre dizia que sua vida daria um romance e ia escrever um livro. Quando eu era nova, achava bobagem e implicava com ele. Hoje me arrependo muito", me contou Mirthes Santiago, filha de Antônio, em 2024. Ela lembra que, assim como o irmão Sebastião, o pai também evitava falar dos antepassados. "Sempre foi um assunto tabu lá em casa."

Dos cinco irmãos de Sebastião, o tio de que Silviano se lembra melhor é Antônio. Ou melhor, tio Tonico: um "italiano" bonito, alto, elegante, sempre na estica e vestindo terno. "Papai às vezes se encontrava com o tio Tonico quando ele o visitava em Formiga. Como papai era muito metódico, só se encontravam num hotel da cidade, onde ele ficava hospedado. Tio Tonico nunca frequentou a casa da Rua Barão de Piumhi. Tio Tonico trabalhou a vida toda como sapateiro em Luz", me contou Silviano em uma conversa que tivemos em 2014. Muito tempo depois, a distante relação entre os dois irmãos, Sebastião e Tonico, acabaria indo parar em um dos versos de um poema de *Crescendo durante a guerra numa província ultramarina*.

> *Self-made man*
>
> *Esquece os parentes pobres*
> *como se fossem uma maldição*
> *impertinente do Destino*
> *contra ele*
> *e sua segurança econômica.*
>
> *Impulsionados pelas mãos da Necessidade,*
> *os parentes pobres batem à porta*
> *para reavivar sua memória.*

Se o avô cigano ambicioso, que gostava de cavalos e levava uma vida solta, existia apenas na imaginação, com Silviano gastando alguns parágrafos de *Menino sem passado* descrevendo o italiano aventureiro que de fato nunca existiu, vovô Amarante, apesar de não ser do mesmo sangue do menino, era de carne e osso. E teria um papel fundamental em sua vida.

15. **Especula-Cula**

"Nenhuma genealogia mineira é simples se se toma como única referência o fluir natural do rio do sangue."

A frase de *Menino sem passado* me vem à cabeça quando penso na relação entre Silviano e vovô Amarante: sem ter uma gota de sangue Amarante, o menino era mesmo o queridinho do coronel. E era lá, no pequeno bangalô do avô, que Silviano viveria sua Pasárgada.

Mas ir embora para Pasárgada nunca foi tarefa fácil. E com nosso personagem não seria diferente: o bangalô do coronel ficava longe de casa. Para Silviano, com pouco mais de 5 anos, chegar lá era mesmo uma grande aventura.

O caminho mais curto, pela Rua do Quintino, era proibido. Por ali, tinha de passar na zona meretrícia. E lá a madrasta não deixava. "Pode até ir, desde que você não passe por aquele lugar", ordenava Jura num discurso moralista para o menino. O trajeto ficava muito maior e ele tinha de subir uma ladeira enorme. Determinado, Silviano não desistia: queria muito ver o avô. Ficava exausto, mas ia.

Àquela altura, o todo-poderoso coronel Amarante já não era mais o mesmo. O valente homem, que tinha até roubado mulher dos outros no sul de Minas, não existia mais. O fazendeiro pecuarista, de muitas posses e grande negociador de cavalos, tinha ficado no passado. Vovô Amarante era um homem velho, alquebrado, triste. Convivendo com a viuvez e a solidão. "Ao receber-me sentado na cadeira de balanço, ele abre um abraço que teria sido de pêsames se de repente um raio de luz não se iluminasse no seu rosto. Julgo que a visita do neto ganhava significado para ele. Será por isso que, inconscientemente, eu a repetia?", especula Silviano em *Menino sem passado*.

*

Quem primeiro percebeu a facilidade que o menino tinha para especular foi o atento vovô Amarante. "Menino, menino: você nasceu com o bicho-carpinteiro no corpo", não cansava de repetir o coronel de forma carinhosa. O velho Amarante achava graça na capacidade argumentativa do neto. E logo lhe arranjou um apelido: Especula-Cula. "Às vezes acho que vovô Amarante já notava em mim uma grande facilidade para se comunicar, para articular pensamento. Você não acha?", me disse Silviano na época que publicou *Menino sem passado*.

A Pasárgada de Silviano, porém, duraria pouco: doente, com saúde frágil, vovô Amarante morreria no dia 28 de julho de 1945. Silviano tinha 7 anos. Com sua morte, sem poder contar mais nem com o abraço nem com a conversa do avô, o cinema e o gibi se transformariam na sua grande companhia.

16. Geração cinematográfica

Não chega a ser nenhuma surpresa que aquele que se transformaria num dos mais refinados escritores de sua geração tenha tido pouco contato com livros nos primeiros anos de vida. Na pequena Formiga, sem saber, Silviano viveria trajetória semelhante à de alguns outros escritores de sua geração, como os argentinos Ricardo Piglia e Manuel Puig, ou ainda o Nobel austríaco Peter Handke ou o indiano Salman Rushdie: todos, sem exceção, conheceram o cinema antes do livro.

Nenhuma coincidência. É a chamada "geração cinematográfica", conforme resumiria o crítico Cyro Siqueira, num artigo escrito em 1961. Para os jovens dessa geração, o cinema era o equivalente àquilo em que, a partir dos anos 1960 e 1970, se transformaria a música popular entre nós: a porta de entrada para a cultura.

Até hoje interessado em cinema, quem ler a ficção de Silviano com cuidado perceberá: nela a organização das cenas tem muito a ver com a dos filmes. E em muitos casos as cenas são até mais cinematográficas do que literárias. Ao longo de toda a vida, Silviano não cansará de repetir que nunca teve uma visão negativa da indústria cultural. E sua trajetória pessoal talvez ajude a explicar por quê: nascido numa pequena, e provinciana, cidade do interior do Brasil, o cinema e os quadrinhos seriam fundamentais para a sua educação sentimental. Em outras palavras: o mundo pop o levaria a se interessar também pela chamada alta literatura.

Se para o pai, doutor Sebastião, as notícias do mundo, as últimas da Segunda Guerra, chegam pela rádio inglesa BBC no programa transmitido por Manuel Braune (o Aimberê), para o pequeno Silviano, o mundo faz muito mais sentido quando ele lê uma HQ ou vai ao cinema.

Sentado na poltrona lendo seu jornal, o pai dentista logo percebe o obsessivo interesse do filho pelos quadrinhos. E reclama: diz que o menino só lê gibi e que nunca sai do cinema. "Por que não se informa de verdade e vai ler um pouco o *Correio da Manhã*?", sugere irritado. Dissimulado, Silviano finge interesse e pega o jornal. Tudo mentira: é só o pai virar as costas e lá vai ele de volta para o seu mundo infinito particular. E mergulha no universo dos super-heróis que combatem as forças do Eixo: Capitão Marvel; Namor, o Príncipe Submarino; Sombra; Super-Homem. Fica fascinado com o Tocha Humana. "Como um homem, todo coberto de fogo, consegue fazer isso?", especula.

*

É fácil chegar até o Cine Glória, que fica bem ao lado de casa. No cinema, que ele nunca paga, por conta de uma combinação feita pelo pai com o dono do lugar, Silviano não assiste só aos seriados de super-heróis, mas também a dramas e musicais. Por meio desses últimos, entra em contato com a sofisticada trilha sonora dos filmes norte-americanos e, por tabela, com as grandes orquestras, como as de Glenn Miller e Tommy Dorsey. A figura franzina, sentada sozinha na poltrona dura do cinema, sem peso suficiente nem para baixar o assento, faz lembrar o melancólico Toto, de *Cinema Paradiso*, dirigido por Giuseppe Tornatore.

Titanus/reprodução

Cena do filme *Cinema Paradiso*, de Giuseppe Tornatore.

Na distante Formiga, seja devorando as imagens dos gibis, seja na salinha escura, o Especula-Cula não para de exercitar a imaginação. O hábito, muitos anos depois, o ajudará no seu trabalho como escritor. Para Silviano, que gosta de fazer relações entre sua vida e a do poeta Carlos Drummond, cinema e gibi representaram para ele o que a história de Robinson Crusoé, das páginas da revista *O Tico-Tico*, foram um dia para o poeta de Itabira.

17. **Dona Luluta**

Com sua pastinha de couro, uniforme impecável e sapatos Tank Colegial, lá vai o Vaninho para a escola. Diferentemente da irmã Nilda, que bate o pé e não aceita estudar no mesmo lugar onde a madrasta é diretora, Silviano, o obediente, é matriculado na Escola Normal. É um menino introspectivo. De poucos amigos: Leopoldinho, filho do doutor Leopoldo – médico e o historiador oficial da cidade –, e Henriquinho, ou melhor, Henrique Frade, mais tarde o grande craque do time do Flamengo dos anos 1950 e 1960.

Na escola dirigida pela madrasta, conhece as primeiras letras com *O livro de Lili*. Muito usada para alfabetização entre os anos 1940 e 1960, a cartilha incomoda o menino. No livro, Lili e o irmãozinho João fazem parte de uma dessas típicas famílias de Instagram, sempre muito felizes e rindo o tempo todo, sem nenhum problema ou conflito. Sua vida não é assim.

*

Lucinda Santos, a dona Luluta. Em muitas de nossas conversas, o nome volta. E as lembranças, curiosamente, são menos da professora que ensinou as quatro disciplinas fundamentais (português, matemática, história e geografia), e mais de uma amiga, espécie de lanterna dos afogados daqueles anos, quando Silviano descobre que sua família é mais complicada do que a vida da menina Lili.

Nos quatro anos que passa na Escola Normal, um silencioso companheirismo se instala entre dona Luluta e o menino. A professora o acolhe. Sempre atenciosa, ela, no entanto, nunca sentirá dó do menino. A forma sábia de tratá-lo, dando carinho sem sentir pena, conquista Silviano. Bem mais tarde, quando já estiver na universidade e ler

Infância, de Graciliano Ramos, sentirá um misto de surpresa e prazer ao descobrir que também o escritor de *Angústia* teve uma Luluta em sua vida, chamada dona Maria. Silviano se remoerá de inveja do alagoano, ao constatar a linda imagem criada por ele: a metáfora da perua, que, quando a chuva despenca, tem uma só preocupação: abrir as asas para acolher, abrigar e proteger os peruzinhos. "Como capturar com uma imagem o que torna única a professora das primeiras letras e definitivo o papel do seu labor na formação dos alunos? Graciliano Ramos enuncia a verdade do magistério", escreve, em *Menino sem passado*, ao rememorar a bela imagem de acolhimento de Graciliano.

E talvez tenha sido mesmo esse acolhimento que fez com que Luluta conseguisse ensinar ao menino aquela que, provavelmente, será a maior lição que o pequeno receberá dela: a necessidade de ter disciplina em tudo o que fizer. "Ponha ordem na sua vida", não cansa de repetir a professora.

Silviano então descobre: não é preciso ser obediente para ser ordeiro. E começa a criar suas próprias regras.

18. **Irmão carioca**

"O senhor vai mesmo encontrar com ele? Pode me fazer esse favor? Desde que o Sebastião morreu, e no mês passado fez um ano, quero entregar estes papéis para o Silviano. Mas não consigo falar com ele."

Foi assim, de supetão, logo que sentei no sofá, que Myriam Ferretti me entregou aquela pasta. Morando sozinha em um luxuoso casarão de dois andares em Belo Horizonte, onde viveu com o marido e os filhos por mais de 50 anos, a viúva de Sebastião Santiago Filho parece preocupada que o presente chegue mesmo ao irmão do saudoso marido. "O Sebastião ia gostar que este material ficasse com o Silviano."

Em cima da mesa, abarrotada de matérias, a pasta de capa preta parece me vigiar durante toda a conversa. Nela, Sebastião guardaria, por décadas, reportagens sobre o irmão escritor publicadas em jornais e revistas: a primeira é de 1981, ano em que foi publicado *Em liberdade*. A última, de 2017. Após a morte do pai, em 1968, os dois raramente se falavam. Mas o distanciamento não impedia que Sebastião guardasse, de maneira sistemática, durante quase 40 anos e sem que Silviano suspeitasse, notícias do irmão, de quem tinha muito orgulho. Mas à sua maneira: de forma distante e silenciosa.

"O Sebastião adorava ouvir música clássica, tinha um gosto muito refinado. Eu sou menos de música: não ligo o aparelho nunca. A casa anda quieta, vazia", se queixa Myriam depois de ficar por alguns segundos olhando, mais uma vez, para a pasta e me servir um café. "Ele era muito inteligente, culto, tinha muita sensibilidade. Tanto que teve a preocupação de guardar todas essas matérias do irmão. Se o senhor quiser, posso lhe mostrar a quantidade de CDs e livros que ele deixou."

Se a irmã vanguardeira Hilda, eterna mãe vicária, teve enorme influência na vida afetiva de Silviano ao longo de toda a sua vida – basta pensarmos nas dezenas de cartas trocadas entre os dois –, não será menor o papel exercido por Sebastião em Silviano. Com o irmão "carioca" o menino começará a perceber que existe um mundo lá fora, além dos muros de Formiga.

*

Em março de 1945, o doutor Sebastião viaja para o Rio com o filho mais velho. Um ano antes, Sebastião Filho se formou no Ginásio Antônio Vieira e precisava agora começar o científico. Sem poder continuar os estudos em Formiga, o pai decide enviá-lo à capital federal. Motivado pela presença de um irmão, o tio Neném, que já morava no Rio e podia dar uma mão ao sobrinho, matricula o filho no internato no Instituto La-Fayette. No renomado colégio, localizado na Rua Haddock Lobo, na Tijuca, o menino ficaria por três anos.

A escola carioca era mesmo um lugar inovador nos anos 1940: foi, por exemplo, a primeira instituição de ensino a acolher alunos negros no seu internato. E também a primeira a ter jardim de infância. Mais: para desespero dos moralistas de plantão da época, o lugar aceitava como alunos filhos de pais desquitados.

Era mesmo um acontecimento quando Sebastião, que passava o ano inteiro na cidade grande, chegava à pequena Formiga para as férias escolares. Com um sotaque levemente acariocado, puxando o "s", antigetulista convicto e torcedor do Botafogo, era ele quem trazia as grandes novidades da capital federal. No Rio, Sebastião tomava contato com os grandes filmes dos anos 1940, que só podiam ser vistos por lá.

De quebra, ele ainda lia nos jornais cariocas a crítica cinematográfica, que vivia sua era de ouro.

Mas talvez a mais valiosa joia que Santiago Filho trouxera na bagagem tenha sido mesmo o livro *Unidades literárias: história da literatura brasileira*, de Virgínia Côrtes de Lacerda.

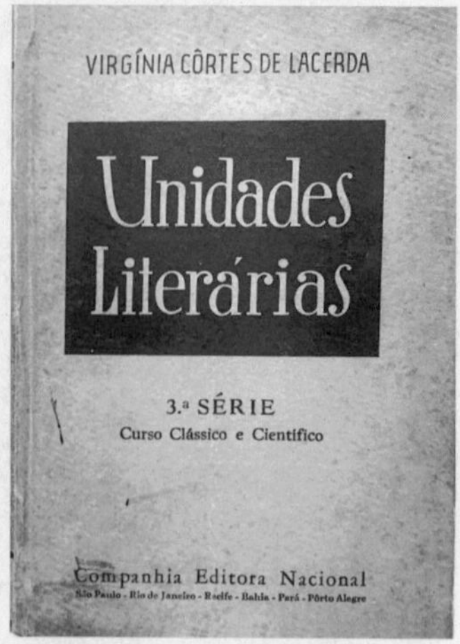

Arquivo pessoal/João Pombo Barile

Capa do livro *Unidades literárias.*

Destinado à terceira série dos cursos científico e clássico, o volume era um manual, atualizadíssimo, de nossa literatura. E se nas suas páginas os alunos tomavam contato com os autores clássicos, como José de Anchieta, Cláudio Manuel da Costa, Rui Barbosa ou Olavo Bilac, o livro trazia também os famigerados escritores modernistas: nomes como Carlos Drummond de Andrade, Graciliano Ramos, Érico Veríssimo, Marques Rebelo, João Alphonsus e Cyro dos Anjos eram estudados pelos alunos do Instituto La-Fayette. Assim, para ficar só num exemplo, o volume de 1944 já abordava, algo raro para a época, a obra do escritor Mário de Andrade.

Era preciso, ensinava o livro de Virgínia Côrtes de Lacerda, defendermos a fala brasileira, criando na escrita uma tradição mais próxima da linguagem falada natural, correta, mas sem a afetação literária da sociedade brasileira culta. Em um dos trechos – que certamente ficou no inconsciente de Silviano, que no futuro terá Mário de Andrade como uma das suas referências não só literárias, mas também existenciais –, o livro cita uma crônica de Manuel Bandeira, na qual o poeta pernambucano faz uma veemente defesa do autor de *Macunaíma*, comparando Mário com José de Alencar. E escreve:

> *Foi preciso que aparecesse um homem corajoso, apaixonado, sacrificado e da força de Mário de Andrade, para acabar com as meias medidas e empreender em literatura a adoção integral da boa fala brasileira. Não cabe aqui discutir os erros, os excessos, as afetações da solução pessoal a que ele chegou. Nada disso tira o valor enorme da sua iniciativa, a segunda, e muito mais completa e eficiente que a primeira de José de Alencar.*

Percebendo o interesse de Silviano pelo livro, Sebastião entrega o exemplar usado do curso a ele. Um presente que ficaria na lembrança do irmão mais novo.

Minas Tênis Clube/reprodução

Sede do Minas Tênis Clube em Belo Horizonte.

"Foi realmente um livro importante para mim: afinal de contas, tive contato com muitos outros livros didáticos ao longo da vida, mas me lembro bem é dele mesmo", me disse Silviano um dia, em 2024, sentado na varanda de seu apartamento, em Copacabana, quando lhe mostrei a foto de um exemplar do livro que tinha achado na Biblioteca Pública Estadual de Minas Gerais, em Belo Horizonte. "Lembro que o li com muito interesse quando estava começando a me preparar para fazer o exame de admissão para o Colégio Estadual, em Belo Horizonte. O livro me ajudou muito quando tive que estudar para o concurso. Você sabia que eu fiquei em sétimo lugar?"

19. **Por que não eu?**

A chance de Sebastião Filho de poder cursar o científico no Rio, além da transferência da irmã Hilda, acontecida um pouco depois, em 1948, para estudar Psicologia também na capital federal, desperta no menino Silviano o desejo: por que não eu? Se os dois irmãos mais velhos foram estudar fora, por que um dia ele não podia também?

Não deve ter sido fácil aquele ano 1947 para o doutor Sebastião. Com os filhos crescendo, o patriarca precisava decidir rápido. Ele mesmo formado em dois cursos superiores, Odontologia e Farmácia, e casado com uma professora, Sebastião sabia que os 11 filhos deveriam continuar estudando. E que em Formiga isso não era mais possível. Incentivado por Jura, começa a preparar a mudança da família para Belo Horizonte. "Meu pai sempre insistia que filho 'tinha de ter profissão liberal'. Ele adorava a expressão, já que era, discretamente, contra militar e padre. Já minha madrasta Jura tinha um nível intelectual bem superior ao dele, sobretudo em matéria de educação. Formiga tinha um bom ginásio e uma escola normal de boa qualidade. Mas parava aí", conta Silviano.

O dentista sabia, porém, dos riscos de uma mudança para a capital mineira. Na pequena cidade, o doutor Sebastião Santiago tinha nome e sobrenome. E o mais importante: um padrão de vida muito confortável. Em Belo Horizonte seria apenas mais um na multidão. Pragmático, o *padre padrone* traça então uma estratégia de sobrevivência da família.

No clássico "Manda quem pode, obedece quem tem juízo", o pai simplesmente comunica ao filho mais velho que, assim que terminar o cientifico no Rio, Sebastião Filho morará em Belo Horizonte. Lá vai prestar vestibular para Odontologia. O plano é simples: enquanto ele se forma dentista, o pai trabalhará no seu pequeno consultório. Simultaneamente, o velho Sebastião prepara a montagem de uma pequena loja de artigos dentários. Previdente, repetirá a fórmula que tinha dado certo em Formiga: aliar consultório e comércio. O filho mais velho, obediente, segue à risca a ordem e, depois de formado, herdará o consultório e, por tabela, os clientes.

Já para Silviano, os planos do pai eram mais modestos. Com a morte de vovô Amarante, em 1945, que ajudava financeiramente o enteado, a vida ficou mais difícil. Mandar mais um filho para estudar na capital federal não cabe mais no orçamento do doutor Sebastião, que dá então o veredicto: logo que se formar no Grupo Escolar, em Formiga, o sexto da escadinha deve tentar uma vaga no Colégio Estadual, na capital mineira.

Sebastião Filho e Silviano, um ano antes da família, se mudam então para Belo Horizonte. E passam a morar numa pensão na Avenida João Pinheiro. O filho mais velho se prepara para o vestibular na

UFMG. Silviano tentará uma vaga no Colégio Estadual. Alguns meses depois, o pai alugará uma casa, na Rua dos Timbiras, 2.809, do colega e amigo doutor Michel Khoury, e, dessa maneira, toda a família se instalará na capital. O primeiro endereço dos Santiagos-Cabral ficava a um quarteirão e meio da futura casa da Rua Mato Grosso, onde Silviano moraria até deixar Belo Horizonte, em 1961.

*

Quando Silviano prestou o concurso, o Colégio Estadual já era quase centenário. Primeiro estabelecimento de ensino público criado em Minas, a escola, fundada em 1854, em Ouro Preto, chamava-se então Liceu Mineiro. Em 1898, com a mudança da capital para Belo Horizonte, o colégio passou a se chamar Ginásio Mineiro. O colégio era então a maior referência educacional do estado. Uma vaga ali era disputada a tapa. Mesmo sem contar com uma biblioteca pública em Formiga nem com muitos livros na casa do pai, Silviano conseguirá uma vaga no tradicional colégio.

Nas suas lembranças, ele teria passado em sétimo lugar no disputadíssimo concurso. E, para orgulho de todos na família, seu nome saiu até no jornal. Folheando o *Diário Oficial* de dezembro de 1948, este biógrafo, preso aos fatos, constatou que ele, na verdade, chegou mesmo foi em décimo lugar. Silviano se divertiu quando enviei a ele um "zap" mostrando uma foto da página com o resultado. Ele me respondeu de pronto. "Eu nunca tinha visto o jornal. Só escutava as pessoas dizerem. Tô lá atrás, o mito do sétimo lugar caiu. Rs".

20. **Os bondes de Curral del-Rei**

> *Como foi possível em tão pouco tempo crescer tanto a capital que em 1897, a receber as prerrogativas da sede do governo do Estado, quase nada diferia ainda do velho e cismarento Curral del-Rei? É verdade que Belo Horizonte surgiu ao sopro criador dos ideais da República. Foi o despertar do novo regime que sacudiu o povo da inércia em que se mergulhara nos últimos anos da Monarquia, que possibilitou a execução do arrojado e temerário plano de transferência da capital.*

A matéria em tom ufanista, de dezembro de 1947, publicada no *Diário Oficial de Minas Gerais* em comemoração aos 50 anos de BH, e na mesma semana em que era divulgada a lista dos aprovados para o Colégio Estadual, reflete o clima da cidade quando Silviano chegou à capital mineira. Com Juscelino Kubitschek prefeito, nomeado em 1940 pelo governador Benedito Valadares, Curral del-Rei vive uma verdadeira revolução cultural promovida pelo político de Diamantina.

JK tinha pressa. E, logo nos primeiros meses como prefeito, convida um jovem carioca para visitar a cidade, um tal de Oscar Niemeyer. E lhe faz um desafio: criar, em 24 horas, um conjunto arquitetônico para ser construído às margens da represa da Pampulha. O jovem arquiteto não se intimida: tranca-se num quarto de hotel e vira a madrugada. Na manhã seguinte, todo o projeto está pronto: a Casa do Baile, o Iate Clube, a Igreja de São Francisco e o Cassino (que mais tarde, com a proibição do jogo, se transformará no Museu de Arte) são concebidos de uma só tacada. Ambicioso, e já de olho na presidência da república, JK não quer, no entanto, ser lembrado apenas pela Pampulha. Cria ainda uma orquestra sinfônica e o Museu Histórico Abílio Barreto e promove uma Exposição de Arte Moderna. E, *last but not least*, convence o pintor Alberto Guignard a mudar-se do Rio para a capital mineira. Em BH, o mestre carioca ajudará a criar a Escola de Belas Artes. Na instituição, Guignard terá entre seus alunos jovens como Amilcar de Castro, Farnese de Andrade, Lygia Clark, Wilma Martins, Leda Gontijo, Mary Vieira, Maria Helena Andrés e Heitor Coutinho.

Algumas semanas depois daquele "zap" que lhe mandei com a lista dos aprovados no concurso do Colégio Estadual, Silviano esteve em Belo Horizonte para participar de uma homenagem ao historiador Francisco Iglésias. Era a primeira vez que ele voltava a Minas depois do fim da pandemia e da morte da irmã Nilda, em 2021. Embora tentasse dissimular, estava visivelmente emocionado: era na casa da irmã que costumava se hospedar quando vinha a Belo Horizonte desde a morte do pai, em 1968. Sem a mana, foi obrigado a se hospedar num hotel. Ele então me convidou para almoçarmos no restaurante do Minas Tênis Clube, na Rua da Bahia. Funcionando desde os anos 1940 no prédio desenhado pelos arquitetos Raffaello Berti e Luiz Signorelli em estilo *art déco*, o restaurante era mesmo o lugar ideal para conversarmos sobre os distantes anos 1940, quando se mudou para BH.

Arquivo da família

Sebastião e filhos no jardim da casa de Belo Horizonte.

Durante o almoço lhe mostrei algumas matérias de jornal sobre o cinquentenário da cidade que tinha encontrado na Hemeroteca Histórica da Praça da Liberdade. Queria aproveitar o cenário do tradicional restaurante do Minas para ver se conseguia arrancar algumas lembranças de seus primeiros anos na cidade. Quais recordações ele guardava do JK como prefeito e governador? Será que aquele período poderia ter influenciado na sua formação?

Durante os cinco minutos que durou minha leitura daquelas matérias sobre os anos dourados mineiros, Silviano não esboçou reação: da construção da Pampulha ao período em que o pintor Guignard foi professor em BH, ouviu tudo calado. Parecia pouco interessado na conversa. Ao final, deu apenas o seu sorriso de Mona Lisa, típico de quando ouve algo de que não gosta ou que não aprova, e disparou.

"Claro que toda essa efervescência não teve nenhuma importância para mim. Eu não tinha nem 12 anos, se esqueceu disso? Quando cheguei a Belo Horizonte, além de tirar boas notas no Estadual, eu só tinha mais uma preocupação: aprender a andar de bonde, já que um pouco depois de minha chegada, em 1949, começaria a trabalhar como entregador da loja do papai."

21. Tédio no Estadual

Uma vida de rotina, sem muita graça. Desinteressante. Assim serão os primeiros anos do menino de Formiga na nova cidade. De manhã, aula no Estadual. À tarde, pulando de um bonde para outro, trabalhando como entregador na Dental Santiago.

O Colégio Estadual, que teve ao longo de sua história nomes como a presidenta Dilma Rousseff, a atriz Elke Maravilha, o cartunista Henfil, o jogador de futebol Tostão e os jornalistas Humberto Werneck e Lucas Mendes, não deixaria saudades em Silviano. No corpo docente, Aluísio Pimenta, Wilton Cardoso e Heli Menegale serão alguns dos professores que lembra terem sido seus mestres: nenhum deles com brilhantismo. As aulas eram chatas. De literatura mesmo, só leituras meio bobas, como de *Páginas floridas*, uma popular antologia de textos da época, organizada pelo catedrático paulista Silveira Bueno, que era leitura obrigatória no Colégio.

Mesmo sem grande convicção, Silviano, muito disciplinado, enfia a cara nos livros. O obediente filho do doutor Sebastião não quer decepcionar o pai, que anda todo orgulhoso de ter um filho estudando na famosa escola.

Aos poucos o menino de Formiga se ambienta à cidade grande. A casa dos Santiagos, na Rua Mato Grosso, entre Aimorés e Bernardo Guimarães, fica perto do campo do Atlético. Por que não tentar algum esporte? Silviano vira então sócio-atleta do time do Galo. E chega até a dar umas braçadas na piscina. Verdade que sem muito sucesso. "Tentei nado de peito: um fracasso. Fui para o nado de costas: ainda pior. Consegui ter os ombros abertos, o que é bastante para o mineiro, mas não o suficiente para dizer que fui um sucesso na natação", me disse Silviano durante o almoço.

Competitivo, logo arranja um concorrente: o menino Sérgio. Ou melhor: Sérgio Gomes de Vasconcellos. Todos no Estadual sabem quem é. O sobrinho de dona Sara, mulher de JK, sempre tira as melhores notas da sala. O menino sem passado bota então na cabeça: "vou ser melhor do que o Sérgio".

Triste ilusão: Serginho, que mais tarde se transformaria no poderoso dono de uma das maiores empresas de engenharia do país, a Sergen, é determinado. Caxias, só tira notão. Ganha sempre. O menino de Formiga não é páreo para ele. Desanimado, o filho do doutor Sebastião começa a se dar conta de que talvez não tenha nascido para ser engenheiro. E, ao final do terceiro ano no Estadual, Silviano já não tem quase mais nenhum interesse pelos estudos.

O tédio bate forte.

Mais uma vez, Silviano será salvo pelo cinema.

Arquivo da família

Praça Sete em Belo Horizonte nos anos 1950.

22. **Sábado à noite**

Sentado à mesa na varanda do restaurante do Minas Tênis Clube, Silviano rememora o trajeto da linha do bonde Calafate. Mais de meio século depois, ele ainda gosta de lembrar as inúmeras vezes que ficou, com o amigo Ezequiel Neves, no ponto final da Rua dos Carijós esperando o bonde. A lembrança de Zeca nos remete ao início dos anos 1950 e à grande descoberta de Silviano no período: o Centro de Estudos Cinematográficos (CEC).

Pergunto a ele se foi mesmo o irmão Sebastião Filho, quando Silviano ainda estudava no Estadual, quem teria sugerido a ele que procurasse o CEC. Afinal, o irmão sabia de sua paixão pelo cinema desde os tempos de criança em Formiga.

Arquivo da família

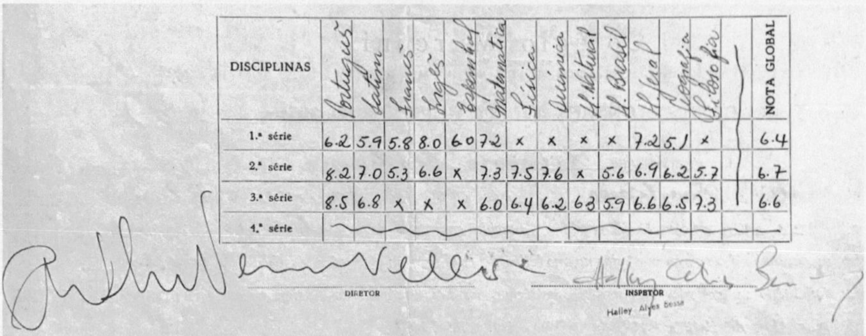

DISCIPLINAS	Português	Latim	Francês	Inglês	Espanhol	Matemática	Física	Química	H. Natural	H. Brasil	H. Geral	Geografia	Filosofia		NOTA GLOBAL
1.ª série	6.2	5.9	5.8	8.0	6.0	7.2	x	x	x	x	7.2	5.1	x		6.4
2.ª série	8.2	7.0	5.3	6.6	x	7.3	7.5	7.6	x	5.6	6.9	6.2	5.7		6.7
3.ª série	8.5	6.8	x	x	x	6.0	6.4	6.2	6.3	5.9	6.6	6.5	7.3		6.6
4.ª série															

DIRETOR

INSPETOR

Halley Alves Besse

Boletim escolar de Silviano no Colégio Marconi.

"Deve ter sido o Sebastião, sim, mas não tenho certeza. Nessa época eu já trabalhava como balconista na loja do papai e atendia o Paulo Arbex, que além de crítico de cinema era também dentista. E também já era amigo do Mauricio Gomes Leite, que tinha conhecido no Estadual. Pode ter sido qualquer um dos três."

Quando Silviano começou a frequentar o CEC, em 1952, o cineclube ainda não funcionava na sua sede mais longeva, o andar de cima do Cine Art-Palácio. Ficava no Clube Belo Horizonte, na Rua da Bahia, em cima do Cine Guarani. Comandado pelo jornalista e poeta Jacques do Prado Brandão, o CEC reunia os poucos gatos pingados que, na Belo Horizonte dos anos 1950, se interessavam por cinema de arte na cidade. Além de Jacques, ajudariam na criação do CEC os críticos Cyro Siqueira e Fritz Teixeira de Salles. Com sede para lá de modesta, o clube de cinéfilos tinha uma máquina de projeção de 16 milímetros bem capenga, cadeiras sem estofamento, sobreviventes do extinto Cine Floresta, som péssimo e projeção em lençol branco preso à parede.

A precariedade do lugar desperta o interesse de Silviano, que se oferece para trabalhar, voluntariamente, para o clube. Acostumado à vida dura de balcão na loja do pai, e já quase sem nenhum interesse pelas aulas no Estadual, o espírito ordeiro de Silviano será importante para ajudar a viabilizar o dia a dia do cineclube nos próximos anos. Silviano era um faz-tudo: buscava o rolo dos filmes no correio, ajudava na exibição e, com Mauricio Gomes Leite, era o responsável pela redação do boletim semanal do CEC.

*

O gabinete do Dr. Caligari, *O encouraçado Potemkin*, *Ivan, o terrível*, *A paixão de Joana d'Arc*, filmes da vanguarda francesa como *Um cão Andaluz*, além dos clássicos norte-americanos e italianos. Impressiona a lista dos filmes exibidos pelo CEC naquela distante década de 1950. Como explicar que, num mundo muito anterior ao do *streaming*, um pequeno clube de cinema conseguisse ter acesso a tantos filmes importantes?

Além dos contatos de Cyro Siqueira, que na época já trabalhava como crítico do jornal *Estado de Minas* e tinha um bom relacionamento entre os distribuidores, que lhe arranjavam cópias dos filmes, um nome é crucial para entendermos o sucesso do CEC: Paulo Emílio Sales Gomes. Exilado em Paris durante a ditadura de Vargas, o crítico paulista trabalhou na França com Henri Langlois, o todo-poderoso diretor da Cinemateca Francesa. No retorno de Paulo ao Brasil, Langlois ofereceu ao brasileiro cópias dos filmes da Cinemateca Francesa, que passarão a fazer parte do acervo da Cinemateca Brasileira. Conhecido de Jacques, Paulo emprestava as cópias da cinemateca paulistana aos amigos mineiros.

Quase no fim do almoço, mostro a Silviano um artigo de Mauricio Gomes Leite, publicado no final dos anos 1970, no qual o amigo fazia uma espécie de balanço daqueles anos do CEC. E escrevia:

> *Não era um clube; não era um centro erudito de estudos, não era nem mesmo um "cineclube" como os que surgiram depois por todo o Brasil. Era um fenômeno – único no país – de aglutinação de personalidades diversas, de pequenas ambições culturais, de sonhos diurnos movidos por essa incrível mania mineira de analisar tudo, de assumir o cerco da montanha através de escavações até o fundo das coisas, de vencer uma natural timidez buscando o diálogo com o outro, com todos. O CEC*

era a busca "do outro", e ele estava menos na tela do que nas panorâmicas que fazíamos em volta de nós mesmos, numa espécie de desafio e competição que acabaram dando numa ação coletiva extremamente original: nenhum programa, nenhuma teoria fixa, apenas ideias soltas no ar, no bar, recolhidas no fim da noite pelo inconsciente de cada um, transformadas no dia seguinte em projetos individuais – e no fim cada um seguindo o seu contraditório caminho.

Depois da total indiferença demonstrada pelo material que eu lhe tinha lido sobre a Belo Horizonte dos anos 1950 de JK, Silviano se interessou pelo artigo do amigo.

"É incrível como, nos anos 1950, a gente conseguia ter acesso ao melhor do cinema sem sair de Belo Horizonte. Só percebi isso em 1961, quando fui para Paris e, frequentando a Cinemateca Francesa, vi que já tinha assistido a praticamente todos os filmes que estavam na programação."

23. **O caminho de Santiago**

A regra era simples. Quem tomasse duas bombas consecutivas era "convidado" a sair da escola. Não deu outra: sem nota suficiente em Matemática, Física e Química, Silviano foi expulso do Colégio Estadual no final de 1953. O caminho de Santiago começava a ser traçado. A partir de agora, só duas coisas vão interessar ao menino sem passado: as sessões de sábado à noite no CEC e a vida boêmia nos bares da capital.

A expulsão não chegou a ser uma surpresa para o doutor Sebastião. O pai controlador já andava meio desconfiado. Às vezes, na hora do jantar, Silviano insinuava que talvez não fosse mais estudar Engenharia. Quem sabe Arquitetura? Talvez Direito. E, se continuava responsável e pontual no trabalho da loja, o filho obediente já não era mais o mesmo: nos últimos meses, andava metido em noitadas, chegando tarde em casa. Estava até mesmo, garantia um amigo fofoqueiro do pai, frequentando um antro de comunistas: o escritório do jornalista Felipe Calvo, um quadro do Partido Comunista Brasileiro em Belo Horizonte. O que o dedo-duro não sabia era que Silviano ia lá para rodar o boletim do CEC no mimeógrafo do jornalista.

Expulso do Estadual, o menino tem de pensar rápido. E decide trocar o científico pelo clássico. Pragmático, ele tem então uma ideia: por que não o Marconi? O colégio é pertinho de casa. Lá poderia conciliar trabalho e CEC.

Fundado pela comunidade italiana de Belo Horizonte durante os anos da ditadura de Benito Mussolini na Itália, o Colégio Marconi reunia muitas histórias sobre seu passado fascista. Numa delas, especulava-se que a planta do prédio, projeto do arquiteto Luiz Signorelli, quando vista de cima, formava a letra M. E que seria tanto uma homenagem a Marconi, o famoso físico italiano, quanto ao ditador fascista Benito Mussolini.

Trabalhando lá desde sua criação, em abril de 1936, entra em cena na nossa história agora um personagem que terá papel decisivo no futuro de Silviano: Arthur Versiani Velloso.

Amante incondicional da obra do filósofo alemão Immanuel Kant e um dos fundadores da UFMG, Versiani é um dos nomes mais importantes da história da educação em Minas. Tendo estudado filosofia com Émile Bréhier e psicologia com Mira y López, lecionou em várias escolas da capital mineira. Frequentador das principais rodas intelectuais da cidade, que geralmente se reuniam nos bares da capital, Velloso era amigo de artistas e escritores. Homem de espírito aberto, sua índole iconoclasta destoava daquela Belo Horizonte da primeira metade do século passado. Um homem tão interessante que acabaria virando personagem de dois romances ambientados na Belo Horizonte de seu tempo: em *O amanuense Belmiro*, ele é o filósofo Silviano, personagem do *roman à clef* de Cyro dos Anjos. Já em *Um artista aprendiz*, de Autran Dourado, ele será Sinval de Souza.

Já tínhamos pedido o café e a conta quando começamos a lembrar o mestre Versiani. Sempre achei divertida a história que Silviano já tinha me contado inúmeras vezes. Do acordo feito pelos dois, logo que ele começou a estudar no Marconi. O petulante adolescente se comprometeria a tirar nota 10 em todas as matérias (Português, Latim, Francês, Inglês, História Natural, História do Brasil, História Geral), desde que Versiani também se comprometesse a não dar bomba nele em Física, Química e

Matemática. Mostro para Silviano uma foto do seu boletim escolar do Marconi: em nenhuma das matérias, nos três anos que passou por lá, encontrei as tais notas 10 prometidas a Versiani. Silviano se diverte ao ver o boletim. "Muitos professores do Marconi me odiavam por causa disso."

Arquivo da família

Cena da peça *Pluft, o fantasminha* com os atores João Marschner, Silvio Castanheira e Ezequiel Neves.

Alguns dias depois daquele almoço, mandei um trecho que tinha encontrado de *O amanuense Belmiro*, livro que muitas décadas depois do lançamento ganharia um estudo de Silviano. Nele, Cyro descreve o personagem Silviano, inspirado em Velloso.

> *Estranho homem, Silviano. Não conheço criatura mais complexa. Às vezes tenho a impressão de que, em frente dele, me acho em presença não de um indivíduo, de uma unidade, mas de um ser múltiplo ou, antes, perco a noção de "ser" para ter apenas o pressentimento de que lido com algo extra-humano e puramente cerebral, qualquer coisa como um conflito de paixões que transborda das fronteiras do indivíduo. E há de tudo nele, desde o ridículo até o espantoso.*

"Sua cara", provoquei no "zap".

Silviano respondeu de pronto.

"Você é quem sabe, rs. Ainda não me olhei no espelho hoje. Só olho na hora de fazer a barba."

OS MINEIROS

RUBEM BRAGA

Os mineiros, eu conheço os mineiros. E' de vê-los, os mineiros, quando uma tarde se telefonam e se dizem — que a Vanessa chegou. Durante dois, três dias, sempre que se encontram na rua ou em um bar, êles se detêm um instante como duas formigas que se cumprimentam e anunciam que a Vanessa está aí. Eu jamais vejo Vanessa, mas sei que ela veio magra ou cortou os cabelos ou engordou; creio que nenhum deles namora Vanessa, mas a presença de Vanessa e mesmo a simples iminência da presença de Vanessa é uma espécie de senha que os faz estremecer. As vêzes vem Milton, às vêzes vem Abguar, e sinto que Rodrigo telefona a Afonso e a Drumond. Ainda não me expliquei é como vem Emilio Moura. E' difícil supor Emilio Moura numa poltrona de avião ou mesmo dentro de um trem. Parece que Emilio Moura se desencarna em Minas e se reincarna lentamente nas imediações da casa de Fernando Sabino. Então se faz anunciar — e é como se da sagrada fortaleza de Machu Picchu descesse do vale de Ollantaitambo o Supremo Inca Lento e Manso. Lentamente vão chegando Paulo Mendes Campos, Oto Lara Rezende, Helio Peregrino, Marco Aurelio Matos, a quem Emilio diz com doçura — "estive ontem com seu pai".

Uma vez eu estava presente, mas de súbito compreendi que se ia realizar um rito exclusivamente mineiro e achei melhor me retirar. Eles ficaram sussurrando. E o Dornas? E o Otavio Dias Leite que às vêzes está bebendo, às vêzes parou de beber? Emilio Moura fala, êle é paciente como uma ladeira de Belo Horizonte de madrugada. "Vocês têm ido à casa do Anibal?" Fala pouco de literatura, alguma coisa de política, dá noticias de pessoas, alguem recebeu carta do Ciro, é lembrando Guilhermino e citada uma crônica de Jair Silva, pergunta-se por Pedro Nava. E como vai o Newton Prates? Quase sempre Emilio diz que Murilo Rubião disse que vem ao Rio. O mais que êles falam é segredo mineiro; suspeita-se de que debaixo do maior sigilo comentam pessoas de Pernambuco, do Rio Grande do Sul e outros paises estranhos e certamente bárbaros; tramam ocupar novos territórios capixabas e sonham com um pôrto de mar — pois assim são os mineiros.

No fim de dois, de três dias, eu já posso ser admitido à presença de Emilio Moura (à presença de Vanessa nunca fui) é quase sempre êle nesse momento está dando noticias de Alphonsus de Guimarães Filho ou de Etienne Filho — de algum filho de Minas. Eu fico quieto. Porém quando êle me dirige um olhar como que me concedendo licença para falar, então eu lhe pergunto se Hermenegildo Chaves ainda se chama Monzéca, ainda toma cafèzinho e come bolinho de feijão. Ele sorri com afeto e diz que sim. Então eu fico tranquilo e, absolutamente, ainda confio em Minas.

11/7/54

Arquivo da família

Crônica de Rubem Braga, publicada na revista *Edifício*.

Por essa época, Ezequiel Neves (Zeca) também foi estudar no Marconi. Expulso do Colégio Arnaldo por mau comportamento, e sabendo que Silviano não poderia mais continuar no Estadual depois da segunda bomba, tinha sido dele a sugestão de que Silviano também fosse estudar lá. O período seria definitivo na consolidação da amizade, que duraria até a morte de Zeca, em julho de 2010.

Silviano já conhecia Zeca, de vista, dos encontros no CEC. Nas sessões de cinema de sábado à noite, o jeito descolado do amigo chamou sua atenção. O discreto rapaz de Formiga, tímido e introspectivo, gostou logo de cara da desenvoltura daquele belo-horizontino durante os debates que aconteciam no CEC depois da exibição dos filmes. Ousado, Zeca usava roupas extravagantes, *à la* James Dean. Silviano era o seu oposto. O jeito espalhafatoso do amigo, que horrorizava a conservadora Belo Horizonte dos anos 1950, conquistou Silviano, que assim se recordaria dele num depoimento a Rafael Lovisi, em 2022.

> *Ele demonstrava enorme interesse pelas pessoas de quem gostava, que admirava ou amava. Isso desde cedo. Pertencemos inicialmente a uma geração cabralina, graciliana e concreta, e por isso ele se destacava por ter nitidamente um temperamento sentimental. Era dos que "gostavam de gente", como dizíamos. Da mesma maneira que gostava, poderia também facilmente odiar*

gente. Funcionava por extremos, ao passo que os demais do grupo tinham tendência ao equilíbrio mineiro. De todos, também foi o único que não teve profissão bem definida. Vivia ao sabor das circunstâncias, enquanto os demais iam-se apegando mais e mais a um emprego ou a um posto. Tinha algo do anarquista e que talvez o tenha levado aos exageros em matéria de prazeres de "vida loca". De longe, foi o mais destemido de todos da geração.

*

O *enfant terrible* Ezequiel Neves começou no jornalismo muito cedo: sua primeira publicação aconteceria ainda criança, no Suplemento Infantil do jornal *Folha de Minas*. Lá conheceria a contista Vanessa Neto, de quem se tornaria grande amigo. Nome hoje completamente esquecido, Vanessa era a grande musa da geração da revista *Edifício*, tendo virado até o tema de uma crônica de Rubem Braga: "Os mineiros".

Grande agitadora cultural, seria Vanessa quem introduziria o jovem Ezequiel na vida intelectual de Belo Horizonte.

Arquivo Hemeroteca Histórica da Biblioteca Pública Estadual de Minas Gerais

um reporter nas letras e nas artes

Affonso Romano de SANT'ANNA

EZEQUIEL ESPERANDO O NOVO LIVRO DE CLARICE:

A ESCURIDÃO É COMPLETA E OS ÍDOLOS FAZEM-SE AREIA

O palco me dá segurança — COMPLEMENTO foi minha tábua de salvação — Sublimação em vez de literatura

Prosseguindo nas entrevistas com membros do grupo "Complemento", entrevistamos Ezequiel Neves, um dos fundadores da revista, nascido em 1936, uma das inteligencias mais vivas do grupo. Da Literatura, Ezequiel passou ao teatro, onde se diz ter encontrado. Vejamos a entrevista que ela diz tudo.

— EZEQUIEL NEVES —

P — Trocou a literatura pelo teatro?

[...] termine. Escrevo-a por vingança a mim mesmo e a mais meia duzia de pessoas. Ainda não tem titulo e quem sabe? se publicada me obrigue a mudar de país." É melhor não falarmos nela.

P — Qual a sensação que o teatro lhe dá?

R — Acho a pergunta meio inábil, mas você acertou usando a palavra sensação. Os unicos momentos em que me sinto seguro de mim, são os que estou pisando num palco; logo a sensação é de segurança. Como já disse, sou introvertido, coisa que sempre contribui para que eu fuja da multidão. Pois bem, quando estou sobre um palco é como se eu mandasse às favas esta multidão. Inclusive me despersonalizando para buscar o personagem que interpreto, me sinto completamente livre para enfrentar um publico que Ezequiel temeria. Será que estou novamente oferecendo material para algum psiquiatra?

P — Pretende continuar fazendo teatro?

[...] em estado selvagem), Silviano Santiago e seu heterônimo, poeta-maior: — Antonio Nogueira, Ary Xavier, Ivan Angelo, Terezinha A. Pereira, Heitor Martins (que apesar de já lançado literariamente colaborou conosco ajudando bastante), Augusto Degois, Mauricio Gomes Leite, João Marchner e tantos outros.

P — Terminando, uma pergunta sôbre o futuro; quais seus planos?

R — Prefiro não pensar muito no futuro. Espero até os fins de 59 poder ler o novo e tão anunciado livro de Clarice Lispector, terminar a leitura de "Ulisses" de Joyce (em espanhol) que comecei em 1955, e que ainda faltam umas trezentas páginas. Espero poder ler os contos de Truman Capote anunciados por uma editora brasileira. Talvez resolva também mudar para S. Paulo, a fim de cursar a Escola de Arte Dramática de Alfredo Mesquita. Isso porém, depende de muita coragem, coisa que me falta, infelizmente.

Detalhe de entrevista com Ezequiel Neves para o jornal *Diário de Minas*.

Toda semana Zeca batia ponto na casa da família de Vanessa. Lá, o pai, o empresário Oscar Neto, organizava festas animadas e recebia os amigos: Autran Dourado, Francisco Iglésias, Jacques do Prado Brandão e Murilo Rubião eram presenças constantes. Quando estavam em Minas, Cecília Meireles e Augusto Frederico Schmidt também podiam ser vistos na bela casa no bairro Serra.

Zeca assistia a tudo de camarote. Foi lá, por exemplo, que conheceu o escritor Lúcio Cardoso, tio de Vanessa. Sempre muito festeiro, quando não estava na casa da contista, Zeca ainda podia ser visto nas festas na casa do artista plástico Heitor Coutinho.

"Havia um clima de boemia endinheirada e descontraída, competitiva e maledicente. Feliz e invejosa do sucesso, que só fui encontrar semelhante durante a leitura que faria anos depois do romance *O grande Gatsby*, de Scott Fitzgerald, e, claro, dos escritos de Dorothy Parker", escreveria Silviano em *Mil rosas roubadas* ao se lembrar desse período.

A amizade, ainda quase menino, com a refinada Vanessa Neto e seus amigos intelectuais renderia frutos. Com pouco mais de 15 anos, Zeca entra em contato com o melhor da literatura. Quando conheceu Silviano, no início dos anos 1950, ele já conhecia a obra de Carlos Drummond, Clarice Lispector, Octavio de Faria, Fernando Sabino, Otto Lara Resende, Hélio Pellegrino, Paulo Mendes Campos, Emílio Moura e Henriqueta Lisboa. Trabalhando como funcionário da Biblioteca da Faculdade de Medicina da UFMG, aproveitava o tempo vago para ler. Disciplinado, antes de completar 18 anos já tinha lido, de cabo a rabo, os 17 volumes da edição da *Comédia humana*, de Balzac, organizada por Paulo Rónai.

"Quando o conheci, Zeca era, de longe, muito mais bem-informado em matéria literária do que eu e o Mauricio Gomes Leite, que, na época, só queríamos saber de cinema. Me lembro dele me indicar a leitura de livros importantes que eu na época nem supunha que existissem", me contou Silviano numa conversa que tivemos em 2008. "Foi por indicação dele, por exemplo, que li os *Diários* de Amiel e de Katherine Mansfield. Lembro também dele me indicando *Judas, o obscuro*, do Thomas Hardy, *Niels Lyhne*, de Jens Peter Jacobsen, e o romance *Poeira*, de Rosamond Lehmann. Além, é claro, dos livros de Jean Cocteau, Julien Green e François Mauriac."

Arquivo pessoal/João Pombo Barile

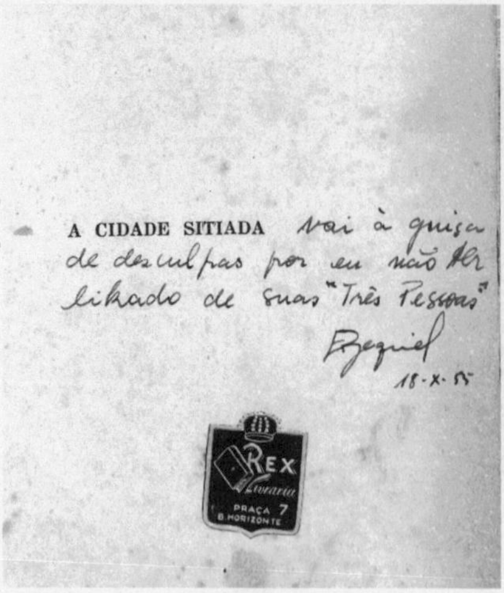

Dedicatória de Ezequiel Neves para Silviano do livro *A cidade sitiada* de Clarice Lispector.

Arquivo pessoal/Guilherme Horta

Disco em 78 rpm que pertenceu a Ezequiel Neves.

Dono de um oceânico conhecimento literário, Zeca nunca exibia sua erudição. Pelo contrário: gostava de vender a imagem de grande porra-louca, meio desmiolado e desinformado. Autor de deliciosos e informativos textos, publicados ao longo de toda a vida em publicações como o *Jornal da Tarde* e as revistas *Pop*, *Rolling Stone* e *Somtrês*, Zeca jamais se interessou em reunir sua produção em livro. O que chegou mais perto de virar realidade tinha até nome: *Pílulas de rock do Dr. Zeca.* E seria organizado pelo próprio Silviano. O volume ia reunir textos e frases espirituosas que Ezequiel tinha escrito em seus 74 anos de vida intensa. Mesmo com o interesse demonstrado por algumas editoras pelo livro, o projeto nunca se concretizava: em cima da hora, Zeca sempre acabava desistindo. Em 1996, quando fez 60 anos, ficaria mais uma vez tentado a publicar um livro. Dessa vez um romance. Mas que também ficou só na intenção.

No único livro que chegaria a publicar, já no final da vida, doente, e em parceria com Guto Goffi e Rodrigo Pin (*Barão Vermelho: por que a gente é assim*), Zeca continuaria a cultivar a imagem do poeta da *vida loca.* E se autodefiniria assim:

> *Aos 5 anos de idade, o menino José Ezequiel Moreira Neves, nascido em Belo Horizonte em 1935, sentiu dores insuportáveis no abdome. Dona*

Zezé agarrou o franzino Zeca, filho do meio entre duas meninas, e o levou à mesa de operação de um colega do Dr. Aroeira, pai da criança com apendicite. Extirpadas as vísceras podres, após diagnosticarem também uma peritonite, imaginava-se que o garoto fosse cessar o berreiro. Nada feito. Aquele frágil corpo não resistia às dilacerantes pontadas que vinham da barriga supurada e inchada. Na primeira noite do pós-operatório, o choro do menino enlouqueceu as freiras do ambulatório, que o fulminaram com o alívio geral imediato: uma dose de morfina da melhor qualidade.

Sucesso total! Zeca, exausto e agora nas nuvens, apagou. Com ciência dos pais e ajuda das freiras, teve assim sua primeira experiência com drogas pesadas. E adorou.

Nos dias que se seguiram, percebendo a onda poderosa da morfina, chorava mais. E ganhava novas aplicações. Quanto mais davam, mais ele queria. Convenceu-se, já em 1940, de que a dor não bate bem.

Alcoólatra desde os 9 anos de idade, "trissexual convicto" aos 12, após se apaixonar por Marlon Brando, aos sintomáticos 24 Ezequiel já transava teatro. Tinha nas costas dezenas de peças de autores de vanguarda dos anos 50. Com a morte da mãe viúva, sentiu-se livre para ir para São Paulo. Na maior cidade do país, esperavam-no trabalhos com os geniais diretores Antunes Filho, José Celso Martinez Corrêa e Zbigniew Ziembinski. Dirigido por eles, encenou inesgotáveis textos de Shakespeare, mas, sob virulenta autocrítica, passou a achar o autor inglês "mais chato que o blues". Perdeu a paciência:

– Teatro é uma merda.

24. **Zeca em 78 rpm**

"Você ainda está atrás de histórias sobre o Ezequiel Neves?", foi logo me perguntando a escritora Beatriz Magalhães, assim que me viu em frente à biblioteca da Praça da Liberdade. "Um amigo meu achou, no lixo, um monte de discos de 78 rpm que eram dele. Acho que podem te interessar. Dá uma ligada para o Guilherme. Ele te explica melhor."

Três meses depois da primeira conversa com Silviano sobre este livro, a coisa já tinha virado obsessão. Eu vivia atrás de pistas sobre sua pré-história nas Alterosas. Era só encontrar alguém que tinha vivido na

Belo Horizonte das décadas de 1950-1960 e eu já ia logo perguntando: frequentou o CEC? Conviveu com alguém da revista *Complemento*? Conviveu com o Ezequiel Neves? Virei o chato monotemático, tipo muito comum entre biógrafos. Beatriz, coitada, tinha sido mais uma das minhas vítimas.

Na hora em que ela me falou da existência dos tais discos em 78 rpm, reagi de maneira cética. Achava a história meio sem pé nem cabeça: afinal, Ezequiel tinha saído de Belo Horizonte em 1967, logo depois da morte da mãe. Como era possível que, em 2020, alguém encontrasse no lixo discos dos anos 1950? Quando cheguei à casa do fotógrafo Guilherme Horta, descobri que estava errado.

*

"Encontrei tudo jogado dentro de uma caçamba, dessas de reforma, aqui perto de casa. Foi durante a pandemia, quando todo mundo disparou a fazer reforma em casa. Lembra? Catei o que deu. Salvei muita coisa, mas não tudo. Olha só que maravilha", diz Horta.

Sentado à mesa da sala de estar de um estiloso bangalô dos anos 1940, no tradicional bairro Cruzeiro, um dos poucos ainda não derrubados pela especulação imobiliária que destrói Belo Horizonte desde a sua fundação, o fotógrafo coloca, um por um e bem devagarzinho, os pesados discos em 78 rpm em cima da mesa. Com o maior cuidado do mundo: são de celuloide e podem se quebrar facilmente. A mesa, aos poucos, vai ficando cheia, com os discos formando um mosaico.

Um quebra-cabeça vai se montando e ajuda a reconstruir aqueles distantes anos 1950: Émile Prud'homme, Patrick Raynal, Trini Lopez, Ronnie Will, Juanito Valderrama. Num disco de Sarah Vaughan, no qual a estadunidense canta "Good Night My Love", Ezequiel teve o cuidado de colar na parte central uma foto da cantora, certamente recortada de alguma revista da época. Coisa de fã.

Todos aqueles discos me fazem lembrar, na mesma hora, de *Mil rosas roubadas*. No livro, Silviano recorda aquelas noites, às vezes na casa de Zeca, às vezes na casa da família de Marília,[2] em que, juntos,

[2] A Marília de *Mil rosas roubadas* é, na verdade, Monica Lisboa, que anos mais tarde se tornaria uma das mais importantes produtoras musicais do país.

os dois amigos descobririam a transgressora música estadunidense dos anos 1950.

> *Zeca e Marília rasgavam as fantasias. Ela e ele davam adeus à lógica do certinho, que compõe tanto o rapaz quanto a moça, mineiros à porta de saída da adolescência. Em casa de família, escondiam-se sob a conversa descontraída e só se revelavam nos comentários críticos sobre música, cujo tema privilegiado e alegórico era a vida trepidante e fora da lei, tal como dramatizada em canções sofridas cantadas pelas duas rainhas do Jazz. […] Por entre a brecha da cortina, insinuou os discos em 78 rpm de duas das mais autênticas jazz ladies, a madrinha Ma Rainey e a afilhada Bessie Smith, cujas vozes berradas e suaves tinham como ponto de partida a Igreja batista dos estados do Sul […].*

Arquivo pessoal/Guilherme Horta

Discos em 78 rpm que pertenceram a Ezequiel Neves.

Assim que saí da casa do fotógrafo Guilherme Horta, mandei um "zap" para Silviano, com algumas fotos dos discos. Tirando um sarro. "Ironia do destino: Zeca morava na Rua Brás Cubas. Machado te persegue."

Silviano, que a princípio era ainda mais cético do que eu e duvidava que os discos pudessem ser mesmo do amigo, tomou um susto quando viu as fotos dos discos em 78 rpm. E respondeu de pronto com um textão no "zap": "Eram do Zeca mesmo: lembro de alguns deles sim. Ele nunca ia lá em casa. Só eu que ia na casa dele. A gente vivia lá ouvindo música e conversando. Ele tinha esta mania de colocar fotos das cantoras nos discos. Me lembro também que, mais ou menos nessa época, nós íamos à casa de parentes da Marília para escutar Ma Rainey e Bessie Smith. As duas eram figuras bastante transgressoras nos próprios Estados Unidos: primeiro por virem do Sul, que é um lugar muito racista. E depois pelo tipo de vida que ambas levavam que vai inspirar, já bem mais tarde, pós 1968, a Janis Joplin".

Na conservadora Belo Horizonte dos anos 1950, Silviano e Ezequiel seriam salvos pela arte. Nas sessões do CEC, pelo cinema. Na casa de Zeca, pela música. Vivendo na conservadora sociedade mineira, com o seu retrógrado ambiente patriarcal católico, para lá de repressivo, a música ajudaria os dois a construírem um espaço de liberdade subjetiva, de liberdade íntima. Uma arte não necessariamente comprometida com a homossexualidade, mas que falava de liberação.

25. **As cartas não mentem jamais**

Um mês depois da descoberta dos discos em 78 rpm, eu estava de volta ao Rio. Aproveitei a viagem para organizar a correspondência recebida por Silviano durante mais de meio século e que estava guardada, de maneira caótica, em 12 caixas na biblioteca-esconderijo da Rua Antônio Parreiras.

Entre as centenas de cartas, separei as escritas por Ezequiel, que vão do início dos anos 1960, quando Silviano sai de Belo Horizonte e vai morar primeiro na França e depois nos Estados Unidos, até o início dos 1970, quando Silviano volta para o Brasil e passa a morar no Rio, a mesma cidade onde já vivia Ezequiel.

Levei então todas as cartas de Zeca para que ficassem guardadas no apartamento de Silviano em Copacabana. Queria mostrar alguns trechos para ele. E sentir sua reação. Nelas, além de contar sobre seus problemas pessoais, Zeca conta para Silviano, que nessa época estava morando nos Estados Unidos, o que estava rolando na vida cultural do país.

> *Vaninho,*
>
> *Você precisa ver a agitação que essa moça anda fazendo por aqui. Isso depois de substituir Nara, em São Paulo e no Rio no show Opinião. É baiana e lésbica. Das mais ávidas. É também um negócio doido como pessoa. Fiquei conhecendo-a através de Monica. Pena que não dure muito*

como cantora. Falta-lhe técnica e sobra uísque. O "Carcará" é o atual hino nacional da esquerda brasileira. O DOPS mandou brasa e recolheu o disco. As estatísticas também foram cortadas no show, atualmente em SP. Bethânia trocou-as por outras mais significativas: Em 1958 o Brasil doou 40 quilos de águas-marinhas à rainha Elizabeth. Em 1960 passamos a ser os primeiros consumidores mundiais de cosméticos. Em 1962 Denner arrebatou o 1º lugar na Feira Internacional de NY. Em 1961 passamos a fabricar o puro "Tergal". Nem é preciso dizer que a plateia vibra e aplaude insistentemente. "Opinião" dá-lhe atualmente 6.000000. Já está há 3 meses em SP.

(Carta de 2 de junho de 1965)

Estou usando minha liberdade lucidamente. Provoco sempre a gaiatice para sentir seu gosto. É verdade que as circunstâncias de minha fase paulista teatral só poderiam me levar a isso. Não se esqueça que passei 30 anos equilibrados e estéreis numa província de 800.000 habitantes e num pulo passei a me locomover entre 6 milhões de habitantes. E pulei para uma profissão que é o prêmio Nobel de instabilidade e masoquismo.

(Carta de 26 de fevereiro de 1966)

Um amigo emprestou-me todos os LPs dos Beatles. Ando fanático pelos próprios e acho musicalmente falando um verdadeiro assombro. Fiquei entusiasmado ao ouvir Rubber Soul e depois parti para os anteriores. São ótimos. Aliás não sei se você sabia: a bossa nova pifou e agora somente a música da Juventude ou Jovem Guarda é que tem vez. Graças a uma coisa esquisitíssima chamada Roberto Carlos. O menino está tirando mais de 1 milhão por mês pois tudo que você imagina traz o distintivo dele. Aliás acho que você chegou a vê-lo aqui em 1964. O calhambeque é firma registrada dele. Tem um calhambeque como sigla.

(Carta de 1º de agosto de 1966)

Há séculos que estou para te dizer o seguinte: você se lembra daquele seu sapato de deserto comprado em Albuquerque? Pois é. Tem feito sucesso há dois anos já. Os paulistas morrem de inveja e eu de orgulho. Às vezes lavo com sabão em pó e ele fica novinho. É um quebra-galho pra tudo:

> *chuva, inverno, fechação na Augusta. E não precisa dizer que piso com seus pés quando caminho com eles.*
>
> *[...] Mas o bláblábláblá continua about Terra em transe. Há uma defesa do João Mauricio na* Manchete *maravilhosa pena não ter aqui. Não há meio termo: ou detesta ou adora. A maioria não entende o filme e os dois prêmios ganhos em Cannes. Paulo Autran, ator do próprio, não entendeu nada.*
>
> *(Carta de 24 de maio de 1967)*

Quando terminei a leitura, pensei em perguntar o porquê de ele não ter usado as cartas de Zeca em *Mil rosas roubadas*: eram sensacionais. Mas achei melhor não: Silviano estava visivelmente emocionado. E conversar com ele, quando está vencido pela emoção, não funciona.

Meses depois, o "zap" me salvaria mais uma vez. Voltei novamente ao assunto e quis saber dele se não teria sido importante a leitura das cartas para construir o perfil do amigo. Recebi um textão no "zap".

> Mil rosas roubadas *é o meu primeiro livro de memórias. Evidentemente, a memória pessoal sempre ganha parte importante em todas as minhas atividades intelectuais, tanto na escrita crítica quanto na escrita criativa. No entanto, em casos anteriores a esse livro, ela aparece como que submergida frente ao poder imperioso da pesquisa muitas vezes em objetos sem a minha assinatura. Não havia, pois, divisão nítida entre memória da experiência e memória da leitura. As duas se combinavam para fazer submergir na escrita a memória propriamente pessoal e muitas vezes inconfessada.* Mil rosas roubadas *é uma escrita literária que tenta deixar que a memória pessoal minha impere. Queria ser um biógrafo autobiográfico, ou seja, queria escrever a biografia do bom amigo Ezequiel Neves, autobiografando a mim, ou se preferem queria escrever minha autobiografia, biografando a ele. Como dois simples seres humanos, que se interessavam por certas coisas e não se interessavam por outras. Nesse sentido, não procurei consultar documentos pessoais meus ou dele (escritos de autoria dele ou de minha autoria). Não queria consultar correspondências, fotos, ou ir até os jornais e procurar escritos dele ou escritos meus. Tampouco entrevistei os amigos em comum ou os amigos só dele ou só meus. Queria uma escrita íntima, com todos os defeitos e possíveis qualidades de uma escrita sentimental. Exemplo: tinha em casa algumas cartas ou bilhetes dele e não fiz esforço*

algum em buscá-los. Outro exemplo: desde Em liberdade *estou acostumado à pesquisa em livros e em jornais. Em* Machado *trabalhei desesperadamente à procura de novos documentos que pudessem ajudar a minha visão do romancista e qualificá-la junto aos conhecedores da obra dele ou da época em que viveu. Um trabalho infinito que poderia ter rendido mais dois ou três livros. Exceção: alguma coisa pode ter caído na minha mão por coincidência e é claro que usei. Esses tipos de trabalho (ou de pesquisa) não existem como recurso na redação de* Mil rosas roubadas. *Perdi algo, ganhei algo inesperado? As perguntas do gênero se sucedem. Uma coisa é certa: escrevi o que gostaria de ter escrito.*

26. **Dois alienados**

Todo dia era a mesma rotina: depois de passar as manhãs no Colégio Marconi, de tarde Silviano devia ajudar na loja da Rua São Paulo. Para o *padre padrone*, o trabalho vinha sempre em primeiro lugar. Assim, nem as sessões no CEC nem muito menos a louca vida boêmia do filho poderiam servir de desculpas para que ele faltasse ao batente. O sexto, e mais obediente, filho do doutor Sebastião jamais descumpriu a regra. Mesmo chegando muitas vezes tarde em casa, depois de uma esticada no restaurante Camponesa ou de ficar ouvindo música até altas horas na casa de Zeca, Silviano nunca ousou descumprir a regra.

"Ele sempre foi muito comprometido", me assegurou o irmão José, que era o gerente da loja. "Não atrasava nunca. E ainda exigia pontualidade dos funcionários. Levava o trabalho muito a sério."

Disciplinado, Silviano trabalharia, dos 12 aos 21, sem faltar um dia sequer. Empresa familiar, com poucos funcionários, durante o serviço raramente sobrava tempo para que pudesse fazer aquilo de que mais gostava: ler. Assim, nada mais natural que a poesia tenha sido o gênero literário escolhido durante aqueles anos. De leitura rápida, entre uma venda e outra era só puxar o livro, escondido debaixo do balcão, e pronto: podia ler dois ou três poemas e, em seguida, voltar ao trabalho. No início, o menino de Formiga, agora frequentando a Aliança Francesa, só queria saber dos poetas franceses: Valéry, Mallarmé e, sobretudo, Baudelaire. Mais tarde, descobriria os brasileiros: Drummond, Cabral e os concretos.

Naqueles inícios dos 1950, além de Zeca, quem sempre estava ao lado de Silviano era um garoto de Montes Claros chamado João Mauricio Amarantes Gomes Leite.

Os dois já se conheciam desde a época do Colégio Estadual. Mas só se tornariam amigos de verdade no CEC. Juntos farão as primeiras leituras de teoria cinematográfica: Béla Balázs, Vsevolod Pudovkin. Com poucos livros publicados em português, somente quando começarem a dominar bem o francês é que o repertório da dupla aumentará de verdade. E aí a leitura de André Bazin e os números da *Cahiers du Cinéma* serão a grande referência.

Quando lembra esses primeiros anos de sua formação, Silviano sempre gosta de citar o livro da francesa Claude-Edmonde Magny *L'age du roman américain*. Na obra, a crítica analisa como a famosa geração perdida norte-americana (Gertrude Stein, Ernest Hemingway, John Steinbeck e John Dos Passos) passou a escrever narrativas a partir da montagem cinematográfica.

A profunda amizade entre Silviano e Mauricio fará com que os dois, ainda em 1954, estreiem juntos como críticos de cinema. A quatro mãos, escrevem o ensaio "Filme musical". Publicado primeiro na *Revista de Cinema* e, meses depois, no boletim do cineclube da cidade do Porto, no artigo os dois faziam uma audaciosa análise histórica do filme musical, passando por Betty Grable e Fred Astaire até chegar a Gene Kelly.

Numa época em que o neorrealismo italiano era moda entre os intelectuais brasileiros, o texto dos dois amigos causaria desconforto. E, no CEC, muitos torcem o nariz para um texto que conseguia levar a sério esse tipo de filme. Como era possível que aqueles dois jovens iconoclastas pudessem se interessar por musicais, assunto tão frívolo? Rapidamente, Silviano e Mauricio são taxados de alienados.

"Quando lembro do meu primeiro ensaio publicado, escrito junto com o Mauricio, me dou conta que a escolha do tema era mais uma prova de que o artista já existia no crítico. Nos anos 1950, interessar-se e pesquisar o filme musical, sobretudo o hollywoodiano dos anos da Segunda Grande Guerra, no auge do neorrealismo italiano significava alguma coisa, entre elas o gosto pelo delírio. Indiretamente, ou prematuramente, anunciava a necessidade na Itália de cineastas como

Michelangelo Antonioni e Federico Fellini. Não deu outra", afirmou Silviano numa entrevista em 2010.

Em *Menino sem passado*, Silviano se diverte ao se lembrar daqueles anos dos primeiros artigos na mítica revista feita na distante Belo Horizonte. E também do inesperado presente que acabará ganhando por causa dela. E escreve:

> *Em 1961, quando chegar a Paris para o doutorado em Literatura Francesa, serei reconhecido na redação da revista* Cahiers du Cinéma. *O rapaz francês que me atende ao balcão pede que o desculpe por um minuto. Sai da sala de recepção e volta trazendo alguns números arquivados da* Revista de Cinema. *Meu nome está lá, escrito em letra de fôrma. Reconhece-me pelo nome. Presenteia-me com um permanente que dá direito à entrada na Cinemateca Francesa, então dirigida por Henri Langlois.*

Diferentemente de Silviano, que já a partir desses anos começa a se enveredar definitivamente para a literatura, Mauricio se interessará, cada vez mais, pelo cinema, tornando-se um dos mais importantes críticos do país. Como jornalista, trabalharia primeiro em Belo Horizonte, nos jornais *Estado de Minas* e *Diário da Tarde*. E mais tarde, a partir de 1962, no Rio de Janeiro, no *Correio da Manhã* (1963-1965),

Mauricio Gomes Leite durante as filmagens de *A Vida Provisória*.

no *Jornal do Brasil* (1965-1966) e na revista *Manchete*. Determinado, Mauricio faria ainda dois filmes: o curta *O velho e o novo* e o longa *Vida provisória*. Em meados dos anos 1970, no auge da ditadura militar, ele se mudará para Paris para trabalhar como funcionário da Unesco. Enfrentando sérios problemas com o álcool, morreria muito cedo, aos 57 anos, em 1993.

*

Quando estava escrevendo sobre Ezequiel e Mauricio, mandei um e-mail a Silviano, dizendo que tinha decidido redigir, ao mesmo tempo, o texto sobre os dois amigos. Achava que a dupla se complementava. No e-mail, comentava ainda que tinha encontrado, num sebo, um exemplar de *Under the Volcano*, de Malcolm Lowry, com a tradução de Mauricio e Angela Loureiro da Silveira. Coincidência ou não, um dos temas centrais do livro do escritor inglês era o alcoolismo. Silviano então me respondeu. "Zeca e Mauricio eram muito diferentes. Mas tinham algo de semelhante: os dois eram autodestrutivos. As drogas com Zeca. O álcool com o Mauricio." No mesmo e-mail, Silviano ainda me mandou um texto seu sobre Mauricio, publicado na revista da Livraria Argumento.

> *O afrancesado Maurice já o era desde Belo Horizonte. Uma pesquisa arqueológica na crônica provinciana indicaria que o apelido carioca já o vinha acompanhando desde o dia em que assistimos maravilhados a* Les quatre-cents coups, *obra-prima de François Truffaut. Em certo momento do filme, o protagonista vira-se para um coleguinha e o chama de "salaud Mauricet". À saída do cinema, não havia como não chamar Mauricio de "salaud Mauricet". É preciso contextualizar a mineiríssima maldade – ou a perversidade, se pensarmos no correspondente e menos equivocado conceito surrealista. A perversidade no trato entre amigos cheirava a linguagem de grupo fechado de jovens rebeldes, que reproduzia em miniatura a reação agressiva da comunidade bem-pensante. Queríamos experimentar algo das emoções vividas pelos "enfants terribles", de Jean Cocteau, ainda que fossem sentimentos inventados imaginários e postiços. No meu caso, e só do meu caso falo, o "salaud Mauricet" logo deu o troco. Passou a chamar-me de "Sissy", em mais do que óbvia alusão às duas primeiras letras do meu nome e em menos óbvia referência à imperatriz*

brega-chique interpretada pela ravissante Romy Schneider. As alusões não paravam aí. Qualquer um que maneje a gíria norte-americana não teria dificuldade em traduzir o apelido por maricas, para não usar palavra mais grosseira, que talvez esta publicação não comporte. O britânico – pois ele também o foi, logo depois de a família ter-se transferido de Montes Claros para BH e ele ter-se inscrito como aluno na Cultura Inglesa e se apresentar com a revista Sight and Sound debaixo do braço – o britânico Mauricio era mais oswaldiano do que a crônica cinematográfica carioca nos faz crer.

27. **Mentor**

Ser ou não ser *engagé*: eis a questão. Naquele início dos 1950, a teoria cinematográfica já estava contaminada pela polarização dos anos da Guerra Fria. E a publicação do ensaio "Filme musical", com o amigo Mauricio, tinha sido uma lição para Silviano: todo jovem candidato a crítico deve fazer sua escolha. Torcer para um time: Esteticista? Crítico-histórico? Marxista? Universalista? Nacionalista?

Excelsa Film/reprodução

Cena do filme *Roma, Cidade Aberta* de Roberto Rossellini.

No CEC, não era diferente. De um lado havia o grupo ligado ao Partido Comunista, que parecia só ter olhos para o neorrealismo italiano. Ver (e rever) *Paisà* e *Roma, cidade aberta*, de Rossellini, depois da leitura do último artigo de Guido Aristarco ou de Georges Sadoul, era a grande diversão dessa turma. Na *Revista de Cinema*, o grande representante da trupe era o camarada Fritz Teixeira de Salles. Homem de esquerda e filiado ao Partidão desde os anos 1930, Fritz, que tinha participado ativamente no combate à ditadura de Vargas, não cansava de escrever longos ensaios em defesa dos filmes italianos que retratavam o triste cenário da Itália no pós-guerra.

Do outro lado estavam os admiradores do neorrealismo norte-americano (*newsreel*). Esse grupo tinha na figura do jornalista Cyro Siqueira sua mais completa tradução. Autor de memoráveis artigos sobre diretores como Robert Wise, Stanley Kramer, Elia Kazan, John Houston ou John Ford, Cyro era um fervoroso defensor do cinema clássico norte-americano. E nunca escondia a forte resistência que tinha ao neorrealismo e ao cinema novo.

Convivendo em perfeita harmonia, entre o comuna de plantão e o americanófilo convicto, sem nunca embarcar na polarização, estava o discreto Jacques do Prado Brandão. Formando, com Cyro e Fritz, aquilo que o jornalista Regis Gonçalves gostava de chamar a "Santíssima Trindade do CEC", o autodidata Jacques era, de longe, o mais erudito e preparado do grupo: o crítico dos críticos.

*

Depois de ter participado, em 1946, da criação da revista *Edifício* (ao lado do historiador Francisco Iglésias, do romancista Autran Dourado, da contista Vanessa Neto e do crítico de teatro Sábato Magaldi), Jacques despontava como uma das grandes promessas da poesia da geração de 1945. Sua estreia, o livro de poemas *Vocabulário noturno*, de 1947, seria definido pelo crítico Alceu Amoroso Lima como "a maior revelação poética da geração".

Arquivo pessoal/João Pombo Barile

Capa do livro *Vocabulário noturno*, de Jacques do Prado Brandão.

Nos debates que aconteciam aos sábados à noite, depois da sessão de cinema no CEC, a fala mansa, pausada e enigmática de Jacques chamaria logo a atenção do jovem Silviano. Suas refinadas análises, nunca maniqueístas ou simplistas, tinham uma pegada literária que atraía o jovem crítico. Jacques era grande admirador dos filmes franceses de vanguarda dos anos 1920, e Silviano se encantava com suas falas, que citavam Jean Cocteau, Marcel Carné, Luis Buñuel, Salvador Dalí, René Clair, Sergei Eisenstein ou Jean Vigo.

Um dia, depois de conseguir vencer a timidez crônica que o acompanha até hoje, Silviano, que só se encontrava com Jacques nas sessões do CEC ou nas noitadas na Churrascaria Camponesa, pediu a ele uma orientação de leituras. Será que ele poderia um dia conhecer a sua biblioteca? O jovem de Formiga queria refletir não mais só a partir da imagem, mas também com a ajuda da palavra. Jacques, generoso, acolheria o jovem crítico. E viraria o seu grande mentor.

A partir daí, Silviano, que até os 15 anos não tinha lido praticamente nada a não ser gibis, passará a ter contato com o que se chama (na falta de um nome melhor) alta literatura. Na biblioteca de Jacques, que Silviano passará a frequentar todos os sábados de tarde, entra em contato com a poesia de Drummond e Cabral (este último em folhas datilografadas, ou nas raríssimas primeiras edições feitas na imprensa manual do poeta pernambucano). E mais: descobre James Joyce, Franz Kafka e Thomas Mann.

*

Na primeira visita de Silviano à biblioteca, Jacques, geralmente calado e muito reservado, estava falante. O papo rendeu. E, depois de uma animada conversa de mais de duas horas, na saída ele então lhe emprestou três livros: *ABC of Reading*, de Ezra Pound, *Páginas de doutrina estética*, de Fernando Pessoa (que reunia alguns ensaios do poeta português), e *Os moedeiros falsos*, de André Gide, na tradução de Álvaro Moreira. Três livros que mudariam sua vida.

Sempre que fala daqueles anos, Silviano gosta de dizer que não entendeu quase nada quando leu aqueles três livros pela primeira vez.

Mas também gosta de sublinhar que foi com eles que descobriu o que é literatura com L maiúsculo.

"Eram leituras até para assustar. O Jacques estabeleceu um patamar muito alto para mim. E eu já entrei na literatura nele", escreveu Silviano em 2001, num texto em que homenageou o amigo. E que prossegue: "Estabeleceu no leitor interiorano e despreparado que eu era um patamar cosmopolita. Não vai ser outra, aliás, a lição que Antonio Candido dará nas páginas iniciais da sua *Formação da literatura brasileira*. Lembra dela? Candido diz: 'A nossa literatura é galho secundário da portuguesa, por sua vez arbusto de segunda ordem no jardim das Musas. Os que se nutrem apenas delas são reconhecíveis à primeira vista, mesmo quando eruditos e inteligentes, pelo gosto provinciano e falta do senso de proporções. [...] Comparada às grandes, a nossa literatura é pobre e fraca. Mas é ela, não outra, que nos exprime'".

Além do cosmopolitismo, Jacques imprimirá outra importante marca em Silviano: certa visão anárquica da literatura, que vai misturar, sem nenhum preconceito, um pouco de tudo: passado, presente, futuro, novos autores, vanguarda, autores clássicos, nacionais e estrangeiros. Com Jacques, Silviano aprenderá a não selecionar por nacionalidade e estilo de época os livros que deve ler. Essa experiência anárquica de leitura possibilitaria que Silviano tivesse uma compreensão multidisciplinar da cultura. E o salvará, alguns anos depois, de se contagiar pelo conservador gosto estético que encontrará no curso de Letras da UFMG em 1957.

*

Os três livros deixariam marcas na sua formação: o livro de Pound lhe ensinaria que é possível conviverem, no mesmo homem, o crítico e o poeta. Já o livro de Gide será seu primeiro contato com a obra do escritor francês que, mais tarde, acabaria virando o objeto de sua tese de doutorado, defendida na Universidade Sorbonne em 1968. De Fernando Pessoa Silviano roubaria seu primeiro pseudônimo: Antônio Nogueira, extraído de Fernando António Nogueira Pessoa, o nome completo do autor de *Ficções do interlúdio*.

28. **Antônio Nogueira**

"Você já encontrou aquele poema que eu te falei chamado 'A volta'? Foi o primeiro que saiu em jornal. O Jacques publicou. Está em alguma das caixas."

Sentado em uma cadeira na varanda do apartamento de Silviano, em Copacabana, depois de ter passado o dia inteiro organizando papéis na biblioteca de Ipanema, assim que ouvi a pergunta, fiquei preocupado. Ainda não tinha perdido a tola ilusão de biógrafo neófito que acha que vai reconstituir, tim-tim por tim-tim, toda a vida do biografado. Poema chamado "A volta"? Já tinha virado e revirado as caixas três vezes e nada. Algumas semanas antes, na Hemeroteca Histórica, em Belo Horizonte, também tinha procurado nos jornais, sem sucesso. Foi então que Silviano se levantou da cadeira.

"Pera aí. Lembrei agora. Acho que o poema está comigo mesmo." E ele então saiu caminhando em direção ao escritório.

Menos de um minuto depois, voltou, sorrindo que nem menino. Carregando dois álbuns.

Organizados pelo amigo Wander Melo Miranda, o primeiro pesquisador a defender, ainda nos anos 1980, uma tese sobre a sua obra, os dois álbuns, daqueles que eram usados para guardar fotos em papel antes da era digital, tinham capa preta de plástico. No primeiro, Wander reuniu artigos de cinema escritos por Silviano nos anos 1950. No outro, dezenas de artigos de jornais: poemas de Antônio Nogueira, algumas crônicas assinadas com o pseudônimo de Rubem Andrade e alguns contos com seu próprio nome.

Silviano foi direto ao álbum com os artigos de jornal. E, lentamente, começou a passar as páginas à procura do poema "A volta". De repente parou.

"Este é barra-pesada. Lê."

Arquivo Hemeroteca Histórica da Biblioteca Pública Estadual de Minas Gerais

Foto de Silviano Santiago publicada no jornal *Diário de Minas* nos anos 1950.

O suicida
Antônio Nogueira

Pela onda ruído, longe da areia,
Flutua um corpo: corpo entregue, corpo
aberto. Carne lívida, e verde.
Com rápidas agulhadas, sangrentos

peixes rompem o maldormido e exausto
corpo. Brancas luzes! Abutres ávidos!
E o horizonte, estrutura espacial
Sem parcelas, espia atento. Como

saltar a maré e livrar o corpo
Inerte, lhe é forçoso os noturnos
Peixes suportar?

Quando terminei a leitura, ele então voltou a virar as páginas.

"Achei!"

O texto, publicado no dia 14 de fevereiro de 1955 no jornal *Correio de Minas*, era apenas assinado S. S.

A volta

Tudo retorna ao início quando voltamos. É como virarmos as costas e dizermos que não mais andaremos para a frente. Afastaremos cada vez mais e entraremos, aos poucos, em um mundo já vivido e que não viveremos mais. Sentiremos.

Sentiremos que já pisamos a Rua Barão de Piumhi. As mãos nos informam que já tateamos as velhas grades do portão. Tudo faz com que nós sintamos a infância muda, o menino muda, mas a rua continua a mesma e mesmo é o portão que guarnece a casa. Mudam-se as pessoas, as cores da parede, mas não mudam as recordações do jovem que já foi menino.

A ponte era barreira intransponível. Depois o menino cresceu e a ponte tornou-se pequena. A lagoa era o paraíso. Mais tarde os olhos do menino não acreditavam mais em paraíso e se cansaram de sua imensidão.

> *Já não procurava a alegria, preocupava-se com a noite. O jardim era, ao início da puberdade, refúgio. Os olhares trocados eram o sustentáculo de sua vida.*
>
> *Um dia, sem avisos ele mudou para longe. Não sabia aonde ia, era longe e bastava. Era impossível. E, por isso, um dia ele voltou.*
>
> *O jovem se sente agora menino novamente. Olha a casa enorme e pensa: um dia tivera infância e vivera uma vida que não viveria mais.*

Assim que terminei a leitura, questionei: "Você escreveu esse texto depois de uma viagem que tinha feito a Formiga. Mas isso não é um poema".

Ele respondeu de pronto.

"Essa é a versão em prosa de um poema mais curto, com o mesmo título e que tinha uns 10 versos. Não sei se vamos conseguir achá-lo. Sei que foi publicado pelo Jacques."

*

Apesar de ter feito sua estreia em prosa, um ano antes, com Mauricio Gomes Leite na *Revista de Cinema*, em maio de 1954, com o ensaio "O filme musical", nesses primeiros anos Silviano era mesmo mais conhecido em Belo Horizonte como poeta. Ou melhor: não era bem Silviano. O poeta conhecido chamava-se Antônio Nogueira.

Pseudônimo sempre foi prática comum na vida literária. O poeta Carlos Drummond, para ficarmos num exemplo caro a Silviano, teve ao longo da vida 62. Até aí, normal. Mas, durante a pesquisa, recolhendo textos de Silviano publicados ao longo dos anos 1950 nos jornais e nas revistas de BH, uma coisa tinha me deixado intrigado: por que os textos em prosa eram assinados, e os poemas, não? Aproveitei o seu alto astral naquele dia, em que estávamos lendo sua poesia juntos, e perguntei a ele por quê.

"Naquela época eu morria de vergonha de ser poeta. Por isso inventei o pseudônimo Antônio Nogueira: os dois nomes que o Fernando Pessoa não utilizava. Não se esqueça que eu ainda trabalhava na loja do meu pai. Você não pode imaginar a fofoca que existia entre os funcionários da Dental Santiago quando eles descobriram que eu era poeta, leitor de poesia."

29. BH era uma festa

O poeta Vitoriano Ruas falou de novo em fundar uma revista. Era a sua ideia fixa. Era o assunto que, volta e meia, ele trazia à discussão entre os amigos que ali se reuniam todas as tardes para o chopp literário.

– Estou farto de escrever em jornais, disse ele. Publicam-me os versos e os artigos em mau lugar e com tremendos erros de revisão. Preciso de uma revista para dizer cousas ao público e fazer algum escarcéu.

Porfírio Leiva sorveu meticulosamente o seu chopp e, pela centésima vez, procurou dissuadir o amigo:

– Não vale a pena. O público não lê; a nossa gente tem horror à letra impressa. Psicopatia eminentemente brasileira.

(Eduardo Frieiro. O clube dos grafômanos*)*

Criar uma revista literária. A obsessão mineira já era antiga quando o crítico Eduardo Frieiro publicou, em 1927, *O clube dos grafômanos*. Retrato sarcástico da turma modernista de Drummond nos anos 1920 em BH, o romance explicitava o eterno retorno que sempre existiu na vida literária local: a cada nova geração, uma nova revista. Que, invariavelmente, durava pouco.

No meio dos anos 1950, quando Silviano começar a trocar o cinema pela literatura, não será diferente. E, com os amigos Theotônio dos Santos, Ezequiel Neves, Mauricio Gomes Leite, Ary Xavier e José Nilo Tavares, também criará uma revista para chamar de sua: a *Complemento*.

O nome foi ideia do próprio Silviano, que se inspirara num trecho do poema "Galo galo", do livro *Luta corporal*, de Ferreira Gullar. Quando a obra do poeta maranhense foi publicada, em 1954, Silviano só queria saber de ler poesia. E logo se interessou pela riqueza das pesquisas formais dos versos.

Grito, fruto obscuro
e extremo dessa árvore: galo.
Mas que, fora dele,
é mero completamento
de auroras

"Adorava o poema. A princípio pensamos em chamar a revista de *Completamento*. Mas a palavra soava meio estranha e trocamos então para *Complemento*. O nome já revelava o quanto estávamos atentos aos aspectos formais do texto", me disse Silviano numa conversa que tivemos no Rio em 2005.

Arquivo pessoal/Silviano Santiago

A turma da *Complemento* no dia do lançamento da primeira edição da revista em 1955. Da esquerda para a direita: o sociólogo Theotônio dos Santos Júnior, o cineasta Mauricio Gomes Leite, Silviano Santiago, o poeta Ary Xavier, o produtor musical Ezequiel Neves, o poeta Pierre Santos e o crítico Heitor Martins.

*

Era mesmo bem heterogêneo aquele grupo que se reunia quase todas as noites para beber e conversar no restaurante Tirolesa depois da sessão de cinema no CEC. Ezequiel Neves gostava de falar sobre teatro e música. Silviano, Mauricio e Flávio Pinto Vieira preferiam cinema. Theotônio dos Santos, dando os primeiros passos em ciências sociais, só queria saber de conversar de política com José Nilo Tavares, o comunista da turma. Já Heitor Martins não cansava de contar histórias sobre o escritor Oswald de Andrade: um ano antes, morando em São Paulo, tinha ficado amigo do poeta. E gostava de exibir, todo prosa, os livros do escritor paulista autografados. Na mesa da turma do Tirolesa, ainda era possível trombar com os casais Frederico Morais e Wilma Martins, e Klauss e Angel Vianna, além dos atores João Marschner e Carlos Kroeber. BH era uma festa.

Concebida por um grupo tão diverso, a revista, que circularia de 1956 a 1958, refletia esta diversidade. E se interessava por tudo: cinema, música, teatro, dança. Para eles, a literatura era entendida num sentido mais amplo da palavra, numa combinação de todas essas expressões. De forma espontânea, quase ingênua, aqueles jovens acabariam por dar à revista um tom que hoje alguns acadêmicos pomposamente gostam de chamar de "interdisciplinar" ou "intersemiótico".

Diferentemente das revistas de vanguarda de literatura da época, cheias de projetos mirabolantes e que tentavam catequizar o leitor, *Complemento* nunca teve plano-piloto ou manifesto. Muitos da Geração Complemento tinham como lema a epígrafe do romance *A náusea*, de Jean-Paul Sartre: "Trata-se de um rapaz sem importância coletiva, trata-se apenas de um indivíduo".

Mas, apesar do pragmatismo de Theotônio dos Santos, sempre empenhado em conseguir dinheiro com o diretor do Banco de Minas Gerais para viabilizar a *Complemento*, a revista, seguindo a velha tradição mineira, duraria pouco: apenas quatro números. Silviano, que nessa altura já sonhava em publicar seus poemas num livro que se chamaria *Poesia 55*, com o pseudônimo Antônio Nogueira, publicaria vários poemas na revista. O mais conhecido, "A ilha", mais tarde também teria alguns trechos reproduzidos na revista carioca *Para Todos*, comandada por Jorge Amado.

*

Obra do acaso ou não, seria em *Complemento* a única vez que Ezequiel escreveria sobre o amigo de Formiga. O texto, garante Silviano, é até hoje o melhor retrato escrito sobre ele.

> *Diante de pessoas como Silviano Santiago, nunca poderíamos abandonar-nos a uma detalhada apresentação. Ou melhor, tantos e tão vários são seus rostos que ao nos demorarmos sobre um, os outros escapariam de nosso alcance. Que poderíamos, então, dizer deste rapaz? Que é exteriormente insensível, mas que tem dentro de si*

aquela ternura calma que envolve a tristeza simples de todas as coisas? Se disséssemos isto não estaríamos mentindo; apenas traçando este estreito retrato é que nada ou quase nada estaríamos esclarecendo àqueles que o desconhecem.

Assim nos restringiremos a uma reta biografia como todas: Nascido na cidade de Formiga, em 1936, transferiu-se com sua família para esta Capital, já com a idade de dez anos. O ginásio foi concluído no Colégio Estadual, e aí mesmo frequentou, durante dois anos seguidos, o primeiro científico com fracasso, deslocando-se em seguida para o curso clássico do Colégio Marconi. Neste meio tempo entrou para o CEC (foi nesta época que o conhecemos já usando uns óculos que se incorporaram a ele), onde se revelou dono de um perfeito juízo nos assuntos de cinema. Assinou excelentes críticas e ensaios sobre a 7ª Arte, não esquecendo, contudo, a literatura. Publicou mesmo um pequeno conto e escrevia poemas que escondia egoisticamente. Em 1955 à guisa de exercício, alguns contos foram escritos por ele e logo publicados. Também neste ano o seu livro de poemas foi terminado. Podemos adiantar: são poemas que somente um "Poeta Maior" poderia ter dado.

Não desejamos estender mais estas palavras, e o melhor seria virarmos as costas ao orgulho para reconhecer que Silviano está muito acima de nós todos.

(Dados fornecidos.) Admira Fernando Pessoa e Rimbaud. Lê constantemente João Cabral de Melo Neto. Há pouco travou amizade com A luta corporal *de Ferreira Gullar. Dos mineiros, resta leitor contínuo do* Vocabulário noturno *de Jacques do Prado Brandão. Amigos íntimos: Ezequiel e João Mauricio.*

Instituto Cultural Amilcar Martins/reprodução

Foto de Silviano publicada na revista *Complemento*.

30. **Beckett em BH**

A leitura dos poemas de Antônio Nogueira, naquele final de tarde em Copacabana, deixou Silviano animado: parecia feliz em lembrar os anos da *Complemento.* Aproveitei o embalo e li então alguns documentos que tinha achado na sua biblioteca da Antônio Parreiras, além de matérias de jornal e alguns livros que tinha trazido de Belo Horizonte.

Comecei lendo um trecho de uma carta do cineasta Glauber Rocha, escrita em março de 1957, quando ele esteve em BH. Endereçada ao escritor Fernando da Rocha Peres, que, com Glauber e outros amigos, editava a revista literária *MAPA*, em Salvador, a carta dava notícias da viagem do cineasta baiano à capital mineira.

A convite do crítico Fritz Teixeira de Salles, Glauber visitava Minas pela primeira vez. Em Belo Horizonte, fez questão de conhecer todos os lugares da cidade citados por Fernando Sabino em *O encontro marcado*. Interessado no barroco mineiro, também foi até Ouro Preto.

Mas o principal motivo de sua viagem era mesmo a palestra que daria no CEC: "Cinema no Norte do Brasil: duas possibilidades de desenvolvimento". No encontro com os amigos mineiros, Glauber analisaria a obra de José Lins do Rego, *Os sertões*, de Euclides da Cunha, e *Seara vermelha*, de Jorge Amado.

Silviano já conhecia a carta. Ela tinha sido publicada em livro alguns anos antes, no livro *Glauber Rocha: cartas ao mundo*, organizado por Ivana Bentes. E ele mesmo já tinha me contado a história da visita de Glauber a BH algumas vezes. Mesmo assim, li o documento.

> *Belo Horizonte, março de 1957*
>
> *Fernando,*
>
> *Bebo há quatro dias e estou doente. Grande turma. Muito veado. Muita gente séria. Muita mulher feia. Muito concretista. Muita sofisticação. Muita inteligência.*

Assim que li o trecho, Silviano deu o típico sorriso de Mona Lisa. Pensei em comentar sobre o tom homofóbico da carta, mas achei melhor não. Ele então disparou a falar.

"Me lembro bem da visita do Glauber ao CEC. Na *Complemento*, tínhamos uma relação forte com a Bahia, com o pessoal da revista *MAPA*, da qual faziam parte o Glauber, o Paulo Gil, a Sônia Coutinho e outros. Saía até anúncio da *MAPA* na *Complemento*. A palestra do Glauber no CEC foi para a gente um escândalo, um duro golpe. Naquela altura, estávamos mais interessados em Mallarmé, Valéry e na poesia concreta. A grande questão do cinema para todos nós era a montagem, que a gente encontrava nos textos dos concretos. O que é a poesia concreta? Ingenuamente, achávamos que era uma reflexão cinematográfica sobre o que é a poesia. Foi assim que nós começamos a nos distanciar de João Cabral, nosso grande ídolo, e entramos de cabeça no concretismo. Lembro que o Glauber nos achou muito teóricos, formalistas e estrangeirados. Ele chegou atirando farpas. E elogiando três autores brasileiros de que tínhamos pouca ou, para ser sincero, nenhuma leitura. O que mais tarde ficaria claro é que Glauber já estava interessado naquele universo do cangaceiro, do beato. Já tinha em mente todo aquele universo que depois iria aparecer em *Deus e o diabo na terra do sol*."

Assim que percebi que Silviano estava cansado de tanto falar, li mais um trecho da carta de Glauber.

> *[...] Ensaiam uma peça fresquíssima,* Esperando Godot, *de Samuel Beckett. Querem ir até aí. Responda para Marschner das possibilidades. Em suma a turma quer intercâmbio.*

Aí a sua reação foi diferente. E ficou irritado. Repetiu então uma das frases que mais ouvi durante todo o período que escrevi este livro. "Por favor: tenha cuidado. Você precisa ter mais atenção com a redação do seu texto." Depois de alguns segundos me dando o costumeiro sermão, continuou a falar.

"Não foi exatamente assim. Na verdade, nunca houve um ensaio de *Esperando Godot*. Era apenas uma leitura dramática. Só no ano seguinte, em 1958, ao retornar dos estudos na Universidade Yale, nos Estados Unidos, o Carlão [o ator e diretor Carlos Kroeber], que tinha estudado com Eric Bentley e lido *Endgame* [*Fim de jogo*], vai se interessar em montar Beckett. E então eu e o João Marschner traduzimos o texto a partir da versão francesa. A peça foi montada pelo Teatro Experimental, na estreia da sala de espetáculos do antigo Cassino da Pampulha. Foi o maior sucesso de Zeca como ator."

Arquivo pessoal/Duda Machado

Cena da peça *Fim de Jogo*, de Samuel Beckett. A montagem aconteceu em Belo Horizonte, no teatro do antigo Cassino da Pampulha. Na foto, os atores Ezequiel Neves e Neusa Rocha.

Pesquisando os jornais da época, pude constatar que a peça, dirigida por Carlos Kroeber, fez mesmo muito barulho em BH, escandalizando a conservadora sociedade mineira. A começar pelo palco: cadeira de rodas, corpos estropiados e sujos, latas de lixo, envoltos em ambiente de mármore de Carrara. Com a iluminação de José Carlos Almeida Cunha, que dava um tom impressionista, a montagem tinha uma atmosfera de fim do mundo, em diálogo direto com aqueles dias do final dos anos 1950, quando os jornais anunciavam a iminência de a Guerra Fria se tornar quente, ou melhor, atômica.

A peça, que estreou em 12 de dezembro de 1959, aniversário de Belo Horizonte, foi a primeira montagem feita no mundo depois da estreia, acontecida só dois anos antes, em Londres. No elenco, alguns dos amigos de noitada de Silviano no Tirolesa: Silvio Castanheira, Neuza Rocha e, claro, Ezequiel Neves.

A todo-poderosa Barbara Heliodora viria especialmente do Rio de Janeiro para a estreia da peça e acharia a tradução péssima. A influente crítica carioca conhecia a versão inglesa do texto, não a francesa. Como se sabe, o autor irlandês às vezes escrevia duas versões para um mesmo texto: uma na língua de Shakespeare, outra na de Racine. Silviano e Marschner tinham traduzido a versão francesa. E, se a tradução não era mesmo nenhuma maravilha, como o próprio Silviano não se cansaria de repetir ao longo da vida, a crítica de Barbara não fazia muito sentido, já que ela acusava a versão mineira de "não ser fiel ao texto original". A tradução era, sim, fiel. Mas ao texto em francês.

Beckett permanecerá entre os autores de sua predileção. "Os velhos", um dos primeiros contos escritos por Silviano e publicado no número de estreia da *Complemento,* com ilustrações de Chanina, guarda forte influência do autor irlandês. Sempre antenado com a cena teatral de Belo Horizonte de então, escreverá ainda um longo artigo sobre outra peça de Beckett, publicado em fevereiro de 1961, no jornal *Estado de Minas*, a respeito da montagem de *A última voz de Krapp*. A peça, de 1958, ganharia versão mineira apenas três anos depois de o texto ter sido publicado na mítica revista norte-americana *Evergreen Review*. E teria os amigos Marco Antônio Menezes como diretor e Ezequiel Neves na interpretação. Muito mais tarde, marcas da leitura de Beckett na prosa ficcional de Silviano poderiam ser sentidas tanto em *O olhar*, de 1974, quanto em *O falso mentiroso*, de 2004.

Tentando puxar, ainda mais uma vez, a sua memória, pergunto se as farpas lançadas por Glauber, naquela noite no CEC em 1957, tecendo loas à literatura brasileira, não teriam redirecionado suas leituras. Será que o artista baiano teria conseguido provocar alguma curiosidade para uma leitura mais sistemática de José Lins do Rego, Euclides da Cunha ou Jorge Amado? Antes que ele pudesse responder, saquei da pasta um artigo do próprio Silviano, de 1958, publicado no dia 3 de agosto no jornal *Folha de Minas*: "Terras do sem-fim: Jorge Amado". Li apenas o início.

> *1.*
> *A definição do romancista do* Terras do sem-fim *nos é dada por um dos seus próprios personagens. É Maneca Dantas quem, na página 89, referindo-se ao advogado Virgílio comenta:*
> *"Tem tutano na cabeça".*
> *2.*
> *A um advogado, como a um romancista, não basta só ter "tutano na cabeça". Estas palavras tão sensatas do prezado José de Alencar, escritas em 1865, na*

> *Carta ao Dr. Jaguaribe, nos levam à língua portuguesa e ao romancista Jorge Amado: "Sem dúvida que o artista brasileiro tem de traduzir em uma língua as ideias, embora rudes e grosseiras, dos índios; mas nessa tradução está a grande dificuldade; é preciso que a língua civilizada se molde quanto possa a singeleza da língua bárbara; e não represente as imagens e pensamentos indígenas senão por termos e frases que ao leitor pareçam naturais na boca do selvagem".*
>
> *Levam-nos ao romancista de* Terras do sem-fim *não por semelhança, mas por oposição.*

No artigo de jornal de 1958, o jovem Silviano já antecipava questões que seriam reelaboradas por ele, bem mais tarde, e que vão aparecer no artigo "Alegoria e palavra em Iracema", escrito em 1965, quando ele já dava aula nos Estados Unidos.

Silviano ficou me olhando com uma cara assustada assim que terminei a leitura do artigo.

"Não me lembrava de ter escrito isso."

*

Depois de ficarmos ali conversando de bobeira, naqueles dias mais um mortal tinha se transformado em imortal pela Academia Brasileira de Letras, e Silviano divertia-se com as histórias dos bastidores da eleição. Ele então voltou a falar dos anos da *Complemento*.

"Acho que três características definem bem a turma da *Complemento*: capacidade de trabalho, graça no anonimato e vida independente. O que tem que ficar claro é que a gente nunca se apresentou como uma geração. Apresentávamo-nos como indivíduos, cada um tinha seu projeto. E que foram sendo reconhecidos, pouco a pouco, como componentes de uma geração. A chamada Geração Complemento não era um grupo harmonioso, homogêneo e coeso, como a Edifício ou a Tendência, que nos antecederam."

Depois de semanas lendo todo aquele material levantado sobre a *Complemento*, questionei Silviano se ele não achava cruel a maneira como, em algumas entrevistas, se referia à revista. Muito realista, Silviano às vezes é muito duro. Lembrei-lhe de uma palestra, a que eu tinha assistido no Rio, em 2016, quando uma edição fac-símile da *Revista de Cinema* foi lançada. Tinha ficado na minha lembrança sua fala sobre a revista *Complemento* naquela noite: "uma revista literária bem fininha, bem vagabundinha". Será que ele não estaria exagerando?

Ele então deu mais um sorriso de Mona Lisa. E disparou.

"Às vezes baixa Exu e sai de baixo. Faz parte do meu show, talvez até inconsciente. Mas você não deve ler aquela fala tão a sério. Foi só uma brincadeira de mau gosto. A revista era muito fraca, mas teve, claro, uma função: nos definiu como boêmios. Bebíamos muito, fazíamos as maiores loucuras – uma novidade para aqueles anos 1950. Além disso, foi o momento que politicamente nos definiu. O grupo em torno da *Complemento* nos despertou para o fato, a cada um individualmente, de que o importante politicamente é a mudança de comportamento. Naquele momento deixamos de lado as questões ideológicas e passamos a dar enorme importância às questões comportamentais. Quer um exemplo? A presença da mulher no grupo. As mulheres iam conosco para os botequins, e isso, que hoje é ridículo falar, escandalizava as famílias. Além disso, as opções sexuais começam a ser definidas com mais segurança, como a questão da homossexualidade. As pessoas que decidem namorar, transar e casar sem passar pelas famosas fases do namoro, noivado e casamento. Nós escutávamos rock, víamos o que havia de melhor nos filmes, a *nouvelle vague*. Questões que hoje não têm a menor importância, já foram incorporadas à sociedade, não causam mais nenhum escândalo."

Assim que terminou de falar, pensei em como os escritos de Silviano sempre tiveram um forte tom político, sem, no entanto, nunca serem partidários. Pensei também na desconfiança que parte da esquerda brasileira teve com sua obra. Interessado na contracultura já desde os anos 1950, Silviano pagará, como veremos mais tarde, um preço alto quando, nos polarizados anos 1960 e 1970, introduzir no debate público brasileiro temas tabus até mesmo para os partidos progressistas brasileiros: a consciência negra, o direito das mulheres, a liberação sexual e as drogas.

31. "Se você quiser ser pobre, tudo bem"

"Sabe do que eu mais me lembro daquele tempo? É da luz do quarto sempre acesa. Dele lendo durante horas. Não conseguia dormir com a claridade. Vivia pedindo para ele apagar a luz."

Uma semana depois da minha segunda viagem ao Rio, conversei, por Zoom, com mais um dos seus irmãos, Ricardo Luiz Santiago. Morando desde 2017 nos EUA, era com ele que Silviano dividia um dos quartos da casa dos Santiagos, na Rua Mato Grosso, no final dos anos 1950. Na época com pouco mais de 10 anos, sempre que Ricardo se lembra daqueles anos, a primeira imagem que lhe vem à cabeça é a de Silviano com um livro debaixo do braço.

"Nossa diferença de idade é de quase 10 anos: Silviano é de 1936; eu sou de 1945. Hoje não faz tanta diferença, mas na época fazia. Ele ficava pouco em casa. Mas, quando estava, lembro dele o tempo todo lendo. E atrapalhando meu sono", conta o irmão mais novo se divertindo com a lembrança. O sono de Ricardo só não era interrompido quando, uma ou outra vez, o irmão boêmio emendava a noite. E ia direto do bar para as aulas do Colégio Marconi.

Ricardo conta que a casa dos Santiagos era cheia de livros, e isso acabaria sendo determinante na sua formação. "Quando o Silviano foi embora para o Rio, e depois para a França, acabei herdando alguns dos livros que ele deixou para trás e que ficaram na estante do quarto."

*

Depois de três anos frequentando o Colégio Marconi, agora formado, Silviano precisava dar um rumo à vida. E comunicar sua decisão ao pai: entrar na universidade ou continuar trabalhando na loja. Sempre muito controlador, no fundo o velho doutor Sebastião já intuía o que o mais obediente (e estudioso) dos filhos faria: ir para a universidade. O velho Sebastião só não sabia qual.

Embora sua decisão já tivesse sido tomada desde o primeiro dia em que pisou no CEC e passou a se interessar por cinema, Silviano, por medo de represália, preferiu enrolar o pai até o fim.

Não: ele não seria engenheiro, como tanto sonhava o doutor Sebastião. Nem arquiteto, profissão em alta naqueles anos 1950, quando Oscar Niemeyer construía Brasília. Menos ainda advogado, como tinha sugerido para a família quando trocou o científico do Colégio Estadual pelo curso clássico do Marconi. Ele se matricularia no curso de Letras Neolatinas, na Faculdade de Filosofia e Letras da UFMG.

A tão temida reação do pai? Nenhuma. Embora se preocupasse com o futuro dos 11 filhos, ele também sabia respeitar a decisão de cada um. Naquele início de 1957, quando finalmente criou coragem e comunicou a decisão de que iria cursar Letras, a reação do doutor Sebastião foi cruel. Mas também serena.

"Se você quiser ser pobre, tudo bem."

32. **Vida de ator**

Silviano não era exatamente um calouro quando começou a circular, em 1957, pelos corredores do 19º e do 20º andar, no Edifício Acaiaca, no centro de BH. Era lá que funcionava o curso de Letras da UFMG. Já frequentava, desde 1952, o Centro de Estudos Cinematográficos de Minas Gerais; tinha ajudado a criar a revista *Complemento*; escrevia para a *Revista de Cinema*, além de jornais da capital como *O Diário*, *Estado de Minas* e *Diário da Tarde*. Espírito irrequieto, sua entrada na vida acadêmica jamais o afastaria da vida real. Tentar romper a bolha entre vida universitária e sociedade civil será, desde o início, uma de suas obsessões.

Além de traduzir Beckett com os amigos, que ensaiavam uma peça do escritor irlandês, seu interesse pelo cinema não diminuirá. Em 1953, escreve o roteiro do curta-metragem *Estudo nº 1*. No filme em 16 milímetros, dirigido por José Roberto Duque Novaes, trabalhará como ator. O curta mereceu matéria no jornal belo-horizontino *Correio do Dia* de 22 de setembro de 1953, que traz uma foto de Silviano com o diretor estreante. Com o seguinte texto.

> *Não mais de um minuto, apenas um minuto, um mísero lapso de tempo na vertiginosa corrida das horas. Mas um minuto que representa um acúmulo de energias em prol da concretização de um ideal, de extravasamento de ideais concentrados, de vontade de aprender, de ensinar, de comungar centenas de almas portadoras dos mesmos desígnios, das mesmas sensibilidades, das mesmas aptidões artísticas, sob a abóboda resplandecente do escopo atingido. O Centro de Estudos Cinematográficos tem pronto seu primeiro minuto de cinema.*

Em outra matéria, esta publicada no *Tribuna de Minas* no mesmo dia, o tom não é menos eloquente. E diz:

10 Correio do Dia 22 de setembro de 1953

UM MINUTO DE CINEMA

Não mais de um minuto, apenas um minuto, um mísero lapso de tempo na vertiginosa corrida s horas. Mas um minuto que representa um cumulo de energias em prol da concretização de ideal, de extravazamento de ideais concenrados, de vontade de aprender, de ensinar, de omungar centenas de almas portadoras dos nesmos designos, das mesmas sensibilidades, das nesmas aptidões artísticas, sob a abóboda reslandescente do escopo atingido. O Centro de Estudos Cinematográficos tem pronto seu primeio minuto de cinema.

Três jovens associados da prestigiosa entiade cultural, animados em realizar aquilo que

intercâmbio proporcionado pelas reuniões CEC, da grandeza de suas aspirações. José berto Novaes, Carlos Lott Caldeira e Silvio Santiago são os arrojados autores dessa prira tentativa, uma simples experiência que abr necessariamente caminho para outras formad mais sólidas, mais robustas, e que lhes pertirá conhecer as delícias da vitória na ár batalha em prol do bom cinema.

O arranjo fotográfico apresenta aspectos tomadas de vistas do filme experimental (estu preliminares sôbre montagem cinematográfic A primeira foto à esquerda mostra José Robe (que dirigiu) e Silviano (que encarnou a pe nagem da película) discutindo questões relac

Matéria do jornal *Correio do Dia* de 22 de setembro de 1953.

> *Com uma história da maior simplicidade, onde as possibilidades cênicas são pequenas, os três jovens conseguem, o que é novo no Brasil, mostrar que têm capacidade de dar sequência a alguma coisa, sabendo contar uma história através de imagens e de símbolos. Filme Experimental, feito por três desconhecidos, vem, sob certos pontos de vista, dar uma lição de trabalho honesto e sério a muita gente.*

Assim que encontrei as duas matérias na coleção de jornais do arquivo da Hemeroteca Histórica, mandei para Silviano um "zap". Ele respondeu de pronto.

"Ninguém do CEC fez cinema. Só o José Roberto Duque Novaes, que fez este filmezinho de 2 minutos, no qual eu topei trabalhar como ator. Tenho até hoje o *script*. Era um filme muito bem-feito, impecável. Ele decupou todas as cenas muito bem. Pelo estilo do texto que você me mandou, apesar de não estar assinada, a matéria do *Correio do Dia* deve ter sido escrita pelo Jacques. O filme, na verdade, é uma bobagem, mas mereceu artigos da imprensa dizendo que, pela primeira vez, alguém tentava pegar uma câmera. Nós éramos acusados de só escrever sobre cinema e de nunca fazer cinema. O roteiro foi escrito a partir de lembranças que tinha, de quando era menino, em atravessar a ponte da Charqueada, em Formiga. Uma brincadeira que a gente fazia muito. Filmamos lá no bairro da Gameleira."

*

Quem bem antes, desde 1952, já frequentava o curso de Letras, no Acaiaca, era Heitor Martins, até hoje um dos mais fraternos amigos de Silviano. Três anos mais velho que ele, Heitor, que vive nos EUA desde os anos 1960, construiria uma longa carreira acadêmica até se aposentar como professor da Universidade de Indiana, em Bloomington. O amigo radicado nos EUA terá, em 1961, papel central quando Silviano resolver se transferir da França para os Estados Unidos.

"Tínhamos bons professores, como Mário Casassanta, José Carlos Lisboa, Eduardo Frieiro, Vincenzo Spinelli, Rodrigues Lapa e Abgar Renault. Nos corredores do prédio, a gente ainda cruzava com Milton Campos, Arthur Versiani Velloso e Orlando de Carvalho. A faculdade tinha um acordo com a Alliance Française e, assim, tínhamos excelentes professores de literatura francesa como o Damien Saunal e Maurice Vouzelot", me contou Heitor em alguns e-mails que trocamos entre 2023 e 2024. "Como a FAFI não era dividida em 'faculdades', mas apenas em cursos, existia uma saudável interação entre os alunos de História, Sociologia, Filosofia e Ciências Exatas."

Mais exigente que Heitor, Silviano, quando lembra aqueles anos 1950 na Letras da UFMG, fala com carinho (e respeito) de apenas alguns professores. Mais precisamente três: Rodrigues Lapa, Damien Saunal e José Carlos Lisboa.

"Com raras exceções, os professores eram muito ruins", me disse Silviano numa conversa que tivemos em 2010. "Em lugar de te jogar para cima, incentivar, como o Jacques sempre fazia, eles queriam mesmo era te pôr para baixo. As aulas eram chatas, os temas, pouco interessantes: foi um atraso grande na minha vida. A maioria dos professores tinha uma visão muito estreita de literatura, contra a qual tive que lutar nos anos seguintes, para não acabar me tornando acadêmico, no sentido ruim da palavra."

A lembrança negativa daquele período só diminui quando Silviano fala de três mestres. Nas aulas de Rodrigues Lapa (literatura portuguesa, filologia e historiografia), Damien Saunal (literatura francesa e *explication de texte*) e José Carlos Lisboa (literatura espanhola e literatura como estética), começará a ter contato com métodos de análise literária que serão fundamentais na formação do futuro crítico. "Os três me incentivavam a ler prosa e poesia, mas não só: também líamos os críticos então na moda e que, geralmente, eram da estilística espanhola (Dámaso Alonso, Amado Alonso e Carlos Bousoño) ou alemã (Auerbach, Vossler, Curtius). Só bem mais tarde é que fui ler as teorias anglo-saxãs do *new criticism*."

Ironia do destino, um dos mais importantes ensaístas de literatura brasileira teve sua formação inicial muito ligada à literatura estrangeira. Só mais tarde é que os autores brasileiros mereceriam sua atenção.

"Lia praticamente só literatura francesa, norte-americana, inglesa e um pouco da alemã. Mas quase nada de brasileira. Só depois, quando fui para a UFMG, é que tomei mais contato. Mas por conta própria. O Wilton Cardoso, que dava literatura brasileira, era uma pessoa encantadora, mas não era bom professor, não", me contou ainda em 2010.

Depois de uma primeira formação meio anárquica, feita nas visitas à biblioteca de Jacques, na UFMG Silviano passará a ter uma visão mais multidisciplinar da cultura. E começará então a leitura de autores brasileiros. "Na Faculdade, li muito Sérgio Buarque de Holanda, Gilberto Freyre, autores que, se eu tivesse uma visão meramente acadêmica, não teria lido: naquela época, na Letras ninguém recomendava esses autores. O máximo que chegávamos era ao Antonio Candido, mas aí é história da literatura. Aos poucos fui abrindo os horizontes, conhecendo também um pouco de sociologia, francesa e norte-americana."

33. No tempo do CPC

Era grande a polarização política no país na metade dos anos 1950, quando Silviano vira aluno do curso de Letras da UFMG. Duas forças políticas dividiam os estudantes: de um lado, a Juventude Universitária Católica (JUC); do outro, a União da Juventude Comunista (UJC). Cristãos e comunistas disputavam, a tapa, a preferência dos jovens. A Guerra Fria colocava países capitalistas de um lado e nações comunistas de outro. Uma tensão que aumentaria, ainda mais, com a Guerra da Coreia.

"Os estudantes se viam na obrigação de escolher um lado: ou o Sul, capitalista, ou a Coreia do Norte, comunista", conta Heitor Martins, relembrando o clima daqueles anos no Acaiaca. Na faculdade, essa divisão se dava entre apoiar os grupos dos alunos engajados, que iam visitar as favelas de Belo Horizonte para conhecer a condição de vida dos pobres, ou render-se à campanha "Pra Coreia Não Vou", *slogan* que faz lembrar o famoso "Vai pra Cuba", usado por parte da direita brasileira nos últimos anos.

Dividindo seu tempo entre o trabalho na loja do pai, a faculdade, o CEC e as infindáveis noitadas, Silviano encarava aquela polarização com ceticismo. Quando se lembra desse período, usa sempre um tom meio jocoso.

"A grana era curta. Almoçava todos os dias no bandejão da Faculdade de Ciências Econômicas, já que o curso de Letras não tinha refeitório. Lá, eu dividia a mesa com o Theotônio dos Santos, o Flávio Pinto Vieira, o Antonio Octavio Cintra e o Simon Schwartzman. Daí já dá para perceber de que lado fiquei", me contou numa conversa que tivemos em 2022. "Todos da nossa turma éramos contra a JUC, JOC, LIC, LEC. A gente brincava muito e tirava sarro com aquele monte de siglas: chamávamos de Jic-jec-lic-loc o pessoal católico. Nunca troquei uma palavra com o Betinho [o sociólogo Herbert de Souza], que dividia mesa de refeitório com seu grupo do lado da nossa. Não fui participante. Ou melhor: não tinha tempo para ser participante. Meu próprio trabalho no CEC, meu interesse pelo cinema e a visão mais plural que tinha da cultura já indicam minha posição."

A desconfiança com as forças políticas que dividiam os estudantes de forma tão maniqueísta não significava, porém, imobilismo. E aí a vocação de professor falaria mais alto.

Foi em 1959. Nesse ano, ajudaria a fundar o primeiro cineclube escolar de Belo Horizonte, que funcionava no Ginásio Estadual Leonel França, onde trabalhava como professor de português e literatura. Quinzenalmente, na sede do CEC, os estudantes assistiam a um filme que depois era analisado em sala de aula. Numa reportagem publicada no *Diário da Tarde* de 11 de abril de 1959, podemos encontrar o jovem professor Silviano Santiago, muito entusiasmado, chamando a atenção para as importantes virtudes pedagógicas do cinema. Em determinada parte da matéria, pode-se ler.

> *Segundo Silviano, na época atual uma das grandes forças de ensino reside na explicação através da imagem, veículo que representa, nos dias de hoje, o que a palavra – o livro – significara para o século passado.*

"A escola ficava perto lá de casa", me contou Silviano ainda na conversa de 2022. "Esse curso fazia parte da Campanha Nacional de Educandários Gratuitos (CNEG), um movimento de voluntariado que tinha como objetivo ampliar e democratizar a oferta do ensino secundário em várias partes do Brasil. Exibíamos o filme e promovíamos um debate. Depois eram pedidas redações baseadas em personagens ou passagens do filme exibido, sendo desenvolvida assim a capacidade de redação dos alunos."

Arquivo pessoal/João Pombo Barile

Conservadores jogam a última chance

Página 12

AÇÃO POPULAR

Belo Horizonte, 6 de Janeiro de 1962
ANO I Preço: Cr$ 10,00 N.º 1

BH - 1962: em 700 mil habitantes, 96 mil moram; o resto se aconchega

Pág. 14

Porque êste jornal

Um jornal nôvo, mas que não seja apenas nôvo jornal a mais, é difícil de fazer e manter. Mas AÇÃO POPULAR foi criado e será mantido, porque é preciso criá-lo e mantê-lo.

As dificuldades que, certamente, encontraremos nós as esperamos vencer com o apôio das inúmeras pessoas que poderão juntar-se a nós nessa luta que é de todos.

O mundo de hoje vive um momento de decisões claras. A presença dos cristãos a êsse mundo só poderá ser de definição que concretize os princípios de promoção humana de que são portadores. Somos cristãos, e não tememos proclamá-lo. Mas, nossa definição traduz um chamado a todos os homens, cristãos ou não, que desejem substituir o mundo de estruturas iníquas em que vivemos.

Leia o Editorial na pág. 3

Capa de uma edição do jornal *Ação popular* de 6 de janeiro de 1962.

*

Diferentemente do irmão Haroldo, que se tornaria importante quadro do Partido Comunista Brasileiro em Minas, não era grande a proximidade de Silviano com o Partidão nesses primeiros anos de universidade. E se, em parte, isso se explica pelo fato de Silviano ter, desde o início, uma visão mais plural da cultura – não nos esqueçamos do seu ensaio de estreia na *Revista de Cinema*, escrito com Mauricio Gomes Leite, sobre filmes musicais, tema heterodoxo demais para o ideário stalinista –, outro importante fator ajuda a explicar o seu distanciamento do mais importante partido de esquerda de então: a homofobia.

"Era um assunto absolutamente tabu. Quem militava dentro do Partido Comunista jamais podia tocar no assunto. Claro que havia perseguição: se descobrissem alguma coisa, qualquer suspeita, você não podia ter cargo no partido. Tentasse você ser homossexual na época do CPC", confessou Silviano também em 2022. "Acho que, se tivesse que definir uma posição política, diria que nosso grupo da *Complemento* era anarquista. Desprezávamos todas as formas de organização social, econômica ou política. Tentávamos viver de maneira liberada, o que ia contra os padrões de Belo Horizonte."

Vida liberada que tinha, por sinal, seu preço. E alto. Quem pesquisar os jornais mineiros da época encontrará dezenas de matérias homofóbicas tratando o tema como doença, tara. A violência contra homossexuais era bastante comum. "Isso nunca aconteceu comigo, mas com vários dos nossos: batiam na gente, apanhávamos na rua, éramos chamados de bicha, veado. Muitos nem eram homossexuais, mas também apanhavam porque andavam em companhia de homossexuais."

34. **Vida de jornalista**

Embora, como já dissemos, nas matérias de jornal dos anos 1950, Silviano seja sempre chamado de poeta, salta aos olhos a imensa produção em prosa produzida por ele no período. São crônicas, contos, ensaios literários, traduções e até entrevistas. Textos que vão de meados dos anos 1950, quando ele começa a frequentar o CEC, até 1960, quando se muda para o Rio e abandona definitivamente BH.

Uma das melhores crônicas desse período chama-se "Guia lírico da Faculdade de Filosofia". O texto, publicado no jornal *Diário da Tarde*, nos dias 8, 10 e 12 de agosto de 1960, descreve o cotidiano do jovem Silviano na Faculdade de Letras do Acaiaca. E, já no primeiro parágrafo, o tom sarcástico, uma de suas marcas registradas até hoje, pode ser sentido.

> *– É a única faculdade do mundo que tem 18 andares de porão e cinema próprio – disse alguém e virou lugar-comum.*
>
> *Um universitário francês a chamaria de "Fac". Alguns, por aqui, quiseram impingir o oxítono e desagradável FAFI, e orelhas recusaram. Todo mundo mesmo a chama de Faculdade de Filosofia. Não pergunte muito por ela pelas ruas da cidade; já encontrei gente que tive que explicar o que seja:*
>
> *– Uai! Isso existe? Não sabia. Onde fica?*

Na época envolvido com a edição da revista *Complemento*, na mesma crônica Silviano aproveita para tirar um sarro da revista editada pela universidade, *Kriterion*. E escreve:

> *[...] Dizem (atentem para a construção impessoal) que a Faculdade edita uma revista:* Kriterion. *Sim, dizem, pois nunca é vista por lá. Se um aluno mais afoito e corajoso pede um número, recebe uma negação tranquila do encarregado:*
>
> *– A revista não é para ser distribuída entre alunos. Portanto, não se arrisque. Pode ser também que a revista seja imprópria para menores de 21 anos.*

O mesmo tom irônico vamos encontrar em outra crônica: "Leitores de poesia", publicada no mesmo *Diário da Tarde*, em 22 de julho de 1960. Nela, Silviano, já então um disciplinado estudioso de poesia, pergunta onde estão os leitores de poesia da cidade.

> *Pensou e repensou e decidiu: como Diógenes, sair à cata deles. Instalou-se em plena Afonso Pena. Uma cadeira, uma mesinha, e folhas de papel em branco. Nome? Idade? Profissão? Lê poesia: sim? não? Quem? Começou a interceptar e interpelar um por um os que passavam por ali. No fim do primeiro dia, resolveu cancelar as três primeiras perguntas e exigir logo o "sim" ou o "não". Por quê? Ora, era inútil tantos nomes, tantas idades e tantas profissões para nenhum sim.*

Mas talvez a mais divertida de todas as crônicas seja mesmo a publicada em 1º de agosto de 1960, também no *Diário da Tarde*. Chamada "Conselhos (amargos) para se ser feliz", nela o jovem Silviano ataca de conselheiro sentimental.

> *Conselhos (amargos) para se ser feliz*
>
> *– Frequentar o próximo, mas nunca amá-lo.*
>
> *– Entregar-se a vida inteiramente, isto é, sem um pé, para trás, apoiando o corpo.*
>
> *– Fugir sempre dos compromissos de justiça.*
>
> *– Acreditar na malvadez, no orgulho, na estupidez, na insensatez, na paixão, na fraqueza humana; e com elas e com ele fazer coro.*
>
> *– Prezar o dinheiro acima de todas as coisas: buscá-lo, desenterrá-lo por todo canto, sem nunca deixar prender-se por ele.*
>
> *– Matar ou sufocar ideais, principalmente os da juventude.*
>
> *– Aceitar indiscriminadamente (e sem discussão) a sociedade e as suas regras. Mesmo as mais tolas.*
>
> *– Não se deixar envolver por nenhuma manifestação artística ou política, e muito menos por grupos.*
>
> *– Fugir do passado e das suas cadeias, do futuro e das suas previsões: ontem foi ontem, o amanhã certamente virá, e hoje é hoje.*
>
> *– Mandar flores aos inimigos, e não aos amigos.*
>
> *– Aproveitar-se da noite como de uma amante.*
>
> *– Assistir a jogos de futebol e comícios políticos pela televisão, e com um copo de uísque na mão.*
>
> *– Ir a todos os enterros e missas de sétimo dia.*
>
> *– Saber que foi jogada uma bomba atômica sobre Hiroshima, mas nunca, nunca mesmo, saber que povo a atirou.*
>
> *– Fechar os olhos sempre que uma vozinha íntima e intuitiva dizer-lhe para fechá-los.*
>
> *– Dar um jeito de ser rico.*
>
> *– Rir de todas as piadas, menos das de Vão Gogo.*
>
> *– Nunca rir do próximo, na sua frente.*
>
> *– Não ler estes conselhos para não ter consciência da amargura de quem os escreve.*

No mesmo dia em que encontrei a matéria com seus conselhos sentimentais, achei também algumas traduções feitas por ele. Eram textos de poetas e escritores franceses como Stéphane Mallarmé, Charles Baudelaire, Paul Valéry e Albert Camus. Por "zap", mandei a ele algumas dessas versões. O que será que o consagrado crítico achava das traduções daquele jovem estudante? Silviano foi implacável. "Nunca fui um bom tradutor, não. As traduções que fiz nessa época tentavam ser bem literais e cuidadas na língua de chegada."

*

Só para provocar, às vezes gosto de dizer para Silviano que ele na juventude foi jornalista. Sua reação é imediata: fica sempre irritado. "Nunca tive vida de jornal. Tenho experiência jornalística. O que é muito diferente."

Jornalista ou não, em março de 1959 ele entrevistaria o cineasta e crítico de cinema Alex Viany. Em visita a BH, com os irmãos José Renato e José Geraldo Santos Pereira, que estavam lançando o filme *Rebelião em Vila Rica*, o diretor carioca também participaria de um debate no CEC. Silviano aproveita então o encontro para uma conversa. E, já na abertura da matéria, com muita ginga, o jovem repórter escreve:

> *Alex Viany é dos raros teóricos do cinema que passaram à prática. Principalmente aqui no Brasil, onde impera a "picaretagem", o seu caso tem de ser visto com melhores olhos, e apresentado com maior compreensão. Não só pela sua autêntica consciência do que está fazendo, como pelo que nos legou e nos lega no campo teórico. Contribuição dupla onde se sobressai o verdadeiro interessado e conhecedor da Sétima Arte.*

*

Se a maioria dos artigos de Silviano desse período são curtos, com no máximo três laudas, "Conversa sobre o conto", publicado no *Diário de Minas* de 23 de junho de 1957, chama mesmo a atenção pelo tamanho. E pode ser considerado um dos primeiros ensaios escritos por ele. Ocupando toda a página 2 do jornal, no artigo o jovem estudante de

Correio do Dia 6 de dezembro de 1953 11

ESTUDIOS & AUDITORIOS

HOJE: REPORTAGEM ESPORTIVA

Hoje, domingo, estão programados, para se realizarem nos setores diversos do nosso esporte, acontecimentos em série, todos eles convocando o interesse de um publico que tem, na alma e no sangue, uma doença esportiva que lhe esgota até o ultimo grau de entusiasmo. No panorama das atividades programadas e aguardadas, duas delas se destacam: o jôgo de futebol que Atlético e Vila Nova disputarão, logo mais, para a decisão do título — e, à margem, o tradicional Fla-Flu do futebol carioca como derivativo para os que acompanharão as emoções de casa — e a competição aquática, comemorativa da passagem de mais um aniversário de fundação da entidade especializada.

Justo é, pois, que se aguarde, no plano extra da rádio-reportagem, uma competição tão intensamente disputada quanto as outras que servirão de tema ao trabalho de divulgação. Inconfidencia, Mineira e Itatiáia procurarão, cada uma de sua parte, estabelecer mais uma vantagem no campo da preferencia dos ouvintes e, para tal, deverão servir-se, com propriedade, de todo o seu material humano e técnico.

Já sabemos que a rádio-reportagem esportiva, no dia de hoje, se concentrará em tôrno do prélio de futebol, sobretudo porque o interesse maior do publico estará, também, dirigido para ele. Mas a tarefa de um Departamento Esportivo de emissora não se limita, simplesmente, à divulgação de detalhes característicos de um espetáculo preferido. Incumbe-lhe, da mesma forma, criar em tôrno de acontecimentos outros o mesmo entusiasmo, a mesma expectativa. A rádio-reportagem não se pode ater, exclusivamente, ao campo dos acontecimentos futebolísticos. Há outra parcela de ouvinte e outro conjunto de interesses que merecem e precisam ser prestigiados. A competição aquática, por exemplo, reunirá, logo mais, uma equipe de representantes de diversas comunidades mineiras. E o rádio belorizontino, que se não criou para servir, com distinção, apenas os ouvintes da Capital, está na obrigação de levar ao publico distante os detalhes dos acontecimentos que mais de perto falam aos seus interesses.

Já sabemos que as equipes especializadas de repórteres esportivos da Itatiáia, da Mineira e da Inconfidencia se deslocarão, totalmente, para o estádio Independencia. Nada — nem o bom conselho — conseguirá desviar-lhes a atenção para outro acontecimento. Todavia, não custa sugerir-lhes a necessidade do cumprimento de um elementar dever: o de servirem às populações interioranas. Afinal, se não é justo que se deixe um publico inteiro privado de conhecer, pelas ondas das emissoras, os detalhes e as sensações de uma jornada futebolística de alta expressão, também justo não parece ser o alheamento delas em face das preferencias de outro grupo de ouvintes.

HEGLER B. ALEIXO

NOTAS

Uma coisa que precisa ser alterada é a liberdade de prosa entre locutores, diante do proprio microfone, nas passagens de alguns programas. E' comum, por exemplo, ouvir-se uma longa palestra ao inicio e no fim do programa "Noturno Mineiro", versando, sempre, assunto que não tem qualquer ligação com o tema da audição. Carlos Filgueiras — Leite — sempre alegre e entusiasta, não perde uma oportunidade para indagar do locutor de estudio: "Como vai você? Como vai a familia? Você está forte e bem disposto? O que você tem feito?" E o locutor, por sua vez, tambem não deixa, nunca, escapar o ensejo para estimular o bate-papo: "Vou bem, Leite. E você, como vai? Há quanto tempo não o vejo..." Numa emissora que prima pela sobriedade e pelo recato das apresentações, como a Mineira, essa coisa precisa acabar.

—

Seixas Costa, evidentemente, ainda não admitiu que sejam razoaveis e bons os conselhos que lhe trazem os seus amigos, no sentido de que ele altere e reorganize aquele seu "Programa do Pinduca", de que teremos, hoje, ás dez horas, nova audição. Programa infantil precisa ter um objetivo determinado. Precisa ser algo que colabore para a formação mental da criança. Não pode ser, nuca, esse simples estimulante para a vaidade dos que crescem para a vida. Nem um incentivo à futilidade, apenas. Empreendimento como o "Programa do Pinduca" é contraproducente, é nocivo, é inutil. Mire-se o organizador dele no espelho que vai sendo "Gurilanda", a que d. Zilka Mendes Faleiro está dando, aos poucos novas feições. Faça algo de aproveitavel.

ALEX VIANY EM BELO HORIZONTE — Encontra-se na Capital, desde ontem, o consagrado jornalista, crítico e cineasta Alex Viany, que aqui veio a convite do CENTRO DE ESTUDOS CINEMATOGRAFICOS DE MINAS GERAIS. O flagrante acima, colhido no aeroporto pouco após a sua chegada mostra, da esquerda para a direita: Raimundo Fernandes e Carlos Lott Caldeira, diretores do CEC; ao centro, Alex Viany; a seguir, o ator Gilson De Paula e o jornalista Carlos Denis.

SALÃO VOGUE
SOB A DIREÇÃO DE FRANKLIN
Permanentes, penteados, tinturas, manicures
RUA DA BAHIA, 1069 — FONE 4-3734

DR. VALADARES CANABRAVA
Clinica de Crianças
Consultório Edificio Tibau — Rua São Paulo, 401 — 5º andar.
De 8 às 11 e de 1 às 5 horas — Fone 2-1118.

DR. INACIO CAMPOS BICALHO
DOENÇAS DA CRIANÇA
Pela manhã — Hosp. Felicio Roxo — Cons.: R. S. Paulo, 401 — 5º andar — sala 501 — de 15,30 às 17 horas — Res.: Fone 4-3089

Arquivo Hemeroteca Histórica da Biblioteca Pública Estadual de Minas Gerais

Página do jornal *Correio do Dia* de 6 de dezembro de 1953.

Letras, que começava a se interessar pela literatura brasileira, analisa o conto "A doida", do livro *Contos de aprendiz*, de Carlos Drummond de Andrade. Com memória afiada, Silviano se lembra com riqueza de detalhes do texto que lhe envio por e-mail.

"É um texto escrito de forma bem didática. Me deu um trabalhão. Nele, tentei mostrar, de maneira sistemática, a obra de Drummond. As análises que se faziam então eram sempre muito subjetivas e ficavam só no gostei ou não gostei. Além disso, Drummond já tinha rompido com o Partido Comunista e muita gente ainda gostava de dizer que ele já não era mais o mesmo."

Quem lê o artigo sobre o poeta de Itabira, publicado em 1957 no *Diário de Minas*, percebe forte relação com outro ensaio seu, também sobre Drummond, que ele publicaria algum tempo depois na revista *Mosaico*.

Publicação financiada pelo Diretório Central dos Estudantes da UFMG, a *Mosaico* seria lançada em 1959 e publicaria, além do ensaio de Silviano sobre Drummond, um conto de Ivan Angelo, um artigo de Theotônio dos Santos sobre a Conferência de Genebra, uma análise de José Nilo Tavares e Simon Schwartzman sobre o nacionalismo no Brasil e, por fim, um artigo sobre teatro e sociedade do seu irmão Haroldo Santiago. "Me empenhei muito para que a revista pudesse sair. O ensaio que escrevi traduz o interesse que eu já tinha de estudar a obra de Drummond. Naquela época, jamais passaria pela cabeça do Wilton Cardoso, nosso professor de brasileira, de ensinar aos alunos a lerem Drummond", alfineta Silviano.

35. **Baila comigo**

Entre um expresso e outro, sentada na mesa de um café de Belo Horizonte, a ex-bailarina Lúcia Helena Monteiro Machado, a Duda, como é chamada pelos amigos, puxa da memória histórias da Geração Complemento. Nascida numa tradicional família mineira, ex-aluna do Colégio Nossa Senhora de Sion e ex-militante da Juventude Estudantil Católica (JEC), ela se diverte ao se lembrar de Klauss Vianna, "o primeiro homem que teve coragem de usar sapatilhas na conservadora Belo Horizonte dos anos 1950", como gosta de repetir sempre o escritor Humberto Werneck.

"Fui aluna do Klauss e da Angel Vianna. Éramos a vanguarda da dança. Não só em Minas, mas no Brasil. Embora o resto do país nem soubesse que a gente existisse", ironiza.

Muito falante, a autora do livro de memórias *A filha da paciência: na época da Geração Complemento* só precisa de alguns segundos para engolir o expresso e continuar suas lembranças.

"A gente saía todo dia. No meio de semana, batíamos ponto no Alpino. Depois dos ensaios na escola do Klauss, eu e as bailarinas Sigrid Hermany e Marilene Martins íamos para a frente do Edifício Dantés esperar os 'três mosqueteiros': Ivan [o escritor Ivan Angelo], Silviano e Flávio [o jornalista Flávio Pinto Vieira]. Eles sempre chegavam juntos."

Amiga de Silviano desde os tempos do CEC, Duda conta que Klauss e Angel, também frequentadores assíduos das sessões de cinema, sempre estimulavam o interesse dos alunos não só pela dança, mas por todas as artes. "Cinema, literatura, artes plásticas, música, dança. Todas elas não são senão maneiras diferentes de manifestar sentimentos e emoções através da beleza. E estão intimamente ligadas. O conhecimento de uma leva, necessariamente, ao aperfeiçoamento da outra. Você não acha a cena de guerra de *Alexander Nevsky*, do Eisenstein, um belíssimo balé?", me pergunta Duda, explicitando assim a ideia de transdisciplinaridade existente na turma da *Complemento*, embora ninguém ainda usasse o termo.

Quando fala de Silviano, a primeira lembrança que lhe vem à cabeça é mesmo a viagem que fizeram juntos ao Espírito Santo. A convite do governo capixaba, o Ballet Klauss Vianna se apresentaria, em julho de 1959, em Vitória. No repertório, a montagem *O caso do vestido*, baseada no poema de Carlos Drummond de Andrade.

Silviano, que no início frequentava o estúdio de Klauss só para encontrar os amigos, um dia se oferece para organizar a correspondência da escola. E passa então a trabalhar como secretário da companhia. A viagem até Vitoria, por exemplo, seria organizada por ele. "Era a primeira vez que nos apresentávamos fora de BH", recorda Duda.

A viagem à capital capixaba foi uma espécie de excursão da turma da *Complemento*. Com o pretexto de fazer a cobertura jornalística, Ivan Angelo e Flávio Pinto Vieira também embarcaram com a trupe. "Depois do espetáculo, passeávamos pelas ruas desertas de Vitória da época, como fazíamos em Belo Horizonte. Quando a temporada acabou, decidimos esticar a viagem até Guarapari. Detalhe: sem um tostão no bolso." Silviano, que preferia ter ficado em Vitória e voltado direto para BH, viajou para Guarapari contrariado. "Ele sempre foi o mais responsável da turma. Meio tenso, nunca conseguia relaxar", conta.

Já quase no fim de nossa conversa, Duda se lembra de Décimo de Castro, um dos mais importantes bailarinos da companhia de Klauss. "Você sabia que tem um artigo dele na *Complemento*? Quando chegar em casa te mando."

Arquivo pessoal/Duda Machado

Coreografia *Caso do Vestido* (1959), com Angel Vianna, em pé, e Marilene Martins.

No final do dia, a gentil Duda me manda então o artigo. Publicado no número 4 da revista, em um dos trechos do ensaio escrito pelo bailarino podemos ler:

> *Em nossa cidade temos oficializados a Sinfônica e o Coral. Porque não a dança, sendo ela a primeira das artes? Já levantamos há tempos este problema que ficou de ser estudado pelo Departamento de Cultura da Prefeitura – e de estudos ainda não se passou. Sentimos necessidade de dançar, de levar nossa dança ao povo, mas como, se ela é a mais cara das artes e a que mais tempo exige do artista! Temos em Belo Horizonte duas escolas que podemos dizer serem boas, dirigidas por mestres abnegados e conhecedores da dança clássica. O Ballet de Minas Gerais, dirigido pelo professor e ex-bailarino do Teatro Municipal do Rio de Janeiro, sr. Carlos Leite, que temos em nosso meio desde 1947. O Ballet de Belo Horizonte, dirigido pelo professor Klauss Vianna, discípulo de Carlos Leite e Maria*

Olenewa, jovem idealista de grande capacidade teórica e coreográfica, que já nos brindou com grandes bailados, sendo um dos primeiros coreógrafos brasileiros a fazer algo sério e inteligente sobre nosso folclore.

36. **Adeus, BH**

Foram mesmo bastante agitados aqueles últimos anos da década de 1950 na vida de Silviano. Além das aulas na UFMG e do trabalho na Dental Santiago, ele ainda tinha de encontrar tempo para as sessões no CEC, para traduzir Beckett com os amigos do Teatro Experimental e para organizar as viagens da trupe de Klauss Vianna. Interesses tão diversos não fariam, porém, que ele perdesse o foco. O jovem estudante de Formiga já tinha definido o próximo passo: sair de Belo Horizonte.

Para viabilizar seu projeto, conclui, em 1958, o curso da Aliança Francesa e recebe o diploma da Universidade de Nancy, condição *sine qua non* para quem quisesse estudar na França. Logo na sequência, em 1959, diploma-se em Línguas Neolatinas pela UFMG.

*

Remexendo antigos e-mails trocados com Silviano para matérias que produzi ao longo de duas décadas, esbarro com entrevistas de que nem me lembrava mais. Em uma delas, rememorava os distantes anos dourados belo-horizontinos. Feita em 2006, na época em que estava escrevendo o romance *Heranças*, uma espécie de acerto de contas com BH, nela o escritor rememorava o final dos anos 1950 e o longo caminho percorrido até conseguir uma vaga de doutorado na Sorbonne. Em um dos trechos da conversa, ele afirmaria: "Desde cedo percebi que deveria fazer minha formação fora do Brasil. Talvez despertado pelas minhas conversas com o Jacques [do Prado Brandão], logo me dei conta que estudar só literatura brasileira não seria suficiente. Hoje vejo que já aí se manifestava uma constante que me acompanharia sempre: estudar o texto literário a partir da perspectiva da Literatura Comparada".

Estudar fora do país nos anos 1950, porém, não era tão simples. Capes e CNPq ainda não concediam bolsas para o estrangeiro. Uma formação na Europa, ou nos EUA, só era possível se o aluno bancasse do próprio bolso. Ou então se conseguisse uma bolsa concedida pelo governo do país em que ele fosse estudar. "As duas possibilidades mais viáveis então eram Espanha e França. No início, até pensei em ir para a Espanha, já que tinha aulas com um professor extraordinário, o José Carlos Lisboa, que me fez gostar muito de literatura espanhola. Mas no final acabei optando pela França", disse Silviano durante nossa conversa em 2006.

Para conseguir chegar ao tão sonhado doutorado em Paris, ele terá de fazer antes uma escala no Rio. E, em 1959, recomendado pelo seu professor de francês na UFMG, Damien Saunal, consegue a aprovação no curso de especialização no Centre d'Études Supérieures de Français. O curso, que acontecia na capital federal de então, era destinado aos melhores alunos de francês das várias capitais brasileiras. Os três melhores do primeiro ano passavam para o segundo ano. E os três melhores desse segundo ano ganhavam então bolsas de estudos para ir a Paris fazer o doutorado. "Consegui uma bolsa da Capes e me mudei para o Rio. O dinheiro era curto e aluguei uma vaga num apartamento que ficava na Rua Senador Vergueiro, no Catete. Naquele tempo não existia mestrado nem doutorado no Brasil. E esse era o único caminho para conseguir um doutorado", me explicou naquela mesma entrevista.

*

Durante dois anos, Silviano vai morar no Rio. Entre os professores que lembra com saudade estão Georges Raillard, Pierre Dufour e Hubert Sarrazin. "Fiquei fascinado com Albert Camus. Foi nessa época que tomei contato com os autores do *nouveau roman* e grandes poetas franceses da modernidade, sobretudo Valéry. Lembro ainda de ler, com entusiasmo, Jean-Pierre Richard, grande estudioso de Mallarmé, Stendhal e Bonnefoy, e Claude-Edmonde Magny. E li, pela primeira vez, Roland Barthes: *Le Degré zéro de l'écriture*, que tinha sido lançado recentemente. Foi nesse primeiro período no Rio, estudando no Maison de France, que aprendi que literatura é uma coisa orgânica, vai muito além de leituras individuais. Meu primeiro romance, *O olhar*, aliás, comecei a escrever no Rio nessa época. E continuei escrevendo depois, já em Paris: acho que ele já traduzia o clima pós-moderno desse período, influenciado pela leitura do "Baudelaire" de Sartre. Foi escrito no estilo Lúcio Cardoso e também muito influenciado por minhas leituras de Clarice Lispector."

Silviano, que alguns anos antes já tinha ganhado, na *Complemento*, um perfil escrito por Ezequiel Neves, seria novamente retratado. Dessa vez no Suplemento Literário do *Diário de Minas*. Publicado em 17 de agosto de 1958, a entrevista, feita por Affonso Romano de Sant'Anna, recém-chegado de Juiz de Fora e trabalhando como jornalista em BH, é outro excelente, e divertido, retrato do artista quando jovem.

> *"Dedico-me ao cultivo da palavra" diz Silviano Santiago*
>
> *Nasceu em Formiga (1936). Faz literatura desde 1954. Em 1955 escreveu um livro de poemas:* Poesia 55, *que não chegou a publicar. Faz parte e é um dos fundadores do grupo* Complemento. *Exerceu a crítica cinematográfica, escreveu para* Revista de Cinema *e publicou no Suplemento Literário do* Jornal do Brasil. *Silviano tem um amigo – Antônio Nogueira – de quem não se separa, com quem discute e trabalha literatura. Atualmente, cursa o segundo ano do curso de Neolatinas na Faculdade de Filosofia da UMG e especializa-se em literatura francesa, tendo o "Diploma Nancy". Candidato a bolsas de estudos na França, breve irá a Europa. De resto, digamos que Silviano é um dos tais comunicativos e simples do grupo* Complemento. *E mais sobre este jovem, se saberá pela entrevista. Contudo, guarde-se: Silviano, segundo tudo indica, ficará na literatura.*
>
> *A entrevista:*
>
> *P. O que nos diz da Faculdade de Filosofia?*
>
> *R. Não sejamos bizantinos.*
>
> *P. Cultiva sempre o* humour*?*
>
> *R. A única coisa que quis cultivar são as flores. Porém, há alguns anos (1953 ou 1954), Federico García Lorca mostrou-me os seus inconvenientes, através da peça* Doña Rosita. *Por isso dediquei-me ao cultivo de palavras. Estas crescem e florescem com as mesmas qualidades daquelas. Às vezes, dão espinhos, que machucam. No entanto e aí está a diferença e a escolha, as palavras são rendosas, ou possibilitam a renda com atividades acessórias.*

P. Além das letras a que se dedica?

R. O comércio é o que mais furtou e furta os meus minutos. Atualmente além do comércio existe um outro ladrão de tempo: o magistério. A dupla não me proporciona um segundo de ócio. Mas nem só de letras vive o homem.

P. Que faz como homem de letras?

P. Entre as muitas coisas que faço, fiz e farei, considero os planos o que mais de realizado tenho. Faço planos, e como planos que são frequentemente não vão além de serem planos. Quando quedam realizados, experimento uma nostalgia de senti-los tão distantes e diferentes de forma planejada. Dos planos que encontro realizados no momento uma pequena-novela e um trabalho sobre a arte e significado do récit *em* A porta estreita *de André Gide. São os que de mais sérios saíram das minhas mãos. Mas olha que só emprego o vocábulo "sério".*

P. E a poesia? E o cinema?

R. A poesia, isso é lá com o Antônio Nogueira. Um indivíduo (na minha opinião) extremamente solitário e cacete, que sempre está às voltas com torres, ilhas e outros símbolos. Quando penso que já morria, volta com algum poema para eu ler. O cinema já foi minha preocupação constante. Aliás a minha primeira preocupação no campo das artes. Hoje, sou um espectador, que dá sua opinião oralmente. Não tenho mais tempo para dedicar-me a ele.

P. Diga-nos alguma coisa a respeito do trabalho de Gide e da pequena novela.

R. De um certo modo, posso dizer que o primeiro completa o segundo e vice-versa. Grande parte de minha pequena-novela, que se intitula Pai e filho *tem sua explicação naquele artigo. Trata-se de um contato que travei com a técnica do romance psicológico francês. Procurei aplicá-la às nossas letras, ao mesmo tempo que me ajudou a sair do Impasse Clarice Lispector. Penso que é uma experiência válida, ainda mais que estamos passando por uma febre de anglicismo. Não que eu seja contra, longe disso, mas sou um espírito que detesta um só caminho. Gosto das bifurcações.*

P. Diga-nos duas coisas que não aprecia no campo das artes.

R. Música e teatro. Talvez por deficiência própria.

P. Que nos diz da Geração Complemento?

R. Há um ano e meio, planejando um artigo sobre a nossa revista (uma espécie de autocrítica coletiva) me apoiava sobre o seguinte: o que falta à Complemento para ser uma geração é a incumbência de ser uma geração.
P. Ô Silviano, deixe-nos falar agora com o Antônio Nogueira.
R. Pois não, ele já estava reclamando aqui ao meu lado.
P. O que nos diz da sua poesia, Antônio Nogueira?
*R. De início intimamente motivada, tende cada vez mais a ser um exercício estéril, em que poeta e poesia lutam através de símbolos. Ostenta um significado bissêmico: de um lado, as palavras tentando comunicar as descrições concretas; de outro, as palavras tentando concretizar abstrações. As duas posições que o leitor tomar (é evidente) são válidas. Exemplo mais recente: o poema "A ilha" (*Complemento *número quatro)*
P. E a posição da poesia hoje?
R. Os nossos possíveis leitores de poesia preferem escutar o último disco de Maysa Matarazzo. Assim sendo, a música popular tomou o lugar que por tradição pertence à poesia. Mas existem alguns indivíduos retrógrados (e entre eles modestamente me incluo) que ainda preferem poetar a viver com o figurino do seu tempo. Portanto acho que Vinicius de Moraes é melhor engagé *que João Cabral de Melo Neto.*

Para mais uma vez provocar a memória de Silviano, mandei-lhe um "zap" com uma cópia da entrevista feita por Affonso Romano de Sant'Anna que tinha achado durante minhas pesquisas. Perguntando a ele se se lembrava da matéria.

"Mais ou menos. Naqueles anos é preciso distinguir as entrevistas em geral, que saíam em jornal e revista, da resenha de livro, do ensaio crítico, que eram publicados em revistas de literatura ou de cinema. Nesse tipo de entrevista que o Affonso fez comigo, o entrevistado tinha de se mostrar *witty* (cheio de espírito, meio irônico e meio irresponsável, próximo da difamação). Já na resenha e no ensaio era diferente: esperava-se uma especulação racional, técnica e certamente mais séria do autor. Acho que você está perdendo o foco, João. O mais importante neste final dos anos 1950 e início dos 1960 não é isso. O mais importante é que eu tinha um amigo chamado Alexandre."

37. Alexandre, o Grande

Agosto de 2009. Sentado à mesa de um bar, em São João del-Rei, ouço histórias do poeta Francisco Alvim. Ele fala dos tempos da ditadura de 1964 e dos estragos causados pelos 30 anos de regime autoritário. Ali pelo sexto chope, chegamos à conclusão de que todos os problemas eram insolúveis. E mudamos de assunto.

Chico passa então a falar de sua infância em Belo Horizonte, da paixão pelos gibis e do primeiro amor: a Narizinho, de Monteiro Lobato. Lembra-se com saudades da casa onde morou, na Rua Rio Grande do Sul, no bairro Lourdes, e conta que foi vizinho da família Santiago-Cabral, que morava na Rua Mato Grosso. "Lembro de ter ido lá algumas vezes: era uma casa cheia de gente, muito movimentada. Parecia alegre. Mas do Silviano não me lembro."

Sempre flanando, Chico chega até a adolescência, agora já no Rio. Fala da turma de amigos barras-pesadas da Rua General Glicério, em Laranjeiras. E desembarca finalmente nas primeiras leituras: a descoberta da poesia das duas irmãs, Maria Ângela e Maria Lúcia. De Bandeira e Drummond. Já quase no final do papo, surgem os nomes de alguns amigos da época: Carlos Sussekind, Octávio Mora, Lélia Coelho Frota, Fernando Mendes Vianna, Marly de Oliveira. De repente, Chico fica mudo. E, depois de alguns segundos calado, retoma a conversa com disposição.

"Outro grande amigo foi o Alexandre Eulalio. Sinto muito sua falta. Nos anos 1950, sempre o visitava no quarto andar da Biblioteca Nacional. Ele trabalhava no Instituto Nacional do Livro, junto com o Augusto Meyer e o Brito Broca. Era de uma erudição infinita: tinha lido tudo, sabia de tudo. E com uma energia impressionante. Imagine você que, com 20 e poucos anos, ele foi até Buenos Aires e conheceu o Borges. Você sabia que o Alexandre foi um dos primeiros leitores do Borges no Brasil?"

*

Fevereiro de 2024. Quinze anos depois, aquela conversa em São João del-Rei me volta à cabeça. Tentando montar o quebra-cabeça chamado Silviano Santiago, telefono para Chico Alvim. Pergunto se ele se lembrava daquele nosso papo, acontecido há tanto tempo. O poeta ri.

"Vagamente, meu caro, vagamente. Você sabe como são as coisas: a idade já está avançada. Tenho muitos lampejos de esquecimento. Que, aliás, devo dizer, cultivo com muito gosto. Às vezes é bom a gente se perder um pouco."

Fico ali com Chico no telefone, conversando fiado, por mais de uma hora. Pragmático, tento transformar o nosso papo em entrevista. Na ilusão de conseguir dar um rumo à prosa, leio o trecho de uma reportagem. Uma espécie de questionário Proust (série de perguntas sobre a personalidade do entrevistado). A matéria, assinada pela cronista carioca Bety Orsini, foi publicada na coluna "Íntimo e pessoal", do jornal *O Globo*. O entrevistado: Silviano Santiago. A certa altura do questionário, Bety pergunta: "Um lindo homem?". E Silviano: "Dois: Chico Alvim, enquanto jovem poeta, e Tarcísio Meira".

Chico se diverte com a resposta. Dá aquela sua gargalhada gostosa, tão boa de ouvir. E então, entusiasmado, retoma aquela nossa conversa sobre Alexandre, que ficou interrompida por 15 anos.

"Grande Alexandre. Foi ele quem me chamou a atenção para a obra do Dalton Trevisan, que leio até hoje. Na época, o Dalton editava uns caderninhos na revista *Joaquim*. O Silviano? Claro que me lembro de ver o Silviano por lá. Se não estou enganado, o pai do poeta Octávio Mora, o médico Octavio Couto e Silva, era o dono de uns manuscritos de um livro, muito importante, que o Silviano acabou usando mais tarde no seu doutorado na França. Não foi o Alexandre quem apresentou o Silviano para a família do Octávio?"

Dois dias depois daquele telefonema, mando um "zap" para Silviano: quero checar com ele as lembranças de Chico. Além disso, lhe mostrar uma foto de Alexandre que tinha acabado de encontrar. Tirada durante o II Congresso Brasileiro de Crítica e História Literária, acontecido em Assis, em 1961, nela Alexandre aparece rodeado por Silviano, Affonso Ávila e Affonso Romano de Sant'Anna. No "zap", mando também a imagem. Silviano responde na hora. Mas de forma sucinta.

"Gozado, como convivi anos seguidos com ele, não me lembrava do Alexandre com rosto tão jovem. Ginástica me espera. Falamos mais amanhã. Me dá uma ligada."

Acervo de Escritores Mineiros da UFMG

No centro da foto, Alexandre Eulalio. À sua direita: Silviano, Affonso Romano de Sant'Anna e Affonso Ávila.

*

No dia seguinte, cedo, já estava ao telefone com Silviano.

Devo dizer que evito voltar a assuntos sobre os quais, ao longo dos anos, já conversei outras vezes com Silviano. A conversa rende pouco e ele sempre lembra, e conta, as mesmas histórias. Mas no caso de Alexandre Eulalio era diferente.

Alexandre foi o que ele mesmo nunca se cansa de repetir: o seu "Jacques do Prado Brandão carioca": figura central na sua vida profissional, além de um grande amigo. Assim que começou a falar, me dei conta de que Silviano não se importava de contar, novamente e pela enésima vez, os casos de Alexandre. Pelo contrário.

"Alexandre Eulalio era referência para todos os mineiros que chegavam ao Rio, nos anos 1950, e não conheciam ninguém na cidade, como era o meu caso. Em Belo Horizonte, eu já tinha convivido, por causa do CEC, com o seu tio, o engenheiro Silvio Felício dos Santos. Foi esse tio, aliás, quem despertou em Alexandre o gosto pela literatura e pela história. Além do Silvio, o Jacques, que também era muito amigo do Alexandre, já tinha falado de mim para ele, e a ponte então foi feita. Ficamos logo amigos. Como a Maison de France, onde estudei no Rio, ficava a um quarteirão e meio da Biblioteca Nacional, duas ou três vezes na semana dava uma passada por lá. Eram visitas rápidas, tomávamos um cafezinho, batíamos um papo rápido e depois cada um ia cuidar da sua vida."

Com memória afiada, que faz lembrar o personagem borgeano Funes, *el memorioso*, Silviano descreve, com muitos detalhes, a redação da *Revista do Livro*, no quarto andar da Biblioteca Nacional.

"Alexandre andava sempre muito elegante. Só vestia terno e gravata. Ele trabalhava numa sala que ficava ao lado do gabinete do diretor da biblioteca, Augusto Meyer, com quem, infelizmente, nunca me encontrava. Já com o Brito Broca não: encontrei com ele muitas vezes. Um grande pesquisador que aprendi a admirar muito por causa de Alexandre, que o adorava. Quem eu via também lá, às vezes, era o Fausto Cunha, o Carlos David, a Lélia Coelho Frota, o João Antônio, o James Irby, o John Gledson... Foi na sala do Alexandre que conheci também o Joaquim Pedro de Andrade e o Davizinho, David Neves."

Silviano recorda ainda que, da janela da sala do Alexandre, dava para ver a entrada da Livraria Agir. "Lembro-me de ter visto pela janela, várias vezes, o crítico Tristão de Ataíde na porta da Agir. Ele estava sempre conversando com alguém que o visitava, carregando nas mãos umas pastas grandes, pesadas."

O poeta e crítico português Jorge de Sena era outra figura que sempre visitava Alexandre. O erudito poeta português, exilado no Brasil desde 1959 por conta do regime salazarista, era um tipo exuberante, sempre falante, que fazia Silviano lembrar Oswald de Andrade. "Além do Jorge, lembro de ter visto lá o pesquisador francês Jean-Michel Massa, um verdadeiro rato de biblioteca, que na época recolhia material para seu *A juventude de Machado de Assis*. Massa era muito tímido: aparecia na sala do Alexandre e lhe mostrava retratos do jovem Machado de Assis, que tinha encontrado em arquivos de correspondentes portugueses de Machado. Fotos, aliás, em que a gente já conseguia notar a acentuada origem negra dele."

Outros dois jovens que Silviano se lembra bem de estarem sempre zanzando por ali eram Chico Alvim e Octávio Mora. "Eles eram uma espécie de 'discípulos' do Alexandre, que ajudou na formação de muita gente. Nessa época, acho que o Chico nem namorava com a

Clara, filha do Rodrigo Melo Franco de Andrade, com quem depois viria a se casar."

Lembro a Silviano o questionário Proust, respondido há tantos anos, e que ele falava de Chico e Tarcísio Meira. "O Chico foi mesmo um homem muito bonito. Lembrava o Marlon Brando."

*

Assim como Jacques já havia feito antes em Belo Horizonte, Alexandre sempre apresentava a Silviano autores importantes e indicava novas leituras. De muitos deles o jovem Silviano, recém-chegado da província, simplesmente nunca tinha ouvido falar. "Alexandre tinha um estilo único, meio escandaloso. Ele chegava perto da gente e perguntava: 'Você já leu isto? Conhece tal autor? Não? Silviano, mas que absurdo! Como você nunca ouviu falar?'."

Mas nem bem acaba de descrever o tom espalhafatoso de Alexandre quando descobria alguma falha na sua formação literária, e Silviano volta a falar com carinho do amigo. E explicita então uma das suas maiores qualidades: a generosidade.

"Alexandre era de uma bondade única. Extremamente generoso. Como ele sabia que eu tinha vindo ao Rio para estudar literatura francesa, um dia me chamou na sua sala. E me falou de alguns manuscritos de André Gide que tinham sido comprados por uma família carioca conhecida dele. E que eles, talvez, pudessem me interessar."

Os papéis de Gide, descobertos por Alexandre, mudariam a vida do nosso personagem.

38. **Relíquia**

Quando, no início de 1960, Silviano e Alexandre Eulalio foram à casa do médico Octavio Couto e Silva, pai do poeta Octávio Mora, para examinar um manuscrito do escritor francês André Gide que tinha vindo parar no Brasil, nenhum dos dois poderia imaginar a pequena relíquia que iriam encontrar. E menos ainda que aqueles papéis poderiam servir para o doutorado de Silviano na Sorbonne. Médico mineiro renomado na capital federal – um dos seus pacientes era ninguém menos que o escritor João Guimarães Rosa –, o Dr. Octavio era também um conhecido colecionador de objetos de arte.

"Numa tarde de emoção e constrangimento fui conhecer o casal e o manuscrito levado pelas mãos de Alexandre", rememoraria Silviano sobre a primeira visita que fez à casa do médico, num texto em homenagem a Alexandre Eulalio de 1989. "Os modos da casa eram cosmopolitas e impressionaram o mineiro esquivo. Descobri com espanto e timidez: a esposa do Dr. Octavio era de origem argentina e cunhada do grande romancista hispano-americano Miguel Ángel Asturias. Pavor. Mas a cordialidade na recepção e a segurança que Alexandre passava ao me apresentar deram a certeza de que as coisas continuariam de modo afável. Dito e feito."

Com o aval de Alexandre, ganha a confiança do Dr. Octavio e passa a frequentar, por longos seis meses e três vezes na semana, o luxuoso apartamento do médico no Morro da Viúva, no bairro Flamengo. Determinado, trabalha decifrando o manuscrito. No meio do caminho, uma pedra: o médico mineiro, desconfiado, não permite que o jovem estudante retire o documento de sua casa. Assim, será obrigado a transcrever, a mão, todo o documento de Gide.

No final do semestre, Silviano se dá conta da feliz coincidência. Os papéis que estavam em posse do médico eram partes dos manuscritos do romance *Les Faux-monnayeurs* (*Os moedeiros falsos*). Um dos três livros que, alguns anos antes, ainda em Belo Horizonte, o amigo Jacques do Prado Brandão tinha lhe indicado durante sua primeira visita a sua biblioteca.

Com o estudo meticuloso do documento, Silviano descobre que o manuscrito brasileiro de Gide era uma espécie de protorredação dos atuais capítulos II e III da primeira parte do livro. O capítulo II achava-se praticamente completo. Já o capítulo III estava só em parte escrito.

*

Com o trabalho de decifrar os rascunhos de Gide concluído, Alexandre, sempre generoso, tem então uma ideia: apresenta Silviano ao professor Antônio Soares Amora. Um dos fundadores da Faculdade de Filosofia e Letras de Assis, em São Paulo, Amora sempre visitava Alexandre no quarto andar da Biblioteca Nacional. Na época, Amora estava organizando o

II Congresso Brasileiro de Crítica e História Literária. “Por que você não convida o Silviano Santiago?”, sugeriu Eulalio. Amora, é claro, sabia da importância dos papéis de Gide encontrados no Rio. E topou na mesma hora a sugestão de Eulalio. Assim, no dia 26 de julho de 1961, às três da tarde, em Assis, ele faria sua primeira fala em público em uma universidade. Só algumas semanas antes de seu embarque para a França.

*

Num belo ensaio publicado em 2008, o ensaísta Paulo Roberto Pires chama Alexandre Eulalio de escritor esquivo. Sem nunca ter se preocupado em reunir seus escritos em livro, muitos dos textos de Eulalio seguem, quase 40 anos depois de sua morte, acontecida em junho de 1988, espalhados e escondidos nos jornais onde ele trabalhou.

Em um deles, publicado no jornal carioca *Correio da Manhã* do dia 14 de outubro de 1961, na sua coluna “Fato literário”, Eulalio faria um resumo primoroso da história do manuscrito.

> *Foram diversos os trabalhos de interesse apresentados ao II Congresso Brasileiro de Crítica e História Literária realizado, com muito êxito, durante a última semana de julho na Faculdade de Filosofia de Assis (S. Paulo). Entre eles provocou interesse especial a comunicação do jovem escritor mineiro Silviano Santiago (que acaba de publicar, de parceria, o volume de contos e novelas* Duas faces*) sobre* Um manuscrito de André Gide no Brasil. *[...] As folhas do manuscrito, de um papel do século XVIII no qual Gide gostava de escrever, encontram-se primorosamente encadernadas: sob todos os aspectos é peça de extremo interesse para colecionadores. Mas não apenas para eles: o estudioso aí encontrará copioso material para o estudo do método da composição gideana, pois o texto difere de modo sensível da versão definitiva do romance.*

39. ***Duas faces***

“Me lembro de algumas delas. Não de todas. Você sabe como é vida de jornalista: a gente escreve sem parar, todo dia. E, depois de um tempo, não consegue mais lembrar de tudo.”

Enquanto tento ligar a máquina de expresso portátil para mais um café naquela tarde fria de São Paulo, o escritor Ivan Angelo não tira os olhos dos papéis em cima da mesa: são dezenas de matérias escritas por ele nas décadas de 1950 e 1960 para a imprensa mineira. Reportagens, contos, ensaios e até duas traduções: um conto do escritor britânico Saki (H. H. Munro) e trechos de *O mito de Sísifo*, do escritor francês de origem argelina Albert Camus. No monte, ainda recortes da coluna "Plantão literário", que ele assinava no *Diário da Tarde* na época. Além de muitas de suas crônicas publicadas na coluna "Revezamento", que, durante aproximadamente dois anos, também contaria com colaborações bissextas de Silviano. Ficamos ali, lembrando dos amigos mineiros que vieram para São Paulo mais ou menos na mesma época que Ivan deixou BH. Dos mortos e dos vivos: Fernando Mitre, Ezequiel Neves, Marco Antônio Menezes, Rodrigo Santiago, Agostinho de Carvalho, Humberto Werneck, Jaime Prado Gouvêa, Flávio Márcio, Gilberto Mansur, Nirlando Beirão, José Márcio Penido. O escritor me mostra então uma matéria de jornal e algumas fotos do dia do lançamento do livro *Duas faces*, sua estreia literária, ao lado de Silviano, em 1961. "Só guardei isso. Não sou de juntar papel."

Depois de mais de três horas de conversa na varanda de seu apartamento em Perdizes, em São Paulo, percebo que Ivan fica meio aéreo. Parece saudoso. Jogadas confusamente em cima da mesa, as matérias, que reconstituíam parte de sua vida em Minas, parecem tê-lo deixado meio desnorteado. Taciturno, como escreveu Drummond num verso. E o papo murcha. Ivan, sempre simpático e falante, fica mudo. Começo a remexer nos papéis bagunçados e mostro a ele então duas de suas colunas de "Plantão literário".

A primeira é de 11 de maio de 1960.

> *Silviano Santiago, um dos 4 poetas*
>
> *Será amanhã o lançamento do livro* 4 poetas, *em que Affonso Romano de Sant'Anna. Domingos Muchon, Silviano Santiago e Teresinha Alves Pereira estreiam na poesia.* 4 poetas *é o primeiro dos Cadernos de Cultura que serão, daqui por diante, editados pelo D. A. da Faculdade de Filosofia. [...] Encomendamos a Silviano Santiago, que se encontra*

no Rio de Janeiro, algumas linhas em que falasse de si e de sua poesia. Mandou-nos uma radiografia.

"Como todos os que escreveram poemas, comecei a fazer versos por orgulho, capricho e vaidade. São os primeiros versos traduções (mais ou menos controladas) de sentimentos que marcam a nossa ruptura com o que no rodeia, pessoas ou mundo. Um escudo que nos permite atacar e se resguardar ao mesmo tempo. Depois, descobre-se que tal pretensão é vã e arranja-se uma mais vã ainda: escreve-se versos como se escreve um diário. Não um diário que só se interessa por acidentes passageiros, ou preocupações momentâneas; porém, um relatório das inquietações eternas do homem que, não sei por que cargas d'água, nos atingem em nossa vivência. Um diário que traria como epígrafe o fio de Ariadne: 'Conhece-te a ti mesmo' grego. E a poesia passa a ser uma forma de conhecimento: um raio-X poderoso e mágico a descobrir, examinar e tecer a nossa consciência. E como chapa radiológica, retangular nítida que resulta, o poema deve ser controlado e medido, cuidadosamente enquadrado e focalizado. Qualquer desvio, qualquer tremor causado pela emoção inutiliza a chapa e o poema."

A segunda coluna, publicada em 22 de julho de 1960, já pelo título, não deixa muitas dúvidas de quem Ivan achava o mais talentoso da turma:

"Silviano Santiago, poeta: o melhor da *Revista Mural*".

Ivan parece se animar com a leitura das duas matérias.

"Você sabia que o Silviano nesses primeiros anos era conhecido como poeta? Só depois que ele foi escrever prosa. Você lendo essas duas matérias aqui, a história me veio à cabeça. Lembro de ter publicado alguns poemas dele e também algumas crônicas. Nessa época o Silviano já não morava mais em Belo Horizonte, estava estudando no Rio, antes de ir morar em Paris. Eu sempre o achei o mais talentoso do grupo."

Bem diferente da comportada geração anterior da revista *Tendência*, a trupe da *Complemento* adorava a noite. Além de bater o ponto, quase diariamente, nos restaurantes Camponesa ou Tirolesa, as festas organizadas pela turma entrariam para a história da cidade. Os encontros etílicos, que aconteciam geralmente na casa de João Marschner, horrorizavam a tradicional família mineira. Em um deles, por exemplo, organizaram um churrasco em plena Sexta-Feira Santa.

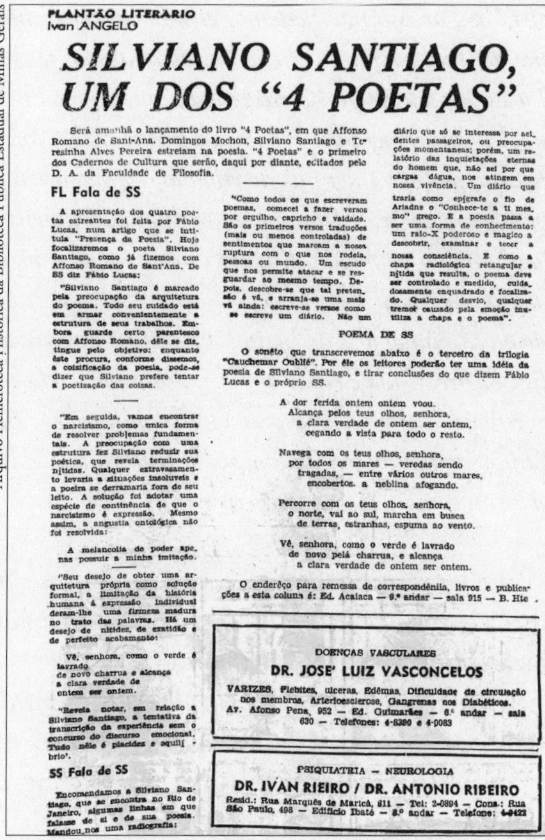

PLANTÃO LITERÁRIO
Ivan ANGELO

SILVIANO SANTIAGO, UM DOS "4 POETAS"

Será amanhã o lançamento do livro "4 Poetas", em que Affonso Romano de Sant-Ana. Domingos Mochon, Silviano Santiago e Teresinha Alves Pereira estreiam na poesia. "4 Poetas" é o primeiro dos Cadernos de Cultura que serão, daqui por diante, ecitados pelo D. A. da Faculdade de Filosofia.

FL Fala de SS

A apresentação dos quatro poetas estreantes foi feita por Fábio Lucas, num artigo que se intitula "Presença da Poesia". Hoje focalizaremos o poeta Silviano Santiago, como já fizemos com Affonso Romano de Sant'Ana. De SS diz Fábio Lucas:

"Silviano Santiago é marcado pela preocupação da arquitetura do poema. Todo seu cuidado está em armar convenientemente a estrutura de seus trabalhos. Embora guarde certo parentesco com Affonso Romano, dêle se distingue pelo objetivo: enquanto êste procura, conforme dissemos, a coisificação da poesia, pode-se dizer que Silviano prefere tentar a poetização das coisas.

"Em seguida, vamos encontrar o narcisismo, como única forma de resolver problemas fundamentais. A preocupação com uma estrutura fez Silviano reduzir sua poética, que revela terminações nítidas. Qualquer extravasamento levaria a situações insoluveis e a poeira se derramaria fora de seu leito. A solução foi adotar uma espécie de continência de que o narcisismo é expressão. Mesmo assim, a angustia ontológica não foi resolvida:

A melancolia de poder apenas possuir a minha imitação.

"Seu desejo de obter uma arquitetura própria como solução formal, a limitação da história humana à expressão individual deram-lhe uma firmeza madura no trato das palavras. Há um desejo de nitidez, de exatidão e de perfeito acabamento:

Vê, senhora, como o verde é lavrado
de novo charrua e alcança
a clara verdade de
ontem ser ontem.

"Revela notar, em relação a Silviano Santiago, a tentativa da transcrição da experiência sem o concurso do discurso emocional. Tudo nêle é placidez e equilíbrio'.

SS Fala de SS

Encomendamos a Silviano Santiago, que se encontra no Rio de Janeiro, algumas linhas em que falasse de si e de sua poesia. Mandou-nos uma radiografia:

"Como todos os que escreveram poemas, comecei a fazer versos por orgulho, capricho e vaidade. São os primeiros versos traduções (mais ou menos controladas) de sentimentos que marcam a nossa ruptura com o que nos rodeia, pessoas ou mundo. Um escudo que nos permite atacar e se resguardar ao mesmo tempo. Depois, descobre-se que tal pretensão é vã, e arranja-se uma mais vã ainda: escreve-se versos como se escreve um diário. Não um diário que só se interessa por acidentes passageiros, ou preocupações momentaneas; porém, um relatório das inquietações eternas do homem que, não sei por que cargas dágua, nos atingem em nossa vivência. Um diário que traria como epígrafe o fio de Ariadne o "Conhece-te a ti mesmo" grego. E a poesia passa a ser uma forma de conhecimento: um raio-X poderoso e magico a descobrir, examinar e tecer a nossa consciência. E como a chapa radiológica retangular e nítida que resulta, o poema deve ser controlado e medido, cuidadosamente enquadrado e focalizado. Qualquer desvio, qualquer tremor causado pela emoção inutiliza a chapa e o poema".

POEMA DE SS

O sonêto que transcrevemos abaixo é o terceiro da trilogia "Cauchemar Oublié". Por êle os leitores poderão ter uma idéia da poesia de Silviano Santiago, e tirar conclusões do que dizem Fábio Lucas e o próprio SS.

A dor ferida ontem ontem voou.
Alcança pelos teus olhos, senhora,
a clara verdade de ontem ser ontem,
cegando a vista para todo o resto.

Navega com os teus olhos, senhora,
por todos os mares — veredas sendo
tragadas, — entre vários outros mares,
encobertos. a neblina afogando.

Percorre com os teus olhos, senhora,
o norte, vai ao sul, marcha em busca
de terras, estranhas, espuma ao vento.

Vê, senhora, como o verde é lavrado
de novo pelá charrua, e alcança
a clara verdade de ontem ser ontem.

O endereço para remessa de correspondênila, livros e publicações a esta coluna é: Ed. Acaiaca — 9.º andar — sala 915 — B. Hte.

Arquivo Hemeroteca Histórica da Biblioteca Pública Estadual de Minas Gerais

Matéria de Ivan Angelo para o jornal *Diário da Tarde* sobre a poesia de Silviano Santiago.

Com o tempo, *Complemento* deixaria de ser apenas o nome de uma revista. E viraria um modo de ser, um estilo. O grupo de amigos tomava conta dos bares, das plateias de show, de uma estreia teatral. Era uma forma grupal de contestar, pensar e fazer.

Sabendo da relação meio tensa, competitiva, que a turma de Ivan e Silviano tinha com o pessoal da revista *Tendência*, procurei entre os papéis espalhados na mesa um artigo de Ivan chamado "Arte é o homem: que a nação seja defendida nos comícios". Em um dos trechos, ele escreve:

> *Arte é a aventura de um homem só. É a superação de um conflito através de uma linguagem. Não se pode forjar o assunto artístico. Ele se impõe ao artista segundo uma necessidade de expressão e comunicação,*

e completa-o. Por isso não podemos escrever autenticamente sobre um problema do qual estejamos alienados, do qual não tenhamos vivência. Fábio Lucas, em seu artigo "Caminhos da consciência literária nacional" diz que "só a consciência dos problemas existentes em torno, aos quais se liga o escritor, pode fixar o universo real das reservas artísticas". Mas onde fica o homem nesse caso? Transforma-se num instrumento da sociedade, num monumento comemorativo de uma qualquer virtude nacional, numa bandeira. [...]

Não há caminhos fora do escritor. Literatura é empresa de um homem só, já disse Sartre. Cada escritor abre seu caminho. Cada escritor encontra em si mesmo sua forma de expressão e comunicação. Inútil dizer-lhe: faça assim. Não fará bem. Ou fará mecanicamente. Cada autor tem seu assunto assim como tem sua técnica.

"Também me lembro bem deste artigo", me disse Ivan sorrindo assim que acabei a leitura. "Ele fez um certo barulho. É aquela história: toda nova geração sempre chega contestando a geração já estabelecida. Com a gente não foi diferente: nossa turma da *Complemento* não se dava mesmo muito bem com o pessoal da revista *Tendência*, não. A relação com o Affonso Ávila, o Fábio Lucas e o Rui Mourão sempre foi de muito respeito, mas sempre distante. Achávamos a visão deles de literatura muito nacionalista. Interessados em fazer uma literatura meio engajada, que não nos interessava. Para mim, o grande erro deles era acreditar que se é nacional ao se escrever sobre problemas nacionais. Na época eu lia muito Ernest Hemingway e pensava: alguém tem coragem de dizer que Hemingway não é um escritor tipicamente norte-americano? No entanto, ele escrevia sobre caçadas na África, guerras na Espanha, pesca em Cuba. Sem nunca, é claro, deixar de ser norte-americano."

Radicado desde 1965 em São Paulo, onde construiu uma vitoriosa carreira de jornalista, Ivan acredita que em Minas os escritores sempre tiveram mesmo o hábito de formar grupos. "Se você pensar bem, os principais nomes do arcadismo mineiro, Gonzaga, Cláudio, Alvarenga, já eram uma turma, né? No modernismo tinha a turma da Rua da Bahia, do Drummond e do Nava. Depois tivemos ainda, em Belo Horizonte, a turma da revista *Edifício*, da revista *Tendência*. E, claro, a nossa. Acho que a grande diferença da nossa geração para as outras foi que a gente não ficou restrito só à literatura: éramos multiarte. Reuníamos poetas e ficcionistas, mas também artistas plásticos e críticos de arte, músicos, diretores e atores e críticos de teatro, mestres de dança e bailarinos, críticos de cinema e cineastas. Isso fez toda a diferença."

Autor de clássicos da literatura brasileira, como *A festa* (1976) ou *A casa de vidro* (1979), Ivan me conta como exatamente conheceu Silviano.

"Eu o conheci em 1956. Éramos de bairros diferentes. Mas na Belo Horizonte daquele tempo, todo mundo acabava se encontrando no Centro. Devo ter conhecido ele na Livraria Rex, que ficava na Praça Sete. Ou talvez no CEC, não me lembro mais. Silviano já tinha editado dois números da revista e começava a ficar conhecido como crítico de cinema na cidade. Minha entrada na Geração Complemento foi tardia."

Naqueles anos 1950, a arte moderna se institucionalizava no Brasil: começava então a grande virada da cultura literária anglo-saxônica para cima da francesa. Ivan já andava interessado nas poesias norte-americana e inglesa. Para exercitar-se, traduzia poemas de Cummings, Auden, Eliot, Whitman. Também por essa época, descobriu os contos de Truman Capote, William Saroyan e Carson McCullers.

Já com Silviano era diferente. Era mais ligado na literatura francesa: Valéry, Mallarmé e Baudelaire. "Talvez por influência do Jacques, Silviano lia mais os escritores franceses: sobretudo André Gide e Jean Cocteau. Eu não achava muita graça naquele tipo de literatura, não. Assim como o Mauricio Gomes Leite, lia muito William Faulkner. Autores de língua inglesa."

Gostos literários tão distintos não seriam empecilho, porém, para que os dois se tornassem amigos. E, naquele final dos anos 1950, Ivan e Silviano viram unha e carne, nas sessões do CEC, nas noitadas nos botecos ou nas viagens. Sempre trocando impressões de leituras e comentando sobre autores que estavam descobrindo.

*

A ideia de publicar o livro de estreia juntos surgiu de maneira natural. Naquele início da década de 1960, publicar um livro não era tarefa simples, com custos bem maiores que os de hoje. Os dois então decidiram partir para a empreitada juntos. Numa espécie de mutirão.

"Em 1959 ganhei o Prêmio Cidade de Belo Horizonte com um livro de contos chamado *Homem sofrendo no quarto*. Já o Silviano tinha duas novelas que pretendia publicar. Com a ajuda do Heitor Martins, que na época trabalhava na Itatiaia, propusemos à editora juntar os trabalhos dos dois num volume só e publicar. Éramos dois desconhecidos, e por isso nos comprometemos com a editora a vender antecipadamente 200 exemplares. Corremos listas entre parentes e amigos, e o livro, que já estava pronto em 1959, saiu em 1961", lembra Ivan.

GERAÇÃO COMPLEMENTO LANÇA LIVRO AMANHÃ: "DUAS FACES"

Silviano Santiago e Ivan Angelo lançam-se no mundo literário com "Duas Faces"

O poeta Emílio Moura, enrolando um cigarrinho de palha, passou pela esquina da "Rex" às 4 horas da tarde, parou junto a dois jovens, conversou um pouco e, depois, disse a um dêles:

"Hh! eu soube que o livro de vocês vai sair, até que enfim...

O interlocutor era Ivan Angelo, que juntamente com Silviano Santiago lança agora o livro de contos e novelas "Duas Faces", editado pela Itatiaia. O poeta Emílio estranhava porque "Duas Faces" é o livro mais "lançado" de Belo Horizonte. Há exatamente dois anos, os dois autores correram as primeiras listas para compra antecipada do livro que a Itatiaia já estava editando. Passados dois anos, e depois de sucessivas campanhas de "vai sair" na imprensa, o livro dos dois jovens autores mineiros será definitivamente lançado amanhã, quinta-feira, às 17,30 horas, na livraria Itatiaia.

AUTOGRAFOS

Nenhum dos autores de "Duas Faces" tem mais de 25 anos, mas seu caminho literario está definitivamente aberto. Silviano é poeta e publicou há alguns meses, através da Faculdade de Filosofia, juntamente com três colegas, um livro de poemas ("4 Poetas") que foi muito bem recebido pela crítica no Rio e em São Paulo. Ivan Angelo começa a carreira com um prêmio: os sete contos que publica em "Duas Faces" obtiveram o "Premio Cidade de Belo Horizonte", em 1959.

Silviano Santiago está residindo atualmente no Rio, onde é bolsista da CAPES (vai em outubro para Paris, onde ficará dois anos), mas encontra-se em Belo Horizonte para o lançamento. Juntamente com Ivan Angelo, estará na tarde de amanhã na livraria Itatiaia, autografando volumes para os assinantes da lista, amigos e demais pessoas interessadas.

O LIVRO

"Pai e Filho" e "Olivia", são as duas novelas de Silviano Santiago. Na primeira, surge uma luta subterranea entre pai e filho, que culmina com a vontade deste matar o pai. "O final é uma surpresa" — diz o autor. Em "Olivia", usando por fundo o nosso Colegio Marconi, Silviano Santiago conta uma sensivel historia de amor entre dois colegiais.

Ivan Angelo apresenta os contos "O Suicida", "Denonement", "Menina", "Homem Sofrendo no Quarto" foi publicado inclusive na Polonia, em esperanto, na revista "La Suda Stelo".

PORQUE JUNTOS

Os dois autores têm a mesma resposta quando perguntados porque publicaram juntos os seus trabalhos. E' Silviano quem explica:

— Seria muito dificil que nós, ambos autores conhecidos apenas por uma minoria intelectual em Belo Horizonte e no Rio, conseguissemos publicar, cada um, um livro. As edições estão muito caras e, é claro, os editores não estão dispostos a correr sempre o risco de um prejuizo. Juntos seria mais fácil vender o livro.

Ao que ajunta Ivan Angelo:

— Quando combinamos a publicação, discutimos a vantagem de aparecer juntos, do ponto de vista dos leitores. Ambos seriamos lidos pelos leitores um do outro. E do ponto de vista de colaborar com a editora, tanto os que quisessem ler a minha parte quanto os que quisessem ler as novelas de Silviano teriam de comprar o mesmo livro.

OS AUTORES

Silviano Santiago e Ivan Angelo são dois dos mais promissores autores da nova geração de Minas, já incorporados definitivamente ao cenário literario da Capital através de artigos, criticas, crônicas, poemas e entrevistas, em jornais de B. Horizonte e do Rio.

O livro surge quando está mais ou menos dispersa a antiga turma que se responsabilizou pela revista literaria Complemento', nos anos de 1955 a 58. Os dois autores representam, pois, as pretenções literarias da nova geração de escritores mineiros.

Sindicato vai fornecer motoristas às emprêsas

E' preferivel perder um minuto na vida, do que a vida num minuto

(Campanha Educativa do Trânsito)

O Sindicato das Empresas de Transportes Coletivos da Capital aprovou recentemente, em assembléia geral, um plano para encaminhamento do motorista profissional aos serviços de transportes coletivos de Belo Horizonte. De acordó com este plano, os motoristas profissionais da Capital, serão encaminhados ás empresas de transportes, tendo toda a assistencia do sindicato, sem nenhuma despesa. Por sua vez, a empresa, mediante o pagamento de uma taxa de 500 cruzeiros, terá o direito de experimentar até três profissionais, no periodo de 6 dias.

CONDIÇÕES DO PLANO

1.º — Vinculado ao Sindicato das Emprêsas de Transportes Coletivos da Capital, está organizado o plano de encaminhamento do Motorista Profissional para os serviços de transportes de passageiros de Belo Horizonte.

2.º — Estes serviços têm por finalidade prestar assistencia ao motorista profissional junto às emprêsas de transportes de passageiros [...] prazo estipulado, e depois dispensar o motorista por qualquer motivo, terá de pagar novas taxas para outro pedido.

3.º — Esta organização será patrocinada, em parte, pelo Sindicato das Emprêsas de Transportes Coletivos da Capital. Assim, a taxa paga pela empresa será para cobertura das despesas com publicações em jornais, informações, etc.

[...]ra acidentes [...]es coletivos

Arquivo Hemeroteca Histórica da Biblioteca Pública Estadual de Minas Gerais

Matéria do jornal *Diário da Tarde* sobre o lançamento de *Duas Faces.*

No meio de nossa conversa sobre o livro que publicou com Silviano, Ivan levanta-se da mesa, pede um minuto e desaparece para dentro do apartamento. Dali a alguns instantes, volta sorrindo, com um exemplar de *Duas faces* na mão. Abre-o então na página 24.

"Uma vez, conversando com o Silviano e o Flávio, a gente se deu conta de que nenhum dos três conhecia Congonhas. Falávamos tanto da importância e da valorização que os modernistas paulistas davam ao barroco mineiro, mas a gente mesmo não conhecia as cidades históricas muito bem. Além disso, Sartre e Simone de Beauvoir tinham visitado Ouro Preto, em 1960, junto com Jorge Amado, fazendo muito alarde e colocando o barroco na moda. Decidimos então fazer uma viagem até lá. Em Congonhas, tomamos um daqueles porres homéricos, perdemos o ônibus de volta para Belo Horizonte e, sem dinheiro, tivemos que dormir na rua. Anos depois, quando escrevi o conto 'Dénouement', coloquei lá, meio escondida, a viagem que nós três fizemos para ver os profetas. Olha só."

Arquivo Hemeroteca Histórica da Biblioteca Pública Estadual de Minas Gerais

SARTRE NA CAPTAL: HOJE VAI DAR AUTÓGRAFOS NA ITATIAIA

Em companhia de sua espôsa, Simone Beauvoir e do escritor Jorge Amado, o filósofo e critico francês Jean Paul Sartre chegou ontem à capital, desembarcando na Pampulha como um cidadão qualquer, misturado aos demais passageiros do "Convair" que o trouxe do Rio. Sartre, no aeroporto, foi recebido por um pequeno grupo de intelectuais, pois a maioria não sabia precisamente de sua chegada no domingo. Na capital, o programa do criador do existencialismo terminará hoje, com uma visita a Ouro Preto e retôrno ao Rio, passando, antes, pela capital.

TUDO INTERESSA

Por coincidência, um repórter do DIARIO DA TARDE viajou do Rio para Belo Horizonte no mesmo aparelho em que vinha o casal Sartre. E durante os 55 minutos de viagem, sempre atento aos seus movimentos, o repórter constatou o grande interêsse do ilustre visitante pelas coisas do Brasil. Passando os olhos num grosso volume de jornais cariocas, em suas edições dominicais sempre maiores. Sartre, demonstrando avançados conhecimentos da lingua portuguêsa, poucas vezes recorria a Jorge Amado para saber o significado das palavras.

— O que quer dizer sumido?

Jorge Amado respondeu-lhe em francês, citando exemplos em frases.

— Très bien, foi o que disse o filósofo Aliás, "très bien" são as duas palavras que Sartre mais usou durante o vôo. Era, talvez, uma demonstração insopitável de otimismo. . .

E' curioso também assinalar que, em nenhum instante, Jean Paul Sartre teve a curiosidade de olhar pela janela, preferindo ignorar a paisagem algo turvada pela bruma sêca.

A leitura de jornais continuava. A certa altura, Jorge Amado, lendo uma reportagem sôbre os candidatos à Assembléia Constituinte do Estado da Guanabara, traduziu para Sartre os numeros especificos de aspirantes ao futuro legislativo e suas ocupações.

Sartre espantou-se:

— Todos da classe média!

— E', apenas um diplomata, disse-lhe Jorge Amado.

Houve um silêncio muito grande entre ambos. De um lado, Sartre detinha-se na leitura dos jornais. O mesmo faziam Jorge Amado e sua espôsa. Ao lado, Simone Beauvoire também lia. O avião aproximou-se da pista e foi nesta ocasião que Sartre arriscou um unico e rápido olhar pela janela.

EM SABARÁ

Ontem mesmo, depois de almoçar numa churrascaria da cidade, Jean Paul Sartre foi a Sabará, permanecendo algumas horas em visita à cidade. O seu programa de atividades aqui parece ter sido improvisado, pois, ontem, quase ninguém sabia o que iria êle fazer. A viagem a Ouro Preto será o ponto final.

Informa-se também que Sartre estará na tarde de hoje na Livraria Itatiaia, onde será homenageado.

Matéria do jornal *Diário da Tarde* sobre a visita de Jean-Paul Sartre a Minas.

Ele então me passa o livro, com o trecho marcado.

> *Do adro da igreja de São Bom Jesus de Matosinhos, frente ao profeta Ozéias, eles olhavam a praça, o santuário, o hotel, os profetas. Libério estava triste, mas não cansativo:*

"Sabe, Malu, uma vez eu vim aqui com dois amigos. Gente meio maluca, um poeta e um escritor. Nós ficamos lá embaixo na cidade, bebendo, andando, ouvindo uns pinguços tocar violão, esperando a madrugada chegar para vermos os profetas. De noite subimos com uma garrafa de cachaça. Ah, eu nunca me esqueço dessa primeira visão dos profetas: a lua, os rostos duros, nossa embriaguez. Subimos nas estátuas, demos tapas na cara delas, bêbados, embriagados de cachaça e Aleijadinho. Dormimos aqui, no chão de pedra-sabão. Acordamos com o pessoal chegando para a missa das seis.

"E tem gente que acha que a autoficção é uma grande novidade", brinco com Ivan assim que termino a leitura.

O mestre apenas sorriu.

40. **Diáspora mineira**

"Mineiro que fica em Minas é porque tem algum defeito de fabricação, não é exportável." A frase que Jacques do Prado Brandão gostava de repetir certamente influenciaria o jovem Silviano na sua decisão de deixar Belo Horizonte. Alguns dias depois do lançamento de *Duas faces*, na Livraria Itatiaia, Silviano parte para a França. Lá, orientado pelo professor Pierre Moreau, um dos maiores especialistas em literatura francesa do século XIX, começará seu doutorado na Sorbonne. Nunca mais voltará a morar em Minas.

No final de setembro de 1961, Silviano embarca no navio *Provence*. A embarcação francesa fazia regularmente a linha que unia o porto de Marselha, no sul da França, a vários portos da América do Sul. A bordo, dois amigos: o ator, cenógrafo e figurinista carioca Napoleão Muniz Freire e a atriz Elizabeth Gallotti. Mais de 60 anos depois, Silviano se lembra com detalhes da longa viagem de navio.

"Viajamos os três no mesmo transatlântico. Conhecia, do meu primeiro ano no Rio, tanto a Beth quanto o Napoleão. Os dois viajavam em primeira classe e eu, em segunda. Eles logo se enturmaram com o capitão do navio e conseguiram que eu apenas dormisse na segunda classe. Subia cedo para o deque principal, tomava o café da manhã e ficava por lá até depois do jantar. Tinha também direito à piscina. Na maioria do tempo, tivemos sol e pude chegar bem bronzeado a Paris", me contou numa conversa em 2014.

Antes de chegar a Marselha, o navio fazia uma escala em Barcelona. Na capital da Catalunha, os três aproveitam a parada para conhecer a cidade de Gaudí. Quando chegam a Marselha, tomam o trem expresso, Mistral, rumo a Paris. Beth e Silviano se instalam na Casa do Brasil, que ficava no endereço 7, Boulevard Jourdan – Paris, 14º *arrondissement*. Durante o ano que passar em Paris, Beth será uma amiga constante. Nos anos 1980, voltaria a reencontrá-la, agora já casada com o embaixador Mário Vieira.

*

Desde o início, Silviano sabia que escrever a tese não seria fácil. Em primeiro lugar, porque teria de ser escrita em francês e sobre literatura francesa. Além disso, teria de ter um tom de escrita bem-comportado.

"Eu defendi minha tese ainda na velha Sorbonne, antes das divisões da Universidade de Paris, ocorridas depois de maio de 1968, quando a universidade foi repartida em muitos *campi*. Tive a sorte em ser orientado pelo professor Pierre Moreau, que era uma figura extraordinária. Ele percebia o meu desconforto e foi sempre muito compreensível, me ensinando que tinha que ter um olhar reto, não perder o foco."

A grande dedicação e a grande concentração exigidas pelo doutorado acabariam despertando em Silviano um forte sentido profissional. E o ajudariam na carreira de professor. Na eterna luta dentro de sua alma entre o médico e o monstro, o doutorado na França significaria uma vitória, ao menos parcial, de Dr. Jekyll. "Às vezes um intelectual com a história que tive acaba negligenciando não só a atividade docente, em sala de aula, como também a atividade de orientação de tese. Eu não: sempre levei muito a sério o fato de ser professor. E acho que esse sentido profissional da docência me foi ensinado pelo professor Moreau."

A tese, que só seria defendida oito anos mais tarde, algumas semanas antes das grandes manifestações de maio de 1968, acabaria por não seguir o figurino da moda que vigorava então no ambiente universitário francês. Apesar de ter começado a escrevê-la ainda no início dos anos 1960 na França, Silviano sofrerá forte influência teórica dos autores do *new criticism*, que passara a ler a partir de 1962, quando se muda para os EUA.

"A proposta de leitura da gênese do romance, contida na minha tese, não seguia os ensinamentos das leituras genéticas, existentes na bibliografia francesa de então, sobretudo as que eram dedicadas aos grandes romances do século XIX. No dia da defesa da tese, fui bastante criticado pela banca por não ter usado críticos e historiadores franceses. Os nomes, seguindo um conselho do sábio Moreau, estavam citados na bibliografia final. Mas só lá. Não apareciam no corpo do texto. Professor Moreau foi muito gentil: me defendeu das críticas feitas por um dos arguidores, dizendo que ele tinha me liberado para fazer o tipo de trabalho inovador que estava sendo submetido à banca examinadora."

Silviano seria o último aluno orientado pelo grande especialista do romantismo francês. Moreau morreria poucos anos depois, em 1972.

41. **Um telefonema de Clarice**

"Morei em várias cidades, mudei muito e nunca fiz cópias das cartas que escrevi. Não sou o Mário de Andrade. Você nunca acreditou em mim, João. Mas é verdade: nunca me preocupei com a posteridade." A frase de Silviano, que ouvi numa das nossas primeiras conversas para este livro, me veio à cabeça assim que a assistente social e psicanalista Lili Albernaz me entregou aquele envelope bege durante um café num bistrô de Belo Horizonte. Cheio de manchas amareladas, marcas do tempo, em um dos lados estava escrito em letras garrafais: "CARTAS SS".

"Quando a Martha morreu, em 2007, fui ao Rio para desmontar o apartamento onde ela morou nos últimos anos. E trouxe umas coisinhas que não tive coragem de jogar fora. Esse envelope foi uma delas. Deve ser importante: ela falava muito do Silviano. Sempre com carinho. Guardou esses papéis por mais de 50 anos. Nunca abri. Acho que podem ser úteis a você."

O leitor que chegou até aqui talvez já tenha notado a quantidade de café que este narrador tomou ao longo desta história. Os mais céticos perguntarão: será mesmo verdade que a história tenha se passado assim? Toda tão certinha, bem costurada e com o desfecho sempre numa xícara de café? Evito contar o processo extraordinário que empreguei na composição destas memórias. Mas pode acreditar, fiel leitor: as únicas cartas escritas por Silviano que chegaram até as minhas mãos foram-me entregues enquanto tomava um café. Estavam com Lili Albernaz, prima de Martha. Figura-chave na vida de Silviano, durante mais de 30 anos eles trocariam dezenas de cartas.

Quase 20 anos mais nova que Martha, naquela tarde de setembro Lili não se cansava de contar histórias da prima "carioca". E da admiração que, desde ainda muito menina, sentia por ela. Lili, nascida e criada em Belo Horizonte, sempre teve em Martha a grande referência da mulher independente. Nascida em Minas, mas criada desde criança no Rio, Martha era para Lili o modelo ideal da nova mulher que, naqueles anos 1970, começava a se libertar dos retrógrados valores machistas da sociedade brasileira.

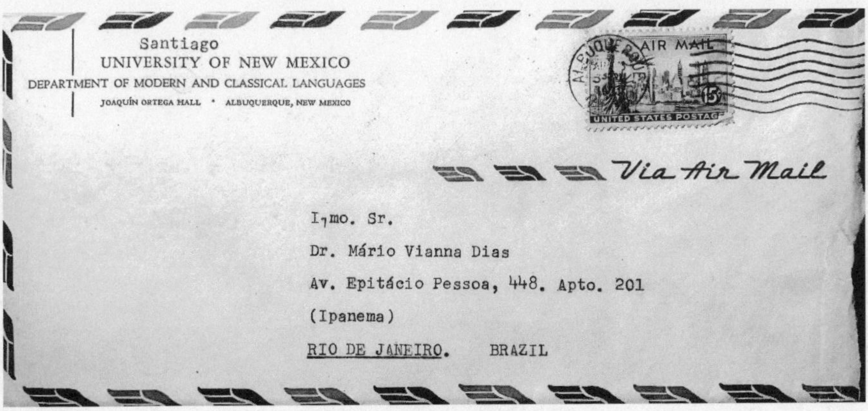

Arquivo pessoal/Silviano Santiago

Carta enviada por Silviano Santiago para a prima Martha.

"A Martha sempre foi muito à frente do seu tempo. Era inteligente, engraçada e muito irônica. Uma mulher liberada, que não se importava com o que as pessoas falavam dela. Sempre que eu ia ao Rio, ficava hospedada na casa dela em Ipanema. Foi casada durante muito tempo com o professor Mario Vianna Dias. Ele era neurologista e um nome importante na Fiocruz. Morou um tempo nos Estados Unidos e, quando voltou para o Brasil, trabalhava como enfermeira especializada em exames neurológicos. Era muito ligada em literatura, cinema. Dava notícia de tudo", conta Lili.

Filha adotiva de tio Neném e Helena, Martha é retratada em *Menino sem passado* como uma menina sapeca, da pá virada. Em um dos trechos do livro, Silviano se lembra de quando a prima vinha passar férias na casa do vovô Amarante, em Formiga. Desafiando as regras da conservadora família Santiago-Cabral, ela deixava a madrasta Jura com os cabelos em pé. Silviano escreve:

> *Quando a prima Martha, filha adotiva do titio Neném, vem nos visitar com as duas tranças negras e compridas e a malícia de menina naturalmente encapetada, ela se hospeda na casa do vovô e faz questão – sapeca que nem ela só – de caminhar pela rua do Quintino, carregando a tiracolo minhas irmãs Hilda e Nilda. Corre que as três pintam o diabo. Caminham, farejando o pecado da carne pelas frinchas das portas e das janelas dos puteiros.*

Arquivo pessoal/Silviano Santiago

Carta enviada por Silviano Santiago para a prima Martha.

Alguns dias depois daquela minha conversa com Lili, telefonei a Silviano e contei a ele que tinha achado suas cartas para Martha entre os anos 1960 e 1970. E que o acaso, sempre ele, as tinha salvado. Ele ficou visivelmente interessado.

"Cartas para a Martha? Tem alguma que serve para o livro? Não sei se já te disse, mas a ideia para escrever o meu primeiro romance, *O olhar*, surgiu a partir de uma frase que eu ouvi dela, numa conversa que tivemos no final dos anos 1950. A primeira frase do livro: 'Só um negro é capaz de te satisfazer. Lembra dela?'."

A primeira vez que li o romance, achei que aquele início tivesse sido motivado por Nelson Rodrigues. Para falar a verdade, não me lembrava bem do romance. O livro teve uma trajetória truncada e é até hoje a sua obra menos conhecida. A lembrança de Martha remeteu Silviano, na mesma hora, ao livro.

*

Já mesmo antes de publicar as duas novelas, com Ivan Angelo, em *Duas faces*, em 1961, Silviano vinha pensando em escrever um romance. O livro, que ele começou a conceber ainda no Rio, quando fazia especialização em literatura francesa, e só seria finalizado em Paris, tinha a princípio um longo, e confuso, nome: *A infância de Charles Baudelaire, tal como foi sugerida a mim por Jean-Paul Sartre, e que escrevi com o estilo de Clarice Lispector, para dar de presente a Lúcio Cardoso.* E mesclava a narrativa psicológica brasileira dos anos 1930-1940 (Lúcio Cardoso e Clarice Lispector) com o *nouveau roman* francês.

Além dos dois escritores brasileiros, Alain Robbe-Grillet, Marguerite Duras e Nathalie Sarraute eram por esses anos também lidos de maneira obsessiva por Silviano. *O olhar* foi escrito num estilo hermético, uma verdadeira prosa de vanguarda. O texto não usava pontuação convencional, influência de James Joyce, que ele já lia desde os tempos de Belo Horizonte.

Mesmo sem nunca ter tido uma boa repercussão, Silviano ainda hoje gosta de falar do livro. E a lembrança da prima Martha, naquele telefonema, se transformou numa grande reminiscência do período em que concebeu a obra.

"Acho que foi o primeiro romance a lançar a questão de *gender* no Brasil. O debate estava só começando em alguns filmes do cinema experimental norte-americano. No livro narro o mito de Édipo do ponto de vista do marido e do filho. A esposa/mãe é excluída do mundo masculino e não tem voz no romance. A mulher é um oco, onde reverberam as vozes agressivas do marido e do filho, masculinas."

Naqueles polarizados anos 1960, com a Guerra Fria em alta, o romance não despertaria muito interesse. Em meados de 1961, Silviano oferece o livro ao todo-poderoso editor da Civilização Brasileira, Mário da Silva Brito, que não se interessa em publicá-lo. Resiliente, Silviano guardará o manuscrito na gaveta por mais de uma década, e só quando regressar ao Brasil, em 1974, o livro será finalmente publicado. Com a ajuda do escritor Rui Mourão, diretor do *Suplemento Literário de Minas Gerais*, *O olhar* seria impresso pela Imprensa Oficial de Minas Gerais, com Silviano arcando com parte da despesa.

"*O olhar* foi publicado 14 anos depois de escrito e ficou meio solto na minha trajetória. Quando finalmente saiu, eu já tinha publicado meu primeiro livro de contos, *O banquete*, que é de 1970 e tem uma proposta totalmente diferente, já refletia minhas experiências com as leituras de Oswald de Andrade e da Tropicália. Como a Imprensa Oficial não fazia nenhum tipo de divulgação, e sendo eu, recém-chegado dos Estados Unidos, um perfeito desconhecido no Brasil, o livro simplesmente não foi divulgado. O Autran Dourado até tentou me ajudar, encaminhando o livro para o Wilson Figueiredo, no *Jornal do Brasil*, que deu uma pequena nota. Mas quem não era de Belo Horizonte não conseguia comprar o livro."

O olhar receberia algumas resenhas, sem maiores repercussões. O poeta Geraldo Carneiro, naquela altura aluno de Silviano na PUC, gostou do livro e escreveu, para o semanário *Opinião*, o artigo "O Édipo mineiro". Outro poeta, Francisco Alvim, na época morando no Rio, se lembra também de ter lido o livro. E ficado muito impressionado. "Era um texto muito requintado, tinha um trabalho com a linguagem muito interessante."

A timidez de Silviano seria a responsável por não sabermos qual foi a impressão que *O olhar* causou naquela que talvez tenha sido a mais importante leitora do livro: Clarice Lispector. Depois de ler o romance, a escritora se deu ao trabalho de descobrir o telefone de um vizinho de Silviano (que nessa época não tinha telefone), ligou para ele e deixou um recado.

"Pode pedir para o Silviano me ligar neste número, por favor?"

Silviano, por timidez, ou medo, jamais retornou à ligação.

42. **Bolsista peruano**

Nossa conversa ao celular já durava quase meia hora. Animado, Silviano não parava de falar dos anos em que escreveu *O olhar*. Parecia meio inconformado com o destino injusto que o romance tinha tomado. Tentei mudar o rumo da conversa e comentar, mais uma vez, sobre as cartas escritas por ele para a prima Martha. Os primeiros anos fora do Brasil. Silviano pareceu não se interessar pelo assunto. E deu então a típica cortada quando não quer mais conversar. "Bom: está na minha hora. Tenho pilates daqui a pouquinho. Se quiser, podemos nos falar mais depois."

Não era a primeira vez que ele mostrava resistência a conversar sobre as cartas que eu vinha encontrando. Desde o início foi assim. Com os documentos que organizei no confuso arquivo da biblioteca da Rua Antônio Parreiras não foi diferente. O passado parecia não lhe despertar nenhum interesse.

Não desisti. E mandei, por "zap", logo depois do telefone, uma carta sua na qual descrevia, com riqueza de detalhes, o cotidiano do seu primeiro ano na França.

> *Paris, 26 de fevereiro de 1962*
>
> *Dear Martha,*
>
> *Não me esqueci de você/vocês, e tanto pode ter notado isso se realmente – o que espero – recebeu dois ou três cartões-postais que lhe enviei quando das minhas andanças por Oropa, França e Bahia como diz o Jair Silva lá em Belô.*
>
> *Já fiz tantas e tais coisas, experimentei tantas emoções diferentes, conheci tão variados tipos, vi espetáculos tão formidáveis, que se fosse narrar tudo, creio que nem o meu senso – alto senso de organização (numeraria os parágrafos) nem esta carta de saudade bastariam. Por isso vou lhe falando assim-assim, um pouco sobre o* bric-à-brac *demais e você me compreenderá (tenho certeza) e nos compreenderemos.*
>
> *Digo-lhe antes que senti falta de uma carta sua, mesmo me dizendo que no Rio faz calor e que tem ido a Belorizonte (se tem ido) e que nada*

acontece de novo, salvo o frescobol na praia do Leblon. Estava até me lembrando de você outro dia por associação de ideia: o livro de Benito já saiu? Como foi? Ainda não li/vi o livro do Autran Dourado que saiu pela Editora do Autor. Ainda no Rio, li um capítulo que me pareceu bastante interessante: se o leu, tell me about. *Recebi outro dia foi o livro do João Cabral,* Terceira feira. *Poemas realmente notáveis ao lado de outros em que repete as próprias descobertas, tornando-as* clichés.

Andei um pouco já por aqui. Primeiro Rouen, que foi a descoberta das casas da Normandia. Casas rústicas e fortemente coloridas, deixando à mostra o madeiramento principal em marrom, fazendo contraste, ou então imitando-o para obter a falsa simetria de que falam Pascal e as casas de Ouro Preto. Visitei a torre onde foi julgada Joana d'Arc e a casa onde morou Corneille. E mais que a santa e o escritor, senti em algumas ruínas a guerra, que antes para mim era mais um produto da imaginação (confesso-lhe que mesmo lendo livros, vendo filmes – talvez por isso – a guerra me pareceu sempre mais um devaneio cerebral do que uma realidade. Fecho o parêntese, assustado com a impiedade da minha observação).

À noite, fazia frio, jantamos num restaurante típico da região, bebi a cidra, e depois fomos até um parque de diversões fazer bagunça. No hotel conversamos com o hoteleiro, muito sobre o que nos contou a sua vida noturna em Paris, e terminava assim: là à Paris j'étais reçu comme fleur. *(lá em Paris fui recebido como uma flor) ao que acrescentávamos em português: que não se cheira. Logo depois foi a vez de Versailles. Talvez repita um lugar-comum que se estende por todos os turistas americanos: é uma decepção, salva-se por algo que existe mais nas paredes gastas, nos lustres riquíssimos, nas tapeçarias conservadas, no chão pisado – certo resquício de vida, do que pelo que se nos apresenta hoje, o seu clima íntimo, malcuidado, deserto, isto é, sem os móveis da época. Há os jardins, mas era começo de inverno e as flores, ajuizadas meninas europeias (?), estavam na estufa à espera da primavera. Que só hoje, 26 de fevereiro, começa a se anunciar nos galhos secos das árvores.*

Enquanto isso vivia em Paris na Casa do Brasil e na cidade universitária. Uma vida inicial de correria e preocupações várias, de matrícula, filas, e conversa com professores, uma vida que se foi encurtando, até que fiquei dias encerrado num quarto para adiantar a tese que não sei se vou apresentar (funciono um pouco na base da lei das compensações: para tantos dias de vadiação benéfica, tantos outros de reclusão... ia complementar: maléfica).

Paris tem bastante de cartão-postal, os monumentos que se repetem como nas fotografias e nos filmes, e mais ainda um espírito que ainda não consegui compreender e dominar suficientemente: os mais ligeiros dizem: falta de educação; prefiro ainda um adjetivo bizarro: agressividade. Compreendo-os muito bem: certo cansaço e esgotamento de tanto ver turista, e talvez mais ainda este confuso período que a sua pátria amada, deles, atravessa, com "plastics", atentados, policiais, e uma falta de tranquilidade que inquieta gregos e troianos. Não te falo de política, porque isso você pode muito bem acompanhar pelos jornais daí mesmo do Brasil. Mas nada disso conta afinal perto do que Paris realmente nos pode oferecer.

*

A partir de agora, Silviano começará a viver o duro cotidiano de uma grande capital europeia nas primeiras décadas do pós-guerra. Sem idealização ou romantismo.

Logo que chega à capital francesa, em setembro de 1961, Silviano percebe que não conseguirá sobreviver com os 400 francos que recebe da bolsa do governo francês. Para completar a renda, arranja um emprego no Escritório de Radiodifusão e Televisão Francesa (ORTP). Lá, será redator e locutor do programa do "Cruzeiro do Sul", que transmitia, diariamente para o Brasil, boletins informativos, reportagens e entrevistas com personalidades francesas e brasileiras. Trabalhando no estúdio ao lado, conhece um jovem estudante chamado Mario. Ou melhor: Mario Vargas Llosa. O escritor peruano fazia o mesmo programa para a América hispânica e também trabalhava na ORTP para conseguir fechar suas contas.

"Ele ainda não era conhecido. Era apenas um estudante de origem peruana, que estava em Paris para escrever uma tese sobre Flaubert. Na época não identifiquei o bolsista que logo se transformaria no escritor famoso", me contou Silviano, quando Llosa ganhou o Prêmio

Arquivo pessoal/Silviano Santiago

Silviano Santiago durante um jantar nos primeiros meses de Paris na década de 1960.

Nobel de Literatura em 2010. "Só viria a me dar conta de quem ele era *a posteriori*, já em Nova York, quando eu era professor em Rutgers e um amigo nosso em comum, o escritor Luis Mario Schneider, nos apresentou."

O acaso, sempre ele, reservaria mais uma coincidência: meio século depois, em 2011, Silviano assumiria a cátedra que, um ano antes, tinha estado sob o comando de Llosa, na Universidade de Princeton.

43. **Passado colonial**

Viver na Paris dos anos 1960 fará com que Silviano rapidamente se dê conta da grande barbárie chamada Guerra da Argélia, em que os franceses estavam metidos. O conflito, iniciado ainda em 1954, só terminaria um ano depois de sua chegada, em 1962, e deixaria milhares de mortos. A guerra explicitava, de maneira dramática, a autoritária relação que o governo do general Charles de Gaulle tinha com sua colônia africana. Foi grande o choque sofrido pelo estudante sul-americano ao perceber que a cultura francesa, sempre apresentada a ele, desde os seus tempos da Aliança Francesa, em Belo Horizonte, como grande exemplo civilizacional a ser imitado e cultuado, tinha um lado podre. Perverso. A pátria da Liberdade, da Fraternidade e da Igualdade era também o país colonialista que tiranizava argelinos.

*

O primeiro endereço de Silviano na capital francesa seria a Casa do Brasil. O prédio, projetado pelo arquiteto suíço Le Corbusier, na Cité Universitaire, no 14º *arrondissement*, ficava entre a Casa da Tunísia e a Casa da Suíça. Com o dinheiro contado, o jovem mineiro almoçava todos os dias no restaurante da cidade universitária, que ficava ali perto. Lá, acabaria fazendo algumas amizades.

"Um dia, durante a refeição, sentou do meu lado um estudante de música do Kuwait e começou a puxar papo. Acho que ele ficou surpreso de encontrar um brasileiro se expressando bem em francês e engatamos então uma boa conversa. A partir daí passamos a almoçar juntos algumas vezes na semana", me contou Silviano, numa conversa no Rio, em 2024.

Nos encontros, o jovem violinista árabe descreveria um pouco do mundo árabe. Em particular, do seu pequeno país, que àquela altura se enriquecia com o petróleo. Mas sobretudo revelaria a Silviano a barra-pesada de ser árabe na França. "Ele não era tão politizado quanto outros estudantes que conheci mais tarde, mas de maneira mais superficial. E, talvez por isso, falava de uma forma mais franca sobre as questões étnicas. Com ele, tive uma boa visão do cotidiano dos árabes na cidade. Com nossos papos, fui tomando consciência do verdadeiro significado das palavras 'colonialismo' e 'preconceito étnico'", me disse Silviano em 2024.

Era grande a radicalização política. Os jornais traziam diariamente notícias da sangrenta guerra, que não dava sinais de estar próxima do fim. Mais de meio século depois, Silviano se lembra bem da noite em que as tropas da Organisation de l'Armée Secrète (OAS) tomaram o histórico Teatro do Odéon, em Paris. "Foi um escândalo. A organização paramilitar, que se opunha à independência da Argélia, no dia da estreia de *Les Paravents* [*Os biombos*], de Jean Genet, simplesmente proibiu que a peça fosse encenada."

Versatil/reprodução

Cena do filme *A Batalha de Argel* dirigido por Gillo Pontecorvo.

Na montagem, ambientada num país árabe indeterminado e colonizado por um país ocidental também não identificado, Genet recriava os horrores da dominação europeia e encenava a violência militar contra a população da colônia: uma arrasadora crítica à dominação francesa na Argélia.

Ao tomar contato com o duro cotidiano dos colegas árabes em Paris, as fichas do jovem Silviano começam a cair: também ele tinha nascido num país de passado colonial. Mas que, curiosamente, não parecia despertar o interesse dos brasileiros. O longo período de nossa história colonial, com mais de 300 anos, era simplesmente ignorado. Apagado.

No curso de Letras da UFMG, também tinha sido assim: os manuais começavam a contar a história de nossa literatura a partir do arcadismo mineiro. "Era como se nunca tivéssemos sido colônia. O convívio com os árabes em Paris nesse período, sem dúvida nenhuma, me levou a certas questões: e o nosso passado colonial? O que ele pode dizer do que somos hoje? Pode soar meio cabotino o que vou lhe dizer: mas acho que fui o primeiro da minha geração que começou a se interessar seriamente pelo Brasil colônia", me disse ainda em 2024.

Mas Silviano não tinha se mudado para Paris, financiado por uma bolsa do governo francês, para estudar nosso passado colonial.

Nada disso. Estava ali para escrever a sua tese de doutorado. Complicadíssima e sobre um dos escritores franceses mais importantes do século XX: André Gide. Teria de descascar um abacaxi gigante. Escrever, em francês, uma tese sobre os manuscritos de *Os moedeiros falsos*.

Seu orientador, o professor Pierre Moreau, estava curioso e não saía do seu pé. Sabia da importância daqueles manuscritos de Gide que tinham vindo parar nos trópicos. Disciplinado, Silviano coloca então na cabeça: só se ocuparia do tema da colonização nas horas vagas, principalmente nos finais de semana. Mas aí a vida real falou mais alto.

"Nos momentos de folga, lia uma revista chamada *Présence Africaine*, que defendia os princípios do que hoje chamamos de descolonização. Ao mesmo tempo, descobri e me encantei com a obra de Aimé Césaire, um grande poeta da Martinica e figura central na literatura do Caribe", me disse em 2024.

Césaire, autor de um livro extraordinário, *Cahier d'un retour au pays natal*, entraria a partir daí no foco dos seus interesses. "O livro é lindíssimo. E de imediato me fascinou, causando-me forte impressão. Comecei a achar que, em algum momento da minha vida, também teria que encarar a questão colocada por Césaire no livro: escrever meu caderno de volta ao país natal."

Silviano ainda não sabia: mas seu ensaio "O entrelugar do discurso latino-americano", publicado uma década depois, em março de 1971, começava a ser gestado ali.

44. **Acaso**

"O acaso foi determinante. A começar pela morte de minha mãe." Sentado à mesa de um restaurante em Copacabana, depois de tomar um Red Label com muito gelo, que às vezes gosta de beber antes do almoço para abrir o apetite, Silviano está falante. "Muita gente acha que sempre tive controle sobre minha vida profissional, planejei tudo direitinho. Bobagem. Não foi assim: nunca controlei nada. O acaso contou muito."

Destino, fortuna, sorte: mal tínhamos sentado à mesa e o assunto estava de volta. Compreensível. Afinal, durante toda a manhã ele havia falado de sua infância. E das perdas: a morte prematura da mãe, o sumiço de Sofia quando o pai se casou pela segunda vez. O acaso parecia não sorrir nunca para o menino.

Eu estava novamente no Rio para mais algumas entrevistas presenciais com Silviano. No dia seguinte, ele receberia o Prêmio Camões 2022. A cerimônia, adiada por quase um ano em função da pandemia, seria finalmente realizada. A proximidade do evento parecia incomodá-lo. E ele estava visivelmente nervoso. "Tem uma outra coincidência que não sei se você notou", afirmei em dado momento interrompendo sua fala. "Você já percebeu que ganhou o Camões só algumas semanas depois de ter desistido da Academia Brasileira de Letras? Camões passou uma rasteira feia em Machado", eu disse em tom de brincadeira.

Demorei a perceber que Silviano levava mesmo a sério esse papo de acaso. Não entrava na minha cabeça que um cara tão racional, o tempo todo preocupado em encontrar a palavra justa para construir uma ficção muitas vezes cerebral, pudesse se interessar por um assunto tão prosaico, quase místico. Isso sem falar na sua carreira acadêmica: muito bem estruturada, toda planejada e milimetricamente calculada. Silviano sempre me pareceu ser o tipo que gosta de acreditar ser possível ter o destino nas mãos, sob controle.

Só agora me dou conta de que aquela não era a primeira vez que o acaso aparecia em nossas conversas. Foram muitas as vezes em que o assunto nos rondou. Duas delas me vêm de pronto à memória.

A primeira foi em 2004, na semana em que morreu Fernando Sabino. Silviano tinha escrito o obituário do autor de *Encontro marcado*, chamado "O perseguidor". Liguei então a ele para comentar sobre a beleza do artigo. E, claro, lamentar a perda do grande escritor. Veio então a surpresa: durante a conversa, percebi que, assim como Sabino, que adorava cultuar o acaso, tendo inclusive escrito uma famosa crônica sobre o assunto, Silviano também era *expert* no assunto.

A outra vez foi durante uma entrevista em 2016, quando ele lançou *Machado*. Ele fez um comentário que me deixou intrigado, mas na hora nem levei a sério. "Você sabia que o Machado morreu no mesmo dia em que eu nasci? Gosto de pensar nessas coincidências: elas acabam tendo um significado, um certo sentido para mim. Eu acredito no acaso."

E talvez só mesmo o acaso possa explicar como nosso personagem, estudando em uma das melhores universidades europeias e especializando-se em literatura francesa em Paris, tenha topado, de uma hora para outra, jogar tudo para cima e ir tentar fazer a vida na América. "Nunca entendi direito por que tomei essa decisão", me disse Silviano durante o almoço. "Não sou tão corajoso assim. Sempre fui muito precavido."

Nesta parte da história, entra, mais uma vez, o amigo Heitor Martins. Ele será mesmo figura-chave para entender o início da carreira de Silviano na universidade norte-americana.

"Na época eu era casado com a Teresinha Alves Pereira. Éramos jovens de idade, mas já velhos de amizade. Quando ele foi estudar na França, mantivemos sempre constante correspondência", me contou Heitor em 2024. "Eu já morava nos Estados Unidos desde o início dos 1960. Quando resolvi sair da Universidade do Novo México, em Albuquerque, para trabalhar na Universidade Tulane, em Nova Orleans, pediram-me que recomendasse alguém para me substituir. Na mesma hora pensei no Silviano. Sabia que ele estava de malas prontas para voltar ao Brasil assim que terminasse o doutorado na Sorbonne. Escrevi-lhe então dizendo da possibilidade de ele vir dar aula em Albuquerque", conta.

Mesmo não sendo sua especialidade, a universidade norte-americana estava atrás de um professor de literatura brasileira e portuguesa. E Silviano, pragmático, não hesitou sequer um segundo. E inscreveu-se para o concurso.

Depois de alguns meses morando em Paris, ele já tinha se dado conta de que não conseguiria defender a tese no prazo estipulado de dois anos. Sua vida na Cidade-Luz tinha data de validade. E era curta. "A bolsa era de um ano, prorrogável por mais um. No final do primeiro, nem me inscrevi para continuar recebendo a bolsa. Conversei com meu orientador, o professor Pierre Moreau. Ele, sempre compreensivo, entendeu na hora a situação. E disse na mesma hora: 'Vai'. O professor Moreau sabia que uma coisa é você fazer tese sobre um autor pouco conhecido. E outra, bem diferente, de autor muito conhecido, como era o meu caso. A bibliografia básica de Gide é gigante. Combinei com ele que iria escrever a tese nos Estados Unidos. E depois voltaria para defendê-la."

Aprovado no concurso em Albuquerque, para o cargo de *instructor*, Silviano volta ao Brasil para resolver os problemas burocráticos. Apresenta a papelada necessária, no Consulado dos EUA em Belo Horizonte, e algumas semanas depois já embarca, com o casal Heitor e Teresinha. No dia 7 de setembro de 1962, ele chegaria a Miami e, de lá, seguiria para a distante Albuquerque.

O acaso, pelo menos naquele momento, sorria para o menino.

45. **No deserto de Chihuahua**

Vivendo nos Estados Unidos, Silviano descobrirá rapidamente o significado da palavra "latino". Aquele brasileiro afrancesado, que em Paris já tinha tomado um choque de realidade, ao ver como a nação criadora do iluminismo tratava seus "irmãos" argelinos, agora na América WASP conhecerá o significado de palavras como "*chicano*", "*pachuco*", "*bracero*" ou "*greaser*". No estado do Novo México, em Albuquerque, cidade perdida no deserto de Chihuahua, testemunhará o drama dos *wet-backs*, imigrantes vindos do México que atravessam, e ainda hoje seguem atravessando, o Rio Grande a nado para tentar a vida nos EUA.

No final do almoço, mesmo sabendo que sua cabeça estava voltada para a cerimônia do Prêmio Camões do dia seguinte, insisti para que ele falasse dos anos de Albuquerque. Desde o início, minha tática tem sido esta: pegar Silviano distraído. É a melhor maneira de ele falar. Ele resistia. Não parecia disposto a falar do passado norte-americano.

"Você assistiu a *Breaking Bad*? A série foi filmada em Albuquerque e mostra alguns pontos da cidade", comecei um papo aleatório, meio bobo, sobre a famosa série de TV, só para tentar puxar sua língua.

"Vi só a primeira temporada", respondeu desatento, sem tirar os olhos do celular, tentando mandar um "zap". "Depois não me interessei mais. Não corresponde à cidade onde vivi. Quando morei em Albuquerque, nos anos 1960, a cidade tinha mais o jeitão de *A montanha dos sete abutres.* Você assistiu?"

AMC/reprodução

Cena de *Breaking Bad*, série criada por Vince Gilligan.

Versatil/reprodução

Cena do filme *A montanha dos sete abutres* dirigido por Billy Wilder.

Dirigido por Billy Wilder, o clássico de 1951 faz uma radical crítica ao jornalismo sensacionalista, sempre atrás de notícias chocantes para conseguir vender jornal. Na história, Chuck Tatum, o ambicioso repórter interpretado por Kirk Douglas, cria um circo mediático ao descobrir um homem preso numa mina. A partir daí, passa a manipular a história e a ganhar dinheiro. "A cidade era parecida com o filme", continuou Silviano. "Sobretudo o centro. O *campus* universitário ficava distante da cidade e acho que não aparece no filme. Mas os arredores são os mesmos que vi." O filme de Wilder pareceu despertar suas lembranças. O cinema, sempre ele, seguia animando o seu astral. Ele colocou o celular em cima da mesa e finalmente se interessou pelo papo.

"Em Albuquerque ganhei uma profissão, e isso é o mais importante: você sabe o que significa para um cara que, até então, só tinha trabalhado atrás de um balcão de loja, na Dental Santiago, virar professor universitário nos Estados Unidos? Não é nada fácil a realidade de se autossustentar e viver no estrangeiro."

Contratado para dar aulas de literatura brasileira e portuguesa, sua formação, porém, não ajudava: ela tinha sido muito direcionada à literatura francesa. "Tive que estudar muito. Sabe de uma coisa? Nunca li tanto na minha vida como no período em que morei no Novo México, de 1962 a 1964."

Com o Green Card número A 130 47220 nas mãos, Silviano aluga então uma casa de adobe, estilo *pueblo*, e se instala confortavelmente na cidade. Disciplinado, passa a maior parte do tempo lendo e fichando obras que vai ensinar em sala de aula. "No prefácio do livro do Oswald de Andrade, *Pau Brasil*, o Paulo Prado diz que Oswald só descobriu que o Brasil existia quando foi para Paris, num ateliê da Place de Clichy. O meu caso é bem mais modesto: descobri o Brasil enfurnado numa biblioteca do deserto de Chihuahua. Estudando o dia inteiro", ironizou.

Se em Paris sua grande descoberta tinham sido os museus, nos Estados Unidos seriam as bibliotecas. No distante estado estadunidense, Silviano estudara, simultaneamente, as culturas brasileira e portuguesa. Isso talvez ajude a entender a origem de um ensaio como "Camões e Drummond: a máquina do mundo", escrito em 1963. O texto, publicado mais tarde, na revista *Hispania*, em 1966, emocionaria o próprio poeta de Itabira, que, em retribuição ao ensaio, escreveria o poema "Em agradecimento", dedicado a ele. "Na época em que escrevi esse ensaio, engoli, no mesmo mês, o épico português e o modernista mineiro", disse Silviano em tom de brincadeira.

No departamento de português e espanhol da universidade, Silviano ministrava o chamado *survey*. O curso era uma história rápida de toda a literatura brasileira e portuguesa. A disciplina começava com a carta do descobrimento do Brasil e chegava até o presente. O mesmo esquema se repetia com a literatura portuguesa: iniciava com os textos dos cancioneiros e vinha até os anos 1960. No Novo México, ele ainda daria cursos especiais de clássicos da língua, como Camões e Gil Vicente.

"Cheguei a dar cinco cursos por semestre. Era muito explorado: havia muito aluno e não havia professor. E eu era o único que podia dar literatura e ainda aula de conversação. Graças ao meu grande mestre Rodrigues Lapa, com quem aprendi muito, não tive muitas dificuldades de montar a parte do curso sobre literatura portuguesa, que já conhecia relativamente bem. Já com a literatura brasileira foi bem mais difícil: minha graduação na UFMG tinha sido péssima. Tive professores de literatura brasileira muito fracos."

O primeiro texto que Silviano analisava com seus alunos no curso era a carta de Pero Vaz de Caminha. "Relendo e analisando minuciosamente a carta do descobrimento, então comecei a me questionar: por que nunca estudamos direito o período colonial? Acho que foi ali que comecei a querer repensar o período colonial brasileiro."

46. **A carta de Caminha**

"A grande obra de Otto Lara Resende é a conversa. Deviam pôr um taquígrafo atrás dele e vender suas anotações em uma loja de frases." A frase de Nelson Rodrigues me veio logo à cabeça quando, já quase no final do almoço, Silviano, finalmente, desembestou a lembrar dos anos de Albuquerque. Às vésperas de receber o Prêmio Camões 2022, ele não escondia a tensão. Estava muito feliz. Como nunca soube taquigrafia, liguei, discretamente, o gravador: não queria que ele notasse e, assim, perdesse a espontaneidade.

"Na graduação li *Formação da literatura brasileira*, do Antonio Candido. Era leitura obrigatória. No livro, ele afirma que nossa história literária começa no século XVIII, principalmente a partir do romantismo."

No clássico publicado em 1959, Candido criará o conceito de "formação". Ou seja: o momento em que o sistema literário brasileiro se constituiu. Ele aconteceu a partir da criação do público leitor e do esforço dos nossos escritores em explorar o que seria a genuína identidade nacional do país. Para o crítico, a literatura brasileira só teria começado quando os autores locais começaram a refletir sobre a identidade nacional do país. Historicamente, isso teria acontecido no século XVIII, em Minas, com os árcades. Nos Estados Unidos, relendo o livro, Silviano começa a questionar a ideia. E a se perguntar por que a literatura colonial tinha ficado de fora do livro. "Diferente de quase todos os críticos da minha geração, me interessei, ainda muito cedo, pela literatura colonial."

Não sendo especialista em literatura brasileira ou portuguesa, o jovem professor acabará tendo uma visão diferente dos padrões acadêmicos de então. Vivendo fora do país, ele começa a se interessar pelo nosso passado colonial. E, assim, o primeiro texto que analisa com seus alunos em Albuquerque será a carta de Pero Vaz de Caminha. Com a leitura do famoso documento histórico, fichas importantes começam a cair.

"Até hoje me lembro bem do livro que utilizei para o curso: era a edição feita pelo historiador português Jaime Cortesão, cheia de notas e com uma excelente introdução. Ao analisar a carta, ficava pensando na maneira como ela era ensinada no Brasil."

Na geração de Silviano, ou o período colonial era simplesmente desconsiderado, como no livro do Candido, ou então era estudado como fazia Afrânio Coutinho: para ele, o português que pisava aqui já virava brasileiro, e pronto. O crítico baiano, que no mesmo ano 1959 tinha lançado *Introdução à literatura no Brasil*, fazendo grande barulho, não se interessava pelos choques das civilizações ou pela cultura indígena. Coutinho fazia um jogo malandro, esperto, já no título do livro: falava de uma literatura "no" Brasil, e não da literatura "do" Brasil. E, por isso, de saída, Silviano logo se desinteressaria pela obra. "Queria pensar quando se pode usar o adjetivo 'brasileiro' para qualificar a literatura. E só o livro do Candido tratava disso. Foi a primeira obra da história da literatura brasileira em que se discute quando se pode usar o adjetivo 'brasileiro' para falar da literatura."

O acesso à biblioteca de oito andares da Universidade do Novo México ajudará Silviano a criar uma nova visão sobre a literatura brasileira.

"Eu chegava lá e não encontrava só a poesia do século XIX para cá, como nas bibliotecas brasileiras de então. Era um acervo incrível. Tive acesso a dezenas de obras, que foram muito úteis. Estudando naquela biblioteca, passava da história para a filosofia, da antropologia para a geografia, e assim por diante. Essa mistura acabou me dando uma outra visão, mais abrangente. Ainda que, naquele primeiro momento, um pouco ingênua. O mais importante, porém, é que eu tinha um espírito aberto: já nessa época comecei a propor uma leitura da história literária a partir da inclusão de documentos não apenas literários. Passei a incorporar no meu trabalho não só a literatura, no *stricto sensu* da palavra, mas também outras áreas do conhecimento."

Durante os primeiros anos na América, além do contato com o acervo da biblioteca do Novo México, a leitura de *Tristes trópicos*, de Claude Lévi-Strauss, também seria crucial. "Com a leitura do livro, percebi que a literatura brasileira poderia ser melhor analisada, dentro dos princípios teóricos da literatura comparada e da perspectiva transdisciplinar." Além de Lévi-Strauss, também por esses anos, começaria a se interessar pela obra de outros autores como Roland Barthes, Michel Foucault, Gilles Deleuze e Jacques Derrida. "Fui me dando conta de que esses escritos poderiam me ajudar, me fazer entender mais o período colonial do que a sociologia. Não se esqueça: nos anos 1960, a sociologia ainda era o que balizava a crítica literária brasileira."

Ter organizado o curso de *Survey of Literature* (correspondente aos cursos de história da literatura, na época muito comuns no Brasil), que ministrará tanto no Novo México quanto em Rutgers, seria fundamental. "Nesses dois cursos já comecei a associar uma visão não etnocêntrica da carta de Caminha aos manifestos de vanguarda modernista dos anos 1920, em particular os de Oswald de Andrade. Associava colônia e modernidade para analisar o que já caracterizava como pós-colonial. E aí, é claro que isso teve uma influência da minha experiência em Paris, como bolsista, em 1961. Na França tive acesso ao pensamento e às obras dos africanos."

O contato com os textos desses autores acabaria refletindo nos textos que ele escreveria no período. São dessa época, por exemplo, os ensaios "A palavra de Deus", publicado no número 3 da revista *Barroco*, dirigida por Affonso Ávila, em 1971; e "Iracema: alegoria e palavra", que a princípio deveria ter entrado na primeira edição de *Uma literatura nos trópicos*, mas que no final ficou de fora. Os dois textos já demonstravam seu interesse pela história colonial e pela leitura de nomes importantes do estruturalismo. "Em 'A palavra de Deus', queria analisar como o código linguístico (a língua portuguesa) se associava ao código religioso (a catequese cristã) para entender do ponto de vista pós-colonial o texto inaugural da nossa cultura. Já em 'Iracema', me detinha, entre outros pontos, na criação de palavras em tupi-guarani, aproximando-a das propostas joyceanas então divulgadas pelos poetas concretos, com quem, na época, tinha muita proximidade. Só mais tarde fui entender que, com esses dois textos, já começava a desconstrução: do etnocentrismo, ao analisar a carta de Pero Vaz Caminha em 'A palavra de Deus'; e do falocentrismo, no ensaio sobre Iracema nesta parte."

José de Alencar *versus* Joaquim Nabuco. Sílvio Romero *versus* José Veríssimo. Monteiro Lobato *versus* Oswald de Andrade. Mário de Andrade *versus* Alberto de Oliveira. Se, entre os escritores brasileiros, a polêmica sempre foi mesmo esporte nacional, Silviano, machadiano até o último fio de cabelo, quando pode, evita o duelo. Não é homem de conflito. E, se com o seu trabalho como crítico literário nos principais jornais e revistas brasileiros, durante décadas, colecionou desafetos e até inimigos, isso não quer dizer que ele goste do embate. Pelo contrário. Como Machado, Silviano também parece sofrer do chamado tédio à controvérsia. E isso ajuda a explicar por que ele é sempre tão cuidadoso quando fala sobre o conceito de formação de Antonio Candido.

A verdadeira polêmica criada em torno da questão, desde que o livro foi publicado, parece não interessar Silviano. As interpretações, que colocam de um lado fanáticos defensores de Candido formando uma igrejinha com direito até a culto, e do outro os detratores do crítico, quase sempre com um exemplar surrado de *O sequestro do barroco na formação da literatura brasileira: o caso Gregório de Matos*, do poeta e crítico Haroldo de Campos, debaixo do braço, entediam Silviano.

"Jamais caí nessa história de ter que escolher um lado. Sempre fui grande leitor e admirador da obra de Candido. As pessoas às vezes se esquecem de que fui o primeiro a orientar uma tese de doutorado sobre o conjunto da obra de Candido aqui no Brasil: a excelente tese de Célia Pedrosa."

Já passava das duas da tarde e ainda estávamos ali. E o que seria um almoço só para botarmos as novidades em dia tinha virado quase um seminário. Melhor assim. Foi então que Silviano olhou para o celular e se lembrou da hora. E a conversa acabou. "Vamos ter que parar. Tenho pilates às três. Amanhã, depois da cerimônia, se der, a gente continua esse papo."

P.S.: No mesmo dia, à noite, quando cheguei ao hotel e abri meu desktop, encontrei um e-mail de Silviano.

> *Caro,*
>
> *Dá uma lida nisso. É um trecho de uma fala minha que fiz, em 2022. É sobre a* Formação *do Candido.*
>
> *Abraço*

> *"Se eu tiver que dar alguma contribuição para a minha geração, esta será uma revisão crítica do conceito de formação que nos é inculcado. Talvez a formação seja a questão mais importante para se compreender o que é o legado cultural que nós recebemos da família, da religião, da escola e finalmente da universidade. Não é por coincidência que nós temos quatro ou cinco livros extraordinários sobre o Brasil e que já trazem no próprio título a palavra 'formação'. O conceito ganha um sentido amplo, é uma episteme. Tem valor epistemológico, mas tem também valor subjetivo: a formação do Brasil e a minha formação. A minha formação foi a leitura de várias formações do Brasil. Começamos por Caio Prado Júnior, com* A formação do Brasil contemporâneo. *Continuamos com Antonio Candido com a* Formação da literatura brasileira. *Celso Furtado em seguida, com a* Formação econômica do Brasil, *e assim, iríamos* ad infinitum. *O conceito se torna importantíssimo para minha geração no momento em que se enxerga essa formação como a de uma nação colonial. E é essa forma de formação que passa a me interessar quando desço do navio e piso na França. Em todas as grandes obras citadas o pensador brasileiro passa meio que rapidamente pela questão colonial. Passa a correr sua própria maratona, com argumentos extraordinários, documentação impecável, pesquisa idem, a partir do momento da autonomia nacional. Para ser bem explícito, temos como formação*

a 'formação do Brasil contemporâneo', não temos a 'formação prévia do Brasil colonial'. A formação da literatura brasileira não é a formação ampla, cultural, da literatura no Brasil, é a formação da literatura brasileira em determinado momento histórico, em 1868, ano em que ela ganha o sentido de sistema. Ou seja, ano em que eu posso compreendê-la como um sistema literário em formação. Esse é um detalhe importante, a meu ver para ser discutido. Em vista disso foi preciso trazer para minha formação os franceses que são eles próprios críticos da própria França, e tanto me ajudam. Tornou-se necessário desconstruir o eurocentrismo. Havia um peso muito forte do eurocentrismo na formação do Brasil contemporâneo. E na formação do Brasil colonial, repare, aí entraria a função ou o papel da minha geração. Teríamos de 'solicitar' (etimologicamente, abalar o todo) da formação do Brasil contemporâneo. Não se trata de não ler esses grandes historiadores e intelectuais. São extraordinários. Trata-se de colocar uma questão ampla: como poderemos ler HOJE a formação do Brasil contemporâneo. Como poderemos lê-la a partir da desconstrução do eurocentrismo. Tanto mais extraordinário é o conceito porque ele foi também título de livro de Joaquim Nabuco, Minha formação. *Quer dizer também que cada um de nós tem a tarefa de cumprir a própria formação de cidadão brasileiro. A tendência nossa de universitários e de cidadãos pertencentes a uma elite cultural é de nos esquecermos que a dita 'formação' trabalha em vários níveis. A formação vem da família, antes de mais nada, são os valores familiares. Se você nasceu por casualidade ou nasceu em uma família de extrema direita, a sua formação familiar é de extrema direita. Quero dizer que esse elemento é também parte disso que chamamos formação. Como também a religião. Nós vamos vendo pouco a pouco a necessidade de extrapolar um pouco esse conceito de formação".*

47. *On the Road*

Estudar muito. E nas horas vagas botar o pé na estrada. Esse será o cotidiano do jovem professor mineiro durante os quase dois anos em Albuquerque. Entre setembro de 1962 e junho de 1964,

Silviano mergulha radicalmente no mundo e na cultura mexicana. Durante o período, começa a acumular invejável conhecimento sobre a cultura da América Latina de fala espanhola. E esse conhecimento aumentará ainda mais quando, dois anos depois, se transferir para a Universidade de Rutgers, em Nova Jersey. *Viagem ao México* (1995) ou *As raízes e o labirinto da América Latina* (2013), publicados muito mais tarde, jamais teriam sido escritos sem a experiência em Albuquerque e em Rutgers. E não será por outra razão que o diretor da Collection Archivos, o italiano Amos Segala, o convidará para coordenar a publicação dos autores brasileiros na sua coleção criada, em 1984, para a Unesco e que reuniu os mais importantes autores da América Latina. Primeiro em Albuquerque e em seguida em Nova Jersey, Silviano ganhará intimidade com a literatura no Novo Mundo: algo raro entre intelectuais brasileiros.

"Vou me repetir, mas é preciso: na Universidade do Novo México, eu vivia na biblioteca. Estudava coisas variadas, fuxicava tudo. Circulava pelos oito andares do edifício, sempre à procura de textos para compor a bibliografia que usava nas aulas. Foi lá também que tomei contato, logo que cheguei, em 1962, com *A conversão do gentio*, do Mecenas Dourado. O livro tinha saído no Brasil no meio dos anos 1950 e causado um grande escândalo. A leitura foi importante para que eu começasse a ter noção do Outro. Com ele me dei conta da violência da catequese, da colonização."

No dia seguinte à cerimônia da entrega do Prêmio Camões, já estávamos, mais uma vez, conversando na biblioteca de Silviano. Relembrando um pouco mais os anos iniciais nos Estados Unidos, tão fundamentais para a sua formação como intelectual.

"Em Albuquerque tinha vários períodos longos de férias. E aproveitava para viajar de ônibus pelo México. Ia pingando: dois dias numa cidade e viajava para a próxima; ficava então mais dois dias e ia para outra. E assim por diante. Tinha trazido de Paris uma edição de *Los tarahumaras*, de Antonin Artaud, que carregava sempre na mochila. Lia e relia o livro o tempo todo. *Los tarahumaras*, como você sabe, relata a viagem que Artaud fez ao México, em 1936, onde viveu entre os índios tarahumaras. Esses índios mexicanos eram os mesmos que habitavam ao lado de onde eu morava, no deserto de Chihuahua."

Arquivo pessoal/Silviano Santiago

Silviano Santiago, durante os primeiros meses nos Estados Unidos, no início dos anos 1960.

Serão os anos *On the Road* de Silviano. Viagens intensas que ficariam na sua memória até hoje. Tão intensas que, em 2024, ao ser perguntado pela jornalista Lu Lacerda sobre a maior loucura que já tinha feito na vida, lembraria imediatamente aqueles anos:

> *Tantas e tão variadas foram as loucuras, e em lugares tão diversos, que a mera listagem encheria uma página. Escolho uma delas por ser a mais linda e a mais miserável: a longuíssima viagem em verde e azul, no ano de 1963, atravessando, em ônibus das antigas, a Sierra Madre Ocidental, no México. Cinco dias e quatro noites. Viajo de Durango, no centro do México, a Mazatlán, na costa do Pacífico. Em curvas infinitas, subo no verde da selva até 3 mil metros de altitude; desço 3 mil metros no horizonte azul do oceano Pacífico até o nível do mar. Entrecorte as horas e os dias com pozole (sopa de milho asteca), frijoles, tacos e enchiladas. Não tomar banho, comer em pratos esmaltados brancos com azinhavre, garfos e colheres enferrujados, água não se sabe de que torneira.*

Mas Silviano não viajaria apenas para o México. Entre 1962 e 1963 visita, com frequência, o casal Heitor Martins e Teresinha, em Nova

Orleans. Os amigos de Belo Horizonte, figuras centrais para entendermos como ele foi parar nos Estados Unidos, são o mais importante ponto de referência para ele no país. Numa dessas visitas, a viagem de quase 2 mil quilômetros entre Nova Orleans e Albuquerque (que era feita de avião na maioria das vezes) foi de ônibus. E acabaria sendo fundamental para que ele sentisse, na própria pele, o significado da palavra "segregação".

"Eu ia sempre de avião. A viagem é muito longa. Mas uma vez decidi viajar num daqueles ônibus *Greyhound* para poder conhecer melhor os Estados Unidos. Foi uma experiência realmente marcante. Nas paradas que o ônibus fazia, me lembro bem do choque que tomei quando percebi que as rodoviárias tinham quatro tipos de banheiros: *ladies*, *gentlemen*; *men and women*. Até hoje não sei bem por que entrei no banheiro *men*, não no *gentlemen*. E não eram só os banheiros. Tinha também sempre duas cafeterias em todas as paradas: uma para branco e outra para negro e latino. Só era atendido na cafeteria dos latinos. Uma vez entrei num restaurante para brancos. Fiquei mais de duas horas esperando e fui completamente ignorado."

Depois de ver a maneira como árabes eram tratados na França, vivenciava agora o grande *apartheid* da sociedade estadunidense. E que só diminuirá, um pouco, depois de 1964, com a Lei dos Direitos Civis. A nova legislação seria um marco na luta pelos direitos civis e trabalhistas do país e proibiria a discriminação racial em diversos locais e situações. "Quando cheguei aos Estados Unidos, o negro era *second-class citizen*, não tinha nem direito a voto."

Silviano presenciaria o racismo norte-americano não apenas nas viagens ao estado da Luisiana para visitar o casal de amigos. Também em Albuquerque o dia a dia da cidade era infectado pela praga. "Como estava sempre estudando, muitas vezes levava comida para comer em casa, usava o famoso *take-out order*. E nos restaurantes de Albuquerque já dava para ver o preconceito: a comida era entregue por uma aberturazinha no fundo da loja. Nos restaurantes de boa qualidade, os negros simplesmente não podiam entrar, não eram servidos no local. Eram obrigados a levar uma quentinha para comer em casa. Na medida em que era também imigrante, e ainda não falava bem inglês, me sentia inserido naquele universo da minoria."

Toda vez que ia ao México, Silviano aproveitava para comprar livros de autores latino-americanos: modernos e contemporâneos. E sempre em edições baratas publicadas pela famosa editora mexicana Fondo de Cultura Económica. Numa dessas viagens, por exemplo, lembra de ter lido e se encantado com o romance *Los de abajo*, de Mariano Azuela. Esse clássico da literatura mexicana, publicado em 1915, é uma das obras fundamentais sobre a Revolução Mexicana. "Dos contemporâneos lembro de ter lido nessa época também o Carlos Fuentes e Juan Rulfo."

O cotidiano das aulas era mesmo pesado, alternando aulas de história de literatura brasileira e portuguesa com aulas de conversação. "Meus alunos eram muito interessados e liam tudo o que eu indicava. Às vezes, num semestre letivo, líamos 10 livros."

Em um desses cursos, Silviano conta que teve a ideia de dar uma disciplina que relacionasse *A rosa do povo* (1945), de Carlos Drummond de Andrade, e *Memórias do cárcere* (1953), de Graciliano Ramos. A análise dos dois autores brasileiros, com estilo e gênero tão diferentes, acabaria se revelando produtiva. No final do curso, um aluno, filho de pais mexicanos, o procura depois da aula: queria escrever sua dissertação de mestrado sobre o livro de Graciliano Ramos. E pedia então uma ajuda a Silviano.

O aluno era Carlos Cortés, que é hoje professor do Departamento de História da Universidade da Califórnia, em Riverside. Especialista em questões latino-americanas, Cortés frequentaria as aulas de Silviano durante o seu primeiro ano em Albuquerque e acabaria defendendo seu mestrado em português e espanhol em 1965. "Como não tinha ainda acabado o doutorado na França a orientação foi apenas informal. E, assim, não fui creditado como orientador da tese", explica Silviano, que faria questão de acompanhar Cortés até meados de 1964.

Nessa época, Silviano faz as malas novamente. Deixa Albuquerque rumo a Nova Jersey. Lá será professor na Universidade de Rutgers.

48. **Um estranho no ninho**

Dois dias depois da conversa sobre os anos em Albuquerque e as primeiras viagens ao México, tinha chegado a hora de falarmos sobre o período em Nova Jersey. Foram quase três anos, de setembro de 1964 a junho de 1967, trabalhando na Universidade de Rutgers.

"Você tem que entender uma coisa: a vida universitária nos Estados Unidos é muito diferente da nossa", foi logo dizendo, nem mesmo eu tinha me sentado na poltrona da varanda do seu apartamento em Copacabana. "Se no Brasil o sujeito faz concurso, passa e pronto, se acomoda e fica a vida toda no mesmo lugar, lá não tinha nada disso. A competição era cruel. Tive que trabalhar muito e fazer vários concursos."

Nos Estados Unidos e no Canadá, o imigrante mineiro fará uma carreira universitária vitoriosa. Sempre focado, em apenas oito anos irá do cargo mais baixo, *instructor*, até o topo da cadeia alimentar, *associate professor with tenure*. Pragmático, Silviano percebe rapidamente que a melhor maneira de conseguir os melhores cargos de professor nos Estados Unidos era mesmo mudando de emprego, não esquentando o lugar.

Além disso, começa a participar de eventos fora da universidade, como congressos e encontros literários. Em 1966, por exemplo, é convidado para o VI Colóquio Internacional de Estudos Luso-Brasileiros, na Universidade Harvard, um encontro que fez história. Participa da mesa "Literatura brasileira: a tarefa dos próximos vinte anos", ao lado dos críticos Wilson Martins e Alexandre Eulalio e do todo-poderoso Alfred A. Knopf, um dos mais importantes editores norte-americanos. Em Harvard conhece ainda o brasilianista Raymond Sayers, de quem se torna grande amigo. E no verão ainda encontra tempo para dar aulas na Universidade Stanford.

Arquivo pessoal/Silviano Santiago

Silviano durante o verão que passou em Stanford.

O esquema era sempre o mesmo: ficava dois anos num lugar, ganhava certo nome, publicava alguns artigos e então mudava de posto. "Consegui o *tenure* em literatura francesa muito jovem: em 1971 eu tinha só 35 anos", conta orgulhoso.

Seriam dois anos na Universidade do Novo México como *instructor*; três como *lecturer* na Universidade de Rutgers; um ano como *assistant professor* na Universidade de Toronto. E, por fim, cinco anos na Universidade Estadual de Nova York em Buffalo: primeiro como *associate professor* e, finalmente, como *associate professor with tenure*. "Em 1972 pedi licença, não remunerada, em Buffalo, e passei os dois anos aqui no Rio, dando aulas na PUC. Até que em 1974 fui finalmente contratado pelo departamento de Letras. Aos poucos me dei conta de que o meu lugar era mesmo o Brasil. E então pedi demissão de Buffalo: entreguei meu Green Card e voltei definitivamente para cá em 1975."

No final da tarde, convidei Silviano para lanchar, na padaria que fica embaixo do seu apartamento. É que ainda precisava tratar de um assunto sobre o qual ele sempre tem muita resistência em falar. De propósito, tinha deixado para o fim: queria conversar sobre o dominicano.

Mineiro dos quatro costados, discreto até o último fio de cabelo, Silviano nunca me disse nem o nome ou a idade. Quando fala do ex-companheiro, só revela a nacionalidade: ele é simplesmente o dominicano. Mesmo sabendo da sua resistência, insisti. O dominicano é peça-chave para entender como seu interesse, antes talvez só intelectual, pela cultura da América Latina de fala espanhola, se transformará numa questão existencial, em que o afeto também conta.

Comecei pelas bordas. Assim que sentei à mesa, mostrei primeiro uma carta de Heitor Martins que tinha encontrado no arquivo. Escrita no dia 25 de setembro de 1964, ou seja, ainda no primeiro mês em que ele começou a morar em Rutgers, nela o amigo escreve num determinado trecho:

> *O fato de que seus alunos não se interessem muito é chato profissionalmente, mas tem suas vantagens: você trabalha menos.*

Ele ouviu atentamente a leitura. E então comentou:

"Já que estamos falando sobre minha carreira como professor, uma coisa tem que ficar clara de saída: nunca trabalhei texto meu de ficção dentro de sala de aula. E nem os encaminhei para mestrando ou doutorando para forçar aluno a fazer dissertação ou tese sobre meus livros. Acho que tenho uma qualidade, que também ajuda a explicar a ascensão da minha carreira nos Estados Unidos: sou bom professor. A repercussão do meu trabalho era muito mais docente do que livresca", contou com a cara meio fechada.

Deu uma parada, bebeu um pouco de água e continuou:

"Agora, diferente de Albuquerque, onde os alunos eram interessadíssimos e liam tudo o que eu pedia e sem nunca reclamar, em Rutgers foi diferente: o interesse dos alunos era pequeno. Segui então o conselho do Heitor e aproveitei que tinha mais tempo livre e voltei a me dedicar à tese sobre Gide. Em Albuquerque, devido ao excesso de trabalho, ela tinha ficado completamente parada".

Logo em seguida, li um trecho do seu ensaio "Sobre amizade e admiração (depoimento)". Escrito em 2016, para o lançamento do livro *A memória rota*, do porto-riquenho professor de Princeton Arcadio Díaz-Quiñones, nele Silviano rememora os anos que viveu nos Estados Unidos. E escreve:

"Quando em 1964 me transferi de Albuquerque (New Mexico) para New Brunswick (New Jersey) e fui ensinar na Universidade Rutgers, transformei o afeto que me levara a manter relações amistosas com os descendentes de mexicanos, os *chicanos*, em moeda corrente na minha vida acadêmica e cotidiana na costa leste dos Estados Unidos. Com a mesma disponibilidade sentimental dos dois anos anteriores, mas de posse de maior conhecimento da experiência do que significa ser latino numa nação WASP, eu me aproximei dos porto-riquenhos e dos caribenhos, e dentro destes, dos dominicanos. A seu jeito e maneira, o estranho foi-se acomodando no ninho".

Ele ouviu atentamente. E, assim que acabei de ler o trecho, disparou:

"Foi nessa época que conheci o meu companheiro dominicano de quem já te falei: foi em dezembro de 1963, quando, ainda morando em Albuquerque, vim passar o final do ano em Nova York. Estava sem dinheiro e não pude voltar ao Brasil para passar o Natal com a família. Resolvi então viajar por dentro dos Estados Unidos e nos conhecemos na época do Natal. Acho que foi a relação mais importante que tive na vida. Ficamos juntos até dezembro de 1973, quando regressei para o Brasil. Depois o reencontraria por duas vezes, passageiramente, acho que em 1976 e 1979, não lembro bem. Mas aí já como amigos".

A resistência em falar do dominicano não diminui. E ele então tentou mudar o rumo de nossa conversa.

"Você não vai falar do Schneider no livro?"

"O Carpeggiani?", respondi distraído, achando que ele estivesse falando do jornalista pernambucano, editor, durante vários anos, do jornal *Suplemento Pernambuco*.

"Não. Dele é também importante falarmos. Mas acho que só mais na frente", ele riu. "Estou falando do Luis Mario Schneider. Meu colega em Rutgers. Seu livro vai ficar incompleto se não falar dele."

49. **Schneider Primeiro**

Se, num primeiro momento, ainda morando em Albuquerque, o contato de Silviano com a literatura de língua espanhola estava restrito a autores mexicanos e à leitura, meio caótica e amadora, de escritores latino-americanos da moda, a partir de Rutgers o conhecimento literário do jovem professor mineiro aumentará de forma significativa. E aí a amizade com o poeta e crítico argentino Luis Mario Schneider seria mesmo fundamental.

Colegas de departamento em Rutgers, os dois viajariam juntos algumas vezes ao México. Lá, Silviano acabaria conhecendo as principais figuras da cultura e das artes mexicanas. Mais de meio século depois, Silviano lembra, com riqueza de detalhes, uma daquelas viagens feitas com o amigo.

"Ele era argentino, mas estava radicado no México desde 1960. Por isso conhecia todo mundo. Schneider era um cara comunicativo, muito divertido, e vivia fazendo piada. Um grande gozador. Na época estava namorando a escritora e ensaísta Margo Glantz, com quem se casaria mais tarde. O pai dela, dono de uma delicatéssen que ficava num bairro turístico da Cidade do México, era poeta. E o Schneider o tinha ajudado na publicação do seu livro: *Sin pasaporte*. Durante a viagem, fazíamos as nossas refeições nessa delicatéssen. O lugar era ponto de encontro de intelectuais jovens. Lá encontrei não só escritores, mas também artistas da nova geração. Entre eles o escritor José Augustin, um dos nomes mais importantes da literatura mexicana da segunda metade do século XX, que na época estava começando. Lembro que o pai de Margo era um homem muito generoso: os jovens que não tinham dinheiro para pagar comiam grátis."

Quando Silviano o conheceu em Rutgers, Schneider já era figurinha conhecida entre os estudiosos de literatura mexicana nos Estados Unidos e no México. Grande pesquisador, contumaz frequentador de hemerotecas, seria o autor, anos mais tarde, de livros importantes como *La literatura mexicana* (1967), *Ruptura y continuidad: la literatura mexicana en polémica* (1975) e *México y el surrealismo (*1978).

Naquele meado dos anos 1960, nos EUA, além de dar aula, Schneider também trabalhava num exaustivo levantamento bibliográfico da obra do poeta Octavio Paz, de quem, aliás, era grande amigo. Sobre Paz, ele publicaria o livro *México en la obra de Octavio Paz*.

Em Nova Jersey, o escritor brasileiro e o poeta argentino estavam sempre conversando. E sempre sobre aquilo de que mais gostavam: literatura. Foi a partir de um desses papos que Silviano passou a se interessar por romances que, bem mais tarde, a crítica passaria a rotular de *testimonio*. Nessa época, lê, com interesse, *Juan Pérez Jolote: biografía de un tzotzil*, do antropólogo Ricardo Pozas.

Nos bate-papos infindáveis, um dia surgiria o nome de dois escritores argentinos que Schneider vivia cultuando, fazendo sempre muita propaganda: Jorge Luis Borges e Julio Cortázar.

"Lembro que ele sempre falava de Borges. Motivado por nossas conversas, passei então a lê-lo com mais frequência. Aqui no Rio, eu já tinha tido contato com a obra de Borges: além do Alexandre Eulalio, que também falava sempre dele, a revista *Senhor* havia publicado um conto seu, em 1958-1959, por aí. Mas, naquela época, confesso que li e não entendi direito: até gostei, mas não me marcou. Nos Estados Unidos foi diferente. Em Rutgers, o Schneider me emprestou alguns livros do Borges e do Cortázar. Li os dois ao mesmo tempo. Isso foi em 1965. E aí, sim: tive um choque, um verdadeiro deslumbramento. Não havia nada comparável com aquilo em literatura brasileira na época. Fiquei encantado. E comecei então a fazer elucubrações teóricas a partir dos dois: eles acabariam me servindo de material teórico. Não se esqueça de que naquele período eu também estava muito bem atualizado com os teóricos franceses. Todas essas leituras, juntas, me ajudariam muito nos ensaios que escrevi no período."

Mas a paixão do jovem mineiro pela literatura latino-americana não ficava restrita à leitura dos livros. Sempre que podia, dava uma escapada para assistir a conferências de escritores e poetas famosos que visitavam os Estados Unidos. Algumas dessas palestras nunca lhe sairiam da lembrança: as de Borges, em Austin, e as do poeta chileno Pablo Neruda, na Califórnia.

"Vi as famosas conferências de Borges, no Texas, em 1968, em que ele falou do poeta Walt Whitman. E, um ano depois, as conferências de Pablo Neruda, que, aliás, estava proibido de entrar nos Estados Unidos, mas a turma de Berkeley, em 1969, mesmo assim conseguiu trazê-lo. Eram eventos grandes, para mais de mil pessoas."

Nem bem Silviano tinha acabado de falar, os ensaios "Eça, autor de *Madame Bovary*", de 1970, e "O entrelugar do discurso latino-americano", de 1971, me vieram imediatamente à cabeça.

"Porque era ele, porque era eu." A frase de Montaigne para explicar a amizade do autor de *Ensaios* com o filósofo Étienne de La Boétie também serve para explicar a amizade de Silviano e Schneider. Se o poeta e crítico argentino foi mesmo importante na formação de Silviano e o ajudou a se tornar um erudito em literatura latino-americana, a influência será mútua: também Silviano acabaria por se tornar uma grande influência para Schneider.

Nas conversas entre os dois, além de Borges e Cortázar, outro nome que sempre surgia era o do escritor e ator francês Antonin Artaud, uma das grandes paixões literárias de Silviano até hoje. "A gente conversava muito sobre a obra do Artaud. E o Schneider não só acabou traduzindo *Os tarahumaras* como escrevendo um excelente livro, *México y Viaje al país de los tarahumaras*, publicado em 1984, que me foi muito útil quando escrevi *Viagem ao México*. O livro trata da estada de Artaud no México. Ele foi o primeiro a levantar, em jornais mexicanos, todas as colaborações de Artaud."

Já estava no caixa pagando o café, quando comentei com ele que tinha ficado surpreso com seu texto sobre a jornalista e escritora Joan Didion, que ele havia incluído no livro *Grafias da vida – a morte*, que seria publicado nos próximos meses. Não imaginava que ele pudesse se interessar por esse tipo de assunto. "Li a Didion pela primeira vez ainda nos Estados Unidos, quando ela lançou seu primeiro livro", disse Silviano. "Acho até que cheguei a mandar algum livro dela para o Ivan Angelo. Aliás: você já encontrou alguma carta do Ivan Angelo no arquivo? E as do Haroldo de Campos?"

50. **Livros & discos**

Para quem nasceu depois da internet, é difícil imaginar como o mundo funcionava antes dela. Livro digital, *streaming* e outras dezenas de tecnologias surgidas nas últimas décadas tornaram tudo mais rápido e barato. Se hoje, com um simples clique no celular, conseguimos acessar instantaneamente o último lançamento literário ou musical, durante os anos 1960 a coisa era bem complicada. E imagine isso na "distante *Terra Brasilis*", onde manter-se atualizado com o que acontecia na Europa ou nos Estados Unidos era mesmo um verdadeiro sacrifício.

Daí a importância do trabalho de divulgação que Silviano exerceu por esses anos. Durante todo o período que morou nos EUA, ajudou a manter os amigos brasileiros atualizados com tudo o que rolava na América e no Velho Mundo. Pelo correio, ao longo de quase 10 anos, ele enviaria dezenas de livros e discos.

Quem mais recebia esse tipo de agrado era Ezequiel Neves. Se hoje alguém ler a suas cartas escritas para Silviano no período, acabará desistindo de contar quantas vezes ele pede algum disco ou livro. Graças ao amigo que morava na América, Zeca, que já nos meados dos anos 1960 começava a trocar a instável carreira de ator pela de jornalista, tinha acesso, em primeira mão, a um material simplesmente impossível de ser encontrado por aqui nos anos 1960 e 1970. Livros, e sobretudo discos, recém-lançados nos Estados Unidos, que o ajudariam a ganhar a fama de um dos críticos musicais mais bem-informados do país.

Silviano enviará a Zeca, por exemplo, o disco de um certo jovem músico chamado Robert Allen Zimmerman, que àquela altura começava a fazer sucesso nos Estados Unidos. Num trecho de uma carta, datada de 26 de fevereiro de 1966, podemos ler o pedido, mais um, para que Silviano mande outro disco a ele:

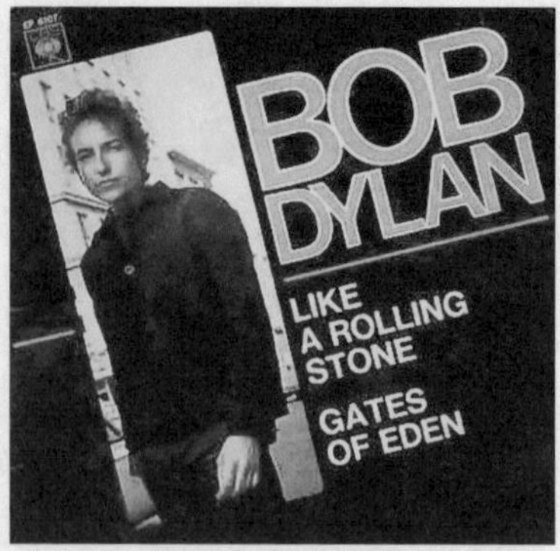

Columbia/reprodução

Capa do disco de Bob Dylan que traz a canção "Like a Rolling Stone".

> *Te exploro* again*: compre pra mim um disquinho compacto dos pequenos e com duas músicas só de Bob Dylan em que ele canta "Like a Rolling Stone". A música fez sucesso aí e deve ter saído em disquinho. Tenho um dólar aqui para mandar pro selo.*

Já com o amigo jornalista Ivan Angelo as encomendas eram menos frequentes, mas também aconteciam. Sempre que podia, enviava algum livro, na maioria das vezes de autores relacionados ao chamado *new journalism*. O gênero já era febre nos Estados Unidos, e, mesmo com sua formação mais afrancesada, Silviano acompanhava com interesse os novos autores norte-americanos. Interesse que chegaria a tal ponto que o fará um dia viajar até Nova York só para assistir a uma leitura pública do escritor Truman Capote, quando ele lançou o clássico *A sangue frio*. No Brasil, Ivan, que então comandava a grande revolução da linguagem jornalística promovida pelo diário paulistano *Jornal da Tarde*, também precisava estar bem-informado. E lia, com interesse, os livros de Joan Didion, Tom Wolfe, Norman Mailer, Gay Talese, Hunter Thompson e Truman Capote. Muitos deles enviados pelo amigo dos tempos da *Complemento*. E a carta de setembro de 1968 é prova cabal disso.

> *São Paulo, 20 de setembro de 1968*
>
> *Silviano,*
>
> *Recebi e já li o livro do Tom Wolfe. Sensacionais as* stories *dele sobre Cassius Clay, Cary Grant (e o título? "Loverboy of the Bourgeoisie"!),*

> *Jane Holzer, o Harrison da revista* Confidential. *Achei menos boas, mas como jornalismo interpretativo excelentes as histórias de Las Vegas (e o detalhe das* buttocks décolletage?, *bom, não?). E é exatamente o que eu acho que falta no jornalismo brasileiro, matérias como essas e como as que faz outro cara excelente, o Gay Talese. Este tem uma longa reportagem, um cuidadoso retrato pop do cantor Frank Sinatra (*Frank Sinatra Has a Cold*) que é também uma preciosa peça lítero-jornalística. Mas falta-nos quem faça. Diz-se por aqui que o Fernando Sabino quer fazer jornalismo a sério. Ele é um dos caras que eu acho poderiam trabalhar bem com esse gênero.*

Já com o amigo e poeta Affonso Ávila, a ajuda seria menos com livros ou discos, e mais com os contatos que Silviano, como professor universitário nos Estados Unidos, vinha construindo. Ciente das dificuldades que o poeta e crítico mineiro enfrentava para conseguir bons colaboradores para a revista *Barroco*, que começava então a editar, Silviano se prontifica a ajudar o amigo. E faz importantes contatos, convidando vários autores que acabarão escrevendo para a famosa revista mineira: Michel Serres, Eugenio Donato, Susana Peters, Margo Glantz e Cesáreo Bandera são apenas alguns dos autores que publicarão na *Barroco* graças a Silviano.

Do café perto da casa de Silviano fui direto para o aeroporto. O voo atrasou mais de duas horas. Aproveitei então para escrever, de uma tacada só, enquanto esperava o avião, estas linhas. Quando estava procurando as cartas de Haroldo de Campos que tinha prometido mandar para Silviano por "zap", a bateria do laptop acabou. Com o atraso do avião, o saguão estava cheio, e não tive paciência de entrar na enorme fila para carregar meu computador. E me dei conta de que, mais uma vez, o grande Umberto Eco tinha mesmo razão: "O computador depende de eletricidade e não pode ser lido numa banheira."

51. Poeta de campos e espaços

No dia seguinte, assim que liguei o laptop, pude constatar: oito cartas do poeta, tradutor e crítico literário Haroldo de Campos tinham sido preservadas no acervo de Silviano. A vida cigana de Silviano, se mudando sempre, morando em várias cidades e pulando de país em país ao longo de décadas, fará com que ele deixe para trás muitos documentos e uma parte de sua história. Alguma carta importante de Haroldo terá se perdido? Certamente, sim. Difícil saber quantas. As oito cartas que sobraram cobrem os anos 1965 e 1966 e, lidas em conjunto, ajudam a reconstituir um lado que, desde quando ele decide construir uma vida acadêmica nos Estados Unidos, tinha ficado abandonado: a de poeta.

Mesmo sabendo da linguagem imprecisa, informal e perigosamente espontânea do "zap", continuei me valendo da engenhoca digital. Como já disse em algum lugar: Silviano nunca teve resistência ao aplicativo. Pelo contrário. Segui então mandando textões. E fazendo perguntas.

Antes de enviar a primeira carta de Haroldo, mandei um "zap" perguntando se ele conseguia lembrar quando (e como) tinha conhecido o autor de *Galáxias*. Tendo saído muito cedo de Belo Horizonte, sabia que ele não tinha participado da Semana Nacional Poesia de Vanguarda, acontecida em 1963 na capital mineira. Na época em que rolou o evento, organizado pelo poeta Affonso Ávila e onde estiveram, entre outros, os irmãos Campos, Décio Pignatari, Benedito Nunes, Roberto Pontual, Luiz Costa Lima e Paulo Leminski, Silviano já não morava mais em BH. Com memória afiada, ele respondeu de pronto.

"Mesmo longe, fora de Minas, nunca deixei de acompanhar a produção, poética e ensaística, do Affonso Ávila, que era muito amigo dos concretistas. Assim, acabei, quase naturalmente, me tornando amigo deles também", escreveu. "Mas não foi só o Affonso que fez a aproximação, não: o casal Benedito Nunes e Maria Sylvia também foi importante. E não se esqueça do Alexandre Eulalio, que chegou a publicar alguns ensaios dos concretistas na *Revista do Livro*. Em 1961, poucos dias antes de embarcar para a França e começar o doutorado, participei do II Congresso Brasileiro de Crítica e História Literária, em Assis. E lá o Alexandre fez questão que eu conhecesse os Campos pessoalmente."

A primeira carta de Haroldo que mandei a Silviano, por "zap", está datada de 18 de setembro de 1965. Nela, o poeta dá as últimas notícias da barulhenta trupe concretista paulistana e já demonstra interesse pelos textos que Silviano vinha produzindo nos Estados Unidos:

> *Acaba de sair nossa* Teoria da poesia concreta: textos e manifestos (1950-1960). *Mando-lhe o volume pelo correio marítimo, assim que você confirme a chegada da remessa anterior [...]. Fiquei muito interessado, pelo que você diz em sua carta, em conhecer seu trabalho* in progress *de* Les Faux-monnayeurs *e respectiva* Genèse. *Quando tiver cópia, não esqueça de me remeter.*

Ajudando sempre os amigos a conseguirem os livros impossíveis de serem encontrados no Brasil, na mesma carta Haroldo pede ainda ao amigo mineiro um favor:

> *Sim, há um livro que eu gostaria de ter e que não encontro por aqui. Trata-se de* The Gutenberg Galaxy, *de Marshall McLuhan, um livro que tem muito a ver, me parece, como prospecto teórico, com o que estamos fazendo em poesia. Não sei a editora do livro, mas sei que ele tem outro livro (ao que parece igualmente interessante) com o título* Understanding Media, *publicado pela McGraw Hill.*

Além dos livros de McLuhan, na época um completo desconhecido no Brasil, Silviano se lembra de ter enviado ainda outros. "Mandei muitos livros para o Haroldo. Lembro de ter enviado, por exemplo, aí já em Paris, uma edição francesa da obra do poeta russo Velimir Khlébnikov."

Um dos trechos mais divertidos, e esclarecedores, que encontrei nas oito cartas também está na carta escrita por Haroldo em 18 de setembro de 1965. No trecho, Haroldo escreve sobre o crítico Wilson Martins. Tendo escrito ao longo de décadas nos principais jornais brasileiros, como *O Estado de S. Paulo* e *Jornal do Brasil*, Wilson tinha posições para lá de conservadoras. Seus artigos eram, quase sempre, agressivos. Na carta, Haroldo demonstra pouca, ou melhor, nenhuma paciência com o crítico paranaense. E escreve:

> *Desisti de vez do Wilson Martins. Homem cordial e ameno para contato, mas caso perdido de fixação gustativa oitocentista; ademais não tenho folego a gastar com polêmicas periódicas. E o nosso Wilson é de escrever rodapés imensos, como lambris, que frequentemente, sob pena de desorientação dos leitores, não podem ficar sem resposta.*

A essa altura Haroldo já era nome de destaque na crítica brasileira, dando as cartas da vida literária paulistana e, consequentemente, brasileira. Sua influência será importante para que um então desconhecido professor de Formiga morando nos Estados Unidos conseguisse conquistar espaço na imprensa brasileira. "Haroldo sempre foi um leitor atento dos meus escritos. E é inegável: foi fundamental para mim, então um crítico iniciante, que estava longe e não conhecia ninguém no Brasil. Foi ele quem me apresentou ao jornalista Nilo Scalzo, então diretor do Suplemento Literário de *O Estado de S. Paulo*. Haroldo encaminhou vários artigos meus, entre eles uma leitura de *Iracema*, de José de Alencar, que tinha sido publicada nos Estados Unidos, na revista *Luso-Brazilian Review*, de que ele tinha gostado muito. Nesse ensaio, de 1965, eu analisava o Alencar criador de palavras, à semelhança dum chinês. O Nilo publicou o ensaio ocupando uma página inteira do Suplemento. A repercussão foi muito boa."

A eterna competição, até hoje existente na cultura brasileira, sempre querendo saber quem é o melhor, Mário de Andrade ou Oswald de Andrade, também será tema da correspondência. Na carta de 10 de dezembro de 1965, Haroldo revela que acaba de escrever um enorme ensaio sobre Oswald. O texto serviria de prefácio para a edição de *Poesias reunidas*, de Oswald de Andrade, que ele havia organizado, publicada no ano seguinte pela Difel. Depois de reler a carta de Haroldo, na qual ele fala do autor de *O rei da vela*, Silviano me mandou então um textão:

> *Como já lhe disse outras vezes: minha admiração pelos concretos, a proximidade com eles, se explica por várias razões: talvez a mais importante foi a de que, naquela altura, o trabalho deles correspondia ao espírito experimental cosmopolita, predominante nas artes metropolitanas da época e que eu tinha muita simpatia. Achávamos que o Brasil, finalmente, tinha acertado o relógio das artes, como teria previsto um Oswald bem otimista.*

A amizade com Haroldo seria mesmo intensa. Tão intensa que fará com que Silviano se motive a voltar a escrever poesia. Ele então tem a ideia de revisitar alguns versos de poetas modernistas consagrados como Manuel Bandeira, Carlos Drummond e João Cabral. Mas com a perspectiva do experimentalismo daqueles loucos anos 1960.

O resultado seriam quatro poemas, que Silviano hoje adjetiva como "iconoclastas". Intitulados "Alguns floreios", os poemas deixariam Haroldo encantado. É isso, pelo menos, que podemos constatar pela carta escrita por ele em 31 de outubro de 1966.

> *Silviano,*
>
> Complimenti, you bitch! – *como diria Ezra Pound. Seus floreios: nada a tirar nem pôr. A melhor coisa que você já fez. Direto no alvo.*
>
> Complimenti!
>
> *Como você foi chegar até aí largando a placenta dos primeiros experimentos e focando o olho do exato é o que me alegra e confirma: no fazer está o fazer. No fazer melhor do que não fazer. Na curiosidade constante que faz fazer: melhor lição de poesia (no greco etimológico senso de fazimento).*
>
> *Um abração do seu*
>
> *Haroldo*

Dois desses poemas acabariam sendo publicados em *Invenção*. Lançada em 1962 pelos irmãos Campos e por Décio Pignatari, essa revista, que teve colaboradores como Affonso Ávila, Ronaldo Azeredo, Cassiano Ricardo e José Lino Grünewald, foi uma das mais importantes do período: publicar nela era sinal de prestígio. Um pouco mais tarde, o contista Murilo Rubião, então editor do *Suplemento Literário de Minas Gerais*, publicaria os quatro poemas. "Alguns floreios" acabariam fazendo parte do livro *Salto*, de 1970.

*

Silviano frequentaria a praia concretista por mais alguns anos, fazendo relativo sucesso. Em 1972, o amigo Hélio Oiticica, amante incondicional da poesia de Silviano, reproduzirá, na revista *Navilouca*, alguns dos versos concretistas do poema "Man" que o artista plástico carioca tinha lido em *Salto*. E mais: em 1973, o escritor e crítico norte-americano Richard Kostelanetz se interessará pelo conto "Labor dei", hoje publicado no livro *O banquete*. Kostelanetz fará uma tradução do texto, que será publicado na antologia *Breakthrough Fictionists*.

Silviano e Haroldo de Campos sempre se encontravam quando o poeta paulista ia aos Estados Unidos. Os dois tinham um amigo comum, Hélio Oiticica, e se trombariam algumas vezes no mítico apartamento do artista plástico carioca, o Babylonest, que ficava no número 81 da Second Avenue, no East Village, ao lado do famoso palco de shows da época, o Filmore Theather.

A amizade durará até o dia em que Silviano publicar um artigo na revista norte-americana *Luso-Brazilian Review*. Na resenha, o jovem crítico faz algumas objeções ao livro *A arte no horizonte do provável*, lançado por Haroldo em 1972. O poeta concretista não gosta do artigo. E escreve a Silviano, chamando-o de zhdanovista. (Em tempo: zhdanovismo, derivado do nome de Andrei Zhdanov, foi uma política cultural imposta durante o período stalinista, que defendia o "realismo socialista" como a única forma de arte aceitável, rejeitando qualquer forma de expressão artística que não estivesse alinhada com os objetivos do partido.)

Depois da carta, os dois romperiam definitivamente a correspondência.

52. **O susto**

Mais de 50 anos depois, Silviano ainda se lembra bem daquele dia. Do susto que tomou durante uma conversa com os professores Jack Undank, Richard Boswell e Dan Ellman, do departamento de francês de Rutgers. Um deles, ele não recorda qual, acabara de chegar de Paris. Tinha passado o verão pesquisando na França e, sabendo que o colega brasileiro fazia doutorado na Sorbonne com Pierre Moreau, comentou então que o professor francês tinha se aposentado. Silviano gelou. Seu orientador, aposentado? Não é possível. "Tomei um susto. Susto maior ainda porque poderia parecer que eu estava mentindo para os colegas de Rutgers ao dizer que estava sendo orientado pelo Moreau", conta Silviano.

Nos anos 1960, conseguir falar com alguém em outro país era uma epopeia. Ligação internacional era difícil e cara. Só um telegrama não daria para esclarecer um assunto tão complexo e delicado. O jeito foi então mandar uma carta e esperar.

Alguns dias depois, chega a resposta. "Sim, é verdade", escrevia Moreau, "ele tinha mesmo se aposentado". Mas Silviano podia ficar tranquilo: seria um grande prazer continuar orientando-o. "Lembro que ele me mandou uma carta onde escreveu *en me garder* (lembro bem do verbo). Tranquilizei-me, claro. E voltei a trabalhar a tese. Uma escrita lenta, mas constante."

*

Sentado em frente ao computador, no seu apartamento de Copacabana, Silviano está de bom humor. Aproveitei então o seu astral para puxar mais alguns fios de sua memória: conseguir detalhes dos anos em que ele voltou a morar na França e concluiu seu doutorado. Eu tinha chegado ao Rio no dia anterior, para mais algumas conversas. E, claro, para fuçar, de novo, as caóticas caixas com os seus documentos. E foi só dessa vez, e por acaso (olha ele aí outra vez), que encontrei as cartas enviadas pelo professor Pierre Moreau.

Escritas a mão, numa caligrafia difícil de decifrar, elas são as testemunhas mais importantes daqueles distantes finais dos anos 1960, quando ele defendeu o doutorado sobre os manuscritos do francês André Gide. Além das cartas do professor da Sorbonne, também tinha encontrado dois bilhetes que Catherine Gide (filha de André Gide) havia mandado para Silviano. Neles, Catherine autorizava o jovem estudante brasileiro a fazer uma fotocópia dos manuscritos de *Os moedeiros falsos*. A essa altura, o Museu Britânico de Londres já tinha comprado o valioso rascunho do livro de Gide que ele tinha encontrado no Rio quando ainda era estudante. Somente com autorização dela Silviano poderia continuar estudando o texto. Gentil e muito atenciosa, Catherine não só o autorizaria a pesquisar os manuscritos do pai como ainda o receberia algumas vezes em sua casa em Paris.

Eu tinha criado uma pasta, com as cartas de Moreau e os bilhetes de Catherine, e trazido toda a papelada, que estava perdida no arquivo, para que Silviano desse uma olhada. Em cima da mesa, ao lado da impressora, os papéis pareciam escutar nossa conversa.

"Nunca tive coragem de reler nenhuma delas. Acho que sempre tive um pouco de negação, resistência, com toda essa história da minha tese. Quando ela ficou pronta, tive a chance de publicá-la algumas vezes. Primeiro na França, depois no Canadá e bem mais tarde no Brasil. Mas nunca deu certo."

Desde que chegara a Nova Jersey, em setembro de 1964, retomara a redação da tese. Ao contrário do que acontecia em Albuquerque, onde nunca era cobrado, em Rutgers era constantemente pressionado para que terminasse o doutorado na França. A direção da universidade já tinha avisado: ele só conseguiria uma promoção com o título de doutor nas mãos.

O cigano mineiro colocaria então, mais uma vez, o pé na estrada.

53. **De volta a Paris**

Silviano voltaria a morar em Paris em julho de 1967. Na capital francesa, tentará, sem sucesso, uma vaga na Casa do Brasil, onde já tinha morado em 1962. Com a grana curta, teria de se bancar sozinho na França. Vai morar então no pequeno e modesto Hotel Cujas, no Quartier Latin.

Mesmo percebendo seu pouco interesse pela pasta com as cartas de Moreau, dei uma de chato. Insisti. E passei a ler, em voz alta, a canhestra tradução que tinha feito de uma delas.

> *Paris, 14 de março de 1968*
>
> *Meu caro amigo,*
>
> *Você já deve saber que sua defesa está marcada para segunda-feira, 21 de março, às 17 horas. É costume que o candidato envie sua tese para os membros do júri 15 dias antes da data prevista. Terminado esse trâmite inútil, mas necessário, você estará comprometido a realizar sua apresentação diante de outros examinadores do júri, incluindo os Srs. Ricatte e Roblot. É provável, aliás, que eles o julguem severamente, pois são rigorosos e exigentes.*
>
> *Os únicos conselhos que posso lhe dar são:*

> *– Prepare uma apresentação introdutória de 20 a 25 minutos; tente não ultrapassar esse tempo;*
>
> *– Tenha suas anotações à mão, mas evite lê-las; elas devem servir apenas como pontos de apoio para uma fala livre e fluida; não há necessidade de simular uma improvisação;*
>
> *– Não transforme essa apresentação em um monótono discurso;*
>
> *Se precisar de mais alguma coisa, estou à disposição!*

A leitura emocionou Silviano. Que disparou a lembrar aqueles meses que antecederam sua defesa de tese na França.

"Moreau era mesmo um professor extraordinário. Percebia as minhas inquietações e sempre tentou me explicar que eu tinha de abandoná-las, que devia ter um olhar reto, nada oblíquo. Sabe de uma coisa? Foi um trabalho penoso para mim e, certamente, para ele. Talvez seja essa uma das razões pelas quais, como te disse, desdenho a tese. Foi um trabalho de amputar coisas, de sacrificar muitas partes."

Apesar de ter começado a escrevê-la ainda em 1961, Silviano conta que o texto escrito por ele acabaria muito influenciado pelos livros do *new criticism*, que tinha passado a ler nos Estados Unidos a partir de 1963. A proposta de leitura da gênese do romance que ele acabaria desenvolvendo na tese teria muito pouco a ver com as leituras genéticas que existiam então na bibliografia francesa dos anos 1960, em particular as que eram dedicadas aos grandes romances do século XIX.

"No dia da defesa, lembro que fui muito criticado pela banca por não citar críticos e historiadores franceses no texto da tese. O Moreau saiu então em minha defesa, argumentando que ele tinha me liberado para fazer o tipo de trabalho inovador que estava sendo submetido à banca examinadora."

Defendida na velha Sorbonne, antes das divisões da Universidade de Paris em 20 *campi*, Silviano nunca se esquece de quem foi assistir à defesa: Alexandre Eulalio, que na época dava aulas na Universidade de Veneza; o casal Benedito Nunes e Maria Sylvia, que morava em Paris; e a amiga Sandra Pessoa. A defesa da tese, *La Genèse des Faux-monnayeurs d'André Gide*, acabaria recebendo da banca examinadora a menção "*Très bien*".

54. **Gide & Machado**

Extremamente realista. De um realismo que beira a crueldade. Sempre que fala de sua trajetória, Silviano é mesmo muito exigente. Para ele, o trabalho sempre importou mais que o talento. "Sei muito bem que, quando fui para os Estados Unidos e comecei a dar aulas de literatura brasileira e portuguesa, não estava preparado. Minha especialidade era literatura francesa e tive que estudar, trabalhar muito, para dar conta", repetiu dezenas de vezes ao longo das nossas conversas. O maior carrasco de Silviano se chama Silviano.

Precisava terminar aquele período sobre os anos da tese em Paris. Confesso que estava meio irritado com sua reação fria quando lhe entreguei a pasta com as cartas de Moreau e Catharine. Achar aqueles documentos, no meio daquela bagunça, tinha me dado um trabalhão. E seu desinteresse quase me tirou do sério. Exagerando propositalmente no tom, perguntei então: afinal de contas, o que ele tirava de positivo daquele final dos anos 1960? O que tinha aprendido com todo aquele esforço em escrever uma tese sobre André Gide? Silviano, talvez constrangido com minha reação destemperada, meio agressiva, decidiu falar.

"Você não está me entendendo: é óbvio que o período foi importante. Fundamental. Foram os anos da minha formação, o período em que mais li e estudei na vida. A especialização em literatura francesa me deu a confiança necessária para o manuseio de questões interdisciplinares, trabalho que era praticamente impossível com a formação que eu tinha tido na faculdade: não se esqueça de que na UFMG, nos anos 1950, não havia uma cadeira de teoria da literatura. Além disso, fui complementando, de maneira totalmente autodidata, as leituras disciplinares com outras no campo da filosofia, da psicanálise e da sociologia. Ter passado seis meses trabalhando a escrita de uma edição crítica do manuscrito, que se transformou depois no apêndice da tese, foi um grande exercício de minúcia obsessiva para mim. E indispensável para que eu adquirisse a disciplina que eu não tinha em virtude dos meus interesses diversificados. Disciplina, meu caro."

Nesse instante, o "zap" tocou. E Silviano não pôde conter a curiosidade sobre quem estava chamando. Era José Mario Pereira: todo dia, o amigo editor lhe manda o PDF de vários jornais europeus. Os dois sempre conversam por telefone. Ele apenas olhou rapidamente a mensagem e voltou a falar.

"A tese acabou me despertando um interesse, que com o tempo se tornaria mais amplo e complexo, por questões de caráter teórico e que, naquela época, não existiam nos cursos universitários brasileiros. Com a tese, abriu-se um novo caminho alimentado pelo estruturalismo que então predominava no final dos anos 1960. Além disso, ao escrever o texto sobre Gide, me dei conta de que não queria trabalhar por caminhos já trilhados. A bibliografia sobre a 'gênese de uma obra' era vasta, mas os trabalhos insistiam numa análise paralela entre acontecimentos e personagens da obra e da vida real. Com as leituras que tinha feito nos Estados Unidos, sobretudo do *new criticism* e da obra crítica de T. S. Eliot, fui levado a querer provar como estruturas primárias que se encontravam nos primeiros textos em prosa de Gide iam evoluindo e se transformando até chegarem à forma que tinham alcançado no romance da madureza. O problema era detectar essas estruturas primárias e analisar o comportamento dos mecanismos de transformação."

Enquanto ele falava, lembrei um de seus primeiros textos sobre Machado de Assis: "Jano, janeiro", escrito por esses anos, mais precisamente em 1966.

Escrito no período em que ainda estava mergulhado na obra de Gide, "Jano, janeiro" é um ensaio que ficou meio perdido dentro de sua trajetória. E só seria recuperado e lido com mais atenção quando, em 2005, a revista *Teresa*, publicação de literatura da Universidade de São Paulo (USP), resolveu ressuscitá-lo. A qualidade do texto chamou a atenção de dois importantes estudiosos de Machado: John Gledson e Hélio de Seixas Guimarães. Mais tarde, em 2012, aquele trabalho seria publicado pela Editora UFMG.

No ensaio de juventude, Silviano tentava atar as duas pontas da obra de Machado: a iniciante e a madura. Mostrava como existem traços nas obras imaturas de Machado – muitas vezes traços medíocres e pouco rentáveis numa análise literária mais sofisticada – que, ao serem revistos, retrabalhados e aperfeiçoados, ganhavam complexidade, reaparecendo mais tarde com toda a força dramática nas obras da madureza. Assim, muitos dos elementos de *Dom casmurro*, obra-prima publicada em 1900, já apareceriam, ao menos em germe, em *Ressurreição*, primeiro romance do escritor, de 1872.

Já me preparava para lhe perguntar sobre as possíveis relações entre Gide e Machado, quando fui interrompido por Silviano: mais uma vez, o pilates venceria Machado.

"Hora da minha aula. Ficamos por aqui: amanhã conversamos sobre Toronto."

55. **Drummond & maio de 1968**

"Nem pense em voltar." Quem lê as cartas de Ezequiel Neves escritas para Silviano no período em que ele morou na França e nos Estados Unidos esbarra o tempo todo com essa frase. Toda vez que a saudade batia, o conselho do amigo exagerado era o mesmo: fique por aí mesmo, não volte. Não vale a pena. Com a ditadura militar destruindo a cultura brasileira desde março de 1964, Ezequiel não cansava de repetir que o melhor que ele podia fazer era ficar longe do país. Em uma das cartas, datada de 2 de abril de 1966, podemos ler:

> *Você fala em voltar. Tenho receio. Pretende se fixar onde? Será vantajoso? [...] Isso aqui não é terra de permanência. Nossa situação merece Prêmio Nobel de Subdesenvolvimento. Me diga com certeza o que você pretende.*

Silviano, que sempre ouvia o amigo, naquele ano 1968 decidiu ignorar o conselho. Há quatro anos sem pisar na *Terra Brasilis*, assim que finalmente consegue defender o doutorado, em abril de 1968, resolve passar uma temporada no Brasil. E só não embarca imediatamente para cá porque seu orientador lhe pediu para que ficasse mais alguns dias em Paris. Pierre Moreau tinha enviado uma cópia de sua tese sobre Gide à editora Gallimard, e era melhor que ele esperasse a resposta. A tradicional casa editorial francesa demonstrara interesse pelo texto. Interesse que não se concretizaria, porque, na tese do jovem professor estrangeiro, ele tocava em assuntos melindrosos demais na vida do importante escritor francês. Aquilo poderia, eventualmente, gerar processo judicial para a editora ou até para Silviano.

No dia seguinte, cedo, ele já me esperava na biblioteca. Íamos conversar sobre o ano 1968. E sobre sua rápida, e meio atabalhoada, passagem pela Universidade de Toronto. Nossos encontros, que geralmente aconteciam à tarde, já que Silviano sempre gosta de trabalhar de manhã, naquele dia começou às oito: o horário de sua aula de pilates tinha mudado. E ele, disciplinado, não queria perder de jeito nenhum a aula. Obediente, 10 para as oito, eu já estava na portaria do prédio.

Tinha conseguido finalmente encontrar, também perdido nas caóticas caixas, seu artigo de jornal escrito sobre maio de 1968. Silviano, que não participaria dos *événements de mai*, já que deixou Paris alguns dias antes das grandes manifestações, sempre falava do texto. E com grande entusiasmo. Era a sua explicação, repetia sempre, escrita no calor da hora, sobre o ano que mudou a cara do mundo. Diferentemente das cartas de Moreau, que não tinham lhe despertado interesse, ele estava curioso para ver a relíquia. Curiosidade que tinha aumentado quando lhe disse que o artigo, que ocupava meia página do *Estado de Minas* da edição do dia 18 de agosto de 1968, tinha saído ao lado de uma crônica de Carlos Drummond de Andrade chamada "A rebelião dos jovens em feitio de oração: eis o Catecismo do Bom Rebelde". No texto, o poeta de Itabira listava as 36 máximas do movimento Nous Sommes En Marche (Nós Estamos em Marcha), que agitava Paris.

Foi só eu me sentar na poltrona e ele já foi logo me pedindo o artigo, que começou a ler em seguida.

> *Antes da Revolução Francesa*
>
> *Silviano Santiago*
>
> *O comentarista é um homem da Renascença. Apalpa, sente, analisa e conclui. A bibliografia é uma invenção do século XIX. Um homem da Renascença, hoje, se tivesse de fazer considerações sobre o que pensa a massa, não sairia de porta em porta, distribuindo questionários científicos, mas veria e analisaria programas de televisão, leria e analisaria revistas (de noticiário e em quadrinhos), e tiraria as suas conclusões sobre o que pensa a massa. O comentarista não deve contar com a perspectiva histórica, nem aceitar o paternalismo dos estudos anteriores. O comentarista não vive da citação escrita, mas*

da citação ao vivo. Trabalha com os elementos que recolhe, consciente ou inconscientemente, no seu viver diário e nos seus contatos. Quanto maiores os contatos, melhor o comentarista.

Não vejo muito lugar para o comentarista na presente estrutura intelectual do mundo. É pichado logo de diletante, de subjetivo. Seu circuito informacional é logo tomado por um curto-circuito metodológico. Hoje se exigem método e definições científicas iniciais. Mas como nos diz Ezra Pound: a desconfiança é menor quando se recebe um cheque de Rockefeller, é maior quando se recebe um cheque de um pobre. Assim também para os valores intelectuais.

Não posso falar do que aconteceu, ou do que veio depois. Já estava no Brasil. Vou falar sobre o que veio antes. O sistema educacional francês antes da primavera. Primavera lembra brotos saindo da casca dura dos galhos, lembra pruridos.

Primavera nos países onde há quatro estações definidas significa também sair para as ruas, deixando de lado o conforto do quarto aquecido artificialmente. Os estudantes franceses e os negros americanos sabem disso.

Falarei então do inverno de 1968, antes da primavera, antes da revolução.

A verdadeira imagem de Paris. É preciso corrigir urgente a imagem que temos de Paris. Paris, como quase todos os grandes centros urbanos, está virando um centro comercial, deserto à noite, ou entregue às minorias econômicas. A classe média, seguindo de perto a mudança da estação de estrada de ferro para o aeroporto, está fugindo para os subúrbios. Carros possantes, estradas boas, menos horas de trabalho, a importância do lazer, a poluição do ar – são alguns fatores que ditaram esta transferência. Fora, é claro, a propaganda que surgiu contra o apartamento, e em favor da casa própria, com quintal, onde as crianças podem ter vida de criança.

O centro de Paris está tomado principalmente pelos árabes (argelinos na maioria), pelos negros (operários, frise-se), pelos espanhóis, pelos portugueses, e no que se refere à rive gauche, *pelos estudantes. A tradicional imagem de Paris, com seus pintores e intelectuais, deve ser imediatamente apagada. Alguns grandes nomes da pintura durante o inverno ficam na periferia de Paris (é o caso de* Vasarely, *que mora ao lado da sua fábrica de quadros), já durante o verão descem para o sul da França, ou partem para o estrangeiro. Outros já passam seis meses na França, seis meses nos Estados Unidos: é o caso do pintor Buri, que transformou em moderna residência um mosteiro do século XVII, construído nos arredores de Paris, a 20 minutos de carro. Pelas ruas ficam alguns acadêmicos e minguados pintores de cavalete, mais figuras românticas que escolhem Paris por motivos de ordem sentimental e não artística.*

A classe média não prestigia as grandes casas noturnas de diversão.

Os estudantes estrangeiros predominam nos cafés e nas ruas do Quartier Latin. Não só têm mais dinheiro (alguns brasileiros acumulam três bolsas de estudo) do que o francês, como têm maior disponibilidade curricular. A sombra do fracasso numa estada parisiense pesa muito menos para o estrangeiro do que para o francês. Comenta-se que cada vez vêm menos estudantes estrangeiros para fazer pós-graduação em Paris. Não se fala dos estudantes de países africanos, antigas colônias francesas, onde o ensino universitário ainda se encontra em fase de organização. Fato curioso: nenhum dentista parte para a França para se especializar. Poucos médicos. Entre os latino-americanos: predomínio dos estudantes de ciências sociais. Explicação: o enfoque ideológico.

O elemento feminino (maioria) e o elemento masculino tímido preferem o conforto da Cité Universitaire aos hotéis do Quartier Latin.

Na Cité, na maioria das casas, regime medieval. Comenta-se o fato de haver dedos duros ou mesmo ouvidos nas paredes em certos pavilhões latino-americanos.

[...]

Estruturas fechadas. O professor universitário francês é o catedrático. Já se disse tudo nesta definição. Chega à sua cátedra depois dos 40, e depois de ter gasto 20 anos fazendo uma tese em que agrada aos seus professores, isto é, aos membros da geração anterior à sua. A cátedra é vitalícia. Tendo uma formação acadêmica (no mau sentido da palavra), vai exigir dos seus alunos aquilo que os seus mestres exigiram dele: disciplina, paciência, visão histórica, cultura no sentido de acúmulo de informações (sob a forma de fichas, em geral). O diálogo é restrito – suas aulas são conferências. A parte da invenção é mínima na universidade.

Não há lugar para o elemento jovem na universidade francesa. Se existem alguns jovens, são assistentes, e logo compreendem o jogo do assistente, isto é, trata-se mais de agradar ao catedrático que a si mesmo. Pois, caso contrário: rua.

Para destruir o poder do ensino formal na formação do intelectual francês é que foi criado o Collège de France. Paul Valéry nunca ensinou literatura na Sorbonne, mas deu cursos no Collège de France. E é lá que se pode ouvir a voz e os ensinamentos de Lévi-Strauss, pai do estruturalismo, moderna metodologia e que, portanto, ainda não foi assimilada ou aceita pela universidade.

Bem ao lado do texto de Silviano, estava a crônica de Drummond.

A rebelião dos jovens em feitio de oração:
eis o Catecismo do Bom Rebelde

Quem se recusa a compreender, que se aposente. É tempo de amar e de aprender a amar. Com frases como esta, os estudantes de Paris lançam, através do movimento "Nous Somes En Marche" ("Nós Estamos em Marcha"), o Catecismo do Bom Rebelde, contendo 36 máximas.
1. Nós vivemos num período pré-revolucionário. Vemos crescer uma nova ideologia: cabe-nos aperfeiçoá-la.
2. Toda crítica à sociedade é ao mesmo tempo um ato de luta política. A política crítica não é nem coragem, nem fraqueza, é simplesmente um dever.
3. Deixemo-nos levar pelo entusiasmo para alcançar de novo o sentido do humano.
4. Recuperemos tudo o que há de bom no mundo atual e que tinha sido desfigurado.
5. Os professores têm de encontrar de novo no ensino as satisfações que hoje vão procurar nos congressos e em outras partes.
6. Todos os que têm medo da "aventura", saibam que têm medo apenas da evolução do mundo.
7. A predominância intelectual política e social dos jovens sobre o resto da sociedade é um dado de fato.
8. Todo aquele que não estiver em condições de compreender, venha discutir conosco. Tudo pode ser explicado a todos.
9. Os nossos mecanismos psíquicos esclerosados e arcaicos devem ceder lugar à fantasia.

10. Vivemos num período crítico. Quem não sabe disso não pode compreender nada deste mundo.

11. Todas as nações existentes estão gastas e devem ser reformuladas.

12. A mudança não é um fim em si mesma. Entre a inércia e a agitação há uma margem suficiente para todo aquele que quiser esforçar-se a pensar.

13. Somente a verdadeira autonomia permite a criatividade.

14. O conceito de conflito entre as gerações deve desaparecer do mundo: é apenas uma máscara por trás da qual se esconde a luta pelo poder.

15. Se os pais cumprissem a sua missão de pais, a nossa revolta seria verdadeiramente evolução.

16. Toda criação é fruto de uma emoção vivida.

17. A diferença entre o homem comum e o gênio não está no nível intelectual, mas na vontade de progresso.

18. Toda criação nova baseia-se em elementos antiesclerosantes.

19. Os homens que governam as instituições (a do poder e a da oposição) devem continuar a cuidar dos negócios correntes, devem produzir o pão de cada dia. Amanhã seremos nós a fazer estas coisas no lugar deles, e lhes ofereceremos, de quebra, o dom da cultura.

20. Todos aqueles que não estão encarregados de cuidar dos negócios correntes devem decidir-se a descer para as ruas e recolocar em questão todos os seus esquemas mentais.

21. Comer e repousar todos os dias.

22. É preciso discutir por toda parte e com todos.

23. Ser indispensáveis e pensar politicamente é um direito de todos, não o privilégio de uma minoria de iniciados.

24. Ninguém se espante com o caos das ideias, ninguém o ridicularize, ninguém tire disto motivo de engano ou de alegria. Este caos é o estado de emergência das ideias novas.

25. Ninguém queira pregar uma etiqueta ao Movimento Estudantil, não há etiquetas, não há nenhuma necessidade disto. O movimento cria-se por si mesmo com todos aqueles que aderem a ele e deixa que cada um traga consigo a própria bagagem de ideias.

26. Quem se recusa a compreender, que se aposente. É tempo de amar e de aprender a amar.

27. Deve renascer em nós o prazer das festas.

28. A bandeira vermelha pode morrer, a bandeira negra também. Os pintores que se esforcem por inventar para nós mil bandeiras que exprimam a busca, o esforço, a revolução interior, o entusiasmo, a invenção.
29. Músicos e poetas, façam novas canções.
30. Inventemos para este verão um novo tipo de férias que nos permita não interromper o movimento.
31. Arranjemos cada dia uma tribuna na imprensa e nos outros meios de difusão das ideias.
32. Somente depois da explosão dos nossos métodos atuais de pensamento poderemos reconsiderar o mundo, desde seu começo.
33. A greve é proclamada. A universidade crítica e a empresa crítica estão já abertas. Os comitês de greve devem chamar-se "comitês fundadores da empresa e da universidade autônomas".
34. Quem não aprendeu a marchar com os outros não poderá conquistar a autonomia.
35. Quem conhece o caminho rumo à autonomia que o ensine aos outros.
36. Para que o homem possa se tornar realmente um homem.

56. **Tradição e ruptura**

Já disse aqui e repito: o maior carrasco de Silviano chama-se Silviano. Assim que terminou a leitura do artigo, escrito há mais de meio século, ele fez uma cara ruim, parecia decepcionado. Não tinha gostado. "Na minha lembrança era diferente e muito melhor. Achei meio fraco. Muito técnico", disse apenas.

Nem tentei argumentar que era só o artigo de um jovem professor, inexperiente, e que era preciso contextualizarmos. Tinha gostado da matéria: desde o elegante tapa na cara nos professores catedráticos da UFMG, até a revelação da resistência que a academia francesa fazia ao pensamento do antropólogo Lévi-Strauss, que só podia dar aulas no Collège de France. Mas não só: por vício jornalístico, tinha achado bonita a página. Nela, bem ao lado de sua matéria, podia-se ler o texto do velho poeta de Itabira. Na crônica, podia ler um Drummond revolucionário, interessado nas ideias do ativista Daniel Marc Cohn-Bendit.

Tradição e ruptura já estavam, lado a lado, naquela página de jornal.

57. **Festival de inverno**

"Você não acredita quando digo, mas é verdade: o acaso sempre foi determinante." A frase, repetida pela milionésima vez, foi a primeira coisa que Silviano me disse, assim que começou a falar daquele ano 1968. "Você já parou para pensar que, se a minha defesa da tese tivesse sido marcada alguns dias depois, ela simplesmente não teria acontecido? No final de abril, início de maio, a Sorbonne fechou completamente as portas. Tudo parou e só voltou a funcionar um ano depois. E, sem o doutorado, tudo teria sido diferente."

Silviano não participaria do maio de 1968 francês. Já estava no Brasil quando, comandados pelo ativista franco-alemão Daniel Cohn-Bendit, os estudantes da Universidade Paris Nanterre iniciaram o movimento que mudou, para sempre, a cara do mundo.

"Cheguei aqui no início de maio e fui embora no final de agosto. Mas não fiquei o tempo todo em Belo Horizonte, não: visitei amigos em outras cidades. Nessa época, o Zeca já trabalhava no *Jornal da Tarde* e passei algumas semanas em São Paulo. Além disso, fui ao Rio visitar minha prima Martha: me lembro até de ter trazido de lá umas cartas do jornalista Guy de Almeida e de entregá-las para seus familiares em Belo Horizonte. Na época, o Guy estava clandestino, exilado no Chile. A barra era pesada."

É mesmo difícil acreditar que tanta coisa possa ter acontecido em apenas 12 meses. Na França, as revoltas estudantis tinham virado o país de ponta-cabeça. Nos Estados Unidos, o mundo assistia, em várias cidades, a dezenas de protestos contra a Guerra do Vietnã. Até a todo-poderosa Universidade Columbia tinha parado por causa dos estudantes.

No Brasil, país de forte tradição autoritária, o quadro político se agravara: a ditadura militar, que tinha começado tímida, em abril de 1964, se escancara de vez em 1968, com a decretação do AI-5. Tortura e desaparecimentos passariam a fazer parte do cotidiano. A violência política era o novo normal.

*

> *A cidade de Ouro Preto, marco de um passado revolucionário dos mineiros, será transformada por completo de 30 de junho a 28 de julho*

> *próximo, tomada por artistas brasileiros e estrangeiros, que vão participar do Festival de Inverno, promoção que já se tornou internacional, apesar de só ter sido realizada uma vez, no ano passado. De repente, a cidade vai mudar: os moradores verão um desfile interminável de roupas diferentes, aulas ao ar livre, desenhistas e pintores a descobrirem os ângulos barrocos das casas, concertos nas igrejas à luz das velas, conferências, filmes diferentes, teatro – muita coisa em um mês.*

Com um tom ufanista, nacionalista. Meio ingênuo e bobo. Foi assim que o jornal *Estado de Minas* noticiou a segunda edição do Festival de Inverno da UFMG. Contando com a participação de importantes nomes da cultura mineira, como Rodrigo Melo Franco de Andrade, Affonso Ávila e Francisco Iglésias, Silviano também participará do evento. E, assim, depois de fazer, na Faculdade de Letras da UFMG, em Belo Horizonte, uma palestra na qual expôs os principais pontos de sua tese recém-defendida na Sorbonne, Silviano passaria alguns dias em Ouro Preto. Em Vila Rica, participa do Painel de Arte Contemporânea, coordenado pelo professor José Tavares de Barros, e dividido em quatro sessões: Artes Plásticas, Literatura, Cinema e Música. Além de Silviano, participariam também do ciclo de palestras Pierre Santos, Maria da Conceição Resende Fonseca, o maestro Sérgio Magnani e o amigo Frederico Morais, da Geração Complemento.

Com a ditadura se radicalizando, e morando nos Estados Unidos, a meca do capitalismo, pergunto a Silviano, meio de brincadeira, se ele não acabou ganhando, da turma mais engajada, a fama de isentão ou de agente secreto da CIA. Ele então reagiu com seu típico sorriso de canto de boca. Sorriso Mona Lisa.

"Vinha ao Brasil, em primeiro lugar, para ver meu pai, a família e alguns amigos. Durante todo o período em que estive fora, até 1974, tinha uma postura mais silenciosa. Nos Estados Unidos, trabalhava muito. Nas horas vagas, escrevia artigos para as revistas norte-americanas: o ensaio sobre Camões e Drummond, o ensaio sobre Iracema, o ensaio sobre *O ateneu* foram todos escritos nesse período. E muitos outros que não guardei, resenhas e coisas do gênero. Além disso, também estava escrevendo um livro de contos, *O banquete* (1969), e um livro de poemas, *Salto* (1970). E ainda reescrevia um livro antigo, *O olhar*, que eu tinha escrito em 1962 e em que fiquei mexendo até 1973."

A vida nômade de professor, viajando muito e sempre fora do país, e um temperamento introspectivo. Esses dois fatores talvez sirvam para explicar, ao menos em parte, sua pouca participação na vida política brasileira. Silviano parece nunca ter tido muita paciência para a militância partidária. Será?

"Sabe de uma coisa? Presenciei três eventos históricos importantes, que me deixaram marcas. A primeira, no Rio, em 1961: vi a emergência do populismo que desembocou em Jango e no Golpe de Estado de 1964. Depois, quando vou para Paris e sou testemunha de um acontecimento extraordinário, que foi a Guerra da Argélia e o fim da colonização francesa na África. E, por fim, quando, já morando nos Estados Unidos, convivi com os norte-americanos que sofreram com as mortes sucessivas de grandes figuras políticas: eu estava dando aula quando [John F.] Kennedy foi assassinado. Depois, vieram ainda outros assassinatos, de Martin Luther King, por exemplo. Fui observador de três fatos extraordinários que afetaram o mundo e a mim. É estranho, mas é verdade: eu vou me politizar é nos Estados Unidos. Vou me politizar pela política das minorias, nos movimentos estudantis. Nos Estados Unidos eu estava metido com questões políticas, mas que tinham muito pouco a ver com o que estava acontecendo no Brasil na época. Estava tentando responder muito mais às questões vivenciadas lá."

Apesar de verossímil, não fiquei totalmente satisfeito com a resposta. Em primeiro lugar, por conta de sua obra: grande parte dela, ficcional ou não, tem sempre um viés político forte. E, se Silviano nunca teve forte militância partidária, em parte, devido ao seu temperamento introspectivo, essa distância da política institucional também se explica em função da homofobia que existia, e que ainda existe, na conservadora sociedade brasileira. E nos nossos partidos políticos, mesmo os mais progressistas, não é diferente.

Mas não queria polemizar. E resolvi não tocar no assunto. Apenas mostrei, quando já estava terminando nossa conversa naquele dia, um trecho de uma carta escrita pelo amigo Ivan Angelo, em 20 de setembro de 1968. Ou seja: no mesmo mês em que voltou a morar nos Estados Unidos. Na carta, Ivan dá notícias de um festival de cinema que tinha acontecido em Belo Horizonte. E relata a violência que o amigo comum, o poeta e jornalista Marco Antônio de Menezes, tinha sofrido na capital das Alterosas. E escreve:

> *Marco Antônio de Menezes foi nosso enviado especial, para cobertura, e andou falando muito mal de tudo. Você sabe como é cineasta, não é? Com aquela finura e sutileza que os caracteriza, passaram a agredir o nosso enviado crítico. Cercaram a mesa em que ele e o Paulo Vilaça estavam, no restaurante Monjolo, com gritos e ameaças: "Bicha! Vamos dar nele que ele é bicha!" Convidaram o Paulo a retirar-se da mesa do Marco; Paulo recusou-se e foi vaiado "Ele também é bicha!" Estabeleceram um interrogatório insultuoso para o Marco, que se recusou a responder qualquer pergunta. Neville pedia calma ao pessoal e conseguiu evitar uma agressão física. Entre os vociferantes estavam João Mauricio, Alex Viany, Rogério Sganzerla, Sergio Bernardes. Mauricio era um dos mais exaltados. Ora, como é que essa gente quer fazer cinema-protesto adotando atitudes como essa? Como podem protestar contra a Censura, se apelam para uma censura violenta dessas? Como vão denunciar repressão policial, se usam métodos policiais para combater uma opinião crítica? Enfim, deixa pra lá: são cineastas. O Marco teve de pedir escolta policial para, imagine, assistir à última sessão.*

A carta explicita a enorme homofobia existente no Brasil dos anos 1960 até mesmo entre os intelectuais. Quando terminei a leitura do trecho da carta de Ivan, Silviano, que ouvia atentamente o texto, não disse nada. Apenas deu, mais uma vez, seu sorriso de Mona Lisa.

58. *Le mot juste* e a pressa

O tempo era curto. No dia seguinte, voltaria para Belo Horizonte. E tinha ainda de conversar sobre o período em que dera aulas em Buffalo. Assim, logo que voltamos do almoço, na tentativa de acelerar o papo, perguntei, à queima-roupa, como afinal de contas tinha ido parar no Canadá e conseguido um emprego melhor: o cargo de *assistant professor* na Universidade de Toronto. O tom da pergunta, admito, não foi dos mais elegantes. E a palavra escolhida não foi a melhor. Corria contra o tempo. "Em Rutgers, o professor Remigio Pane, responsável pelas contratações na universidade, enrolou, enrolou e acabou não contratando você para o cargo que lhe havia prometido para quando você terminasse o doutorado. E você então foi para o Canadá. Não é isso?", eu disse assim que entramos na biblioteca.

A pergunta direta, sem rodeios, irritou Silviano. *Le mot juste* e a pressa nunca combinaram mesmo com o verbo "escrever". A pressa pelo menos funcionou: irritado, ele disparou a falar.

"Por favor, quantas vezes já lhe pedi? Você precisa saber escolher melhor as palavras: vai ter problemas com este livro se não for mais cuidadoso. O Pane não me enrolou. Não é esse o termo. Ele só não foi suficientemente correto comigo. Eu já tinha trabalhado três anos sob a direção dele, meu sucesso como professor era evidente, comentado nacionalmente. Ele poderia, se quisesse, ter me garantido a recontratação. Você deve ter mais cuidado. E outra coisa: já te contei esta história muitas vezes. Talvez fosse melhor se começasse a anotar: quando voltei para a França, em 1967, para terminar o doutorado, já fui com o contrato para Toronto assinado. Você precisa ficar mais atento."

Enquanto reclamava da velocidade das perguntas, da minha falta de método e da minha desatenção, na mesma hora me veio à cabeça o capítulo LXXI de *Memórias póstumas de Brás Cubas*, de Machado de Assis. Que, de tanto relê-lo, acabei até decorando-o.

> *Começo a arrepender-me deste livro. Não que ele me canse; eu não tenho que fazer; e, realmente, expedir alguns magros capítulos para esse mundo sempre é tarefa que distrai um pouco da eternidade. Mas o livro é enfadonho, cheira a sepulcro, traz certa contração cadavérica; vício grave, e aliás ínfimo, porque o maior defeito deste livro és tu, leitor. Tu tens pressa de envelhecer, e o livro anda devagar; tu amas a narração direita e nutrida, o estilo regular e fluente, e este livro e o meu estilo são como os ébrios, guinam à direita e à esquerda, andam e param, resmungam, urram, gargalham, ameaçam o céu, escorregam e caem…*

Estará esta minha narração ébria guinando à direita e à esquerda? Talvez. Fato é que, para entendermos como Silviano foi parar em Toronto, em setembro de 1968, temos de retroceder um pouco.

Não tinham sido boas as notícias para o jovem professor de Formiga naquele ano 1967. Quando ele finalmente tinha criado coragem para tirar um ano de licença, a fim de terminar seu doutorado na França, foi informado pelo professor Pane de que seu cargo de *lecturer* não permitia um pedido de licença tão longo. O brasileiro deveria pedir demissão. E o pior: sem nenhuma garantia de que, quando voltasse da França, seu posto em Rutgers estaria assegurado. Teria de fazer um novo concurso quando voltasse. Isso se a vaga ainda existisse.

Foi aí que Silviano, estrategista e sempre com o plano B nas mãos, lembrou-se da proposta canadense. Recebera-a um ano antes, em dezembro de 1966, durante um encontro da Modern Language Association (MLA). A Universidade de Toronto queria contratá-lo. A princípio, ele não demonstrou interesse. Mas agora, sem a garantia do emprego em Rutgers quando voltasse da França, as coisas tinham mudado de figura. Ele então voltou a conversar com os canadenses. Quem sabe se aquela vaga como professor de português que eles lhe haviam oferecido ainda estava disponível. "Fui honesto com eles: disse que não poderia me transferir imediatamente, já que estava indo para Paris. Eles confiaram na minha palavra. Garantiram, já em 1967, um contrato prévio que começaria em setembro de 1968: seria *assistant professor* na Universidade de Toronto, trouxesse ou não o doutorado. E o melhor: caso trouxesse mesmo o doutorado da Sorbonne, poderia também dar aulas de literatura francesa. Uma das razões de minha viagem ao Brasil, em 1968, foi para tirar o visto canadense. Já tinha o Green Card, mas ele não servia. Eu estava indo para lá com vínculo empregatício. E o visto só podia ser tirado no Brasil."

59. **Belorizontal canadense**

Silviano precisará de poucas semanas para se dar conta de que não se adaptaria ao Canadá. Já numa carta escrita para a prima Martha em outubro, portanto, só um mês depois de sua chegada, o desconforto com Toronto pode ser sentido. Ele compara a cidade canadense com Belo Horizonte. Ou melhor, Belorizontal, como o amigo Zeca sempre chamava a capital mineira em tom pejorativo.

Mostro a Silviano a carta que ele tinha mandado a Martha, que eu encontrara, perdida, com sua prima distante, a assistente social e psicanalista Lili Albernaz, em Belo Horizonte.

> *Cugini y primos,*
>
> *Pois nada melhor do que começar pelo que de mais perto estou aqui no departamento e me confessar ímpar dentro da língua portuguesa,* capisce? Como no, mira mano, que las cosas no se suceden como uno espera*: já veem que me sinto bem à vontade nesta Belorizontal Toronto... mais organizada, é claro, do que BH, mais "europeizada" – e já não é tanto claro, a não ser para os torontenses – do que Belô, mas assim mesmo incrivelmente ruas largas, automóveis rápidos e um não sei que camoniano de preocupação constante, qualquer coisa como nariz arrebitado para a esquerda, sinal fechado, luz acesa demais. ("mas como se o Rio te incomoda" – poderiam me dizer.)*
>
> *Me tratam bem. Tanto que parto quinta-feira para Quebec para uma semana de estudos latino-americanos (Universidade de Laval). Vou ver se o outro lado soa melhor. Gringo por gringo é preferível o gringo americano, que é menos macio. Depois haverá – espero – descobertas & viagens como Montreal, que dizem ser supimpa.* groovy town, man*!*
>
> *Mas antes houve o episódio do apartamento e sobretudo da alfândega, pois não acreditam que conseguem ser mais chatos do que em qualquer país subdesenvolvido sul-americano. E olhe que só tinha pertences intelectuais, uma máquina de escrever, um toca-discos, e no mais era tudo livro.*
>
> *Estavam muito preocupados em saber se não trazia armas de fogo. Boa gente, no entanto. Pois é, por aqui ficarei, fico, cabo Silviano, cumpridor, posição de sentido, à espera dos clarins. Madrugada.*

A leitura da carta deixou Silviano de bom humor. E a irritação com a palavra "enrolação" parecia ter desaparecido. "Essa carta é bem engraçada, ao estilo do romancista Oswald de Andrade. Mas a verdade é que não suportei a pasmaceira da Universidade de Toronto. Não aguentei morar em Toronto. O Canadá naquela época era insuportavelmente conservador. Não dava para fazer o meu trabalho direito lá."

A dificuldade em se adaptar ao Canadá tinha também um forte componente político. Vivíamos os polarizados anos da Guerra do

Vietnã. E o mero fato de Silviano sair dos Estados Unidos para morar no Canadá já era motivo de desconfiança. Eram anos de muita paranoia.

"Quando cheguei ao Canadá, apresentei na alfândega o passaporte brasileiro com o visto de trabalho e declarei que também tinha o Green Card. Já aí, o funcionário da fronteira ficou meio desconfiado. E perguntou por que eu estava me transferindo para o Canadá. Respondi que era professor na região de Nova York e estava indo dar aulas no país. Ele continuou me olhando de maneira desconfiada. Os movimentos estudantis eram intensos nesse período. E havia muitos estudantes e professores nos Estados Unidos que estavam fugindo para o Canadá. Foi o caso, por exemplo, do professor Eugene Genovese, que foi meu colega em Rutgers. Ele teve de fugir dos States."

Já estávamos conversando fazia quase duas horas quando notei certo cansaço na voz de Silviano. Decidi então continuar a conversa no dia seguinte. Mostrei apenas mais dois documentos: um santinho, feito na época da morte do doutor Sebastião Santiago. E uma carta de Zeca, na qual o amigo exagerado comenta a morte do velho pai. E escreve:

> *Não sei bem como falar, nunca tive jeito pra isso. Afinal é algo que toda minha vã futilidade repele e dá bloqueio verbal. Mas senti muito a morte do "velho" e duríssimo Santiago. Não sei se você gostará de saber, mas o Rô falou com ele, por telefone, umas 24 horas antes. Bateram um longo papo comentando a atuação dele numa novela do canal 5. Por isso ficamos surpresos ao receber a notícia. Engraçado... quando falei com você que o havia achado bastante alquebrado, você disse que eu estava exagerando. Não sei, mas achei que já estava sendo difícil para ele manter aquela verticalidade tão característica. Ele me pareceu cansado e não conseguia disfarçar esse cansaço.*

"Zeca acertava sempre", disse, para depois de alguns segundos emendar. "Em novembro de 1968, quando papai morreu, eu tinha acabado de chegar ao Canadá. Não fui avisado no dia. E naquela época era impossível arranjar avião que fosse direto de Toronto para o Brasil. Tirei uma semana de folga e fui para Nova York. Foi horrível. Fiquei o tempo todo bebendo, enchendo a cara e andando a esmo pela cidade."

Falar do doutor Sebastião é mesmo sempre melindroso. Visivelmente emocionado, Silviano deu então sua clássica cortada, dando a conversa por encerrada.

"O Denilson (Denilson Lopes, professor da Universidade Federal do Rio de Janeiro) vai passar daqui a pouco para assistirmos ao documentário do Eduardo Escorel sobre o Antonio Candido. Você já assistiu? Quero ver. Não posso me atrasar. Continuamos amanhã?"

60. **Geringonça**

Desde que comecei a escrever este livro, às vezes me pego pensando no tamanho da encrenca em que me meti. O que a princípio, na minha tola cabeça de repórter impenitente, seria apenas um livro de entrevistas com perguntas e respostas, com o passar do tempo vai ganhando forma estranha, virando uma geringonça. E de difícil definição: diário? Ensaio? Entrevista de texto corrido? Biografia romanceada? Ou só um texto confuso?

Silviano está sempre atento ao lançamento de biografias. Sobretudo as brasileiras, depois que o gênero virou mania nacional. É um especialista no assunto. Estuda o tema desde quando começou a trabalhar autobiografias, memórias e correspondência literária nos cursos da PUC-Rio. Nos anos 1970, quase escreveu a biografia de Clarice Lispector, uma de suas paixões literárias. Além disso, alguns de seus livros de ficção – como *Em liberdade*, *Viagem ao México*, *Mil rosas roubadas* ou *Machado* – tratam, direta ou indiretamente, do tema. Há mais de quatro décadas, escreve livros que podem ser encaixados naquilo que o marketing cultural chama nos últimos tempos, na falta de nome melhor, de literatura do eu ou autoficção.

Todas essas confusas ideias rondavam minha cabeça, que, de novo, guinava à direita e à esquerda, enquanto esperava Silviano chegar. Tínhamos marcado no restaurante Americana, em Copacabana, ao lado de sua casa, para falar sobre os anos de Buffalo. A pressa continuava me assombrando. No final de tarde, voltaria para BH e queria aproveitar o tempo do almoço para conversar sobre o período.

Na minha caderneta de anotações, trazia alguns trechos de livros e entrevistas de Silviano nos quais ele falava sobre biografia. Era uma quixotesca tentativa de tentar manter certa ordem, organizar a pauta para uma conversa mais objetiva, que ajudasse a construir uma narração com estilo regular e fluente. Para poupá-lo de todos os meus passos de bêbado, não reproduzirei aqui todas as anotações, estimado leitor. Vão aqui apenas algumas.

> *As biografias brasileiras costumam seguir a estética realista dominada pela literatura desde o fim do século XIX. É a mesma fórmula usada pelos principais* best-sellers.

> *A biografia tem como suporte o verbete enciclopédico. Tenta narrar os fatos particulares das várias fases de uma vida real. De maneira objetiva, ela dá nome aos bois. Ao contrário da enciclopédia, que encontra no estilo enxuto e conciso sua redenção, os parâmetros da escrita biográfica tendem a ser ditados pela diversidade do jornalismo moderno. Algumas têm como herança o bom jornalismo que herdamos do antigo* Diário Carioca. *Outras têm como modelo os escandalosos tabloides ingleses. Outras mais têm como modelo* Contigo *ou* Caras. *Há de tudo na quitanda do seu Salomão.*

> *Biografias dignas do nome e de renome não principiam pela perda do ser humano pela morte? A própria letra de fôrma já não é sepulcro? Nos tempos greco-romanos não se esculpiam, na pedra tumular, duas únicas linhas em ferro, ditas epitáfio, que, se bem refletidas e bem-compostas, se bem imaginadas e bem sintetizadas, valiam mais que as páginas e mais páginas futuras, verborrágicas e verdadeiras? Nenhum verbete de enciclopédia moderna e muito menos de Wikipédia é tão objetivo e confiável quanto duas linhas de epitáfio.*

> *O gosto do leitor pela biografia é, por um lado, tão contemporâneo quanto a internet e o Google e, por outro, está tão enraizado na sociedade pós-1968 quanto o narcisismo. Combine os dois. No retângulo designado à pesquisa no Google, insira o nome de político com importância no cenário nacional. Acompanhe-o da palavra "narcisismo". Não há livro, jornal, revista, site ou blog que não lhe forneça rico material para uma biografia.*

Depois de 10 minutos de espera, Silviano finalmente chega. Caminhava de maneira apressada. Achei melhor fechar a caderneta assim que me dei conta da sua presença: aquelas anotações poderiam atrapalhar nossa conversa, tirar a espontaneidade do papo.

"Você sabia que o Drummond almoçava todo domingo aqui?", disse Silviano nem bem havia sentado à mesa. "Ele morava duas quadras aí para cima, na Rua Conselheiro Lafaiete. Quando eu morava na Antônio Parreiras, às vezes me encontrava com ele na agência dos Correios que fica em Ipanema."

Não queria cometer o erro do dia anterior e fazer com que a pressa atrapalhasse a entrevista. E, assim, ouvi pacientemente, durante mais de 10 minutos e sem interrompê-lo, algumas histórias passadas nos anos 1970 e 1980, quando ele e o poeta Carlos Drummond de Andrade foram vizinhos. Só aos poucos fui mudando o rumo da prosa. Quando percebi que o assunto tinha finalmente minguado, pedi que me contasse como ele tinha conseguido a proeza de sair de Toronto, uma universidade com pouca relevância, e voltado aos Estados Unidos para dar aulas em Buffalo, no estado de Nova York, então um importante centro universitário reunindo os maiores nomes do pensamento estruturalista mundial.

Tinha algumas pistas. Pesquisando nas caixas dos seus arquivos, esbarrava, o tempo todo, com um nome: Susana Nevin Peters. Professora do Departamento de Italiano da Universidade de Toronto, foi ela quem o apresentaria ao professor Eugenio Donato, talvez o maior amigo de Silviano no período em que ele morou nos Estados Unidos. Basta lembrar que seu ensaio mais conhecido, "O entrelugar do discurso latino-americano", de 1971, é dedicado a ele. A lembrança de Susana, e sobretudo de Eugenio, fez com que Silviano se entusiasmasse.

"Susana foi mesmo importante para minha ida para Buffalo. Ela era uma das melhores representantes de uma geração de especialistas em literatura que foram formadas pela Universidade John Hopkins, em Baltimore. Tinha sido orientada pelo Eugenio e, assim como eu, também era *assistant professor* na Universidade de Toronto."

Sem conseguir se adaptar à provinciana Toronto, Silviano, sempre que podia, dava umas escapadas e viajava com Susana até Buffalo. Lá, trabalhavam muitos ex-professores da John Hopkins, onde a amiga havia estudado. Em Buffalo, Silviano conhecerá, além de Eugenio Donato, Raymond Federman e Olga Bernal. "Um dia, em uma dessas viagens, o Eugenio me sugeriu que eu me apresentasse como candidato a um posto no Departamento de Francês. Acabei sendo aceito como *associate professor* (sem *tenure*) e fui contratado, pelo *chairman* John Simon, para o Departamento de Francês".

Mais uma vez, o cigano mineiro levantava acampamento e preparava suas malas.

A partir de setembro de 1969, passa então a dar aulas na Universidade Estadual de Nova York em Buffalo.

61. Invasão francesa

Quando Silviano chegou a Buffalo, em setembro de 1969, a universidade já era o mais importante centro de estudos franceses nos Estados Unidos. Fundada em 1846, a instituição, que no seu início era privada, tinha sido incorporada fazia pouco, em 1962, ao sistema público da Universidade Estadual de Nova York (SUNY). Era mais um dos megalômanos projetos do milionário, e na época governador de Nova York, Nelson Rockefeller. Durante a gestão do mecenas norte-americano, Buffalo crescerá de forma impressionante, saindo de 29 *campi* e 38 mil alunos para 72 *campi* e 232 mil alunos. Com Rockefeller dando uma mãozinha, dinheiro não era exatamente um problema para os administradores da SUNY, que começaram a contratar os mais importantes nomes do pensamento francês, dispostos a sair do Velho Mundo para fazer a América. Michel Foucault, Jacques Derrida, Michel Serres, Julia Kristeva, Julius Greimas, René Girard, Raymond Federman e Olga Bernal serão alguns dos nomes que passarão por lá no período.

Buffalo tinha conseguido o que nem mesmo universidades maiores, e de mais prestígio, tinham alcançado: fazer os norte-americanos se interessassem pelo estruturalismo. Num país ainda hoje muito autocentrado, nem a tradução, em 1966, de *O pensamento selvagem*, de Lévi-Strauss, nem a edição de um número especial da influente revista *Yale French Studies* dedicado ao estruturalismo haviam despertado o interesse dos acadêmicos dos Estados Unidos.

Segundo o historiador francês François Cusset, foi mesmo só quando os professores Richard Macksey e Eugenio Donato, na época na Universidade Johns Hopkins, tiveram a ideia de organizar um colóquio reunindo os grandes nomes franceses é que a coisa começou a andar.

Realizado no *campus* de Baltimore, em outubro de 1966, o encontro The Language of Criticism and the Sciences of Man teve dezenas de mesas. As mais aguardadas foram dos 10 convidados de honra vindos da França: Roland Barthes, Jacques Derrida, Jacques Lacan, René Girard, Jean Hyppolite, Lucien Goldmann, Charles Morazé, Georges Poulet, Tzvetan Todorov e Jean-Pierre Vernant. Roman Jakobson, Gérard Genette e Gilles Deleuze não puderam viajar até a América. Mas fizeram questão de enviar textos, que foram lidos durante o encontro. Foi nesse encontro em Baltimore que Derrida se encontrou pela primeira vez com Jacques Lacan e com o crítico Paul de Man. Era a invasão francesa.

Enquanto tomava um Red Label esperando o almoço, relembrava com Silviano essas histórias sobre a recepção do estruturalismo nos Estados Unidos. Fiquei curioso em saber onde ele estava naquele outubro de 1966, quando aconteceu o tal colóquio. Queria saber se, por acaso, ele tinha ido até Baltimore.

"Não fui, não. Em 1966 eu ainda estava preso em Rutgers, ensinando literatura brasileira e portuguesa. Só comecei a ter contato com o pessoal da Johns Hopkins quando estava em Toronto. A Susana, que tinha estudado lá e fora aluna do Eugenio, é que me apresentou a essa turma. Lembra? No Canadá conheci, além do Eugenio, o Richard Mackey."

Trocar o ensino de literatura brasileira e portuguesa pelo de literatura francesa foi a sua jogada mais ousada durante o período em que morou nos Estados Unidos. Naquele final dos anos 1960, o jovem professor mineiro já começava a ser mais conhecido, e solicitado, pelas universidades norte-americanas que ministravam cursos das línguas de Camões e Cervantes. Por que então abandonar uma carreira promissora, que tinha começado bem e avançava a passos largos, e se arriscar como professor de francês? Será que a ganância, a vontade de ganhar mais e chegar ao posto mais alto da cadeia alimentar, seria a explicação mais plausível para a troca?

"Quando morei nos Estados Unidos, minha ideia era mesmo fazer carreira, crescer dentro da universidade. E é claro: as condições salariais e o prestígio acadêmico de um departamento de francês não se comparam com as condições semelhantes de uma seção de português num departamento de espanhol e português. Mas, quando decidi trocar um campo de estudos pelo outro, não pensei em salário ou status. Nada disso. Quando estava no Canadá, me dei conta de que estava muito infeliz com a atividade docente: as coisas tinham caído numa rotina dentro da mediocridade. Achei que passando a ensinar literatura francesa, orientando teses, não só seria obrigado a preparar melhor os cursos, como também a ombrear com professores renomados. Não se esqueça de que eu tinha como colegas de departamento nomes como René Girard, Raymond Federman, Olga Bernal, Eugenio Donato. Além disso, num departamento de francês era mais fácil a aproximação dos professores de literatura comparada. Isso para não mencionar o fato de que durante aquele período pude organizar eventos que tiveram grande repercussão acadêmica internacional."

62. **Affonso e Laís**

Eu não queria voltar para Belo Horizonte sem antes conversar sobre as cartas trocadas com o casal Affonso Ávila e Laís Corrêa de Araújo. Escritas ao longo de quase meio século – a primeira é datada de 12 de setembro de 1969, e a última, de 24 de janeiro de 2007 –, elas são o melhor retrato dos anos em que esteve em Buffalo.

Poetas e ensaístas refinados, Affonso e Laís serão grandes amigos e confidentes de Silviano ao longo de toda a vida. Affonso, além de ter sido o criador e editor da revista *Barroco*, é também autor de importantes livros da poesia brasileira, como *Código de Minas* ou *Cantaria barroca*. Já Laís exerceria a crítica literária com maestria por quase 50 anos, assinando a coluna "Roda gigante": primeiro no *Estado de Minas* e, mais tarde, no *Suplemento Literário de Minas Gerais*. Grande poeta, Laís só conquistou reconhecimento tardiamente, quando, em 2004, teve sua poesia reunida no volume *Inventário*, pela escritora Maria Esther Maciel.

Trouxera de BH a cópia de algumas das cartas escritas por Silviano ao casal, que estão no Acervo dos Escritores Mineiros da UFMG e foram organizadas pelo professor Leandro Garcia. Ao ver a mesa inundada pelos papéis, que comecei a sacar da mochila de maneira aleatória e confusa, Silviano, casmurro, irritou-se.

"Você acha mesmo que foi boa essa sua ideia de conversarmos sobre o livro na hora do almoço?", resmungou contrariado.

Era a pressa: a pressa. De novo ela. Para não polemizar, fiquei calado. Quando notei que ele já tinha se conformado com a papelada atrapalhando nosso almoço, comecei então a lhe mostrar alguns trechos das cartas escritas por ele para Affonso e Laís.

> *No mais o inverno já na esquina. Folhas amarelas e meio avermelhadas enchem a vista da gente. Estão começando a cair e rodopiar, como no poema de Cummings. A chuva vai elaborando pouco a pouco o seu chá, como no poema de Ponge. Como vê, quase nada nos resta neste século XX que não seja uma citação.*
>
> *(Buffalo 12 de outubro de 1970)*

> *Na universidade, o meu curso sobre Mallarmé, Desnos e Apollinaire saiu melhor que o esperado. É um seminário. E, em geral, temos apenas 10 alunos. Me apareceram 17. Terminaremos em dezembro e já estou me aprontando para falar da poesia concreta. A recepção tem sido ótima. Surpresa – para dizer a verdade.*
>
> *(Buffalo, 24 de novembro de 1970)*

> *Terminei finalmente de ajuntar* Ruptura e retórica, *para o Conselho Estadual de SP. O livro saiu interessante, mais do que previa, pois, a justaposição dos artigos e mesmo de um poema extraído de* Salto, *chega a dar uma nova dimensão às ideias que quis desenvolver. Vamos ver agora como o aceitarão a crítica e os amigos. Ou mesmo se o Conselho o publica. Me disseram que são um bocado lentos.*
>
> *(Buffalo, 19 de fevereiro de 1971)*

As lembranças do projeto do primeiro livro de ensaios jamais publicado, chamado *Ruptura e tradição*, e dos anos em que deu aulas sobre a poesia concretista brasileira para os gringos melhoraram seu mau humor.

"Nessa época eu não tinha nenhum contato com as editoras aqui do Brasil. Foi o Heitor Martins quem me ajudou e encaminhou os originais de *Ruptura e tradição* a um amigo dele, o poeta Péricles Eugênio da Silva Ramos. O Péricles era diretor da Editora do Conselho Estadual de Cultura, de São Paulo. O livro foi aceito para publicação e eu até assinei contrato em 1970. Está no meio daquela papelada na biblioteca. Você não achou? Mas o livro, como você sabe, nunca foi publicado."

"E sua militância de poeta concretista?", perguntei meio de provocação.

"Em Buffalo dei mesmo várias aulas sobre a poesia concretista. Affonso era muito amigo dos irmãos Campos e do Décio. E eu, com o tempo, também acabei ficando muito próximo deles, como você já sabe. Nessa época eu tinha uma ligação muito forte com as ideias concretistas: basta ler meu livro de poemas *Salto*, de 1970, que você percebe isso. O Affonso, aliás, está por detrás desse livro: foi ele quem me ajudou a publicar e até escreveu a orelha. Assim como o Rui Mourão me ajudou a publicar meu primeiro romance, *O olhar*. O pessoal de *Tendência* – o Affonso, o Rui e o Fábio Lucas – sempre foi muito legal comigo. E eu com eles, verdade seja dita. Quando morava nos Estados Unidos, arranjei muitos artigos para *Barroco*. E sempre de pessoas de altíssimo nível."

Em outra carta, datada de 16 de janeiro de 1971, Silviano conta ao casal Affonso e Laís sobre os novos amigos que tinha acabado de fazer. Escreve:

> *Perdoe-me pelo longo silêncio: aproveitei um pouco o silêncio escrito para falar. E parece que falei demais, pois aproveitei bem as minhas férias, tendo ido a NY e ficando por lá por uns bons 15 dias. Por lá um grupo interessante de brasileiros: Gerchman, Bivar, Mautner, Oiticica, etc. Todos tentando, de longe, contribuir para a cultura brasileira – nesta situação um pouco apocalíptica que vivemos. Também tive o grato prazer de um bom papo com o Roberto Schwarz, atualmente em Paris (publicou um bom artigo no* Temps Modernes*), e escrevendo sua dissertação sobre Machado de Assis.*
>
> *(Buffalo, 16 de janeiro de 1971)*

Estava ainda lendo o trecho da carta, quando fui interrompido por Silviano.

"Lembro esse dia: foi no loft do Rubens Gerchman. Na época, ele estava casado com a artista plástica Anna Maria Maiolino. No apartamento, estava também o Roberto Schwarz, que estava escrevendo *Ao vencedor as batatas*. Era a sua tese de doutorado na Universidade Paris-Sorbonne. Não me esqueci do dia, porque foi a primeira vez que vi o Hélio (Oiticica). Ele chegou vestido de capa negra e lembrava o Conde Belamorte. Naquela noite, saímos todos juntos para ver uma exposição de videoarte."

63. **Amigo argelino**

Talvez a mais importante carta enviada por Silviano ao casal Affonso e Laís seja mesmo uma que está datada de 22 de outubro de 1971. Nela, ele relata o primeiro encontro que teve com o filosofo francês de origem argelina Jacques Derrida. A conversa, acontecida em Baltimore, nos Estados Unidos, selou a amizade que duraria até a morte de Derrida, em 2004. Um dos primeiros leitores da obra do filósofo no Brasil, basta lembrarmos do seu *Glossário de Derrida*, publicado pela editora Francisco Alves ainda em 1976. O pensamento de Silviano sofrerá forte influência do colega argelino.

Mas aqui, atenção: naquele início dos anos 1970, quando os dois se encontraram pela primeira vez, Derrida não era o famoso pensador "*pop star*" que acabaria se tornando. Também ainda não era conhecido pelo seu conceito de desconstrução, mais tarde tão popular a ponto de virar título de filme de Woody Allen (*Descontruindo Harry*). Nada disso. Derrida era apenas um talentosíssimo professor que despontava como uma das grandes promessas da geração. Seus seminários na École Normale, em Paris, seguiam o modelito tradicionalista do ensino superior francês do período. Em uma dessas aulas, por exemplo, ele analisava nada mais, nada menos que a *Poética*, de Aristóteles. Palavra por palavra, no velho estilo didático da *explication de texte*. E sem nenhum desvio do texto canônico, nenhum trocadilho, apenas a exegese do original grego. Muito longe, portanto, daquele ousado pensador que circulará, durante décadas, entre Paris e Estados Unidos, dando aulas em instituições como a Sorbonne e a Escola de Altos Estudos, na França, e nas universidades da Califórnia, Yale e Johns Hopkins, nos Estados Unidos.

Mostro a Silviano a carta enviada ao casal Ávila, na qual ele fala de Derrida.

> *Tive encontro sensacional com Jacques Derrida. Por causa do número de* Modern Language Notes *que estou organizando tive que dar uma descida até Baltimore, e ele está dando aulas lá durante o primeiro semestre. Assisti a uma das suas aulas sobre Freud e o princípio do prazer e à noite tive jantar com ele. Falamos sobre a possibilidade de uma interpretação política do seu pensamento, concorda discordando, embora se sinta mais e mais pressionado a se definir. Tanto, que acaba de dar, pela primeira vez, uma entrevista para uma revista marxista chamada* Promesse. *Deve sair dentro de uma semana. É pena que seus livros, ou artigos, sejam tão difíceis de serem traduzidos, pois tinha vontade de me aventurar um pouco.*
>
> *(Buffalo, 22 de outubro de 1971)*

Silviano fica feliz com a lembrança de Derrida. E descreve o encontro de 1971 com riqueza de detalhes.

"Nessa época ele estava dando um ciclo de conferências na Universidade Johns Hopkins. Fui até Baltimore porque eu tinha organizado um número da *Modern Language Notes* sobre a obra do semiólogo A. J. Greimas e queria entregar um exemplar a ele. Foi uma conversa muito boa. Ele estava junto da sua mulher e nos recebeu, muito cordialmente: Eugenio Donato, Dick Macksey e eu. Eu já conhecia seus primeiros livros, *L'écriture et la différence* e *De la grammatologie*, mais ligados à literatura, por sinal, que faziam uma leitura crítica do estruturalismo francês. Eu tinha acabado de escrever 'O entrelugar do discurso latino-americano', e ele, durante a conversa, ficou curioso acerca de meu olhar de leitor brasileiro. Naquela época, embora Derrida já estivesse interessado num dos mais importantes livros escritos sobre a diferença colonial na cultura brasileira, que é *Tristes trópicos*, de Claude Lévi-Strauss, nenhum dos estudantes brasileiros em Paris que eu conheci por essa época mostrava ainda grande interesse pelas obras dele. Roland Barthes, Michel Foucault, Jacques Lacan e Lévi-Strauss, a turma mais velha, atraíam mais o interesse dos brasileiros."

*

Os movimentos estudantis, que desde o maio de 1968 francês agitavam o planeta, também tinham chegado aos Estados Unidos. No biênio 1969-1970 aconteceriam 350 greves e mais de 9.500 manifestações estudantis. Naqueles anos, cerca de 30% dos 8 milhões de estudantes universitários norte-americanos declararam ter participado de alguma delas. Os Estados Unidos estavam de cabeça para baixo.

A agitação estudantil, obviamente, também contagiaria o *campus* de Buffalo. E talvez o clima de polarização política ajude a entender por que Silviano se interessa, no primeiro encontro que teve com Derrida, pela possibilidade de uma interpretação política do seu pensamento.

"Logo que cheguei a Buffalo e comecei a trabalhar no departamento de francês, me dei conta de que tinha caído em um ambiente altamente politizado. Duplamente politizado. Em primeiro lugar, porque, dentro da universidade, diferente da área de português onde eu trabalhava antes, o departamento de literatura francesa começava a ter muito mais verba e poder junto à reitoria. Só não era mais importante que o departamento de língua inglesa. E depois porque os professores que faziam parte do departamento eram pensadores e escritores famosos, como René Girard, Raymond Federman e Olga Bernal. E todos muito politizados."

64. **Vivo ou morto**

> *Escritas em inglês, as três palavras me atraíram. Ocupavam a parte superior do cartaz pregado no quadro de avisos do shopping Plaza, que ficava num subúrbio da cidade de Buffalo. Ali tinha sido alugado um apartamento para mim. Nele estava morando desde setembro do ano anterior. Estávamos em pleno verão. Vivo ou morto. Fechei os olhos [...]. As três palavras em preto-e-branco mais me atraíram e horrorizaram, quando abri os olhos e voltei a elas. Originalmente ao centro do quadro de avisos, o cartaz crescera e tomara o formato de espelho. Lá estava minha cara em foto 4x7 colorida, circundada por 19 outros rostos masculinos e femininos. A foto não podia ter sido reproduzida do passaporte (o autêntico estava comigo, guardado no apartamento; apenas o nome*

> *do titular era falso). Só podia ser reprodução da foto em duplicata que o serviço consular exigiu no momento em que preenchi a ficha de solicitação do* "visa" *de entrada neste país.*

O primeiro parágrafo de "Vivo ou morto", conto publicado por Silviano em *Histórias mal contadas* (2005), dá bem o clima da paranoia e da perseguição política daquele final dos anos 1960 nos Estados Unidos. Sempre que lembra o período, Silviano fica meio incomodado. Faz cara de mistério. Mais de 50 anos depois, não abre totalmente o jogo sobre todas as histórias que viveu por lá. Muitas vezes tenho dificuldade em saber o que é e o que não é fato, quando se lembra do período. A leitura de alguns dos seus livros de ficção, alguns muito autobiográficos, ajuda a confundir ainda mais. Silviano está espalhado em muitos dos seus livros de ficção. Desconfio que é por isso que às vezes ele próprio diz ser um falso mentiroso.

Ironia do destino. Ou talvez mais uma obra do acaso, como ele sempre repete: aquele jovem professor mineiro, que tinha perdido a chance de participar do movimento estudantil de maio de 1968, já que voltou para o Brasil duas semanas antes dos eventos em Paris, em Buffalo vai assistir de camarote o *sit-in* (ocupação) que estudantes e professores farão da reitoria em 1970. O movimento pacífico acabaria com 22 professores presos e com a expulsão de todos os manifestantes do *campus* pela polícia no estilo "tiro, porrada e bomba". A ação policial foi tão violenta que acabaria até virando matéria do *The New York Times* e da revista *Newsweek*.

"Embora tenha participado de algumas dessas ocupações, eu não tinha nenhuma relevância em Buffalo. Não era ninguém importante. Só um professor brasileiro, que dava aula de francês", conta Silviano, sempre realista, que começa então a desfiar histórias sobre o período. Em uma delas, relembra as visitas que o filósofo francês Michel Foucault fez a Buffalo.

O autor de *As palavras e as coisas* esteve lá duas vezes. Na primeira, em 1970, não chegou a entrar no *campus*. Foucault havia sido contratado como professor visitante por dois meses, mas, em virtude da greve dos Black Panthers, recusou-se a dar aulas ali. Ministrou duas delas na residência do professor Raymond Federman e, nas seguintes, acabou sendo convencido a voltar ao *campus*. Na segunda visita, em 1972, conheceu a penitenciária de Attica na companhia de John K. Simon, a quem viria a substituir, mais tarde, como *acting chairman*. O presídio, que fica a 60 quilômetros de Buffalo, no ano anterior tinha sido palco de violentos motins e de uma repressão sangrenta, com mais de 50 mortos. Foucault ficaria muito impressionado com a dimensão do prédio, uma enorme fortaleza cuja aparência exterior lembra um castelo medieval. Coincidência, ou não, por esses anos ele se preparava para escrever *Vigiar e punir*, que seria publicado na França em 1975. O massacre na penitenciaria norte-americana acabaria também virando canção: "Attica State", do ex-Beatle John Lennon.

Uma história leva a outra. E de repente Silviano lembra outro amigo: o escritor e crítico literário Leslie Fiedler.

"O Leslie nunca foi muito lido no Brasil. Tem um livro muito bom, chamado *Love and Death in the American Novel*. Ele era uma figura de destaque em Buffalo. Organizava *open houses* que estavam sempre cheios, frequentados por estudantes e professores de literatura norte-americana e inglesa. Por causa de disputas entre departamentos, essas briguinhas que sempre existem entre grupos na universidade, Leslie passou a ser perseguido por algumas pessoas da comunidade de Buffalo, que começaram a dizer que os estudantes puxavam fumo na casa dele. A fofoca foi tanta que um dia acabaram achando maconha na casa. A história nunca ficou bem esclarecida. Provavelmente deve ter sido algum agente policial infiltrado (havia muitos naquela época) que plantou o material na casa dele só para forjar o flagra. O Leslie acabou preso junto com alguns alunos. Mais tarde até escreveria um livro chamado *Being Busted* contando sobre esse período."

A temperatura das manifestações estudantis não parava de aumentar. O movimento, que começara em 1964, na Universidade da Califórnia (Berkeley), com os estudantes reivindicando o direito de organizar atividades políticas no *campus*, tinha se espalhado por todo o país. Os Estados Unidos tinham virado uma panela de pressão.

"Acontecia tudo ao mesmo tempo: a questão negra, a questão porto-riquenha. E até o enfrentamento a um certo antissemitismo da comunidade italiana de Buffalo e nas universidades do sul do país. Isso sem falar da questão das drogas e, obviamente, da Guerra do Vietnã", conta Silviano.

Professor Santiago, o desconhecido professor brasileiro de francês, ainda não sabia. Mas o acaso se preparava para aprontar mais uma.

65. **Ser latino num país WASP**

Naquele final dos anos 1960, uma grande mudança acontecia nas universidades norte-americanas: os departamentos de *American studies*, que só se interessavam pelo estudo da cultura WASP (*White, Anglo-Saxon and Protestant*), começam a ser pressionados a incluir nos seus currículos as chamadas minorias. A pressão vinha sobretudo de dois movimentos: os Panteras Negras e os Young Lords.

Criado em 1966, na Califórnia, por estudantes negros, o Panteras Negras era, a princípio, um grupo de luta contra a brutalidade policial e o racismo. Com o passar do tempo, também passou a denunciar a desigualdade econômica, a falta de habitação e educação, o encarceramento em massa e a Guerra do Vietnã. Já os Young Lords, que se formaram a partir de uma gangue de rua de porto-riquenhos em Chicago, acabaria se transformando em um grupo de direitos civis diversificado: entre suas reivindicações, estava a independência porto-riquenha, a liberdade de prisioneiros políticos e a retirada de tropas militares de Porto Rico e do Vietnã. Embora nascido na comunidade porto-riquenha, tinha entre seus membros afro-americanos e jovens originários de populações latinas. Combativos, os dois grupos, no final dos anos 1960, deixavam a conservadora sociedade norte-americana de cabelo em pé, ao exigirem que as universidades norte-americanas colocassem nos seus currículos o estudo das culturas afro-americana e latina.

Para aquele jovem professor brasileiro, que já tinha visto em Paris como os franceses tratavam seus ex-colonos, o contato com as culturas negra e latina não era nenhuma novidade. Desde que chegara a Buffalo, em setembro de 1969, circulava com desenvoltura entre os dois grupos. Seu companheiro era dominicano. E, bem diferente de boa parte dos brasileiros residentes nos Estados Unidos naqueles anos, que evitavam o contato com as comunidades hispânica ou afro, para Silviano o convívio com latinos e negros se dava de maneira espontânea, natural.

Pedi que me contasse qual tinha sido sua participação efetiva na criação do Black Studies Center e do Puerto Rican Studies Center em Buffalo. Lembrei-lhe um texto seu, chamado "Sobre amizade e admiração (depoimento)", um dos raros em que ele tratava diretamente do período. Li então um trecho:

> *Quando em 1964 me transferi de Albuquerque (New Mexico) para New Brunswick (New Jersey) e fui ensinar na Universidade Rutgers, transformei o afeto que me levara a manter relações amistosas com os descendentes de mexicanos, os* chicanos, *em moeda corrente na minha vida acadêmica e cotidiana na Costa Leste dos Estados Unidos. Com a mesma disponibilidade sentimental dos dois anos anteriores, mas de posse de maior conhecimento da experiência do que significa ser latino numa nação WASP, eu me aproximei dos porto-riquenhos e dos caribenhos, e dentro destes, dos dominicanos. [...] Fui amigo do porto-riquenho Francisco (Paco) Pabón, quando o reencontro (ele também vinha de Rutgers University) na State University of New York at Buffalo. Eu estava contratado como* Associate Professor with tenure *pelo Departamento de Francês, e ele, no início da carreira, como* Assistant Professor *pelo Departamento de Espanhol e Português.*

No ensaio, escrito em 2016, Silviano relembrava um pouco dos anos em Rutgers e em Buffalo. E do amigo Francisco Pabón, com quem ele perderia completamente o contato depois de sua volta ao Brasil, em 1974. A lembrança do fantasma de Pabón fez com que ele ficasse falante. Desde sua chegada a Buffalo, Silviano serviria de ponte entre a universidade e os novos movimentos que estavam surgindo. "Não que eu participasse diretamente das passeatas. Mas é que o *establishment* universitário não estava preparado para dialogar com negros e latinos. E eu tentava ajudar. Naquela época, o responsável por Arts and Letters de Buffalo era o professor John P. Sullivan: um inglês, especialista no poeta e crítico Ezra Pound e gregos. Ou seja: um homem da elite inglesa e que vinha de outra realidade. Como tínhamos nos tornado amigos, Sullivan muitas vezes me chamava até sua sala para conversar. Em função do cargo que exercia, ele recebia membros do movimento negro e porto-riquenho que começavam a ter grande força política dentro da universidade. Lembro do Sullivan completamente perdido: imagine você, um britânico, nos Estados Unidos, que não sabia nada da história norte-americana. E de repente tinha que lidar com todos esses novos movimentos. Ficava perplexo, assustado com a forma bem articulada de se expressar dos pretos e dos porto-riquenhos. Ele me procurava, querendo uma explicação para aquilo. Ele, como um erudito europeu, não entendia nada. Parecia amedrontado. Além disso, algumas dessas manifestações eram bastante violentas: a polícia entrava no *campus* de Buffalo, soltava bomba. Quer dizer: o clima era quente. E o Sullivan, coitado, totalmente desorientado, me pedia ajuda. Ele, na verdade, já estava pensando em criar o que seria mais tarde o Black Studies Program e o Puerto Rican Studies Center. Eu fiz o que estava ao meu alcance para ajudá-lo."

"Acho que tem uma carta do Abdias do Nascimento que ele fala disso", disse cortando Silviano.

"Você encontrou carta do Abdias? Ele me escrevia muito. Mas pensei que tinha perdido todas. São muito importantes. Gostaria de vê-las."

66. **Abdias e Florestan**

Assim que Silviano me pediu para ver a carta de Abdias, olhei para o celular: uma e 58. Meu ônibus para Belo Horizonte saía em quatro horas. Fingi tranquilidade: abri a mochila e comecei a procurar. Lembrava-me de ter fotografado a carta na primeira vez que mexi nas caixas da biblioteca, alguns meses antes. Mas no dia não atentei para a importância do documento. Antes de escrever este livro, nem imaginava que ele tinha sido colega de Abdias do Nascimento, um dos nomes mais importantes do movimento negro no Brasil, que ajudaria a fundar o Teatro Experimental do Negro (TEN), o Museu de Arte Negra (MAN) e o Instituto de Pesquisas e Estudos Afro-Brasileiros (Ipeafro). Achei a cópia da carta, rápido, de pura sorte. Em um dos *pen drives*. Comecei então a ler a carta para ele, sem tirar o olho do relógio.

> *Buffalo, 15 de junho de 1972*
>
> *Alô, Silviano:*
>
> *Demorei um bocado em responder seu bilhete de propósito: queria te mandar notícias concretas. Pra começo de conversa, quero te agradecer a rapidez na remessa de sua carta ao Pabón/Chisolm pois a corrida contra*

o tempo, isto é, a falta de tempo, foi algo atroz. A coisa estourou assim de repente, com o ano acabando... era preciso correr. Eu não poderia ter escrito antes a você sobre o assunto porque ele estava em ponto-morto. Não se falava em tal coisa.

Bem, o fato é que meu caso foi apresentado (o meu e do Matilla) e então começou aquele ballet *frenético de cartas, de documentação, de papelório que você tão bem conhece. Como sempre, aparece um para chatear, Pabón revida, a coisa marcha, contramarcha, torna a marchar. Mas, para não ficar tentando desenhar um retrato que você conhece melhor do que eu, vamos logo ao resultado final: ontem recebi uma carta (a carta) do Provost Sullivan me comunicando – oficialmente a aprovação, pelo Presidente Ketter, do meu* tenure *com promoção para* full professor, *a partir de 1 de setembro.*

A carta de Abdias era de 1972. Silviano passaria todo aquele ano no Brasil. Era a primeira vez que voltava a morar no país desde que tinha saído de Belo Horizonte, em 1961, para estudar na França. No fundo, já ensaiava a volta definitiva, que se dará dois anos depois. Depois de pedir licença não remunerada em Buffalo, começa então a trabalhar como professor visitante do Departamento de Letras da PUC-Rio.

Convidado pela diretora Amélia Lacombe e pelo poeta Affonso Romano de Sant'Anna, daria três cursos. O primeiro, e mais importante, foi "A semente ou da impossibilidade de se dizer a origem". Tratava-se de um plano original que tentava dar conta de um esquema de leitura da literatura brasileira a partir de uma leitura das metáforas. E que começava com a carta de Pero Vaz Caminha, seguia-se com a análise da obra de Padre Antônio Vieira, passava por *Iracema*, de José de Alencar, e chegava até *Triste fim de Policarpo Quaresma*, de Lima Barreto. O curso mostrava como, na literatura brasileira, a língua portuguesa passava por um lento processo de desmetaforização. Já o segundo curso era sobre manifestos. Silviano aproveitou o aparecimento do livro de Gilberto Mendonça Teles, *Vanguarda europeia e modernismo brasileiro,* para apresentar sua leitura dos manifestos literários (internacionais e nacionais) no Brasil. Naquele 1972, a Semana de Arte Moderna fazia 50 anos, e o curso acabou sendo o de maior sucesso. Já o terceiro seminário seria sobre a obra de Jacques Derrida. Era a primeira vez que a obra do filósofo francês era ensinada no país. No Rio, teria excelentes alunos que o deixariam impressionado: Ana Cristina César, Geraldinho Carneiro e Flora Süssekind.

"Não me lembrava bem da carta", me interrompeu no meio da leitura. "Abdias foi um grande amigo. Em Buffalo, ajudei a organizar o Puerto Rican Studies. Ele era dirigido pelo professor Francisco Paco Pabón e tinha sido criado nos moldes do Black Studies Program. Um dia, conversando com o Hélio Oiticica, em Nova York, ele me disse que o Abdias estava exilado e morando na cidade. Ele estava desempregado e numa situação financeira difícil. Eu então o apresentei ao Pabón: a candidatura dele foi aceita. A partir de 1970, se tornou professor da cadeira de cultura africana no Novo Mundo do Puerto Rican Studies Center. Nunca fiz propaganda de que fui eu que indiquei seu nome em Buffalo porque acho que não fiz mais do que minha obrigação. Para mim, o Abdias foi uma das figuras políticas negras mais centrais do Brasil no século passado. Aqui no Brasil pouca gente sabe que éramos amigos e nunca fiquei fazendo alarde. Acho correto agir assim: abrir espaço ao outro, proporcionar oportunidade. Mas, claro, eu só proporciono oportunidades a pessoas que merecem. Não fiz nenhum favor para o Abdias. Ele merecia aquilo por suas próprias virtudes. A única coisa que ele não tinha em Nova York, naquele momento, era acesso ao mundo universitário gringo. E eu fiz a ponte. Foi bom para ele, que ficará em Buffalo até a aposentadoria, em 1981, quando, de volta ao Brasil, retoma sua carreira política."

Quis saber de Silviano se tinha sido mesmo Abdias quem o apresentara a Florestan Fernandes. Ou se ele o conhecera no Canadá, quando os dois davam aulas em Toronto. Um dos maiores intelectuais da história brasileira, Florestan acabara de ser aposentado compulsoriamente da USP, em abril de 1969, em mais um ato covarde da ditadura militar de 1964. Proibido de trabalhar no Brasil, Florestan foi obrigado a se mudar para o Canadá. Eu tinha encontrado vários cartões de Natal do sociólogo paulista perdidos nas caixas e fiquei com aquilo na cabeça. Achei inusitada a amizade entre ele e um dos mais importantes nomes da USP. Afinal, Silviano nunca teve muita relação com a universidade paulista. Muito menos com a USP.

Arquivo pessoal/Silviano Santiago

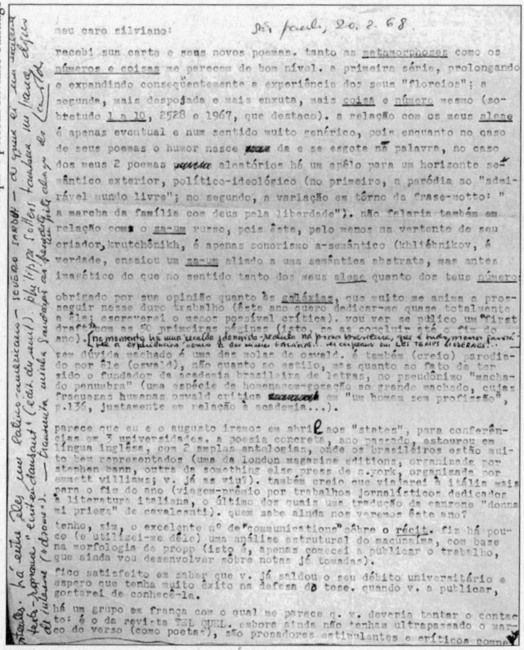

são paulo, 20. 2. 68.

meu caro silviano:

recebi sua carta e seus novos poemas. tanto as metamorphoses como os números e coisas me parecem de bom nível. a primeira série, prolongando e expandindo conseqüentemente a experiência dos seus "floreios"; a segunda, mais despojada e mais enxuta, mais coisa e número mesmo (sobretudo 1 a 10, 2528 e 1967, que destaco). a relação com os meus alea é apenas eventual e num sentido muito genérico, pois enquanto no caso de seus poemas o humor nasce da e se esgota na palavra, no caso dos meus 2 poemas aleatórios há um apêlo para um horizonte semântico exterior, político-ideológico (no primeiro, a paródia ao "admirável mundo livre"; no segundo, a variação em tôrno da frase-motto: "a marcha da família com deus pela liberdade"). não falaria também em relação com o za-um russo, pois êste, pelo menos na vertente de seu criador, krutchônikh, é apenas sonorismo a-semântico (khliébnikov, é verdade, ensaiou um za-um aliado a uma semântica abstrata, mas antes imagético do que no sentido tanto dos meus alea quanto dos teus números.

obrigado por sua opinião quanto às galáxias, que muito me anima a prosseguir nesse duro trabalho (êste ano quero dedicar-me quase totalmente a êle: escreverei o menos possível crítica). vou ver se publico um "first draft" com as 50 primeiras páginas (isto, se as concluir até o fim do ano). [no momento há uma recaída [illegible] na prosa brasileira, que é tudo menos favorável à experiência [illegible] LES TEMPS LIBÉRAUX...]

sem dúvida machado é uma das molas de oswald. é também (creio) parodiado por êle (oswald), não quanto ao estilo, mas quanto ao fato de ter sido o fundador da academia brasileira de letras, no pseudônimo "machado penumbra" (uma espécie de homenagem-gozação ao grande machado, cujas fraquezas humanas oswald critica em "um homem sem profissão", p.136, justamente em relação à academia...).

parece que eu e o augusto iremos em abril aos "states", para conferências em 3 universidades. a poesia concreta, ano passado, estourou em língua inglêsa, com 2 amplas antologias, onde os brasileiros estão muito bem representados (uma da london magazine editions, organizada por stephen bann, outra da something else press de n.york, organizada por emmett williams; v. já as viu?). também creio que viajarei à itália mais para o fim do ano (viagem-prêmio por trabalhos jornalísticos dedicados à literatura italiana, o último dos quais uma tradução da canzone "donna mi priega" de cavalcanti). quem sabe ainda nos veremos êste ano?

tenho, sim, o excelente nº de "communications" sôbre o récit. fiz há pouco (e utilizei-me dêle) uma análise estrutural do macunaíma, com base na morfologia de propp (isto é, apenas comecei a publicar o trabalho, que ainda vou desenvolver sôbre notas já tomadas).

fico satisfeito em saber que v. já saldou o seu débito universitário e espero que tenha muito êxito na defesa da tese. quando v. a publicar, gostarei de conhecê-la.

há um grupo em frança com o qual me parece q. v. deveria tentar o contacto: é o da revista TEL QUEL. embora ainda não tenham ultrapassado o marco do verso (como poetas), são prosadores estimulantes e críticos compe-

Carta do poeta e crítico Haroldo de Campos para Silviano.

Arquivo pessoal/Silviano Santiago

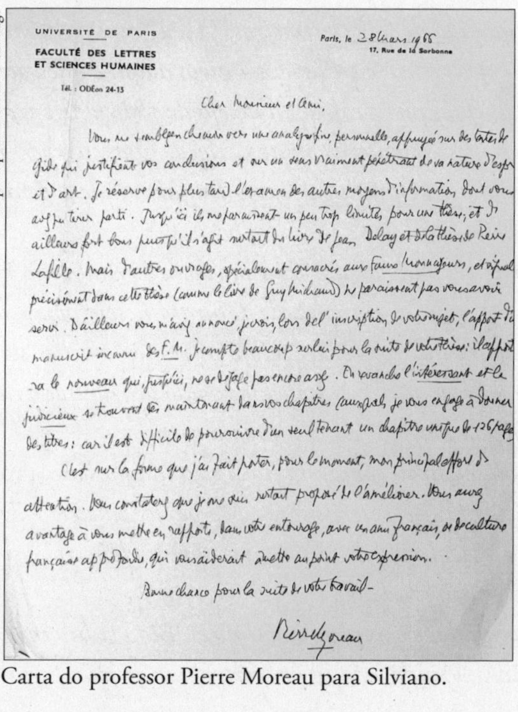

UNIVERSITÉ DE PARIS

FACULTÉ DES LETTRES
ET SCIENCES HUMAINES

Tél. : ODÉon 24-13

Paris, le 28 mars 1966
17, Rue de la Sorbonne

Cher Monsieur et Ami,

Vous me semblez chercher vers une analyse fine, personnelle, appuyée sur des textes de Gide qui justifient vos conclusions et sur un sens vraiment pénétrant de sa nature d'esprit et d'art. Je réserve pour plus tard l'examen des autres moyens d'information dont vous avez pu tirer parti. Jusqu'ici ils me paraissent un peu trop limités pour une thèse, et d'ailleurs fort bons puisqu'il s'agit surtout du livre de Jean Delay et de la thèse de Renée Lafille. Mais d'autres ouvrages, spécialement consacrés aux Faux Monnayeurs, et [illegible] précisément dans cette thèse (comme le livre de Guy Michaud) ne paraissent pas vous avoir servi. D'ailleurs vous m'avez annoncé, je crois, lors de l'inscription de votre sujet, l'apport du manuscrit inconnu des F. M. Je compte beaucoup sur lui pour la suite de votre thèse: il apportera le nouveau qui, jusqu'ici, ne se dégage pas encore assez. En revanche l'intéressant et le judicieux se trouvent dès maintenant dans vos chapitres, auxquels je vous engage à donner des titres: car il est difficile de poursuivre d'un seul tenant un chapitre unique de 126 pages.

C'est sur la forme que j'ai fait porter, pour le moment, mon principal effort d'attention. Vous constaterez que je me suis surtout proposé de l'améliorer. Vous aurez avantage à vous mettre en rapport, dans votre entourage, avec un ami français, de culture française approfondie, qui vous aiderait à mettre au point votre expression.

Bonne chance pour la suite de votre travail.

Pierre Moreau

Carta do professor Pierre Moreau para Silviano.

"Não conheci o Florestan no Canadá. A primeira vez que me encontrei com ele foi em Nova York, em 1970. Abdias quem me o apresentou. Naquela época o regime militar o perseguia violentamente. Ainda hoje me lembro bem de um dia que o Florestan teve que fazer uma conferência em Nova York. Era um encontro organizado pelo professor ítalo-argentino Gino Germani na Universidade Harvard. Um evento muito formal, chique. Me ofereci então para levá-lo até um *outlet* para comprarmos um terno com preço bom e boa qualidade. Naquela época, as roupas ficavam escondidas no porão das grandes lojas e era preciso fuçar. A partir daí ficamos bons amigos. Florestan era uma figura extraordinária, um homem de hábitos simples. Quando organizei a coleção, em três volumes, Intérpretes do Brasil, fiz questão de colocar seu livro *A revolução burguesa no Brasil*."

Sem tirar o olho do relógio, li o final da carta de Abdias:

> *Por aqui corre uma notícia, um boato, sei lá, dizendo que do próximo janeiro em diante você será o* chairman *do departamento de Francês, substituindo o prof. Simon, que viajaria para a Europa. Tomara que seja verdade, e nesta presunção receba os meus parabéns e de Isabel, pois fazemos questão de ser os primeiros. O seu "muito trabalho" já está mais suave? A expectativa entre os seus amigos daqui é que você tenha mandado às favas qualquer projeto ou desejo de seriedade e tenha mergulhado de cabeça e seriamente na noite carioca. Que escrever, meditar, pintar e coisas análogas é pra lugar como Buffalo, onde a gente tem que fazer tais coisas ou apodrecer.*
>
> *Dentro de mais alguns dias se vão os D'Ambrosio e Hayes. Ontem comida ao ar livre em casa do Ubiratan, seu nome foi mencionado extensamente nas conversas. Hoje os comes e bebes serão lá em casa. Quando saí cedo já deixei Isabel mexendo um dourado caldeirão no qual a bacalhoada emergia do dendê e do coentro.*
>
> *Pabón se atirou com uma fúria sagrada no* videotape. *Está fazendo experiências muito interessantes. Me parece que ele e Tina estão muito felizes na descoberta desse mundo onde podem aplicar a imaginação, exercer a criatividade.*
>
> *Yemanjá hoje completa nove meses. Bida cultivando sua malandragem carioca. Ainda não tenho certeza, mas creio certa a nomeação de*

> *Matilla como* associate professor *com* tenure *a partir de setembro. No mais, a vida continua.*
> *Abraços do*
> *Abdias*

O tom do texto de Abdias deixa clara a intimidade existente entre os dois. Tanto os assuntos de trabalho – leia-se: fofocas departamentais – quanto a vida privada são tratados na carta. Depois que voltaram a morar no Brasil, o contato diminuiria. Abdias, que morreria em 2011, teria uma intensa vida política: foi um dos fundadores do Partido Democrático Trabalhista (PDT) e se tornaria senador.

67. *Chairman* brasileiro

Assim que as histórias sobre o exílio dos amigos Abdias e Florestan acabaram, mostrei a Silviano ainda mais um documento antes de ir para a rodoviária: a cópia de uma página do jornal *Spectrum.* Datada de 28 de fevereiro de 1973, a matéria, com uma foto enorme ocupando seis colunas, mostra Silviano com a cara fechada. Bigodão estilo mexicano. Cara de mau.

"Lembra-se disso? Foi publicado quando você foi indicado *chairman*. Gostei foi do bigode: cara de terrorista", brinquei. "Nunca entendi direito essa história. Você queria ou não ser chefe de departamento? Pela carta do Abdias, a gente percebe que sua indicação para o cargo já estava sendo pensada bem antes, em 1972, quando você estava no Brasil."

Silviano deu outro sorriso de Mona Lisa e passou a ler a matéria.

> *Dr. Santiago assume o departamento de francês*
> *Silviano Santiago, professor associado de francês na Universidade Estadual de Buffalo, foi nomeado chefe do departamento de francês para o semestre da primavera. Ele vai substituir John K. Simon, atual chefe do departamento, que atualmente está em licença. Dr. Santiago assume o departamento após uma longa e amarga controvérsia sobre as mudanças que o Dr. Simon tentou implementar no programa de pós-graduação. Após queixas apresentadas pela Associação de Estudantes de Pós-Graduação e*

> *pela GSA de Francês, a Faculdade de Artes e Letras criou um comitê de queixas. Esse comitê decidiu que o Dr. Simon havia tentado ilegalmente alterar os estatutos departamentais no processo de revisão do programa de pós-graduação e decidiu o caso a favor dos estudantes. Pouco depois, o Dr. Simon entrou em licença.*

Com o afastamento do professor Simon, o posto de *chairman* cairá no colo do jovem professor brasileiro, que tinha apenas 36 anos. Um passo importante para quem planejava fazer uma carreira universitária de sucesso nos Estados Unidos. Silviano, porém, garante que assumiria o cargo meio contrariado. Sabia que, com o novo trabalho, sobraria menos tempo para estudar.

"Nunca me esforcei para ser *chairman*. Sempre tive horror a cargos administrativos na universidade. Fugia deles: tanto nos Estados Unidos como no Brasil. Você perde um tempão com uma burocracia infernal. E, inevitavelmente, estuda e lê menos. Mas em Buffalo não deu para escapar. O Simon, que era quem tinha me contratado, começou a ser atacado por conta de uma briga de departamento. Fizeram uma sindicância e foi afastado. Fui obrigado a assumir a direção."

O novo cargo servirá para que Silviano amplie seu trabalho de divulgador da cultura brasileira. Um trabalho que ele já vinha fazendo desde que chegara a Buffalo. Agindo como um verdadeiro divulgador cultural, promoveu longa lista de eventos nesse período.

Em 1969, publica a antologia *Brasil: prosa e poesia*, pela editora nova-iorquina Las Americas Publishing Co. E leva a Buffalo a trupe do Teatro de Arena, com todo o elenco original, que apresenta a peça *Arena conta Zumbi*. Em 1970, convence o maestro Eleazar de Carvalho a viajar até os EUA para falar sobre a música erudita brasileira. Em 1971, é a vez da Bahia: recebe o cineasta Glauber Rocha, que dá palestra e exibe seus filmes, e ajuda ainda na produção de um show com Gilberto Gil. Numa carta enviada ao casal Martha e Mário, no dia 12 de maio de 1975, Silviano relata a visita de Glauber a Buffalo. E escreve:

> *Bastante movimento em abril: Glauber veio para um papo descabelado e de colar, blusão de couro, depois da exibição dos seus filmes. Bem po... louca. Alzira, alto,* high *girando nos calcanhares e olhares mefistofélicos.*

> *Um sucesso. Cinco línguas no ar e quem fosse mais rápido abocanhava, pois ele deu uma de não falar inglês, mas muito à vontade em português, espanhol, francês e italiano. Me disse que talvez fique por NY por algum tempo, pois foi contatado para filmar* Wild Palms *do Faulkner.*

Já em 1973, agora já como *chairman*, foi a vez do amigo Hélio Oiticica, que ganharia uma exposição do seu trabalho na Albright-Knox Art Gallery, um dos principais centros culturais de Buffalo.

"Sempre que podia, divulgava a literatura, a cultura brasileira. E, obviamente, sendo *chairman*, comecei a ter acesso a verbas e pude fazer mais. Algo que jamais aconteceria se fosse só um professor de francês. Não foi mérito só meu, é claro. Contei com a ajuda de muita gente: do decano Sullivan, do professor de matemática Ubiratan D'Ambrósio, que também era brasileiro e uma figura muito trabalhadora e discreta. Além da ajuda dos porto-riquenhos, do Francisco Pabón."

68. **Uma ferramenta de trabalho**

Fiz o cálculo: tinha uma hora e 40 para chegar até a rodoviária. Mesmo correndo o risco de perder o ônibus, aproveitei que as lembranças de Abdias e Florestan deixaram Silviano falante e lhe mostrei uma última imagem: a foto de um pôster que encontrara numa das caixas da biblioteca. Ele trazia nomes do corpo docente de Buffalo no biênio 1970-1971. Michel Foucault, René Girard, Olga Bernal e John Barth eram alguns dos mestres que apareciam estampados no cartaz. O nome de Silviano também estava lá. Quis saber se o cartaz era o anúncio de algum seminário que acontecera na universidade. Estava atrás de pistas para reconstituir o período em que ele escrevera seu mais conhecido ensaio: "O entrelugar do discurso latino-americano". Sabia vagas informações sobre o texto: que fora lido pela primeira vez em 18 de março de 1971, na Universidade de Montreal e em francês. E no mesmo ano em que conhecera Derrida. Silviano foi rápido no gatilho.

"Não é o anúncio de nenhum simpósio, não. É o pôster publicitário que divulgava o novo e vanguardista departamento universitário implementado em Buffalo no período. Repare que ele tem o nome de muitos professores, de vários departamentos e áreas. Se você examinar um por um da lista, perceberá que o pessoal mais importante em literatura e pensamento modernos de Buffalo está lá: Foucault, que era professor visitante e passava dois meses do ano em Buffalo; René Girard, que já era efetivo. E também o John Barth, que era do departamento de inglês. Fiz um *workshop*, como ouvinte, com ele. O curso foi importante para minha carreira de escritor. Barth era um grande romancista e importante teórico da pós-modernidade: na época até consegui vários artigos inéditos dele que foram publicados no Brasil. Guardei o cartaz porque é um marco: uma prova de que o ensino de literatura se tornava multidisciplinar. Uma ótima descrição da novidade no ensino de literatura na universidade norte-americana, de que participei ativamente."

O projeto era mesmo ambicioso: o Departamento de Francês se associou ao Departamento de Inglês e de Teoria Literária. A ideia era construir um grande grupo de língua e literatura, tão revolucionário quanto o da Universidade de Berkeley, que na época tinha à frente o filósofo e sociólogo alemão Herbert Marcuse. "Até então os departamentos de língua e literatura eram disciplinares, isto é, estruturados apenas em torno da respectiva língua e literatura. E organizados por estilo de época: renascença, barroco, romantismo. Propusemos uma grande mudança: o estilo de época foi substituído pela teoria da literatura. A ideia de autonomia das literaturas nacionais caiu por terra. Um novo tipo de relacionamento entre as literaturas nacionais, uma nova sensibilidade, um pensamento político desconstrutor norteavam o projeto. Os alunos estudavam textos de várias disciplinas: filosofia, antropologia. Lutávamos para que a universidade se abrisse também para outras culturas: latinos e negros."

A ideia de um departamento multidisciplinar duraria, porém, pouco tempo: já durante o biênio 1971-1972 as brigas começaram a acontecer. E houve então uma violenta cisão entre os departamentos. "Simplificando, de um lado ficou o grupo mais conservador, que priorizava o estilo de época e não aceitava as mudanças; do outro, o grupo revolucionário, ligado à teoria literária e desejava as mudanças. Simon foi julgado por um *ombudsman* da universidade e 'aconselhado' a tirar um semestre de reeducação por ter feito um trabalho 'destrutivo' do

Departamento de Francês. Foi por conta dessa briga que eu acabei virando *chairman* em 1973: para tentar acalmar os ânimos."

*

"O entrelugar do discurso latino-americano", que mais tarde fará parte de *Uma literatura nos trópicos* (1978), foi escrito em francês de janeiro a março de 1971. Com o título "L'Entre-lieu du discours latino-américain", foi lido num ciclo de conferências que o amigo Eugenio Donato (o texto, aliás, é dedicado a ele e sua esposa, Sally) organizou na Universidade de Montreal.

"O Eugenio, meu colega em Buffalo, na época era professor visitante em Montreal. E então me convidou para um seminário, que teve três convidados: Michel Foucault, René Girard e eu. Quer dizer: foi um texto de encomenda para um evento muito importante. Um grande desafio. Me empenhei, ao máximo, para tentar ficar à altura daqueles outros dois nomes. Quando o ensaio ficou pronto, lembro que o Eugenio não entendeu o título. Ele achou que 'L'Entre-lieu du discours latino-américain' não soava bem em francês, não fazia sentido. E me disse: 'Silviano, não sei o que você está querendo dizer com esse título. Ninguém vai saber o que é você está querendo dizer'. E mudou então o nome do texto para alguma coisa como 'L'Anthropophagie, Le Sauvage', nem me lembro mais" (na verdade o nome dado por Eugenio foi "La Naissance du sauvage, anthropophagie culturelle et la littérature du Nouveau Monde").

Quis saber de Silviano quanto a convivência, em Buffalo, com aqueles grandes pensadores o influenciaria na gênese da composição do ensaio. Será que as leituras de Derrida, que ele então já fazia, ajudam a explicar a origem do texto?

"Sinceramente não sei responder. Talvez a origem tenha vindo mesmo da minha própria situação nos Estados Unidos naqueles anos: brasileiro, professor de francês, numa universidade norte-americana. Hoje sei que essa foi uma das razões pelas quais acabei voltando para o Brasil. Minha esquizofrenia chegaria a um ponto insuportável. Imagine você: nas aulas e no departamento, eu falava francês; quando fui chefe de departamento, as reuniões eram em inglês. E falava espanhol na vida privada, com os amigos porto-riquenhos e com meu companheiro na época. Eu não falava mais português. Às vezes acho que a ideia do texto possa ter surgido desse caos. Quanto a uma possível influência de Derrida, acho pouco provável. É verdade: conheci o Derrida no mesmo ano em que escrevi o texto. Mas não lera, ainda, de maneira metódica e consistente, sua obra. Talvez o mais importante, para entender a origem do ensaio, é que na época eu estava dando um curso sobre Lévi-Strauss, do livro *Tristes tropiques*. E ensinava ainda a obra do poeta francês Robert Desnos. Dos latino-americanos me interessava muito por Julio Cortázar e Borges, que inclusive são citados no texto. Borges, é claro, foi mais importante que Cortázar. Acho que o ensaio reflete um pouco o enfrentamento da minha condição naquele momento. De não ter um lugar. Eu não tinha, literalmente, um lugar."

Silviano até hoje não esquece o dia da leitura do texto em Montreal. O auditório ficou lotado. A repercussão foi grande. "Existia uma rixa em Montreal entre a Universidade McGill, inglesa, e a Universidade de Montreal, francesa, onde aconteceu a palestra. A Universidade de Montreal quis fazer uma coisa mais latina, do tipo 'nós somos latinos, eles são anglo-saxões'. Lembro que a plateia gostou muito e o debate rendeu. Eles entenderam, de pronto, já que havia muitas alusões ao país e à questão do bilinguismo. Para os canadenses, a questão do entrelugar era muito forte: há pouco tempo o presidente francês, Charles de Gaulle, tinha visitado o Canadá. E durante um discurso havia dito: *Vive le Québec libre!* A frase virou um *slogan* para os quebequenses que lutavam pela soberania de Quebec. Um canadense de origem francesa era primeiro ministro do país. Os estudantes sentiam na pele a dependência do Canadá inglês e a rejeição da língua francesa como não sendo mais a nacional. Lembro de uma curta passagem do texto, que foi muito aplaudida: 'Evitar o bilinguismo significa evitar o pluralismo religioso e significa também impor o poder colonialista. Na álgebra do conquistador, a unidade é a única medida que conta. Um só Deus, um só Rei, uma só Língua: o verdadeiro Deus, o verdadeiro Rei, a verdadeira Língua'."

Mais tarde, Steve Moscov e Judith Mayne, dois alunos de Silviano, traduziriam o texto do francês para o inglês, e o amigo e professor Albie Michaels o publicaria numa plaquete do Latin American Studies Center, com outros textos curtos de Silviano. O texto só teria sua primeira versão em português em 1978, quando a editora Perspectiva publica *Uma literatura nos trópicos*. O ensaio, segundo Silviano, passou quase despercebido. "Ainda não tinham sido bem introduzidos no Brasil os pensadores pós-estruturalistas franceses, e Jacques Derrida, como se sabe, era objeto de piadas de intelectuais do porte de José Guilherme Merquior e Carlos Nelson Coutinho. As piadas eram centradas em torno da expressão 'o estruturalismo dos pobres'."

Silviano conta que, um pouco antes, já tinha começado a questionar o conceito de influência, e o seu correlato de fonte, herança da literatura comparada eurocêntrica. "Foi através dele que nós, os latino-americanos, africanos e asiáticos, fomos excluídos da grande literatura feita no Ocidente. E que era tida como universal, julgando-nos ramo secundário. Fazíamos cópia, imitávamos os notáveis. Meu trabalho teórico foi questionar o conceito eurocêntrico de influência, liberar dele nosso pensamento e nossa atitude criativa, e substituí-lo pelo de entrelugar, conceito inclusivo (e não exclusivo) e, por isso, democrático e realmente universal."

Não por acaso, na mesma época escreveria um ensaio como "Eça, autor de *Madame Bovary*", que é de 1970. "Ele é imediatamente anterior ao 'Entrelugar', e acho que no fundo é formador da noção do entrelugar. Escrevi o artigo sobre o Eça para o centenário da geração portuguesa de 1870. Não queria escrever um artigo convencional sobre o assunto. E já me vali de Borges como um teórico da literatura." Mais tarde, em um depoimento dado ao professor da Universidade Federal do Rio de Janeiro (UFRJ) André Botelho, Silviano voltaria de novo àqueles anos. E escreveria:

> *O conto "Pierre Menard, autor del* Quijote*", de Jorge Luis Borges, serviu de inspiração para o inusitado título do ensaio escrito em 1970, "Eça, autor de* Madame Bovary*". Transformou-se em alicerce tático para a atribuição equivocada de autoria (Eça não é autor de* Madame Bovary*) e a óbvia inversão cronológica (o notável romance de Flaubert é anterior ao* Primo Basílio*). Autoria equivocada e cronologia invertida eram jogos usados como estratégia de desestabilização da literatura comparada canônica que, apoiada nas noções eurocêntricas de fonte e de influência,*

> *estabelecia a incontestável superioridade e primazia das obras artísticas produzidas nas nações colonizadoras.*
>
> *À semelhança do que aconteceu na* Poética *de Aristóteles, em que o filósofo extrai da peça* Édipo rei, *de Sófocles, o arcabouço teórico, eu buscava na criação literária moderna e pós-moderna o andaime que sustentasse o longo processo de construção dos pressupostos teóricos que embasariam a leitura subversiva de obras literárias escritas nas antigas colônias, cuja invenção e composição abriam brechas na norma estabelecida pelo romantismo europeu e pelos movimentos canônicos posteriores.*
>
> *Em outras palavras, minhas investidas no campo da teoria literária pós-colonial tinham e têm como inspiração não só as discussões propriamente filosóficas e estéticas, de que é exemplo contemporâneo o pós-estruturalismo francês, como também foram e são enriquecidas pelo vaivém entre prática de leitura e teoria. O resultado é a elaboração pessoal de uma ficção teórica, que serviu e serve de metodologia de análise e interpretação, cujo estímulo é dado pelos criadores literários de minha eleição.*

Em 2019, *Uma literatura nos trópicos*, livro no qual o ensaio está publicado, ganhou uma nova edição de 40 anos. Numa conversa que tivemos na época do lançamento, parte dela publicada no jornal *O Estado de S. Paulo*, eu quis saber dele qual a atualidade do conceito de entrelugar. Ele respondeu:

> *O entrelugar, antes de ser um conceito, é uma ferramenta de trabalho ativada pela força desconstrutora que a noção de diferença trouxe para o pensamento filosófico contemporâneo. A diferença é que revela nossa singularidade de intelectual e de artista do Novo Mundo. Nossa singularidade não está na pureza greco-latina ou europeia, forçada goela abaixo pela escola autocrática. O entrelugar me foi instruído pela leitura do capítulo 31 dos* Ensaios, *de Montaigne, intitulado "Sobre os canibais". Os canibais não se comportam como se espera e se diz – a lição revolucionária de Montaigne. O filósofo abre para nós, latino-americanos, um espaço entre. Esse espaço é físico, humano e intelectual e terá de ser preenchido por nós. Dentro do entre, isto é, na barra que separa dentro/fora do Ocidente, é que pensamos e atuamos. Para que tal tarefa seja possível, temos de trabalhar, de modo adequado e inequívoco, a diferença.*

> *O entrelugar é o lugar do outro, que nos coloniza, e é, deve ser o nosso lugar, onde desconstruímos o legado europeu para afirmar nossa singularidade. Nada idealizado, tudo muito pragmático.*

Para Silviano, a atualidade do ensaio viria ainda do fato de termos voltado a viver tempos em que os debates sobre literatura e cultura se tornaram extremamente politizados. "Se nos anos 1980 e 1990 a literatura viveu um período menos engajado, agora é diferente. Há uma volta à política. Para te dizer a verdade, não só esse ensaio, mas todo o livro, é muito politizado: não no sentido partidário, mas comportamental. Meu ativismo, se algum dia ele existiu, sempre foi nessa direção. Menos, repito, político-partidária, e mais comportamental."

"O entrelugar do discurso latino-americano" se transformou no texto mais lido e estudado de Silviano. No Brasil e fora dele. Pergunto a ele se, ao longo de todas essas décadas, ele acompanhou o debate em torno do ensaio.

"Sempre procurei não opinar sobre os mestrados ou doutorados que estudam minha obra. Durante meu tempo de professor, nunca coloquei na bibliografia do curso nenhum texto meu. Devo ter orientado quase 50 teses. E em nenhuma delas o conceito de entrelugar foi trabalhado. Nunca fui um professor interessado em fazer discípulos. E sim cúmplices."

Meu tempo tinha acabado. Em 50 minutos tinha de estar na Rodoviária Novo Rio. Quando já ia me despedindo de Silviano, ainda comentei:

"O nome do escritor John Barth também está no cartaz, né? Quando chegar a Belo Horizonte precisamos falar dele."

69. **Machadianos em Buffalo**

"Você viu nos jornais de hoje?"

A frase que mais ouço de Silviano, toda vez que conversamos por telefone, naquela manhã chegou por e-mail. A mensagem vinha acompanhada de um link, do *New York Times*, com uma triste notícia: a morte do escritor John Barth. O jornal norte-americano, conhecido por obituários com grande poder de síntese e que tentam definir toda uma vida numa única frase – a primeira do texto –, começava assim:

> *John Barth, que, acreditando que as antigas convenções literárias estavam esgotadas, ampliou os limites da narrativa com romances imaginativos e tramados intrincadamente, como The Sot-Weed Factor e Giles Goat-Boy, morreu na terça-feira em um hospital de cuidados paliativos em Bonita Springs, Flórida. Tinha 93 anos.*

O texto, assinado pelo escritor Michael T. Kaufman, que ironicamente morreu antes de Barth, em 2010, e complementado pelo atual crítico literário do jornal, Dwight Garner, ainda afirmava:

> *O Sr. Barth era ficcionista e teórico da literatura pós-moderna. Em 1967, escreveu um ensaio crítico para* The Atlantic Monthly, *"The Literature of Exhaustion" [A literatura da exaustão], que continua a ser citado como o manifesto do pós-modernismo e inspirou décadas de debate sobre seu principal argumento: as antigas convenções da narrativa literária podem ser, e de fato foram, "esgotadas" [...] De 1965 a 1973, o Sr. Barth lecionou na Universidade Estadual de Nova York em Buffalo (hoje Universidade de Buffalo), onde foi membro de um renomado departamento de inglês que também incluía o crítico Leslie Fiedler.*

Não era a primeira vez que Silviano me enviava textos desse tipo. Nem sei dizer ao certo quando começamos com o estranho (e mórbido) hábito de trocar obituários. Talvez em 1999, quando morreu o historiador Francisco Iglésias, e eu então comentei com ele a beleza do seu artigo "De passarinhos e formiguinhas", publicado no caderno Ideias, do *Jornal do Brasil*. Ou talvez mais tarde, na morte de Fernando Sabino, em 2004, quando Silviano escreveu uma pequena joia chamada "O perseguidor", para a *Folha de S.Paulo*. Lembro ainda que, em 1997, após a morte do escritor Antonio Callado, Silviano escreveu um texto comovente, e fundamental, sobre o autor de *Quarup*. Em 2023, numa entrevista que fiz com ele para o caderno Pensar, Silviano me contou do orgulho que sentiu quando o jornal *O Globo* lhe pediu para escrever o obituário do jornalista Tim Lopes, barbaramente assassinado pelo tráfico de drogas em 2002, no Rio de Janeiro. "Eu o chamava de 'correspondente de guerra' e o encontrava, nos fins de semana, num pé-sujo da Rua dos Jangadeiros", me revelou na conversa.

"Eu não teria escrito um livro como *Em liberdade* se não tivesse me aproximado de Barth", me disse Silviano, por telefone, no mesmo dia em que me enviou o e-mail com o obituário do ex-colega de universidade. "Quando cheguei a Buffalo, ele já era professor. E mantinha um *workshop* de bastante sucesso. Tinha lido um livro de contos dele, *Lost in the Funhouse.* Assistir a sua oficina literária foi uma experiência determinante."

O *workshop* de Barth funcionava assim: o candidato a escritor tinha de mostrar um texto inédito com no máximo 20 laudas. Os originais eram então lidos e comentados, por Barth e toda a turma, um a um. "Frequentei, como ouvinte, por seis meses o seminário. Mas não apresentei nenhum texto. Meu interesse era escrever ficção. Mas na minha língua. Não em inglês."

Difícil explicar para o leitor brasileiro de hoje a importância do ficcionista John Barth para a literatura norte-americana nos anos 1960 e 1970. O escritor, que nunca chegou a fazer grande sucesso por aqui – apenas dois dos seus livros foram traduzidos, *Quimera*, em 1986, e *A ópera flutuante*, em 1987 –, não era apenas um teórico respeitado, grande ensaísta. Era também um dos grandes ficcionistas dos Estados Unidos da segunda metade do século passado. Participar de um dos seus concorridos *workshops* era mesmo um privilégio. E cada vaga era disputada a tapa. Nas oficinas, além de analisar os originais dos alunos, Barth convidava alguns escritores para uma palestra seguida de debate. Autores de todos os matizes: desde os mais experimentalistas, como William Gaddis, Donald Barthelme ou William Gass, até nomes que faziam sucesso com um público mais amplo, como John Updike, que esteve em Buffalo em 1967.

Silviano conta que, durante sua estada, conversaria muitas vezes com Barth. Algumas delas, sobre uma paixão literária em comum: Machado de Assis.

"Todo mundo fala que o Barth conhecia muito bem a obra do Borges. Claro que isso é verdade: o próprio termo 'literatura da exaustão' foi inspirado nele. Mas seu interesse por Machado de Assis não era menor. Ele já o lia desde o início dos anos 1960 e conhecia profundamente sua obra. Barth reescrevia uma determinada história canônica, mas de uma outra forma. Sempre trabalhava determinadas formas e em particular as do século XVIII. Devo ter sido o primeiro intelectual brasileiro que ele conheceu. E, como ele adorava o Machado, conversávamos sobre o escritor. Machado tinha em comum com Barth o século XVIII inglês. Nunca tive coragem de dizer isso a ele, mas acho seu livro *A ópera flutuante* muito machadiano. Esse foi, aliás, o único livro dele que acabou filmado. Se você ler o livro com atenção, percebe que ele lembra muito *Memórias póstumas de Brás Cubas*."

Mas talvez o livro de Barth que tenha causado maior impacto no Silviano ficcionista tenha sido *Quimera*. Publicado em 1972, o livro é uma releitura de *As mil e uma noites*, do ponto de vista não da narradora Scherazade, mas de outros personagens. "Se você notar bem, também fiz isso no *Em Liberdade*, que é justamente um trabalho de reescritura. Um tipo de trabalho, aliás, pelo qual eu já me interessava antes, com *O olhar*. E que ficará mais explícito no *Em liberdade*. É a partir do conceito de literatura da exaustão que Barth trabalha a ideia de pós-modernidade, pensando uma literatura pós-moderna como aquela que se utiliza dos modelos modernos. Foi o que eu fiz no romance *Em liberdade*: trabalhei um modelo moderno, que era Graciliano Ramos. E a partir desse trabalho entra novamente a experimentação, sempre muito importante para mim. No caso, não uma paródia modernista, mas um pastiche, que era exatamente o que defendiam tanto Borges quanto Barth."

Assim, as conversas com Barth sobre Machado, bem como a participação na oficina literária do colega norte-americano, ajudariam a solidificar uma ideia de literatura que Silviano já vinha elaborando antes: a literatura é, em grande parte, feita a partir do já feito. "Ou, como diz Michel Foucault, do *déjà-écrit*. Não há absolutamente uma obra que seja original. Elas são sempre são feitas, criadas a partir do já escrito. E, nesse sentido, eu uso no *Em liberdade* a ideia de forma-prisão. Ou seja: a forma alheia, que é uma forma-prisão."

Em 1972, quando esteve no Brasil e passou o ano dando aulas na PUC-Rio, Silviano tentaria, pela primeira vez, e com Affonso Romano de Sant'Anna, organizar uma oficina literária inspirada nos *workshops* de Barth. No curso sobre criação literária, os inscritos apresentavam trabalhos em prosa e poesia. O evento era dividido em três módulos: um seminário sobre as criações dos alunos; outro com trabalhos já publicados, sobre produção de textos; e finalmente um seminário sobre textos para TV, cinema e letra de música popular. Esse tipo de curso, hoje muito popular e verdadeira praga de Instagram, não daria muito certo naquele início dos anos 1970.

"Tivemos que desistir do *workshop* depois de dois ou três encontros. O horário não ajudou: era à noite. Chegamos até a fazer um seminário sobre cinema e exibir o filme *Nosferato no Brasil*, do Ivan Cardoso, com ele presente. Mas pisamos em falso. Acho que era demais para a PUC de 1972. Deve ter sido isso", explica Silviano, que, quando voltar definitivamente para o Brasil, em 1974, tentará mais uma vez organizar o curso. Dessa vez com sucesso. "Junto com Affonso, Geraldinho Carneiro, Stella Leonardos e Helena Jobim. E aí funcionou muito bem."

*

"Batuque é um privilégio/Ninguém aprende samba no colégio", cantou o grande Noel Rosa na canção "Feitio de oração", numa parceria sua com o pianista paulistano Vadico. Durante a nossa conversa sobre Barth pelo telefone, a letra do antigo samba me veio à cabeça. Sabia que, ao longo de sua carreira como professor, Silviano tinha criado pontes entre a universidade e alguns escritores brasileiros: Autran Dourado, Edilberto Coutinho e João Gilberto Noll são apenas alguns dos nomes para os quais ele abriria espaço no ambiente universitário. Escritores importantes, que muitas vezes penavam sem bons empregos no selvagem mercado de trabalho. Quis saber, então, como ele via hoje a relação entre escritor e universidade.

"Acho que, até os anos 1950, os escritores mais jovens podiam mostrar seus textos aos mais velhos, que os discutiam e, eventualmente, até podiam ajudar. Depois dos anos 1960, tudo mudou, e hoje é completamente diferente: não existe mais tempo para isso. Ninguém mais bate na porta de um escritor consagrado para lhe mostrar um romance. E aí é que entra a universidade."

"Samba se aprende no colégio?", perguntei só para provocá-lo. "Você acredita que seja possível ensinar alguém a ser escritor?"

Silviano não caiu na minha armadilha e continuou falando tranquilamente.

"Sabe de uma coisa, João? Sempre achei que a universidade não consegue ensinar alguém a escrever um romance criativo. Mas pode ensinar certas técnicas, sim. Claro, para que os *workshops* tenham alguma eficiência, acho que eles devem ter à frente um escritor de reconhecido talento, nunca um professor. No Brasil, há muito tempo já deveríamos ter criado a figura do escritor residente, para que ele participasse do dia a dia da vida universitária."

*

Em outubro de 2024, me encontrei com o escritor e historiador João Cezar de Castro Rocha. Leitor atento da obra de John Barth e de Silviano, ele também me chamaria a atenção para o enorme diálogo existente entre John Barth e Machado de Assis. João Cezar me enviaria a cópia de um esclarecedor prefácio da edição de *The Floating Opera and the End of the Road*, de Barth. Em determinado trecho, podemos ler:

> *Machado – fortemente influenciado por* Tristram Shandy, *de Laurence Sterne – me ensinou algo que eu não havia aprendido com Ulisses, de Joyce, e que provavelmente não teria aprendido diretamente com Sterne, caso não tivesse lido o escritor brasileiro: como combinar leveza formal com genuíno sentimento, além de um bom grau de realismo. Sterne é pré-romântico; Joyce, tardio ou pós-romântico; Machado é ambos: lúdico, melancólico, pessimista, intelectualmente exuberante.*

70. **O doce desejo do retorno**

> *Caro Affonso,*
>
> *Aqui passei por um período bastante triste: de novo o inverno, de novo a neve e de novo o vento. Cada vez mais sinto ou melhor resisto à presença hostil da natureza. Parece que o corpo da gente vai ficando cansado, ou ainda que pouco a pouco a pele se recorda do passado e começa a exigir de novo o sol e o calor. De toda essa experiência do inverno vai ficando um gostinho amargo na boca que deseja se expressar por palavras e te peço*

desculpas se estas por acaso lhe sejam estranhas. Às vezes gostaria de ter a mesma disponibilidade que tinha para as mudanças. Mas parece que a mudança de idade afeta as mudanças, e já do outro lado da ponte a presença da margem perdida começa a se fazer exigente nos envolvendo no doce desejo do retorno.

O trecho da carta de Silviano escrita para Affonso Ávila, em 19 de fevereiro de 1971, não deixa muitas dúvidas: nosso personagem enfrentava grandes dificuldades em adaptar-se ao ambiente de Buffalo. O entediante (e interminável) trabalho burocrático universitário ocupava cada vez mais seu tempo. E se transformará num verdadeiro pesadelo quando, em 1973, Silviano torna-se *acting-chairman* do Departamento de Francês. Pela primeira vez, pensa em desistir da vitoriosa, e meteórica, carreira nos Estados Unidos.

"Sempre tive aversão à burocracia. O que nunca me impediu, desde o tempo da Dental e do CEC, assim como em todas as universidades onde trabalhei, de que fizesse esse tipo de trabalho com o mínimo de correção", me disse Silviano numa conversa em 2020. "Mas, quando assumi o cargo de *acting-chairman*, a coisa ficou insuportável: tinha reuniões diárias, chatíssimas e intermináveis, no escritório do John Sullivan, que era o responsável por Arts and Letters de Buffalo. Quase não sobrava tempo para ler e estudar. Nessa época, acabei me excedendo. E acho até que cheguei muito próximo do alcoolismo. Então comecei a pensar num jeito de voltar para o Brasil", conta Silviano, que, sempre previdente, fará o movimento do retorno ao país aos poucos, devagar. Primeiro, passando uma temporada: todo o ano 1972, quando deu aulas na PUC-Rio; e só se decidindo pela volta em 1976, quando devolve definitivamente seu Green Card. "O Iglésias [o historiador Francisco Iglésias], matreiro, vivia me alertando: 'Silviano, não faça isso: você vai se arrepender de devolver o Green Card'. Ele tinha muita preocupação comigo. Tinha medo de que eu ficasse sem emprego e pudesse passar necessidade. Mas eu, sinceramente, nunca me arrependi de ter voltado."

*

No início dos anos 1970, para encarar a solidão que tantas vezes batia na fria cidade de Buffalo, Silviano podia contar com a companhia do namorado dominicano. Além do apoio, sempre irrestrito, do casal Eugenio e Sally. Mas será mesmo a turma de Nova York, que vivia fora da bolha do *campus* de Buffalo e que não estava nem um pouco interessada em fazer carreira universitária, que ajudará Silviano a encarar a barra-pesada de ser estrangeiro na confusa América dos anos 1960-1970.

O grupo de amigos, que 20 anos depois acabaria servindo de inspiração para que ele escrevesse o romance *Stela Manhattan*, de 1985, era formado por vários conhecidos seus, brasileiros e da comunidade latina em geral, que tinham se mudado para Nova York a fim de tentar fazer a vida na América. O jornalista Agostinho de Carvalho, o cineasta Neville D'Almeida e o irmão, Brasil, eram alguns deles. Ajudavam a quebrar o monótono, e caretíssimo, cotidiano do burocrata Silviano em Buffalo. Neville, que se tornaria um dos grandes cineastas de sua geração, lembra bem o tempo em que conviveu com Silviano.

"Em Belo Horizonte, eu conhecia o Silviano só de vista. Ele e o Mauricio Gomes Leite já escreviam crítica de cinema e eram caras conhecidos do pessoal que frequentava o CEC. Só fui virar amigo dele nos Estados Unidos, quando estudei cinema no New York College", conta o cineasta, que conviveu com Silviano desde meados dos anos 1960.

Generoso, sempre que podia, Silviano ajudava os amigos como fiador em contratos de aluguel dos apartamentos. Às vezes, até emprestava dinheiro. O compositor e escritor Jorge Mautner era outro que fazia parte da turma. "Para fechar as contas, eu, meu irmão Brasil, o Agostinho e o Mautner trabalhávamos como garçom. Trabalhei em vários restaurantes: no Brasserie, no Yellowfingers. O Silviano sempre aparecia por lá. Muitas vezes, depois do trabalho a gente saía para a noite", lembra o diretor de *A dama do lotação*.

A boemia, que nos primeiros anos de magistério tinha sido trocada pela vida certinha, cheia de horários rígidos e rotina acadêmica severa, aos poucos foi ganhando espaço. Numa espécie de retorno aos anos 1950, quando varava a madrugada com a turma de *Complemento* nos bares e nas boates de Belo Horizonte, Silviano volta a gostar da noite. A mudança pode ser sentida, por exemplo, na carta escrita por ele, no dia 21 de janeiro de 1971, ao casal Martha e Mário. Relata Silviano:

Primos

Estive uns bons 15 dias em Nova Iorque neste fim de ano. Brasileirada boa por lá. Gerchman (não o conhecia no Brasil – mais ligado agora) preparando primeira exposição nova-iorquina, below the equator, *na capa do catálogo: ele, numa banheira, uma linha negra cortando-o pela metade. De passagem: o Bivar, que veio de Londres contando discos de Caetano e Gil, separados, saindo já. Também o Mautner, querendo se virar numa de vídeo-tape agora, que é a moda. E na faixa mais séria, o Roberto Schwarz, de SP, agora em Paris. Vão vendo que a saída não tem sido tão castradora. Fiquei satisfeito pois nunca tinha encontrado antes em tão curto espaço de tempo um grupo tão bom e tão homogêneo.*

Em Bloomington um grupo de estudantes de português e um aluno de teatro levaram como peça um dos contos meus, "Labor dei". Um monólogo que ficou interessantíssimo, pois o personagem não tem contato com objetos, mas estes são antes as letras do alfabeto. Dei um pulo até lá, no dia 12 de dezembro, juntamente com o Abdias do Nascimento, que consegui trazer para Buffalo para dar uns cursos de literatura negra e a experiência do negro na América Latina.

Para Silviano, seu interesse pela noite já tinha voltado antes, desde o tempo que ele deixara o Novo México e fora dar aulas na Costa Leste: primeiro em Rutgers e mais tarde em Buffalo. "Já naquela época saía com muitos dos meus antigos amigos. Continuava ligado ao Luis Mario Schneider e à escritora Margo Glantz, sua esposa na época. Eles me apresentaram a vários artistas hispano-americanos, que moravam ou estavam apenas de passagem pela cidade. Éramos um grupo bem animado", relembra Silviano.

Nas noitadas com os amigos de Nova York, Silviano vira *habitué* da Fillmore East, o templo do rock, localizado na Segunda Avenida, no East Side, onde se apresentavam nomes como The Doors, Janis Joplin e Jefferson Airplane. Lá, por exemplo, ele assistiria, no verão de 1971, ao mítico espetáculo circense de Frank Zappa.

"Mas o acontecimento mais importante desses anos foi minha amizade com o Hélio Oiticica. Hélio foi uma figura meteórica e fatal na minha vida. Ele não foi um interlocutor: deu-me uma lição de vida", me disse Silviano numa conversa que tivemos em 2023.

A volta para o Brasil estava próxima.

71. *Wired man*

"Nos anos 1980-1990 eu viajava muito, ficava vários meses fora do Brasil, trabalhando em muitas universidades. Não parava nunca. E sempre emprestava o apartamento para meu irmão Rodrigo, que era ator e vinha, às vezes, para o Rio fazer temporada com algum espetáculo. Ele então ficava hospedado lá em casa com um monte de gente: era uma bagunça. O *XXXV* sumiu nessa época. Chata esta história: o Hélio tinha feito um projeto de design para o livro."

Enquanto esperávamos um yakisoba, no restaurante chinês a que Silviano sempre vai perto de sua casa, ouço a história do desaparecimento da boneca do seu livro de poemas *XXXV*, feita pelo artista plástico Hélio Oiticica. Depois de três meses, eu estava de volta ao Rio para mais entrevistas. E, claro, para fuçar o arquivo.

Não era a primeira vez que ele me falava sobre o misterioso desaparecimento do livro. Mas confesso: nunca comprei o papo. Achava a história do sumiço do *XXXV* mal contada: sem pé nem cabeça. Não conseguia me convencer: por que alguém surrupiaria a boneca de um livro que não tinha nenhuma identificação? Seria preciso que o larápio soubesse da importância daquela pasta cheia de rascunhos. E que, sobretudo, aquele monte de papéis amarelados era mais um dos projetos de Hélio Oiticica que nunca foram realizados. E, só aí então, o gatuno poderia se interessar pela relíquia.

Sabia da existência de *XXXV* há muito tempo. Já tinha trombado com uma referência ao livro, numa edição do *Suplemento Literário de Minas Gerais*. Na entrevista, publicada no dia 10 de julho de 1974, Silviano, recém-chegado ao Brasil, todo entusiasmado, contava quais seriam seus primeiros projetos agora que estava de volta. E afirmava:

> *Vou ver se publico um livro de poemas que já tenho pronto. Chama-se* XXXV *(35 em algarismos romanos). São poemas escritos depois dos que foram colecionados em* Salto. *Produção, portanto, dos últimos três, quatro anos. Tive a sorte de poder contar com a ajuda de Hélio Oiticica para a diagramação do livro. E Lygia Pape me disse que me ajuda na parte da confecção. Vamos ver. Até talvez o fim do ano estaremos de volta.*

Além da entrevista do *Suplemento Literário*, lembrava também de ter lido uma referência ao livro na primeira edição do seu romance *O olhar*. Publicado em 1974, pela Edições Tendência, de Belo Horizonte, na contracapa do livro aparecia impresso: "Livros a sair: *Ariano Suassuna (Antologia Comentada)*, *Ruptura e Retórica (ensaios)* e *XXXV (poemas)*".

Sabia, portanto, da história do livro nunca editado. Mas demorei a me dar conta de que Silviano e Hélio tinham sido realmente grandes amigos. Não me lembrava de Silviano, sempre discreto, falar muito do artista carioca. Talvez por conta do trauma que o sumiço do livro tenha causado. Pode ser. O fato é que a primeira vez que conversamos mais longamente sobre Hélio foi só em 2016, quando o diretor teatral Gerald Thomas publicou sua autobiografia, *Entre duas fileiras*.

Silviano leu o livro de Gerald com interesse e comentou comigo algumas partes. No livro, Gerald descrevia o cotidiano de Hélio em Nova York, no início dos anos 1970. Exatamente o período em que ele próprio conviveria com o artista. Durante o papo, lembrei o obituário, mais um, que Silviano havia escrito: "Hélio Oiticica em Manhattan". Publicado no jornal *Estado de Minas* no ano da morte do amigo, em 1980, o texto seria reescrito inúmeras vezes e traçava um surpreendente retrato de Hélio. Em um dos trechos, Silviano escrevia:

> *Alguém que conheça apenas o trabalho artístico de Hélio Oiticica não pode imaginar que ele tenha sido uma pessoa de passo cadenciado e comportamento retilíneo. [...] Hélio era um* wired man. *Tudo funcionava ao mesmo tempo. Sentado à moda ioga ou deitado, passava os dias nos Ninhos. Televisão, câmera fotográfica, projetor de* slides, *radiogravador, fitas cassete, telefone. Eterno tilintar. Um contínuo desfilar de pessoas. Havia algo no espaço criado no loft da Segunda Avenida que questionava a ideia clássica de ateliê do artista. Favorecia um tipo de ambiente ideal para o trabalho artístico coletivo.*

Lembro que durante essa conversa perguntei a ele se não tinha vontade de escrever mais sobre o amigo. Como tinha feito, por exemplo, o poeta Waly Salomão, que em 1996 publicou *Hélio Oiticica: qual é o parangolé? E outros escritos*. A resposta foi curta e grossa. "Não quero que as pessoas pensem que inventei uma amizade com ele. Afinal,

Hélio se tornou um artista importante. Pode ficar parecendo que eu estou querendo me vangloriar, capitalizar em cima de sua memória, querendo ganhar alguma coisa com isso."

*

Conhecido internacionalmente desde 1969, depois do sucesso da sua exposição na Whitechapel Gallery, de Londres, Hélio Oiticica não levava exatamente uma vida de glamour naquele início dos anos 1970, quando Silviano o conheceu. Sem paciência para os jogos do *establishment* e a burocracia artística, o artista carioca pagaria um preço alto por suas escolhas e vivia com o orçamento apertado. Para se sustentar, nos primeiros anos de América contava com uma bolsa da Fundação Guggenheim. Mais tarde, trabalharia como tradutor de cartas comerciais e de documentos legais. O jornalista Lucas Mendes, testemunha ocular da penúria financeira de Hélio, se lembra bem do artista. Ele foi seu vizinho, na época em que o artista morava no Babylonest – seu famoso endereço, o Loft 4, localizado no número 81 da Segunda Avenida, no East Village. Lucas nunca se esqueceu da figura franzina, frágil de Hélio. "Sempre o via andando na rua. Ele morava no prédio do meu padrinho de casamento. Mas só acabei o conhecendo por conta de uma matéria que fiz, para a revista *Fatos e Fotos*, com alguns artistas brasileiros que na época moravam em Nova York. Na matéria, entrevistei o Amilcar de Castro, o Rubens Gerchman. E também o Hélio. Depois que a reportagem saiu, eu e Alice, minha esposa na época, às vezes o convidávamos para jantar lá em casa com a gente. Alice ficava impressionada com a magreza dele. Tinha dó, achava que ele estava passando fome. Ele comia muito e falava pouco", conta o jornalista mineiro radicado nos Estados Unidos desde os anos 1960.

Determinado, desde sua chegada a Manhattan, Hélio passa a estudar literatura metodicamente: Gertrude Stein, Antonin Artaud, James Joyce e Ezra Pound são alguns dos nomes que lerá com grande interesse por esses anos. Embora não fosse nenhum nefelibata no mundo das letras, desde cedo conviveria com nomes de peso, como os poetas Ferreira Gullar, Rogério Duarte ou Torquato Neto. Nos Estados Unidos, a literatura passará a ocupar um lugar de destaque também no seu trabalho, e ele passará a escrever, loucamente, todos os dias.

Começava aí o *Newyorkaises*, o grande livro, mais tarde também chamado de *Conglomerado*, que nunca chegou a ser realizado, apesar de o artista ter deixado vários textos prontos e esquemas.

Embora, como já dissemos, Silviano tivesse cruzado com Hélio um pouco antes, na casa do pintor Rubens Gerchman, em 1970, eles só se tornariam amigos íntimos a partir de 1971. E, se já é bem conhecida a importância que tiveram os irmãos Campos e o poeta Waly Salomão na *paideuma* de Hélio, a importância de Silviano não será menor, mas é ainda pouco conhecida ou estudada.

"Acho que nem adianta procurar o livro lá na biblioteca: já revirei o apartamento todo um monte de vezes. Sumiu mesmo. Alguém deve ter me roubado. Levaram mesmo", lembro de ter me dito Silviano em uma das nossas primeiras entrevistas para este livro.

Como nunca acreditei na história do sumiço do livro, fiquei calado mais uma vez. Não rendi assunto. Hélio preparava mais uma surpresa para Silviano.

72. **A relíquia**

Resumo aqui a história de como achei o *XXXV*, desaparecido por quase meio século. Capítulo curto, mas alegre.

Revirei o apartamento da Rua Antônio Parreiras de ponta-cabeça por quatro vezes. Dois dias depois daquele almoço no chinês, encontrei o livro.

A pasta de Hélio estava perdida na área de serviço do apartamento. Dentro de uma enorme caixa de papelão. Debaixo de um monte de rascunhos, formulários de universidade, comprovantes bancários, contas de luz e gás. E fôlderes, muitos fôlderes.

A princípio, achei que fosse só mais uma pasta com fotos antigas. Já tinha achado muitas antes. Mas aquela era diferente: maior, a capa tinha um papel mais duro e, achei estranho, estava toda organizada. Quando a abri, a primeira coisa que vi foi um ensaio de fotos em branco e preto de Silviano. Jovem, cabeludo e com um bigodão: estilo *latin lover*, como ele gosta de brincar quando fala dos tempos que morou nos Estados Unidos. Em todas as imagens, Silviano usava

Arquivo pessoal/Silviano Santiago

Ensaio de fotos com Silviano feito por Hélio Oiticica para o livro *XXXV*.

um par de óculos com uma armação preta e grossa, o que acabava o deixando com cara de poeta concretista. Apenas numa delas esboçava um sorriso discreto, sem graça, meio forçado. Quando abri ainda mais a pasta, me dei conta de que, além das fotos, havia também alguns textos. Cartas? Não: era uma espécie de relatório. Em uma das fotos, preso com um clipe todo comido pela maresia, um pequeno cartão e no final assinado: Hélio.

Era o projeto para o *XXXV*.

Naquela mesma noite, fui à casa de Silviano e lhe entreguei a relíquia.

73. **Poeta de Nova York**

Depois de encontrar o *XXXV*, aproveitei os quatro dias que me restavam no Rio para mais conversas. Tinha de entender melhor sua amizade com Hélio, fundamental para compreender os motivos de sua volta. Por que alguém trocaria o conforto da vida burguesa universitária nos Estados Unidos para morar num país que vivia então uma sangrenta ditadura militar? Era preciso esmiuçar seus primeiros anos de professor na PUC-Rio. E os meses durante os quais escreveu *Em liberdade*, romance de 1981.

Mesmo com a carreira universitária em ascensão, Silviano não desiste do projeto de ser escritor. E em 1970 publica o livro de contos *O banquete*. A publicação do volume deixa o jovem professor animado: durante anos tinha escrito, e reescrito, os textos dezenas de vezes. E era mesmo inevitável: quando o livro chega às livrarias, cria certa expectativa. Mera ilusão: *O banquete* passará praticamente batido para os leitores brasileiros. "Hoje entendo que era mais do que esperado que o livro não acontecesse: morava fora havia quase 10 anos, me dedicando totalmente à vida universitária. Não conhecia mais ninguém aqui. O mais curioso com o destino de *O banquete* foi que um dos contos, chamado 'Labor dei', acabou sendo traduzido pelo crítico norte-americano Richard Kostelanetz e publicado na antologia *Breakthrough Fictioneers*. Saiu pela editora nova-iorquina Something Else Press. Era uma editora respeitada na época."

Mas não seria a ficção, e sim a poesia que iria despertar o interesse de Hélio pela sua obra. Isso também ajudaria a solidificar a amizade entre os dois. Em 1970, além de *O banquete*, Silviano publica *Salto*. O volume, com forte pegada concretista, deixa Hélio encantado. Silviano, contudo, quando fala do livro, usa sempre um tom meio de desdém ou então simplesmente evita o assunto. Parece não gostar do seu passado de poeta concretista. Para tentar arrancar dele uma fala sobre *Salto*, li o trecho de uma entrevista, feita pelos pesquisadores Joëlle Rouchou e Júlio Castañon Guimarães.

> *O livro está dividido em três partes: "saldo", "solda" e "salto", palavras-conceitos que serviram para traduzir o movimento da confecção do livro. O livro começa por tentativas de fazer versos, "saldo" (como no poema "amais: amenos"), passa pelas experiências ideogramáticas, "solda" (como nos poemas "man" e "metamorphoses") e termina pela total anarquia da letra solta na folha de papel, "salto". Nos últimos poemas entregava o fazer deles ao leitor, daí o título bem* hippie *de "do-it-yourself kit" (ao estilo de Abbie Hoffman). Até hoje tenho medo de pegar no livro,*

> *principalmente por causa da terceira parte. Um salto no precipício, como se diante de mim se escancarassem as portas do suicídio de Maiakovski. (Veja o ensaio sobre Raul Pompeia, "Contradições e perquirições" que escrevi naquela época. A epígrafe do texto sobre um romancista-suicida era um verso de Maiakovski em homenagem a outro suicida, Iessiênin).*

"Você nunca teve medo de ser experimentalista", brinquei quando acabei a leitura. "E o tema do suicídio aparece de novo nos seus poemas", eu disse ainda em tom mais sério. Irritado, ele não gostou muito do comentário.

"*Salto* é um livro em que eu ainda era muito ligado aos concretistas. Como você sabe, tinha uma boa relação com os irmãos Campos. Até cheguei a publicar na revista deles, *Invenção*. Era uma série de quatro poemas, com um tom bem irônico, que chamei de 'Alguns floreios'. Fiz versos em que eu gozava de Drummond, Bandeira e João Cabral. O poema se chamava 'Alguns floreios' porque era, ao mesmo tempo, flores e também estocadas, provocações. Quando *Salto* saiu, resolvi colocar o poema no livro. O Hélio, que nessa época também estava muito ligado aos concretistas, leu o livro e gostou. Sobretudo do poema 'Man', que até acabou usando num texto seu para a revista *Navilouca*, em 1972."

A leitura da entrevista na qual ele fala sobre *Salto* e sobre aqueles anos em Nova York despertou em Silviano mais algumas lembranças da figura de Hélio.

"Ele era um homem extremamente inteligente e muito interessado em literatura. Estava sempre lendo, muito dedicado. Mas também era muito impaciente: não ficava no mesmo assunto muito tempo. Vivia pulando: de um texto para outro, de um autor para outro. Gostava de ler vários livros ao mesmo tempo. A primeira vez que falamos mais longamente foi na casa dele. Conversamos sobre Nietzsche. Na época, eu estava interessado pela obra do filósofo alemão e afiado com a leitura que os franceses faziam dele. Sobretudo Deleuze. Ele se interessou na hora pelo assunto: disse que tinha lido Nietzsche só quando menino e iria reler. Lembro também que conversávamos muito de poesia. Como eu, ele adorava Rimbaud. Conversamos ainda sobre as novas formas de pensar e fazer política. Hélio estava também muito interessado nos autores que estavam surgindo naquele início dos anos 1970 e teorizavam a política de uma maneira diferente, como Foucault ou Deleuze."

*

Proposições. Nas palavras do próprio Hélio Oiticica, Proposições eram textos "com instruções de trabalhos para terceiros. E funcionavam como 'anotações-sugestões-ideias' para serem executadas por pessoas escolhidas por ele". No *réveillon* de 1973 para 1974, o amigo convidado para participar de uma delas será Silviano.

"Para o Hélio, o valor e a admiração a um amigo eram expressos por meio de um diálogo constante e uma cumplicidade criativa", explica o ensaísta Frederico Coelho (Fred), um dos melhores conhecedores da obra de Hélio Oiticica. Fred estudou o período em que o artista carioca morou em Nova York. Foi ele quem descobriu, no acervo do Museu de Arte Moderna (MoMA), em 2006, uma cópia perdida fazia décadas de *Mangue bangue*, filme de Neville d'Almeida feito em parceria com Hélio. Em 2010, ele ainda publicaria *Livro ou livro-me*, no qual analisa a relação de Hélio com vários escritores, entre eles Silviano. "Além do Silviano, outros amigos-artistas, como Carlos Vergara, Waly Salomão, Lygia Pape e Antônio Dias, foram convidados a participar de suas Proposições", conta Fred.

A Proposição de Silviano chamava-se "VIGÍLIA". E funcionava assim: o escritor mineiro deveria ler o poema "Über Coca", de autoria do próprio Hélio, que era dedicado a Silviano. Além da leitura do poema, ocorreria uma série de interferências visuais e sonoras em um ambiente especialmente arranjado para o evento. Pergunto a Silviano se ele tinha alguma lembrança de "VIGÍLIA".

"A minha Proposição, como várias outras que o Hélio escreveu, nunca foi executada. Mas lembro bem do poema. Logo no início da nossa amizade, me dei conta de que o Hélio era meio cético com a psicanálise. Um dia, passeando em um sebo, encontrei por acaso um livro raro de Freud, reeditado em inglês: *Über Coca*. Dei de presente a ele, que leu e gostou. Algum tempo depois, ele me mandou a cópia de um longo poema que levava o título do próprio livro de Freud, 'Über Coca'. Era o mesmo poema que ele acabou colocando na minha Proposição", conta Silviano.

Arquivo pessoal/Silviano Santiago

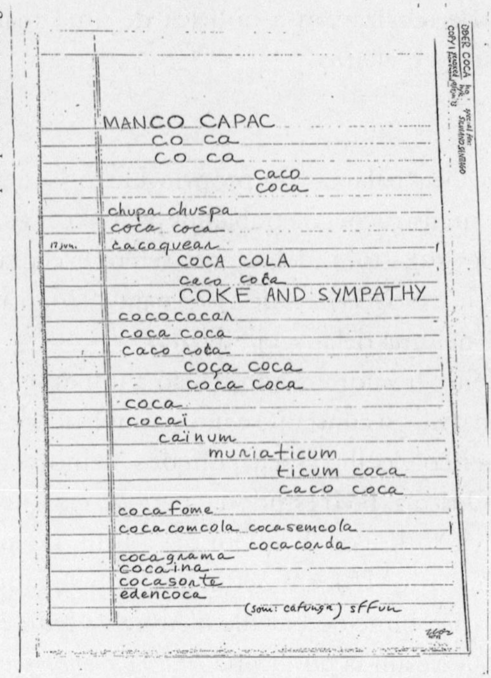

MANCO CAPAC
co ca
co ca
caco
coca
chupa chuspa
coca coca
17 jun. cacoquear
COCA COLA
caco coca
COKE AND SYMPATHY
cocococar
coca coca
caco coca
coça coca
coca coca
coca
cocaï
caïnum
muriaticum
ticum coca
caco coca
cocafome
cocacomcola cocasemcola
cocacorda
cocagrama
cocaina
cocasonte
edencoca
(som: cafungar) sffun

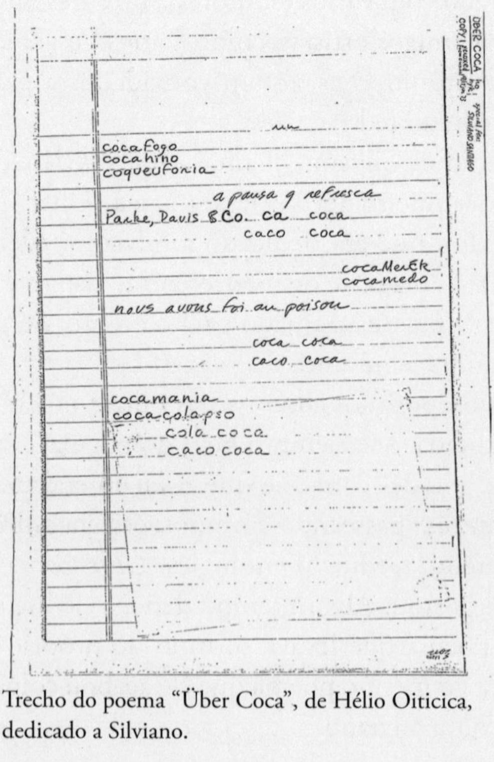

cocafogo
cocahino
coqueuforia
a pausa q refresca
Parke, Davis & Co. ca coca
caco coca
cocaMerck
cocamedo
nous avons foi au poison
coca coca
caco coca
cocamania
cocacolapso
cola coca
caco coca

Trecho do poema "Über Coca", de Hélio Oiticica, dedicado a Silviano.

Arquivo pessoal/Silviano Santiago

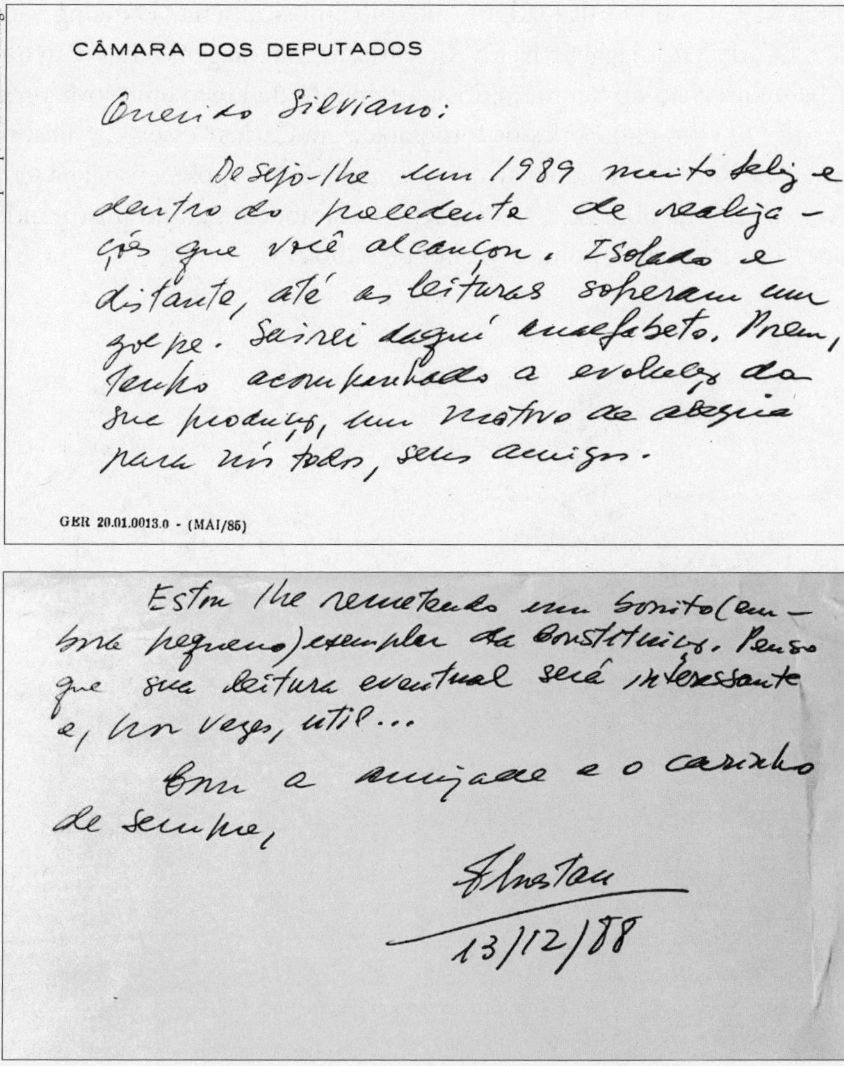

CÂMARA DOS DEPUTADOS

Querido Silviano:

Desejo-lhe um 1989 muito feliz e dentro do precedente de realizações que você alcançou. Isolado e distante, até as leituras sofreram um golpe. Sairei daqui analfabeto. Porém, tenho acompanhado a evolução da sua produção, um motivo de alegria para nós todos, seus amigos.

GER 20.01.0013.0 - (MAI/85)

Estou lhe remetendo um bonito (embora pequeno) exemplar da Constituição. Penso que sua leitura eventual será interessante e, às vezes, útil...

Com a amizade e o carinho de sempre,

Florestan

13/12/88

Cartão de Natal enviado por Florestan Fernandes para Silviano em dezembro de 1988.

Em tempo: "VIGÍLIA", não por acaso, foi produzida nos mesmos meses em que Hélio e o cineasta Neville d'Almeida criaram o conceito "quase-cinema". E realizam a série *Cosmococa*, intervenções em fotografias feitas com cocaína. Uma delas, aliás, seria dedicada a Silviano. Chamada CC8 MR. D ou D DE DADO, sua trilha musical seria "Dancing with Mr. D", de Mick Jagger e Keith Richards, e teria imagens feitas com um espelho no chão do banheiro do apartamento de Hélio em Nova York, no qual se via o teto. A pessoa fotografada era Carlos Pessoa Cavalcanti, irmão de Romero, um dos garotos que aparecem em pose sensual na série *Neyrótika*, uma obra de 80 *slides*, sem narração, com áudio misturando poesia de Rimbaud, poluição sonora e rádio AM.

Arquivo pessoal/Silviano Santiago

Cartão de Natal enviado por Hélio Oiticica para Silviano em 1972.

74. **Virada biográfica**

Desde que encontrei o *XXXV*, não tínhamos ainda conversado sobre ele. Quando conheci Silviano, nos anos 1990, o livro já tinha desaparecido. E, sempre que lhe perguntava sobre a qualidade dos versos, ele saía pela tangente. Dizia que tinha escrito o livro há muito tempo e não se lembrava mais. Respostas vagas. Agora, com o livro nas mãos, queria saber sua impressão sobre os poemas escritos meio século atrás. O que o crítico chamado Silviano Santiago achava do jovem poeta de Nova York? Ele não se entusiasmou muito com a pergunta.

"De novo esse tipo de pergunta? Já te disse tantas vezes: não caio na armadilha de falar de minha própria obra. Não é esse o meu papel. Devo acreditar que ainda tenho um futuro pela frente. E que poderei exprimir a emoção que sinto ao ver o livro de 1973 finalmente realizado quando ele agora for publicado", me disse num tom meio agressivo, para depois amenizar e começar finalmente a se abrir. "Você sabia que ele se chama *XXXV*, assim mesmo, em algarismos romanos, porque 35 era a minha idade quando escrevi o livro? Acho que o livro foi um passo importante no meu trabalho com a linguagem. O livro já tinha um tom mais biográfico, que se tornará a partir daí uma constante nos meus textos de ficção. Acho que *XXXV* marca uma virada. O início da minha maturidade. E que se confirmara no meu livro seguinte, *Crescendo durante a guerra numa província ultramarina.*"

Peço a Silviano para ver mais uma vez os originais do *XXXV*, que começo então a folhear. Ele observa atento a minha leitura e se anima ao ver novamente algumas das imagens. "Lembro bem do dia em que o Hélio me deu essa pasta. Foi pouco antes da minha volta. Entregou e disse: 'Tenho um presente para você'. Eu não sabia de nada. Abri e vi então que era um projeto de diagramação para os poemas do *XXXV*. No dia, ele ainda me mandou que procurasse a Lygia Pape quando eu chegasse ao Rio. Eu nem a conhecia. Só muito recentemente é que descobri que o Hélio escreveu para ela, dando instruções detalhadas de como executar o projeto. Quer ver uma coisa?"

Silviano então vai até o computador, imprime um documento e me entrega nas mãos.

"Lê."

É a carta que Hélio escreve a Lygia Pape, datada de 7 de janeiro de 1973. Em alguns trechos ele escreve:

> *Logo de saída quero tocar no assunto principal: trata-se de um trabalho de design meu para o livro do SILVIANO SANTIAGO (que está levando esta e tudo o mais) que quero que você leve a cabo; todo o detalhamento está feito em diversas explanações por escrito [...]*
>
> *Além disso tudo, é importante que você conheça bem Silviano: ele tem sido único em matéria de situar problemas com precisão e como crítico relevante (isto é: crítico não espectador e cuja precisão crítica advém de sua condição de poeta e que a meu ver se torna a única possibilidade relevante e que toca nos problemas essenciais hoje em se considerando o que venha a ser o papel do crítico).*

Enquanto eu lia a carta, Silviano aproveitou para ir até a cozinha tomar água, e, quando voltou à biblioteca, já chegou falando:

"Quando cheguei ao Brasil, o projeto não foi para a frente. O início na PUC foi muito tenso e não ajudou. Além disso, eu queria comprar um apartamento, para ter onde morar. O dinheiro ficou curto e o livro nunca foi publicado. O resto você já sabe: *XXXV* sumiu na época em que o Rodrigo, meu irmão, usava o apartamento. Foi mesmo uma pena não ter conseguido fazer o livro. Hélio foi uma referência fundamental na minha vida. Um amigo de verdade. Me abriu a cabeça e me despertou novos interesses. Foi por causa dele que eu comecei a conhecer melhor a turma das artes plásticas: o Gerchman, o Antonio Dias, o Vergara. E também me chamou a atenção para a nova geração de escritores e letristas: o Waly Salomão, o Gramirão, o pessoal da MPB, sobretudo o Caetano."

75. **Vida louca vida**

Quando Silviano acabou de falar sobre Hélio, e sobre os malucos anos 1970 em Nova York no Babylonest, me lembrei ainda de uma conversa nossa, em 2023, logo que comecei a pensar o formato que teria este livro. "Para mim, uma boa maneira de se escrever uma biografia de alguém", disse o escritor, "é eleger apenas um momento na sua vida. Um período de sua existência, que possa servir de chave para a compreensão de sua trajetória. A parte que explica o todo." E Silviano me citou, curiosamente, não livros, mas filmes como exemplos: *Madame Satã*, de Karim Aïnouz, *Diários de motocicleta*, de Walter Salles, e *Capote*, de Bennett Miller. "Deve-se fugir da armadilha de criar uma historinha realista com início, meio e fim", disse. Na hora, lembro que ainda pensei também no seu *Machado*: afinal, não é isso que ele faz no livro quando resolve centrar a narrativa nos quatro anos finais da vida de Machado de Assis? Ou em *Viagem ao México*, para falar de Artaud, e *Em liberdade*, para escrever sobre Graciliano Ramos?

E foi ouvindo as histórias da amizade com Hélio, as publicáveis e as não publicáveis, que uma grande ficha caiu: o período que melhor resumiria sua trajetória era mesmo aquele sobre o qual estávamos conversando ali. O tempo em que o escritor se dividia entre a burocrática vida acadêmica de Buffalo e os divertidos encontros com Hélio. Não por acaso, o período em ele escreveria ensaios fundamentais. Numa linha do tempo imaginária, esse período começaria em 1970, quando Silviano escreve "Eça, autor de *Madame Bovary*" (1970), passaria por "O entrelugar no discurso latino-americano" (1971), "Os abutres" e "Caetano Veloso enquanto superastro" (1972), e chegaria a "Bom conselho" (1973). Textos, aliás, que só após muito tempo ganhariam o formato de livro, em *Uma literatura nos trópicos*, em 1978.

Olhei para o celular: já passava das seis. Achei por bem dar por encerrada nossa conversa sobre Hélio. Desliguei o gravador e combinamos novo encontro no dia seguinte. Agora para falarmos dos primeiros anos em que deu aulas na PUC. Na saída do apartamento, quando já tinha chamado o elevador, disse a Silviano que não tinha entendido direito aquela história de suicídio, que ele falava na entrevista a Joëlle Rouchou e Júlio Castañon Guimarães. Mas não quis render muito o assunto. Ele disse apenas:

"Acho que, se tivesse obedecido aos desígnios do Hélio, ou teria me suicidado, ou teria voltado aos States ou ainda teria morrido aos 40 e poucos anos como ele. Dá uma relida lá em *Mil rosas roubadas*, meu livro sobre a sobrevivência. Está tudo lá."

76. **Sobrevivendo na selva**

No dia seguinte, cheguei ao apartamento pouco depois das duas. Ele andava metido, fazia semanas, na redação de um ensaio sobre Machado de Assis e Marcel Proust. Tinha abandonado todos os outros projetos, inclusive o segundo volume de suas memórias, a continuação de *Menino sem passado*. Atravessava as manhãs trabalhando no texto. E não gostava de ser interrompido. Decidi então visitar meu amigo José Mario Pereira e aproveitar para ir a alguns sebos no Centro da cidade. Só apareci na sua casa à tarde.

Machado seguia sendo uma obsessão. Paixão que começou nos anos 1960, quando, ainda muito jovem, escreveu dois importantes ensaios sobre o autor de *Dom casmurro*: "Jano, janeiro" (1966) e "Retórica da verossimilhança" (1969). Ao longo da vida, ele voltaria muitas vezes à obra do criador da Academia Brasileira de Letras, escrevendo textos como "Solidariedade do aborrecimento humano", "O confisco do cadáver de Machado por monarquistas" ou "Fisiologia da composição". Além, é claro, de *Machado*, publicado em 2016.

Mas naquela tarde não era sobre Machado que iríamos conversar. Não ainda. Naquele segundo dia, ainda curtindo a onda de ter encontrado seu livro de poemas perdidos *XXXV*, queria entender melhor sua trajetória na PUC carioca e a polarização dos anos 1970. Sabia apenas que, para a sua volta definitiva, em março de 1974, contara com a ajuda do amigo mineiro Affonso Romano de Sant'Anna. Affonso, a essa altura, já bem instalado no Rio de Janeiro, o apresentará à professora Amélia Lacombe, diretora do departamento. A princípio, seu salário seria bancado com a ajuda do CNPq. Só mais tarde, a PUC assumiria o custo. Silviano é nomeado então professor associado no Departamento de Letras da PUC-Rio e passa a ser o supervisor da cadeira de Literatura Brasileira, cargo que ocupará até 1979. Logo na primeira pergunta, porém, quando pedi que falasse dos primeiros meses no Rio, percebi que não teria um dia fácil.

"Não acha a pergunta genérica demais? Precisa de tantos detalhes? Você está escrevendo uma biografia em cinco volumes? Poderia dar o nome de pessoas que não existem mais, ou que não são nem conhecidas. Não pode ser mais objetivo?", ironizou.

Já tinha me acostumado com seu modo operante. A resistência muitas vezes virava agressividade, quando era obrigado a falar sobre assuntos que o incomodavam. Nas nossas conversas sobre o pai e o trabalho na Dental Santiago tinha sido assim; quando falava do seu namoro com o companheiro dominicano nos Estados Unidos, também. Sabia que aqueles primeiros anos no Rio não tinham sido nada fáceis. Precisava dos detalhes. Não desisti: apenas mudei de estratégia.

Tirei da mochila um livro que tinha achado naquela manhã em um sebo perto do Largo do Machado. O acaso, como gosta de dizer Silviano? Talvez. Fato é que tinha trombado com o volume dos anais do Ciclo de Debates do Teatro Casa Grande. As palestras, acontecidas em 1975, fizeram grande sucesso na época. Reuniram críticos e especialistas de várias áreas: cinema, teatro, música popular, televisão, artes plásticas, imprensa, literatura e publicidade. Silviano não aparecia como um dos palestrantes. Mas seu grande amigo na época, o poeta Affonso Romano de Sant'Anna, sim. Affonso já era um nome de destaque nos cadernos de cultura nos anos 1970.

Estávamos no meio da ditadura. Nos debates, que num único dia podiam reunir mais de 1.400 pessoas, os participantes discutiam os problemas da cultura no Brasil da ditadura. Sem rodeios, fui direto ao capítulo sobre literatura. Ele trazia as falas do encontro acontecido no dia 19 de maio de 1975. A mesa, coordenada pelo filólogo Antônio Houaiss, reuniu os críticos Antonio Candido e Alceu Amoroso Lima e os escritores Antonio Callado e Affonso Romano de Sant'Anna. Li um trecho da fala de Candido:

> *Há teoria demais, e isso eu acho realmente uma das coisas mais graves que estão acontecendo nas faculdades de letras do nosso tempo. Falo de maneira insuspeita porque sou exatamente professor de teoria literária e tenho constatado com um certo pavor que todas as cadeiras de literatura estão se transformando em cadeiras de teoria literária. Literatura inglesa, francesa, portuguesa, estão se transformando pouco a pouco em cadeiras de teoria literária. Tenho constatado nos questionários que passo aos meus alunos e nas entrevistas que faço, que existem alunos já de pós-graduação extremamente habilitados a falar de toda a Europa, de Julia Kristeva, dos teóricos em moda, mas que não leram Dostoievski, não leram Tolstói, não leram Victor Hugo,*

não leram Racine, e isso é gravíssimo. Nas faculdades está havendo uma tendência à substituição dos textos literários por textos de teoria literária. Isso é extremamente grave. É preciso que se alerte enquanto é tempo, porque senão vai haver um desvirtuamento do ensino da literatura. Teoria literária é feita para ensinar a literatura, e não a literatura para ser absorvida pela teoria literária. Nesse sentido, o resultado principal é que está havendo uma tendência para um extremo pedantismo intelectual, com essa invasão de teoria literária. Isso é muito grave porque o estudante perde contato com a realidade viva que é a literatura, para ficar com a reflexão sobre a literatura.

"Achei muito estranho o tom de Candido. Uma fala agressiva. Não é a cara dele", eu disse apenas.

Silviano não disse uma só palavra sobre a fala do autor de *Formação da literatura brasileira*. Deu o clássico sorriso de Mona Lisa de quando fica nervoso. E disparou a falar.

"Naqueles meados dos anos 1970, ninguém no Brasil ainda conhecia os pensadores pós-estruturalistas franceses. Não se lia a obra de Jacques Derrida, que, por sinal, era erroneamente associado ao pensamento de direita. Já o estruturalismo era objeto de piadas de intelectuais importantes. Na época criaram até uma expressão ironizando quem estudava esses autores: o 'estruturalismo dos pobres'. Lembro do dia em que o José Guilherme Merquior me chamou de galicismo deambulatório. A primeira resenha do crítico Wilson Martins sobre um livro meu, como você sabe, tinha o irônico título 'Como diz Derrida'."

Para entendermos a fala de Candido naquela noite no Teatro Casa Grande, é preciso que analisemos, ainda que sumariamente, o que significava o projeto do curso de Letras da PUC carioca nos anos 1970. Como funcionava o ensino de literatura no Brasil naquele período.

Na UFRJ, quem dava as cartas era o imperador Afrânio Coutinho. Na Universidade do Estado do Rio de Janeiro (Uerj), Dirce Riedel era a grande mestra. Já na USP, Antonio Candido e José Aderaldo Castelo eram os donos da praia. Fora do eixo Rio-São Paulo, com bem menos influência nos jornais e nas editoras, o escritor Guilhermino César ditava as normas para os gaúchos. E, em Belo Horizonte, Wilton Cardoso comandava os acadêmicos mineiros.

O novo projeto da PUC carioca incomodaria muita gente. Sobretudo a academia paulista, que àquela altura já dava as cartas do sistema universitário brasileiro.

"Éramos um departamento novo, com uma pós-graduação nova, com gente nova", me contou, em 2004, o próprio Affonso Romano numa longa conversa que tivemos em Belo Horizonte. "A PUC tinha um grande espírito de renovação e era aberta à novidade que vinha de várias áreas. Dávamos espaço não só para professores ou críticos, mas também poetas e romancistas. Levamos para dar palestras, ou seminários, nomes como Osman Lins, Autran Dourado, Nélida Piñon e Rubem Fonseca. Junto com o Silviano, organizei ainda cursos de criação literária. E chamamos autores como a Clarice Lispector e o Pedro Nava. Aliás, o curso que o Autran Dourado deu, durante um semestre, virou até um livro, chamado *Matéria de carpintaria.*"

*

Quando Silviano começou a dar aulas na PUC, o Departamento de Letras carioca já abrigava dois importantes professores, que tinham sido cassados pelo regime militar: Luiz Costa Lima e Gilberto Mendonça Teles. Com Silviano, que trazia na bagagem autores completamente desconhecidos por aqui, estava feita a Santíssima Trindade. Todos os três com linhas de trabalho bem diferentes. E, muitas vezes, bastante antagônicas. O que talvez ajude a explicar um pouco o clima de competição existente na PUC. Havia mesmo uma disputa, às vezes velada, às vezes não, para saber quem iria ditar a moda da vida literária da época.

"Minha chegada aqui ao Rio não foi nada fácil. Foi tudo muito doloroso. E não por conta da questão financeira: trocar um salário alto, ganhar um quarto do que eu estava ganhando nos Estados Unidos. Isso não me incomodava. Em Buffalo, a vida era relativamente tranquila. Na PUC daquele período, a tensão era insuportável. Não esperava por isso. Cheguei otimista, mas acabei tendo muitos problemas de adaptação. Para dizer bem a verdade, não gosto de falar muito disso. Esse papo pode trazer uma alta dose de ressentimento, que eu sempre tento evitar. O que eu posso te dizer é que o clima era muito pesado. O que acabou me levando até a problemas de saúde: perdi o movimento no braço esquerdo por uns 10 ou 15 dias. Enfim: os três primeiros anos foram realmente muito duros, de sobrevivência na selva."

77. *O olhar*

O excesso de trabalho explica, em grande parte, os problemas de saúde de Silviano naquele período. Chama a atenção a quantidade de projetos em que ele se envolveria.

Já no ano de sua chegada, 1974, publica *O olhar*. O romance, escrito (e reescrito) dezenas de vezes desde os anos 1960, sairá pelas Edições Tendência, um selo do grupo da revista *Tendência*, criado pelos amigos de Belo Horizonte Rui Mourão, Affonso Ávila e Fábio Lucas. No ano seguinte, em 1975, organiza, a convite do crítico e tradutor húngaro Paulo Rónai, uma antologia de prosa e verso com a obra de Ariano Suassuna. E mais: uma edição comentada de *Iracema*, de José de Alencar. O livro (que fazia parte da coleção Romances para Estudo, editada pela Francisco Alves e organizada por ele) teve grande sucesso de vendas e acabou sendo adotado em várias faculdades de Letras de todo o país.

E havia ainda o trabalho administrativo. Novato na PUC, Silviano não conseguia – ou talvez seja melhor dizer que não podia – dizer "não" quando seus colegas pediam ajuda para esse tipo de serviço. Assim, um dos motivos centrais que o haviam levado a deixar de ser *chairman* em Buffalo, a burocracia acadêmica, voltava novamente a assombrar sua vida.

"Trabalhei, desde muito cedo, com a burocracia. Na Dental Santiago, a loja do meu pai, eu fazia a contabilidade. E talvez por isso as pessoas acabavam empurrando esse tipo de trabalho para mim na universidade." Silviano, nessa época, ainda ajudaria a organizar, durante quatro edições, o Encontro de Professores de Literatura, na PUC.

A estressante vida acadêmica dos primeiros anos na universidade carioca não tiraria, porém, o foco com que, aos poucos, retomaria sua carreira de escritor. Eu tinha encontrado vários exemplares da primeira edição de *O olhar* no apartamento da Antônio Parreiras. Percebi que a apresentação do livro era do Affonso Romano de Sant'Anna. Mesmo sabendo que Silviano sempre fica incomodado quando converso com ele sobre o ex-amigo (os dois romperiam relações no final dos anos 1980), resolvi ler um trecho da apresentação. Era mesmo um belo retrato do artista quando jovem. Espécie de resumo de sua trajetória até ali.

> *Silviano Santiago pertence a essa espécie paciente de escritores que sabem que estão construindo uma obra diversificada e difícil, e cujo reconhecimento objetivo só advirá quando examinada em conjunto.* O olhar *é sua terceira pesquisa na ficção. Digo pesquisa porque é isto que vem laboriosamente fazendo desde que publicou* Duas faces *(1961) com Ivan Angelo, ainda estudante em Belo Horizonte. Seus contos/novelas daí partiram para* O banquete *(1970), livro mal distribuído ao público e que é uma das mais sóbrias e significativas experiências entre os contistas brasileiros da última década. Cada conto é escrito com uma técnica diferente, mas entre eles há uma coerência formal e temática.* O olhar *foi iniciado no Rio em 1961, continuado em Paris e terminado, de novo, no Rio em 1972 onde Silviano hoje exerce as funções de Supervisor dos Cursos de Literatura Brasileira da PUC/RJ. Até que a feitura desta novela se realizasse, publicou um livro de poemas,* Salto *(1970), um avanço em relação ao anterior,* 4 poetas *(1960) e prenunciador de outro que sairá este ano* XXXV*. Depois de uma vasta experiência de vida/ensino/literatura na Europa, Canadá e Estados Unidos lecionando literatura francesa, portuguesa e brasileira, Silviano decide-se a expor esta novela libertando-se de uma obra gerada sob o impacto talvez do* nouveau roman, *que há cerca de 15 anos constituiu-se num capítulo marcante no encontro cada vez mais nítido da criação com a razão. O livro obedece a um princípio rígido de construção e a engenharia do autor em* O olhar *mostra-se já na montagem do triângulo Pai/Filho/Mãe, que se superpõe ao modelo edípico e psicanalítico a descrever a relação familiar trivial e amarga. Esse triângulo muita vez se planifica apenas numa alteridade entre o Eu e o Outro, entre o branco e o preto, entre a mulher e o homem, o menino e o desejo. O desejo, seja como for, surge sempre como ponto escuro, como o sujo, o condenável, integralizando uma crítica que atinge também o social. Esse tratamento objetivo e crítico da linguagem revela não só o autor habituado à abordagem poética da linguagem, mas o crítico que já nos deu "Latin-American Literature: The Space*

> *in-Between" (Buffalo, 1973), uma tese sobre* Les Faux-monnayeurs *de Gide (Sorbonne, 1968) e dois livros de crítica prestes a sair:* Ruptura e retórica *e* Onde badala o Big-Ben. *Cito todos esses títulos para reunir a atenção dos leitores e críticos para um escritor que durante todos esses anos viveu fora dos centros de promoção de nossa vida literária.*

Excelente resumo da sua trajetória até o início dos 1970. Você e o Affonso eram muito ligados. Encontrei dezenas de cartas dele lá no apartamento da Antônio Parreiras. Comentei com Silviano.

Depois de mais um sorriso de Mona Lisa, ele disse apenas: "Affonso foi um grande amigo."

78. **Drummond & Derrida**

1976. No mesmo ano em que publica *Carlos Drummond de Andrade*, Silviano organiza, com os alunos de mestrado da PUC-Rio, o *Glossário de Derrida*. Pergunto a ele que tal a experiência de escrever, simultaneamente, sobre dois assuntos radicalmente diferentes: um livro sobre um dos maiores poetas brasileiros e um dicionário com as ideias do filósofo Jacques Derrida. A resposta veio na lata.

"Raramente dei aula sobre livro que escrevia. Raramente escrevi livro sobre tema de aula que estava dando. Sempre me vali do aparato teórico, que dava em aula, para fundamentar o livro que estava escrevendo. Problema de economia de tempo, mais do que de método. Não me lembro, por exemplo, de ter feito na pós-graduação uma única leitura de Machado de Assis."

Tinha encontrado, no apartamento da Antônio Parreiras, algumas cartas de Drummond. Li uma delas: aquela em que o poeta falava da edição do livro que Silviano estava então escrevendo.

> *Rio, 23 de outubro de 1974*
>
> *Prezado Silviano,*
>
> *Respondo sua carta de ontem. Antes de mais nada, quero agradecer a nova atenção que lhe fico devendo: a de haver aceitado a incumbência de escrever um livro sobre minha obra poética para a Editora Vozes.*

A escolha do seu nome para esse trabalho só pode ser-me agradável, pelo apreço em que tenho sua capacidade crítica, já demonstrada em vários estudos, entre eles os que me dedicou, e que tanto me honram. Parece, entretanto, que a feitura desse livro encontra uma dificuldade inicial. Pelo que sei da coleção Poetas Modernos do Brasil, através do volume consagrado a Murilo Mendes, esse tipo de edição compreende nota biográfica, estudo crítico, antologia etc. Acontece que em 1970 firmei contrato com a Sabiá – hoje incorporada à José Olympio, com seus direitos e obrigações – pelo qual lhe concedi exclusividade em língua portuguesa para editar e vender seleção de meus poemas. Concluo que a inclusão de antologia no contexto da obra encomendada a você torna impraticável a edição, a menos que Vozes desista de incluir nela a parte antológica.

Bem sei que o problema não é seu, mas da Editora. Contudo, teria sido conveniente que o assunto fosse ventilado com antecipação pela simpática Empresa, para evitar qualquer dúvida ou incômodo no futuro.

Ficarei com prazer à sua disposição para outros esclarecimentos, assegurando-lhe que será para mim uma alegria ver publicado o trabalho em andamento e que, por certo, será de alta qualidade intelectual.

Cordialmente,

Drummond

A carta surpreendeu Silviano, que passou então a relembrar aquele distante ano. E a história atabalhoada do livro sobre Drummond.

"O livro teve só uma edição. Como os poemas não foram liberados, a Editora Vozes não quis republicar. Na época, eu não era tão próximo do Autran Dourado e não sabia da luta que ele e Drummond travavam pelos direitos autorais no Brasil. Então eu achei que ele tinha escrito aquela carta como uma espécie de desculpa. Pensava que o Drummond não queria que eu usasse sua obra. Afinal de contas, no meu livro eu analiso poemas em que ele toca num tema que era tabu na época: a iniciação sexual. Poemas meio apimentados. Mas você lendo a carta agora, vejo que minha interpretação na época estava errada: a carta é ótima. Drummond faz sucessivos elogios e me trata muito bem. Não é por outro motivo, aliás, que ele me indicaria à Editora Nova Aguilar, quando fez a primeira edição das suas Obras Completas."

Não era pequena a lista de críticos que escreviam sobre a obra do poeta mineiro naqueles meados dos anos 1970. Só na PUC carioca, tanto Afonso Romano quanto Costa Lima e Gilberto Mendonça Teles já tinham escrito sobre o assunto. O convite para que Silviano escrevesse o seu livro sobre Drummond partiria do poeta e crítico Affonso Ávila, que, no início dos anos 1970, coordenava a coleção Poetas Modernos do Brasil, da Editora Vozes.

Amigos desde os anos 1950, em Belo Horizonte, Ávila acompanhava, atentamente, sua trajetória. Tinha lido com entusiasmo "Camões e Drummond: a máquina do mundo", de 1964. Nesse artigo, um dos primeiros publicados por ele, Silviano colocava em xeque a estreiteza da leitura antropófaga do poeta de Itabira. Mostrava que o modernista Drummond também era leitor de Camões. Para se dar conta disso, afirmava o jovem crítico mineiro, bastava ler com atenção o poema "A máquina do mundo", do livro *Claro enigma*.

"Quando escrevi 'Camões e Drummond: a máquina do mundo', Drummond leu e adorou. E até me mandou uma carta. Junto com ela, mandou também o poema "Em a/grade/cimento", que é dedicado a mim e hoje está nas obras completas dele. No ensaio, eu afirmava que ele tinha lido *Os lusíadas* e aproveitado a bela imagem da máquina do mundo, do canto 9, para escrever o mais mineiro dos seus poemas. Lembro bem que na época o texto causou um certo estranhamento: a crítica literária só lia o modernismo como vanguarda. E eu trazia uma outra leitura. Dizia que Drummond tinha se inspirado na máquina do mundo de Camões, na tradição, para fazer o poema. Lançava a ideia de que o modernismo não era o marco zero na literatura brasileira. E que tinha, sim, uma relação com a tradição."

Entre um verso e outro de Drummond, Silviano ainda encarava a obra de Derrida. Mostro a ele um artigo do *Jornal do Brasil* do dia 14 de novembro de 1976, quando o *Glossário de Derrida* foi lançado. Com o malicioso título "Um guia para penetrar no mundo intencionalmente obscuro de Jacques Derrida", o jornalista e escritor carioca Jair Ferreira dos Santos começava a matéria assim:

> *Nietzsche recomendava ao filósofo exilar-se nas alturas extremas do espírito, onde pensar é difícil e perigoso. Quem penetrar na filosofia de Jacques*

> *Derrida, sem dúvida um dos mais talentosos pensadores da França na atualidade, verá como ele segue à risca o preceito do mestre. Mas deve preferir antes estar acompanhado do que só. Preparado pelos alunos de Pós-Graduação em Letras da PUC/Rio de Janeiro, com Supervisão de Silviano Santiago, o* Glossário de Derrida *é um excelente guia de acesso à obra rica e original que esse Autor, ex-discípulo de Althusser e Foucault, vem produzindo em livros como* A escritura e a diferença.

Silviano, que tinha ouvido com interesse a leitura da carta de Drummond, não teve a mesma disposição quando lhe mostrei o artigo do *Jornal do Brasil.* Taxado de estruturalista ao longo de décadas, sem curiosamente nunca ter sido, não se interessou pela resenha. Fez até cara de tédio.

"Tanto no jornalismo carioca como no paulista é comum normalizar as coisas pela criação de um grupo. São apenas rótulos. Essa discussão é perda de tempo. Naquela época, os meus escritos eram muito mais influenciados por Nietzsche, em particular pela *Genealogia da moral* e pela questão do ressentimento. Influência que eu acho que você pode sentir até no meu romance *Em liberdade*, que é um livro contra o ressentimento. O que acho importante assinalar é que Derrida era um autor difícil para os alunos. E eu então propus a eles que escrevêssemos um glossário com seus principais termos e conceitos. Era uma forma de motivá-los a se apropriarem da teoria de Derrida."

*

Escrever o *Glossário de Derrida* não foi tarefa simples. A maioria dos mestrandos não tinha um conhecimento do francês compatível com o estilo de Derrida. "Como bom estrangeiro, Derrida escrevia um francês mais elegante do que os colegas educados na margem norte do Mediterrâneo. Basta você comparar, por exemplo, um texto dele a um de seu contemporâneo, Sartre."

Silviano conta que dividiu então a turma em quatro grupos, por sorteio. Cada grupo trabalhava, com total independência, a experiência de leitura. E depois redigia os verbetes. Ao final, o professor, com a ajuda da mestranda Ana Maria Skinner – que então já tinha excelente conhecimento de francês e que nos anos seguintes se tornaria a tradutora de várias obras de Derrida no Brasil –, cotejava as quatro versões (todas anônimas). "Depois disso, selecionávamos os verbetes que nos pareciam mais próximos da proposta geral do seminário."

O *Glossário de Derrida* se tornaria leitura obrigatória de todos os mestrandos da PUC nesse período. Primeiro, numa versão mimeografada em forma de apostila, que circularia entre os alunos. E, a partir de 1976, na edição da Francisco Alves.

"Entrei no mestrado da PUC em 1978. Lembro como a gente quebrava a cabeça para conseguir entender os conceitos de Derrida", me contou o poeta e crítico Italo Moriconi, num almoço que tivemos em 2024. "Eu tinha me formado em Sociologia na UNB e lembro bem que no início não entendia era nada", se diverte ao lembrar aqueles anos finais da década de 1970. Professor aposentado da Uerj, Italo se tornaria um dos mais atentos leitores de Silviano. E em 2019 organizaria *35 ensaios de Silviano Santiago*.

79. **Haroldo**

1976 não será apenas o ano da publicação de *Glossário de Derrida* e *Carlos Drummond*. Será também o ano da prisão de Haroldo Santiago, irmão mais novo de Silviano, pela ditadura militar. Importante quadro do Partido Comunista Brasileiro em Minas, Haroldo será preso na mesma época em que o regime militar mataria o jornalista Vladimir Herzog (outubro de 1975) e o operário Manoel Fiel Filho (janeiro de 1976). O sequestro do irmão, acontecido em maio de 1976, abalará profundamente Silviano. E será determinante na sua decisão de escrever *Em liberdade*.

Antes de começar a escrever este livro, não me lembro de ter conversado com Silviano sobre Haroldo. Sabia, por alto, que ele tinha um irmão que fora preso durante a ditadura. Além disso, já tinha lido algumas entrevistas nas quais o assunto era abordado. Mas sempre sem muitos detalhes.

Aproveitei o último dia no Rio para conversarmos sobre o irmão. A prisão de Haroldo era mais um tema tabu. E Silviano a princípio deu voltas, e mais voltas, antes de começar a tocar no assunto. Usando, pela centésima vez, a estratégia de ler um documento que havia encontrado, lhe mostrei a matéria do *Jornal do Brasil* do dia 28 de maio de 1976, com a notícia da prisão. Dessa vez Silviano ficou muito irritado quando viu a matéria.

"Lembro de tudo: você não precisa ler nada, não: fiquei desesperado quando recebi a notícia. Na mesma hora peguei o carro e fui para Belo Horizonte junto com o Alôncio, meu companheiro na época. Fiquei lá uns dois ou três dias tentando soltar o Haroldo. Como sempre fazia quando ia a Belo Horizonte, ficava na casa da Nilda. Já o Alôncio, para evitar o falatório, ficou hospedado num hotel no centro da cidade."

Além de conviver com a agonia de não saber onde estava preso o irmão (Haroldo ficou desaparecido por vários dias), Silviano teria ainda de conviver com a atitude pragmática da família. "Alguns dos meus irmãos tinham medo de que a prisão do Haroldo pudesse prejudicar a imagem da Dental Santiago, e assim atrapalhar os negócios. E por isso não queria fazer muito alarde. Fiquei muito revoltado e então voltei para o Rio antes mesmo de soltarem o Haroldo."

Haroldo seria libertado no dia 7 de junho, só algumas semanas antes de Silviano ser contratado, como professor visitante, pela Universidade Federal Fluminense, onde trabalharia até 1980. Mostro a ele uma foto que tinha feito de sua carteira de trabalho. Data de admissão: 1º de agosto de 1976.

"Sou péssimo com datas. Não me lembrava que tudo isso tinha acontecido em 1976."

80. **26 poetas e um crítico**

> *Antes de tudo a produção poética da "geração do mimeógrafo" tem o valor de um ato de resistência. E é justamente isso que dificulta sua avaliação pela crítica. [...] Nesta última safra de autores, alguns nomes já são razoavelmente conhecidos, como por exemplo os de Waly Sailormoon, Chacal e Gramiro de Matos, vulgo Ramirão. Em todos eles podemos observar uma espécie de mistura monumental de vários estilos e ritmos,*

numa linguagem de irreverência geral, que passa por Gregório de Matos, Oswald de Andrade, tropicalismo, Kitsch, contracultura etc.

As primeiras linhas do ensaio "Nosso verso de pé quebrado", escrito pela crítica literária Heloísa Teixeira (que na época assinava Heloísa Buarque de Holanda), em parceria com o poeta Antônio Carlos de Brito (Cacaso), é mesmo uma boa amostra do clima que dominava os debates sobre a poesia brasileira naqueles duros anos de ditadura. Publicado na revista *Argumento*, em janeiro de 1974, o texto faz uma espécie de mapeamento da então nova poesia brasileira no mesmo ano em que Silviano voltou para o país. Desde o início dos anos 1970, Heloísa já vinha fazendo uma grande pesquisa sobre a produção poética da época, trabalho que culminaria na publicação, em 1976, da antologia *26 poetas hoje*.

Silviano não ficará de fora desse debate. Entre uma aula e outra na PUC carioca, encontrará tempo para escrever um grande ensaio sobre o tema: um artigo sobre a poesia contemporânea brasileira, publicado no *Jornal do Brasil* do dia 20 de dezembro de 1975.

O texto, que no periódico carioca ganhou o quilométrico título "Poesia jovem: roteiro de velhas vanguardas, à tropicália e ao marginal mimeografado", seria mais tarde reunido em *Uma literatura nos trópicos* com o título "O assassinato de Mallarmé". Num tom polêmico, sem meias palavras, Silviano começava assim o texto:

> *A história da vida literária não se faz sem menção a alguns equívocos construtivos, mas inconscientes. E sem gestos generosos de ingratidão. Para determinar a situação atual da poesia jovem no Brasil é preciso caracterizar primeiro como se deu a passagem de um domínio das vanguardas* (Concreto, Práxis, Processo etc.) *para a abertura dada por Oswald de Andrade. Em que momento e por que os jovens, em lugar de ler os textos propriamente criativos da vanguarda, começaram a dar mais importância aos poemas e manifestos de Oswald de Andrade?*

Não era a primeira vez que ele se interessava pela produção literária contemporânea. Na verdade, ele já vinha trabalhando com o tema fazia alguns anos. "Além de 'O assassinato de Mallarmé', que é de 1975, já tinha publicado outros três textos nos quais analisava a produção literária da cultura jovem urbana do país. Basta você pensar que 'Os abutres' e 'Caetano Veloso enquanto superastro' foram publicados em 1972. E 'Bom conselho', em 1973", conta o ensaísta Fred Coelho. Para Fred, os quatro textos escritos por Silviano, na primeira metade dos anos 1970, já têm uma característica que se tornara marca registrada do crítico: o compromisso com a produção de seu tempo, mesmo que muitas vezes a missão seja espinhosa. "Todos esses quatro textos nascem de uma visada contemporânea. Silviano sempre esteve interessado no agora. Até hoje é assim."

81. Ainda poeta

Eu já sabia: às cinco, em ponto, ele me expulsaria de casa. Quando o assunto é pilates, o escritor é religioso. "Antigamente minha preocupação era com o currículo Lattes. Hoje é com currículo pilates", vive repetindo Silviano em tom de brincadeira.

Tinha então só mais 50 minutos. Mas não havia ainda nem tocado num assunto que seria meio melindroso: sua poesia. Queria entender a mudança que seus versos sofreram a partir de *Crescendo durante a guerra numa província ultramarina*, publicado em 1978.

Se em *Salto*, de 1970, Silviano ainda se escondia no meio de experimentos concretistas, recheados de grandes piruetas circenses e citações eruditas, com o livro de 1978 ele finalmente conquistará sua voz poética. Em *Crescendo durante a guerra numa província ultramarina*, sua biografia entrará, definitivamente, na sua criação literária. Escrito no ano 1976, quando ele foi *visiting professor* na Universidade do Texas, o livro seria, em parte, inspirado nas muitas conversas que teve com o casal de amigos historiadores Carlos Guilherme Mota e Janice Teodoro.

Pesquisando nos jornais da época, tive então uma surpresa: a obra não despertou muito interesse da imprensa. De relevante, tinha encontrado apenas uma resenha feita pelo escritor João Gilberto Noll. E uma simpática nota do jornalista Sérgio Augusto para o *Pasquim*. No texto, Sérgio resumiria muito bem o clima do livro:

> *Retalhos do que vivemos e sublimamos nas asas da Panair, pelas ondas curtas e médias da PRE 8, no vício solitário de ler gibis e frequentar matinês, quando bam virou tiro de revólver, rat-tatat disparo de metralhadora, buuum explosão, pou soco na cara e a Coca-Cola saiu da tela para nos aprisionar à pausa que refresca. Sambaqui de discursos e magias importadas e incentivadas pela política de boa vizinhança, versos para João Miramar nenhum botar defeito e, de quebra, tanger uma corda no peito de Ivan Lessa. Silviano sabe direitinho quais os males que se escondiam nos corações humanos dos anos 1940.*

Silviano ficou feliz ao ler o texto.

"Lembro bem dessa notinha do Sérgio. Foi importante ter a bênção da turma do *Pasquim* naquele momento. Publiquei *Uma literatura nos trópicos* em seguida, no mesmo ano de 1978. E, como você sabe, o livro seria muito mal recebido pelo crítico Wilson Martins, que na época era muito influente."

A essa altura, Silviano já começava a ficar incomodado com o horário. E às vezes olhava para o celular. Sem perder um minuto sequer, continuou suas lembranças sobre o livro.

"Em *Crescendo*, decidi, pela primeira vez, utilizar de maneira consciente um discurso autobiográfico. Mas não é um livro autobiográfico, no sentido tradicional da palavra, e aí está a originalidade maior dele. Os poemas dramatizam a infância, no final dos anos 1930, de um "ser-de-classe", ou seja, de qualquer menino pertencente à classe média, e dramatiza a sua vida através do mapeamento dos vários discursos sociais que vão significando a infância, que vão 'escrevendo' a vida dos vários meninos de então. O processo de mapeamento é feito através de citações, de pastiches, de paródias e de invenções. Portanto, o indivíduo desaparece enquanto tal. Ele é apenas parte de uma massa amorfa e ventríloqua, passível de ser organizada pelas forças ideológicas em jogo no cenário político nacional e estrangeiro."

Crescendo é um livro bem mais complexo do que a princípio pode parecer: "Em primeiro lugar porque tem um compromisso forte com a linguagem. Não tanto com a possibilidade de se trabalhar de maneira lúdica com ela, mas em se dar conta de que há um imperativo linguístico antes mesmo de você querer pensar. O livro é uma autobiografia em que a linguagem me escreve. Daí o fato de ele ter sido escrito através das linguagens artísticas que me formaram: o gibi e o cinema. Até *Salto*, acho que eu tinha um trabalho autoritário com a linguagem. Com o *Crescendo*, isso muda: eu deixo que a linguagem me escreva assim como eu a escrevo. Em *Salto*, eu tentava controlar a linguagem o tempo todo. Era como se eu estivesse jogando um videogame: eu lutava com a linguagem e queria vencê-la. No *Crescendo*, não: quando escrevi o livro, me dei conta de que não conseguiria ter acesso a um eu subjetivamente pleno."

O livro era a afirmação do coletivo como dimensão essencial da literatura. Não por acaso, *Crescendo* tem como epígrafes, na abertura e no fechamento, duas frases que reafirmarão essa ideia. A primeira, do escritor austríaco Peter Handke, diz: "Levando em conta a base linguística de toda a comunidade, em lugar de basear-me exclusivamente nos fatos e selecionar os acontecimentos mais extraordinários". Já a segunda, de Antonio Candido, fecha o livro: "O nosso testemunho se torna registro da experiência de muitos, de todos que, pertencendo ao que se denomina uma geração, julgam-se a princípio diferentes uns dos outros e vão, aos poucos, ficando tão iguais, que acabam desaparecendo como indivíduos".

Faltavam só 15 minutos para aula de pilates de Silviano. E decidi então levantar acampamento. Dei por encerrado o dia de trabalho. Enquanto eu juntava os papéis, ele ainda me disse:

"O que tem que ficar claro é que em Formiga minha grande diversão, como você já sabe, era o cinema. Foi graças a ele, e aos gibis, que pude ter uma experiência cosmopolita, mesmo morando numa cidade distante do interior de Minas. E foi essa história que eu tentei contar em *Crescendo*. Para mim, o cinema e o gibi foram o que a história de Robinson Crusoé, nas páginas de *O Tico-Tico*, foi para Carlos Drummond".

82. **Cartão de Natal**

No dia seguinte cedo me encontrei com Silviano na padaria perto de sua casa. Voltaria para Belo Horizonte no início da tarde, e uma história sobre aquele conturbado final dos anos 1970 tinha ficado para trás. Ele, a princípio, protestou. Não queria quebrar a rotina de trabalho. Só topou me encontrar quando eu disse, no final da nossa conversa do dia anterior, que finalmente encontrara o tal cartão de Natal de 1978 de que ele me falava fazia décadas: um misterioso envelope, recebido mais ou menos na mesma época em que seu irmão Haroldo tinha sido preso em Belo Horizonte.

"Hoje vamos ter que falar rapidinho. Só um café. Você acha que até as nove estamos liberados? Quero trabalhar ainda na parte da manhã", disse de supetão, nem bem tinha sentado na cadeira. Ao lado de nossa mesa, turistas argentinos conversavam animadamente, alto e sem parar, dificultando o papo. Calor infernal. Mostrei-lhe então o cartão-postal que lhe havia prometido.

Arquivo pessoal/Silviano Santiago

Cartão de Natal recebido por Silviano, no Natal de 1978, sem remetente.

Ele ficou por alguns segundos olhando fixamente para aquele papel. De um lado, uma foto que mostrava a banca do concurso para livre-docência da professora de literatura brasileira Maria Luiza Ramos, realizada em 1958, na Faculdade de Filosofia da UFMG. Na plateia, no canto esquerdo, lá estava Silviano. Alguém o tinha marcado com uma estrela vermelha. Seria ele a próxima vítima? Na outra página, estava escrito apenas: "FELIZ NATAL 1978".

Receber esse tipo de carta, sem remetente e num tom ameaçador, era comum durante os anos da ditadura. O método era usado para gerar paranoia e, assim, tornar o destinatário refém do medo. Uma espécie de recado para que o sujeito ficasse atento: o regime militar sabia da sua existência e onde você morava. Em algum momento, se preciso, você poderia ser procurado. Ou, quem sabe, até preso, como tinha acontecido com Haroldo alguns meses antes.

Silviano ficou visivelmente emocionado. Com um ar meio vago, perdido. Por alguns segundos ficamos ali, em silêncio. E olhando o entra e sai dos barulhentos turistas, que eram abordados por pedintes assim que saíam da padaria. E ele ali, calado. Só depois que bebeu todo o expresso é que teve vontade de começar a falar.

"Pelo carimbo do correio, dá para ver que recebi esse cartão no final de 1978. Foram anos difíceis: a gente nunca sabia o que ia acontecer. Em 1976 tinham prendido o Haroldo e muita gente sabia que ele era meu irmão. Além disso, depois da publicação de *Uma literatura nos trópicos*, comecei a aparecer mais na imprensa. Mas acho que fiquei mais visado mesmo foi depois de uma viagem que fiz a Brasília por essa época."

Foi em 1977. Silviano conta que esteve com a escritora Lygia Fagundes Telles para entregar o "Manifesto dos intelectuais". O documento tinha sido escrito em protesto, depois que a censura militar proibiu três livros: *Aracelli, meu amor*, de José Louzeiro, *Zero*, de Ignácio de Loyola Brandão, e *Feliz ano novo*, do Rubem Fonseca. "Na verdade, não tinha ido a Brasília para isso, mas para uma reunião do CNPq. E acabei me encontrando com Lygia. Nessa época eu também tinha muito contato com a Sociedade Brasileira para o Progresso da Ciência [SBPC], um importante grupo de resistência à ditadura. Como era amigo de Lygia, que estava sempre no Rio, decidi então ir também à entrega do documento."

O episódio da entrega do "Manifesto dos intelectuais" é bastante conhecido e está até em um dos livros de Lygia, *Conspiração de nuvens*, de 2007. Durante o governo do ditador Ernesto Geisel, a escritora paulista lideraria, com mais três colegas, a entrega do documento, com um abaixo-assinado de mais de mil signatários contra a censura. Lygia foi até o Ministério da Justiça e tentou ser recebida, sem sucesso, pelo ministro Armando Falcão. Além dela, os jornais da época registrariam ainda a presença do historiador Hélio Silva e da escritora Nélida Piñon e do escritor Jefferson Ribeiro de Andrade. "Depois que assinei aquele documento, tive problemas até com o meu contrato na Universidade Federal Fluminense", disse Silviano.

Sabia que o combinado era só um café. Mesmo assim resolvi explorá-lo um pouco mais. E lhe mostrei então um artigo que tinha achado no *Jornal do Brasil* publicado na coluna "Informe JB" do dia 29 de junho de 1979. Na matéria podia-se ler:

> *O professor Silviano Santiago, do Departamento de Letras de PUC, é o autor do prefácio da segunda edição do livro de contos* A coleira do cão*, do escritor Rubem Fonseca, lançado pela Codecri. Rubem Fonseca, também autor de* Feliz ano novo*, apreendido em 1976 por ordem do então Ministro Armando Falcão, por "atentar contra a moral e os bons costumes" é hoje diretor do Departamento de Cultura da Prefeitura do Rio de Janeiro. A certa altura do seu prefácio para* A coleira do cão*, Silviano Santiago afirma: "Onde se espera uma literatura capaz de gerar planos sociais desagregadores, encontra-se um texto realista em que os personagens, soltos na violência do espaço social urbano, procuram desesperadamente um elo afetivo que os recupere para a coletividade".*

"É o seu ensaio 'Errata', que está no *Vale quanto pesa*. O mais curioso é que a nota saiu na editoria de política do jornal, e não no glamoroso Caderno B, que cobria cultura", comentei.

Ele apenas sorriu Mona Lisa e, olhando as horas no celular, levantou-se depressa da cadeira.

"Bom: está na minha hora. Quando chegar a Belo Horizonte me dê notícias."

83. **Chamadas telefônicas**

De volta a BH, achei melhor dar um tempo e só retomar as entrevistas uma semana depois. Tínhamos de conversar sobre *Uma literatura nos trópicos* e queria pegá-lo numa hora boa, em que ele estivesse descansado e disposto a falar. Ele já tinha dado dezenas de entrevistas sobre o livro, e não chover no molhado era missão complicada.

Silviano tinha mais de 40 anos quando *Uma literatura nos trópicos* chegou às livrarias. A história da publicação do seu primeiro livro de ensaios, cheia de percalços e mal-entendidos, começou ainda no final dos anos 1960, quando ele morava nos Estados Unidos. Naquela época, o livro teve uma primeira versão chamada *Ruptura e tradição (ensaio sobre o romance brasileiro do século XIX)*. Nela, não havia nem o famoso ensaio "O entrelugar do discurso latino-americano", escrito em 1971, nem a segunda parte da edição de 1978, dedicada a autores contemporâneos.

A primeira versão reunia apenas textos sobre alguns romances brasileiros, escritos nos anos 1960 e publicados em revistas universitárias estadunidenses. Para o volume, ele também selecionara "Jano, janeiro", ensaio em que analisa os primeiros trabalhos literários de Machado de Assis. Já o ensaio "Camões e Drummond: a máquina do mundo", que tanto impressionara o poeta de Itabira, foi deixado de fora por se tratar de poesia, assim como sua análise feita sobre a peça *A moratória*, de Jorge Andrade, por se tratar de teatro.

Longe do Brasil e sem conhecer nenhum editor, Silviano pediria ajuda ao amigo Heitor Martins, que encaminhou os originais do livro ao poeta Péricles Eugênio da Silva Ramos. Um contrato foi até assinado, e ficou acertado que o livro sairia em 1970. A edição, porém, nunca chegou às livrarias.

O imbróglio só seria mesmo resolvido quase oito anos depois. E contaria, de novo, com a ajuda de um amigo mineiro: o crítico teatral Sábato Magaldi. Ele que fará a ponte entre Silviano e o professor e editor Jacó Guinsburg, da Editora Perspectiva. Em 1978, o livro é então finalmente publicado na coleção Ensaios. "Aceitaram publicá-lo, mas sem direitos autorais. Recebi os direitos autorais pagos em livros", relembrou Silviano na primeira ligação que fiz a ele depois que voltei do Rio.

Uma literatura nos trópicos não seguia o figurino comportado esperado para um livro de crítica literária brasileira dita "séria" nos anos 1970. Nada disso. E se, na primeira metade do livro, Silviano analisava autores canônicos, como Machado de Assis, Eça de Queiroz, Raul Pompeia e José Américo de Almeida, na outra metade do volume ele tratava de jovens escritores e artistas contemporâneos. No livro, por exemplo, as obras do compositor Caetano Veloso e do escritor Sérgio Sant'Anna eram objeto de estudo, algo ainda incomum na época. E mais: leitor atento de poesia desde sempre, em "Os abutres", Silviano também analisava a obra dos novos poetas que tinham surgido naquele final dos anos 1960, início dos 1970. Eram os anos da curtição. E ele chamava então a atenção para uma cisão que acontecia na cultura brasileira. Em um dos trechos do ensaio, escreve:

> *A curtição ocasionou cisões homéricas e irrecuperáveis: entre a patota do* Pasquim *e os seguidores do guru Luiz Carlos Maciel; entre o pessoal que gosta dos baianos-que-voltam e os que são fãs do Milton Nascimento que-ficou e que não dispensa sua caipirinha; entre os bem-situados-badalados do cinema novo e os arrivistas malditos do cinema boca-do-lixo, para ficar com alguns exemplos recentes.*

Sempre interessado no presente, ele tentava analisar a sensibilidade daquela nova geração. "Logo que cheguei ao Brasil, em 1974, notei mudanças enormes no país. E essas mudanças aconteciam muito mais no campo comportamental do que no campo político. Isso me deixou intrigado e, ao mesmo tempo, fascinado. Quis então estudar o fenômeno."

Ele conta que a primeira edição do livro passaria quase despercebida. O que não foi exatamente uma surpresa. "Quando, no final de 1970, finalmente consegui publicar *Uma literatura nos trópicos*, eu já imaginava que o livro talvez não fizesse mesmo sucesso: os ensaios tratavam de temas para os quais a grande mídia brasileira e seus cadernos de cultura ainda não estavam atentados. Lembro que pouca gente se interessou em escrever sobre o livro: aqui no Rio, o poeta e crítico Ivan Junqueira; em Recife, o cineasta Jomard Muniz de Britto; em Belo

Horizonte, o crítico de cinema Fritz Teixeira de Salles. E só. Além, é claro, do Wilson Martins, que acabou com o livro."

Na sua coluna no *Jornal do Brasil*, o crítico paranaense faria mesmo um violento ataque ao livro. Com o irônico título "Como diz Derrida", em 16 de junho de 1979, Martins assim começava a resenha:

> *Silviano Santiago é especialista em literatura francesa, matéria que lecionou por algum tempo numa universidade norte-americana; é natural, por consequência, que todos os seus pontos de referência críticos sejam tomados à doutrina parisiense e conformados à sua imagem e semelhança. Ele tem das nossas letras a mesma visão exótica que a torna interessante, enquanto curiosa anomalia, aos olhos dos brilhantes teoristas gauleses; tudo o que nelas possa relacioná-las, de perto ou de longe, com o europeu (categoria anátema para os pensadores titulares da ideia entre todas francesas do Terceiro Mundo) deve ser rejeitado, não apenas como erro, mas também como heresia, e não como fato histórico, supositício ou verdadeiro, mas como prova de baixeza moral.*

O escritor, que até hoje guarda o recorte com o artigo de Wilson Martins, conta que o ataque não foi gratuito. Dois meses antes, em 25 de abril de 1979, ele havia escrito uma resenha para a revista *Veja*. No texto, nada amigável, Silviano analisava a *História da inteligência brasileira*, o monumental trabalho de pesquisa feito por Wilson Martins nos Estados Unidos, publicado em sete volumes. "Na verdade, já conhecia ele desde 1966, quando eu ainda morava nos Estados Unidos. Participamos de um encontro de literatura brasileira na Universidade Harvard. Sempre tivemos posições teóricas, e sobretudo políticas, opostas. Ele ficou realmente muito irritado com o artigo que escrevi para a *Veja*." Irritação, aliás, mais do que esperada. Basta lermos apenas um dos parágrafos da resenha, na qual Silviano escreve:

> *É pela ausência de uma reflexão metodológica, e até mesmo pelo descuido com que maneja seu aparato conceitual, que o trabalho de Martins começa a falhar. Desde a sua primeira frase, damo-nos conta de uma série de equívocos em que necessariamente incorre e incorrerá pelo restante*

da obra. Escreve ele: "A história da inteligência brasileira começa em 1550, quando o padre Leonardo Nunes inicia os estudos rudimentares de Latim no Colégio dos Meninos, em São Vicente". Seu conceito básico é, pois, eurocêntrico e institucional, já que, na implantação dos valores da contrarreforma na Terra de Pindorama, Martins vê o começo inquestionável da nossa história intelectual, e a vê circunscrita pelo magistério. Elitista e livresca, idealista e bacharelesca, a inteligência só se exprime em português correto e literário. Há aí um óbvio recalque dos valores da cultura indígena, recalque semelhante ao dos mais ferrenhos portugueses que julgaram o selvagem brasileiro uma tabula rasa. *A* tabula rasa *de Martins salienta que o conceito de inteligência pode ser amplo, mas não é interdisciplinar, pois lhe faltam os rudimentos da reflexão antropológica (para não falar do pensamento romântico). Se não quisesse insistir no tópico da destruição da cultura indígena, como um Mecenas Dourado, podia, pelo menos, colocar o problema da aculturação, como lhe indica um Thales de Azevedo ou um Eduardo Hoornaert.*

*

Numa das chamadas telefônicas que fiz a Silviano, mais ou menos duas semanas depois de minha volta do Rio, comentei sobre algumas cartas do escritor Sérgio Sant'Anna que eu tinha achado no arquivo. No início dos anos 1970, Sérgio ainda morava em Belo Horizonte. Não tinha ainda publicado *O concerto de João Gilberto no Rio de Janeiro*, livro que o projetaria nacionalmente. Perguntei a ele qual era hoje sua impressão sobre o ensaio "O caminho circular da ficção". Nele, Silviano analisava *Notas de Manfredo Rangel, repórter (a respeito de Kramer)*, livro de Sérgio publicado em 1973.

"Relendo o livro, para organizar a terceira edição que saiu pela CEPE Editora, reli todos os ensaios. E tive uma outra leitura: a de um velho relendo a sua obra de crítica escrita na juventude. E realmente às vezes me achei, em alguns ensaios, muito cruel", disse a princípio o escritor.

"Você não acha que bateu pesado demais no Sérgio?", quis saber. "Não foi injusto com ele?"

"Injusto?", e já logo no tom da primeira palavra percebi que ele, do outro lado da linha, tinha ficado irritado com a pergunta. "Não acho, não. Você leu o livro? Sejamos francos: aquele livro do Sérgio é um livro de Partidão, um livro insuportavelmente Partidão. Daí o título 'O caminho circular da ficção'. No ensaio, eu tentei mostrar como é um livro que trabalhava com todos os clichês da época a respeito de repressão, censura. Nessa época eu já estava interessado em figuras como o Caetano e os jovens poetas da chamada Geração Mimeógrafo. E, claro, com a obra do Hélio Oiticica: depois de nossa convivência em Nova York, Hélio tinha virado uma referência muito importante para mim. Fundamental. E, de repente, eu leio o livro do Sérgio. Ele ainda era muito jovem e tinha escrito um livro cheio de clichês. Acho até que minha reação ao livro foi uma reação mais política do que propriamente literária. Eu era mais velho que o Sérgio. Ele fazia parte do grupo dos Novos do *Suplemento Literário de Minas Gerais*, com quem eu mantinha uma relação simpática. Quando li *Notas de Manfredo Rangel, repórter*, achei que estava diante de uma pessoa que eu julgava velha, com um texto velho. E então reagi com aquele meu jeito na época. Que era, admito, meio cruel. Talvez poderia ter escrito um texto menos perverso, talvez até mais didático, mas naquele tempo eu não fazia texto didático. Estava vindo dessa crítica francesa meio retórica."

O livro de Sérgio deixou nossa conversa tensa, estranha. A morte de Sérgio ainda era recente, e confesso que reagi de forma explosiva. Para esfriar os ânimos, mudei completamente de assunto. Alguns dias antes, conversara com um amigo comum, Schneider Carpeggiani. Editor do *Suplemento Pernambuco* na época, Schneider tinha sido o responsável pela terceira edição de *Uma literatura nos trópicos* e comentara comigo que disponibilizara gratuitamente, para Kindle, um dos ensaios do livro: "Caetano Veloso enquanto superastro". Para sua surpresa, o ensaio se tornou um dos arquivos mais baixados da Amazon. Alguns textos de *Uma literatura nos trópicos* ainda despertavam o interesse das novas gerações – algo raro, tratando-se de crítica literária, que quase sempre acaba datada. Pergunto a Silviano qual é, para ele, a atualidade do seu primeiro livro de ensaios.

"Nos últimos 10, 15 anos, voltamos a viver um período de politização da cultura. E o livro, de uma certa maneira, é bastante politizado. Talvez por isso ainda funcione. Além disso, a segunda parte do livro é mais compreensível hoje do que foi em 1978. Era muito comportamental, e as pessoas, nos anos 1970, ainda estavam muito literárias. Só depois, a partir dos anos 1990, é que revistas de grande circulação, como *Veja*, passaram a ter uma seção de comportamento. Acho que saí um pouco na frente nessa leitura de comportamento. E preciso dizer: devo isso a uma única pessoa, que é o Hélio Oiticica. Meu encontro com ele, em 1969-1970, foi definitivo. Hélio me iluminou. Me esclareceu muito sobre o que é vida e arte, e que essas distinções entre obra e comportamento são ilusórias. É como eu sempre te digo: o meu ativismo, se houve algum, foi menos na direção político-partidária, e mais na direção comportamental. Quando *Uma literatura nos trópicos* saiu, eu já estava distante do tema dos ensaios. Já me interessava por outros assuntos: os manifestos literários europeus e brasileiros, autobiografia e memórias, Carlos Drummond, Murilo Mendes e Pedro Nava. E, claro, o estudo de correspondência, sobretudo de Mário de Andrade."

84. **Transe perfeito**

No país da delicadeza e do autoritarismo, vivíamos dias estranhos quando, em abril de 2022, entrevistei Silviano para o caderno Pensar, do *Estado de Minas*. Mais de 40 anos depois da primeira edição, *Em liberdade* voltava as livrarias. Estávamos a poucos meses da eleição que definiria o destino da democracia brasileira. E o romance, publicado durante a ditadura, em setembro de 1981, ganhava uma atualidade assustadora: o fascismo, agora digital, desgraçadamente, já fazia parte do nosso cotidiano.

Naqueles dias Silviano andava ainda mais angustiado. Só agora, escrevendo estas linhas, me dou conta de que propus a entrevista mais como uma forma de distração, enquanto a eleição não vinha, do que para divulgar a nova edição do livro.

Em liberdade foi talvez o maior sucesso de público de Silviano, só tendo *Machado* como rival. No enredo, Silviano imaginava os três primeiros meses de Graciliano Ramos logo que ele deixa a prisão, em janeiro de 1937. Preso pela ditadura de Vargas, na história o escritor alagoano aparece flanando pela cidade do Rio de Janeiro. Estão no romance a barbárie do golpe militar de 1964 (com o episódio do assassinato do jornalista Vladimir Herzog no DOI-CODI), o Estado Novo getulista (com a prisão de Graciliano) e a Inconfidência Mineira (com o "suicídio" de Cláudio Manuel da Costa). Num dos primeiros e-mails que trocamos para a matéria, quis saber o porquê de Graciliano como personagem. E não, por exemplo, Mário de Andrade ou Carlos Drummond, autores que eu achava que sempre estivessem mais na mira do seu interesse. E mais: por que escreveu um livro com temática tão engajada? Não achava que fosse muito a sua cara.

"Em primeiro lugar, devo dizer que sempre fui leitor contumaz de Graciliano. Não queria escrever um romance sobre o golpe militar e o AI-5, ou a repressão e a tortura no Brasil pós-1964. A motivação inicial de *Em liberdade* veio de uma história pessoal: a prisão do meu irmão Haroldo, que era do Partido Comunista e tinha sido preso, em 1976, pela ditadura militar. Nunca escrevo diretamente sobre mim: procuro sempre outro viés, outro caminho. A princípio, cheguei ao poeta Cláudio Manuel."

Na época, Silviano tinha lido *A Devassa da Devassa*, do historiador britânico Kenneth Maxwell, e achou a figura do poeta Cláudio Manuel intrigante. Já conhecia a história mal contada a respeito de sua morte. E imaginou que talvez o episódio rendesse um livro de ficção. "Na primeira versão, cheguei a escrever umas 40 ou 50 páginas. Contava sobre a descoberta de um manuscrito de Cláudio Manuel na Casa dos Contos, em Ouro Preto. No documento, Cláudio explicava como tinha sido 'suicidado'. É claro que eu estava pensando no assassinato do Herzog. Mas sobretudo na história do meu irmão Haroldo. Mas na época não era aconselhável tratar do assunto diretamente."

À medida que escrevia, com Cláudio Manuel sendo o personagem central da história, Silviano se deu conta de que talvez não fosse bom recuar tanto em relação a 1964: a trama estava ficando excessivamente histórica. "Comecei a achar que a história não estava funcionando. Não estava muito convencido do texto. Até que um dia, conversando com o poeta Geraldinho Carneiro, que tinha lido a primeira versão, ele me aconselhou a mudar a personagem. Ele achava que ninguém se interessaria por um livro com uma personagem do século XVIII. O assunto dos inconfidentes ficaria uma coisa meio perdida, no passado, ninguém conhecia direito aquele período. Quer dizer: o leitor contemporâneo não estaria a par do episódio político da Inconfidência, já que o 'suicídio' de Cláudio Manuel não aparecia nos livros de História, não era estudado. Além disso, havia o problema da linguagem: eu tinha escrito em um português do século XVIII. E o Geraldinho achava que isso não interessava ao leitor da década de 1970."

Foi aí que Silviano teve a ideia de usar Graciliano Ramos e *Memórias do cárcere*. "O livro então engatou. E, à medida que eu ia escrevendo, descobri que a grande questão não era tanto a prisão, até porque os guerrilheiros, os exilados já estavam escrevendo suas memórias: havia os livros do Fernando Gabeira, do Alfredo Sirkis. A questão era mais a da liberdade: o que você, ou Graciliano, faz depois da prisão? Depois que fica livre?"

Ao criar o diário fictício de Graciliano, Silviano acabaria escrevendo uma espécie de história ficcional do autoritarismo brasileiro. Para ele, mais importante do que questionar a estrutura central do poder, o que foi feito com eficácia por autores como Gabeira e Sirkis, era questionar as microestruturas do poder. "Acho Graciliano, de todos os modernistas, o único que nunca foi comprometido com o projeto de modernização do Brasil. Ele é diferente de todos os outros que, mais ou menos engajados, acreditaram no nosso projeto de modernização. Todos tinham uma mente desenvolvimentista. Em todos existia uma necessidade de atualização, todos queriam fazer com que o Brasil entrasse na história, e numa história que seria pura industrialização. Todos os modernistas, por exemplo, embarcaram no projeto tenentista: na sua forma conservadora, que nos deu o general Golbery. E na sua forma revolucionária, que nos deu Luís Carlos Prestes. Graciliano, não. Ele nunca acreditou no projeto de modernização conservadora. E essa sua visão me interessava."

Com a publicação de *Em liberdade*, Silviano venceria o Prêmio Jabuti de melhor romance em 1982. E romperia a bolha universitária. Quase de forma imediata, o sucesso de público despertaria, de novo, a ira do crítico Wilson Martins, que no *Jornal do Brasil* do dia 19 de dezembro de 1981 voltaria a atacar. No artigo "Exercícios de estilo", o crítico paranaense escreveria:

> *Devemos ler* Em liberdade *como um livro de Silviano Santiago ou como um livro de Graciliano Ramos? Imaginemos por um momento que seja deste último. Tendo sido, no grupo dos ficcionistas nordestinos, o único que*

> *demonstrava conhecimento e domínio do idioma, rejeitando tacitamente os brasileirismos e as incorreções, deliberadas ou não, que àquela altura passavam por estilo literário, surpreende encontrá-lo agora enleado nas dificuldades da sintaxe, escrevendo uma língua trôpega e cometendo os solecismos característicos das pessoas incultas.*

Silviano, que fez questão de guardar o artigo de Wilson sobre *Em liberdade* em uma das suas caixas, hoje não se interessa mais pela polêmica. Num dos nossos e-mails, não deu atenção ao assunto quando comentei sobre o agressivo artigo. "Acho as resenhas do Caio e do Nelsinho mais interessantes: você não as encontrou em uma das caixas da biblioteca? Devem estar lá."

Eu me lembrava de ter encontrado, ainda no início da pesquisa, os dois artigos no apartamento da Antônio Parreiras. Lembrava até que, no dia em que os li, tinha achado estranho que não tivesse sido um crítico literário, mas um produtor musical e compositor (Nelson Motta) e um escritor (Caio Fernando Abreu) que tivessem entendido a qualidade literária do livro. Será que os dois artigos seriam o sintoma de certa crítica literária brasileira que, já naquela época encastelada na universidade, vivia num mundo paralelo sem conexão com a sociedade e simplesmente não entendeu o livro? Mas achei melhor nem perguntar. O crítico era ele. Não eu.

No artigo publicado no jornal *O Globo* do dia 15 de outubro de 1981, o letrista de "Como uma onda no mar" comemorava a edição do livro. E escrevia:

> *De tal modo emocionante a leitura de* Em liberdade *que se torna quase uma gentil compulsão, numa fugacidade crônica e apressada, saudar essa elaborada e apaixonada mágica escrita por Silviano Santiago. A ousadia e grandeza do propósito obedecem à disciplina e ao rigor da criação: tornar vivas as palavras ditas e não ditas por Graciliano Ramos – como Graciliano Ramos, gracilianamente; e abarcando um período (crucial? negro? sombrio? todos os lugares-comuns são poucos) da vida e arte de um exemplar homem brasileiro, recém-saído da prisão e da tortura para a casa de Zélins do Rêgo no Rio de Janeiro: momentos doloridos e delicados, quando alguém como Graça estaria com todos*

> *os seus poros abertos e espertos para respirar e transpirar, escrevendo, aqueles seus primeiros dias em liberdade. Que não escreveu; Silviano por ele o fez.*

Já o escritor Caio Fernando Abreu, na época resenhista da revista *Veja*, publica, na edição do dia 23 de setembro de 1981, um excelente texto. Com o título "Transe perfeito", o escritor gaúcho consegue, com grande maestria, resumir em poucas linhas a alma do livro. E escreve:

> *Teria realmente Graciliano Ramos escrito um diário após sua saída da prisão, em 1937, entregando os originais a um misterioso amigo, pedindo, anos mais tarde, que os queimasse? E teria esse amigo mentido a Graciliano, fazendo com que os originais intactos chegassem às mãos de Silviano Santiago, que os traz a público agora?*
>
> *Claro que tudo isso não passa de uma "ficção", como define seu próprio autor. Ou nem tão claro assim. Em suas frases curtas, em seu estilo seco e torturado, é tão funda e convincente a identificação de Santiago – professor de Literatura na Pontifícia Universidade Católica carioca – com Graciliano que o leitor pode confundir-se. Em vez de fingir que é real o que não passa de pura invenção, não estaria o autor fingindo ser invenção o que é pura realidade?*
>
> *Pouco importa. Assim como Borges cria livros e autores "inexistentes", ou como Marguerite Yourcenar parece ter recebido mediunicamente o imperador Adriano – o corpo e a mente de Silviano Santiago são como o "cavalo" que praticamente psicografa as angústias de um Graciliano sem emprego e sem dinheiro, arrasado por quase um ano de prisão. "Libertar-se é caminhar sozinho", diz Graciliano/Silviano. E sua dor se faz tão palpável que, realidade ou ficção, o que conta é a terrível carga de lucidez e sofrimento destas páginas.*
>
> *Hospedado em princípio com o hipocondríaco e prolífico José Lins do Rego, depois de um mês, por indicação de Rubem Braga e Zora Seljan, Graciliano muda-se para a pensão de dona Elvira, no Catete (no quarteirão onde moram as irmãs e cantoras Linda e Dircinha Batista), enquanto a mulher Heloísa viaja para Alagoas. Lá, ele começa sua outra viagem: incorporar o espírito do poeta inconfidente Cláudio Manuel da Costa para escrever um conto. Dentro da ficção de Silviano,*

> *abre-se espaço para a ficção de Graciliano: "Cláudio será Graciliano. Graciliano redige, mas quem escreve é Cláudio". Como pano de fundo: a opressão do Império, ou a opressão dos terríveis anos do Estado Novo de Getúlio Vargas.*
>
> *Essa estranha simbiose psicológica do livro de Silviano Santiago talvez permaneça como uma das mais originais viagens literárias de nosso tempo, ao abrir novos caminhos e reviver antigas dores. Mas que, apesar dos anos, desgraçadamente continuam vivas.*

Em um "zap", fiz questão de mandar o artigo de Caio Fernando para Silviano. Seguido de uma provocação: o melhor texto escrito sobre *Em liberdade*.

Silviano foi rápido na resposta. "Já te falei que por causa da resenha do Caio, e por ser em *Veja*, que era muito lida na época, logo em seguida alguém botou no quadro de aviso do Departamento de Letras da PUC a resenha do Wilson Martins? Ficou lá por umas duas semanas. Acho que me testavam. Para ver se eu reclamava. Ou se eu próprio retirava (rs). Para te dizer a verdade, acho que foi o Fausto Cunha, hoje infelizmente um crítico esquecido, quem disse uma das coisas mais sábias sobre o livro. Ele escreveu: '*Em liberdade* constitui o seu próprio gênero'. Tentei constituir um novo gênero na literatura brasileira: nem biografia, nem romance, nem ensaio. Os três ao mesmo tempo."

Noutro e-mail, fiz a inevitável, e, admito, tola, pergunta das influências. Sabia, por exemplo, que a poesia de Robert Desnos tinha sido importante na concepção do livro. Mas o que mais?

"Você já está cansado de saber, mas não custa repetir: durante três meses, quando morava em Buffalo, frequentei a oficina de criação literária do romancista John Barth. Acho que foi lá que adquiri coragem para escrever *Em liberdade*. Já naquela época, Barth falava da pós-modernidade e da questão do pastiche. Além disso, também por aqueles anos, assisti à montagem de um texto do dramaturgo Tom Stoppard, em Nova York, chamado *Travesties*. No texto, Stoppard, sabendo que Tristan Tzara, James Joyce e Lenin se conheceram em Zurique, em 1916, imaginou o encontro dos três. Um encontro que na realidade nunca aconteceu. Isso me deu a ideia do espaço em branco. Ou seja, o fato de que, com a literatura, você pode preencher espaços em branco que são fascinantes e que não podem ser ocupados pela escrita do historiador, porque soaria falso. O historiador teria que falar da concomitância e não da coexistência desses personagens. Esse recurso, aliás, não era nenhuma novidade. Na *História universal da infâmia*, Borges aplica esse mesmo método, utilizado antes por Marcel Schwob em *Vidas imaginárias*. E que, mais tarde, Roberto Bolaño também utiliza em *A literatura nazista na América*."

Quando já tinha escrito toda a matéria para o Pensar do *Estado de Minas*, Silviano me mandou um e-mail no qual escreveu sobre os motivos pessoais que o levaram a escrever *Em liberdade*.

"Meu interesse pela obra de Graciliano não é mero produto do acaso. Ele surgiu quando se fez necessária uma conversa minha com meu pai já morto. Há uma estranha e fascinante coincidência de datas que indicia a profundidade do meu diálogo com o escritor alagoano: Graciliano e meu pai nasceram em 1892; fui concebido em 1936, quando Graciliano e meu pai faziam 44 anos. Escrevi o romance enquanto me aproximava dos 44 anos. E terminei de escrever o livro no ano em que completava aquela idade."

85. **Intruso**

"Não sabia que minha prisão motivou o Silviano a escrever *Em liberdade*. Fiquei sabendo só naquele dia. Da última vez que o senhor esteve aqui."

A frase, logo no início da conversa, me deixou desconcertado. Me senti um intruso. Depois de quase dois anos fuçando a história da família Santiago, lá estava eu: na frente de Haroldo, irmão mais novo de Silviano. Bisbilhotando sua intimidade. Procurando detalhes do acontecimento que mudou radicalmente sua vida. Um assunto que, há mais de 50 anos, ele evita lembrar. "Sabe: nunca conversei sobre isso com ninguém aqui em casa. Na verdade, todo dia faço uma força enorme para tentar esquecer essa história", diz Haroldo em voz baixa, num tom aparentemente calmo, mas com um olhar desconfiado.

Estamos sentados à mesa da sala de jantar de sua casa, no bairro Santa Tereza, em Belo Horizonte. A mesma casa da qual, em 1976, ele foi levado preso pela ditadura militar. Sentada ao nosso lado está Marina, esposa de Haroldo há mais de 60 anos. É ela quem guarda as lembranças mais precisas daquele dia. E assim, a pedido de Haroldo, a simpática senhora passa então a narrar aquela distante, e sinistra, manhã.

"Nessa época o Haroldo dava aula de Filosofia na Católica. E todo dia levava, de carro, o Carlos Henrique, nosso segundo filho, para o colégio. Deixava-o na escola e depois ia para a Católica. Mas nesse dia, engraçado, foi diferente. Na noite anterior, o Haroldo já tinha me dito que não poderia levar o menino na escola no dia seguinte. Mas não me disse o porquê: não sei se ele já sabia que ia ser preso, sei lá. No outro dia, bem cedo, lá pelas seis, a campainha tocou. Achei estranho, mas não pensei que fosse nada importante. O Haroldo então levantou e foi atender a porta. Eu fiquei no quarto. Dali a uns minutos, como ele começou a demorar a voltar, levantei e fui ver o que era. Quando cheguei aqui à sala, tinha um homem, à paisana, que já estava me esperando. Era muito jovem, parecia um estudante. Eu até achei na hora que fosse um aluno do Haroldo. Ele me disse então que o Haroldo tinha sido levado preso. E, sem dizer nada, já foi entrando para dentro de casa. Ficou horas e remexeu na casa toda. Em todos os quartos: abriu tudo quanto foi armário, gaveta. Fez uma bagunça. Olhou pastas, documentos. Meus outros dois filhos, a Silvia e o Luís, ainda estavam dormindo e acordaram com o barulho. Levantaram assustados e perguntaram pelo pai. Eu então menti: disse que o Haroldo tinha viajado. Eu não sabia para onde eles tinham levado ele. De noite, quando o *Jornal Nacional* deu a prisão do Haroldo, eu, que estava desesperada, fiquei, curiosamente, mais tranquila. Naquela época, quando a ditadura matava, eles sumiam com a pessoa e pronto. Nem assumiam que tinham prendido. Passar a prisão na TV Globo era um bom sinal."

A peregrinação de Marina por delegacias de toda a Belo Horizonte duraria mais de uma semana. E só terminaria quando Hilda, irmã mais velha dos Santiagos, um dia telefonou: sabia onde estava o irmão. E tinha até conseguido marcar uma visita. "A Hilda nunca me disse como descobriu onde o Haroldo estava. Nem como conseguiu marcar a visita. Eu, para dizer a verdade, também não fiquei perguntando muito. Simplesmente fui. Queria ter certeza que ele estava vivo."

Na delegacia Marina encontrou o marido abatido e muito assustado. No dia da prisão, tinha levado uma coronhada na cabeça e desmaiado. A agressão provocara um corte profundo, e ele estava cheio de pontos. Com Hilda estava também o reitor da PUC Minas, dom Serafim Fernandes de Araújo. O que deu a Marina certo alívio. "Dali mais ou menos uns 10 dias, ele foi solto."

Haroldo, que ouvia calado tudo atentamente, às vezes só confirmava com a cabeça as falas da mulher. E, rapidamente, quis mudar o rumo da nossa conversa.

Começamos então a falar dos outros livros do irmão. Não conhecia *Machado*. "O senhor acha que vale a pena ler?", ele me pergunta. Em seguida comenta que gostou muito de *Menino sem passado*. "Acho que todas as minhas lembranças daquela época foram modificadas com a leitura do livro. O Silviano me apresentou o meu passado."

Ainda ficamos ali mais uma hora e meia conversando. Naquelas semanas, *Ainda estou aqui* estava em cartaz. Olhando para o casal à minha frente, era impossível não me lembrar do filme. Graças ao longa-metragem de Walter Salles, baseado no livro do escritor Marcelo Rubens Paiva, desaparecidos políticos, prisões arbitrárias, tortura e morte voltavam a despertar o interesse dos jovens brasileiros. Antes tarde do que nunca, diz o lugar-comum. Melhor assim.

Na saída, já no portão, quando fomos nos despedir, Haroldo me deu um forte aperto de mão. E, de novo, me desconcertou:

"O senhor sabe mais de mim do que eu mesmo."

86. **Os novos amigos de Minas**

"Ela vinha demais aqui. Morava pertinho", me disse Wander, assim que chegou à Livraria Quixote, onde eu já o esperava. Uma semana depois de visitar Haroldo Santiago, me encontrei com Wander Melo Miranda. O crítico literário se emociona ao lembrar Eneida Maria de Souza, morta em 2022. "Impossível não pensar nela toda vez que venho aqui."

Professora de várias gerações, inclusive da de Wander, Eneida começou a dar aulas na Faculdade de Letras da UFMG ainda muito jovem, em 1968. Aluna de Silviano no mestrado da PUC-Rio nos anos 1970, ela seria a responsável pela reaproximação do escritor com a faculdade mineira. "Conheci o Silviano na casa dela, no final de 1982. Ela falava muito dele, e, claro, ele já era uma referência para mim. Na época, eu estava começando o doutorado sobre *Em liberdade* e *Memórias do cárcere*. Hoje me orgulho de dizer que somos grandes amigos."

JORNAL DO BRASIL

ESSES JOVENS MESTRES E SUAS TESES MARAVILHOSAS (QUEM AS ENTENDE?)

B

A RENASCENÇA

Arquivo pessoal/Silviano Santiago

Matéria publicada no *Jornal do Brasil* na edição do dia 14 de novembro de 1977.

Mostro a Wander um antigo recorte de jornal que tinha achado numa das caixas de Silviano no Rio. Publicada no *Jornal do Brasil* no dia 14 de novembro de 1977, a matéria escrita pela jornalista Norma Couri era uma grande tiração de sarro em cima do estruturalismo. Naquele início dos anos 1970, as teorias estruturalistas viviam o seu auge na universidade brasileira, com a tríade formada por Affonso Romano de Sant'Anna, Luiz Costa Lima e Silviano dando as cartas sobre o assunto. Na matéria, a jornalista descrevia uma defesa de tese acontecida na pós-graduação em Literatura Brasileira na PUC-Rio. A doutoranda? Eneida Maria de Souza. Leio para Wander o início da matéria:

"O escritor Autran Dourado levantou timidamente o dedo em meio a mestres e professores e perguntou:

"– O autor tem o direito de opinar sobre seu livro?

"A tese em discussão, sobre *A barca dos homens (A viagem e o rito)*, era de Eneida Maria de Souza, e a polêmica se dava em torno da simbologia das aranhas em sua obra.

"– Acontece que falo de dois tipos de aranha, numa obra e noutra. A tecedeira e a tirada da terra através da urina do personagem. As duas podem até ser opostas.

"Mas a voz da professora falou mais forte:

"– E quem disse ter o autor a última palavra? A aranha, numa obra e noutra, é uma só."

Wander se diverte com a leitura do texto.

"Eneida era danada."

*

Em 1987, Wander tornou-se o primeiro pesquisador a defender doutorado sobre a obra de Silviano no país. Sua tese (*Contra a corrente: a questão autobiográfica em Graciliano Ramos e Silviano Santiago*) foi mais tarde publicada com o nome *Corpos escritos*. Ele relembra a cara de desconfiança de muita gente quando dizia que ia escrever uma tese relacionando as obras de Graciliano e Silviano. "Hoje o estudo da autobiografia e do memorialismo, temas que já trabalhava na tese, tornou-se comum na universidade. Nos últimos 15, 20 anos, dezenas de doutorados foram defendidos sobre o assunto. Nos anos 1980 não era assim."

Wander passa então a narrar o dia da defesa do seu doutorado. E o desconforto que o texto causaria num dos integrantes da banca durante a arguição. "Ele me questionou por que eu citava tanto o filósofo Jacques Derrida. Me perguntou se eu não sabia que Derrida era 'um autor de direita'. Na hora, fiquei chocado. Um absurdo completo, que demonstrava como muita gente não conhecia nada da obra do Derrida. Puro preconceito."

Lendo e relendo Silviano há mais de 50 anos, Wander se entusiasma quando fala da obra do amigo. "Silviano foi, ao lado do Alexandre Eulalio, o primeiro crítico a dar a devida importância à viagem dos modernistas às cidades históricas mineiras em 1924 e seus desdobramentos. Foi também o primeiro a contar a história do modernismo brasileiro não só do ponto de vista dominante, que dava um peso desproporcional à Semana de Arte Moderna de 1922."

O entusiasmo aumenta ainda mais quando ele passa a fazer relações entre a obra de Silviano e sua outra grande paixão literária:

Graciliano Ramos. "Acho *Em liberdade* um dos romances mais importantes da segunda metade do século XX. Ao dialogar com os jovens ex-exilados (dos anos 1970) e com a experiência de um perseguido e preso político ilustre (Graciliano Ramos), Silviano escreveu uma obra-prima."

No dia seguinte, por "zap", comento com Silviano sobre meu encontro com Wander. E sobre as muitas histórias de Eneida que ele tinha me contado. Silviano logo se interessou pelo assunto. E não demorou dois minutos para responder à mensagem.

"Eneida e Wander são posteriores ao meu tempo de estudante. Depois que sai daí, perdi totalmente os laços com a Faculdade de Letras. A verdade é que nunca fui uma pessoa querida entre os professores do meu tempo, com exceção de dois ou três. Devo ser sincero: tive professores péssimos e passei décadas sem pisar na UFMG. Em Belo Horizonte só tinha contato com poucos amigos, sobretudo com o Affonso Ávila e o Rui Mourão. A amizade com Eneida e Wander, que têm uma capacidade de trabalho maravilhosa, foi motivo de grande felicidade para mim. Fizemos muitos projetos juntos. Graças aos dois fiz as pazes com a UFMG."

Para espantar o tom meio saudosista da conversa, usei a velha tática e mudei radicalmente de assunto. Estava relendo *Vale quanto pesa*, publicado em 1982. E comentei sobre o tom engajado dos ensaios. Silviano embalou.

"Para você entender o tom *engagé* dos textos de *Vale quanto pesa*, é preciso ter em mente que todos eles foram escritos no final da década de 1970 e início dos 1980. Na época, eu andava ligado à Sociedade Brasileira para o Progresso da Ciência, uma instituição que foi muito importante na luta pela anistia e atuou ativamente durante o período de abertura. Participei de várias reuniões anuais da SBPC. A mais importante foi mesmo a que aconteceu no *campus* da Universidade de São Paulo em 1978. Naquele ano, a SBPC completava 50 anos, e participei de uma mesa, ao lado de Darcy Ribeiro e Davi Arrigucci Jr. A palestra teve grande repercussão. O Darcy era um grande orador, e o auditório ficou lotado: mais de 2 mil pessoas. Todos nós queríamos derrubar a ditadura. Tanta gente para ouvir dois escritores."

Vale quanto pesa seria publicado pela editora Paz e Terra alguns meses depois de *Em liberdade*. Com o sucesso editorial do romance, Silviano ofereceu os originais do livro a Fernando Gasparian, dono da editora, que imediatamente comprou a ideia. "Gasparian foi muito receptivo e até me deixou desenhar a capa. Eu queria que fosse uma capa bem simples, semelhante à dos livros da editora Faber que publicava os livros do poeta e crítico T. S. Eliot. A partir daí, fiquei muito próximo dele e estabelecemos uma excelente relação. Indiquei algumas teses (na época eu orientava na PUC) que acabaram virando livros. Gasparian era um editor extremamente gentil."

Politizado. Mas nunca panfletário ou partidário. Os textos de *Vale quanto pesa* dialogavam com importantes questões literárias do período. Algumas ainda hoje atuais. Como o fato de, desgraçadamente, continuarmos a ser um país de poucos leitores. Uma nação com mais de 200 milhões de habitantes e onde a tiragem média de um livro não passa dos 3 mil exemplares. Para provocar sua memória, mandei um "zap" com um parágrafo do ensaio "Vale quanto pesa", que dá nome ao livro. Com o seguinte comentário: "Como esse trecho continua atual. Tem que ter coragem para escrever certas coisas".

> *Temos assim um público de ficção reduzidíssimo, ao mesmo tempo sofisticado e conservador, petulante e cosmopolita, e ultimamente apressado. Público que hoje se dá os ares de viver na grande metrópole, onde* time is money, *dedicando maior simpatia às narrativas curtas (o conto), ou mesmo a esta subliteratura desenvolvimentista que é a crônica de revista ou de jornal, reunida posteriormente em livro, servindo de pasto para os nossos indigentes alunos de ginásio e as suas deslumbradas professoras.*

Irônico, ele respondeu na lata. "Poder falar o que se pensa é a única vantagem de você ter uma fonte de renda que é relativamente baixa, mas fixa. Passar fome, não passa. Tive de trabalhar muito porque a grana não vinha de benesses. Sempre do trabalho. Quanto ao tom político do *Vale quanto pesa*, acho que não é só uma marca dominante nas coisas que escrevi, mas um traço marcante da minha geração. Muitos de nós crescemos tentando nos desvincular de determinados partidos políticos, em particular dos partidos políticos mais afins, de esquerda. Deles nos distanciamos não só por razões históricas muito precisas, já que mantinham uma atitude puritana, moralista diante dos problemas sociais que estavam sendo colocados pela modernidade, como também porque tinham uma atitude muitas vezes repressora em relação a indivíduos que escapavam ao modelo de comportamento que, na falta de outra palavra, chamavam de 'normal'. Já conversamos muito da maneira com que o Partido Comunista tratava a comunidade LGBTQIA+ em Belo Horizonte nos anos 1950 e 1960. Éramos marginalizados. Minha geração foi se distanciando da verdade que, para simplificar, chamaria de 'partidária'. Acho que foi essa uma das missões da minha geração. E talvez nossa relação com a vida boêmia, com os amigos da revista *Complemento*, nos tenha preparado para entender determinados segmentos da sociedade que eram então hostilizados. Já que você está escrevendo sobre o *Vale quanto pesa*, seria bom falar com o André Botelho, professor da Universidade Federal do Rio de Janeiro. Da próxima vez que você vier aqui, não deixe de conversar com ele. André tem estudado muito o livro."

87. **Amigo carioca**

"Ele tem poemas lindos. O mais conhecido talvez seja mesmo 'O defunto', que o Bandeira colocou na *Antologia de poetas brasileiros bissextos*. Apesar de grande poeta, o Nava não levava muito a sério a sua poesia. Nunca juntou seus poemas em livro."

Uma e meia da tarde. Calor insuportável. Eu tinha chegado ao Rio na noite anterior. E, na manhã seguinte, fui até o centro da cidade me encontrar com André Botelho. Simpatia em pessoa, nossa conversa deslancha de saída. E, durante o almoço, por quase duas horas, ficamos ali trocando figurinhas sobre literatura.

Com uma memória afiada, André cita passagens inteiras de *Beira-mar*, de Pedro Nava. Depois de alguns minutos, passamos então a conversar sobre a beleza de *A idade do serrote*, de Murilo Mendes, até chegarmos finalmente a *Menino sem passado*, de Silviano. "Já reparou a quantidade de memorialistas brasileiros nascidos em Minas?", ele me pergunta durante o papo. De repente, André para e diz:

"Nossa. Perdi a hora. Tenho uma reunião *online* agora de tarde. Estou indo para Ipanema. Vamos juntos? Te dou uma carona até a casa do Silviano". No caminho até a Zona Sul, trânsito lento, não perco tempo e continuo o interrogatório. Pergunto a ele como, e quando, ele conheceu Silviano.

"A gente frequentava um mesmo restaurante que ficava perto de casa. Eu o via lá, almoçando ou jantando. Silviano quase sempre estava sozinho e algumas vezes eu até pensava em puxar papo. Mas na hora ficava sem graça e acabava desistindo. Foi então que uma amiga em comum, a Helô Teixeira, sabendo da admiração que eu tinha por ele, acabou fazendo a ponte e nos apresentando. Isso deve ter sido em 2014. A partir daí, viramos grandes amigos."

Leitor contumaz da obra de Silviano, André tem especial predileção pelo segundo livro de ensaios do amigo. Para ele, com *Vale quanto pesa* Silviano se consolidaria como um dos mais importantes críticos de sua geração. "O livro trouxe para aquele início dos anos 1980 uma agenda de investigação, de temas e de debates em torno dos novos significados do literário, que estavam apenas começando a despontar no horizonte. Muitas dessas agendas só seriam assumidas pela geração seguinte à do Silviano, o que já dá a dimensão da vanguarda do seu trabalho. *Vale quanto pesa* tem um espectro amplo e diversificado de temas. Repare que, no livro, estão Adão Ventura, poeta negro mineiro naquela altura completamente desconhecido, ao lado de Lima Barreto, analisado pela primeira vez em sua contribuição formal para a literatura brasileira, dimensão inteiramente negligenciada até ali. A revisão do cânone literário incluía novos, sim. Mas também novas formas de ver o novo e a própria tradição. Enfim, o livro tem uma visão rebelde e inovadora, relacionando, de forma única, cultura e política."

Quase meia hora depois, o táxi finalmente chegou a Copacabana, e André seguiu viagem.

Naquele dia, entendi por que Silviano tinha dedicado *Machado* a André.

88. **Um verso de Drummond**

> *Recebe com simplicidade este presente do acaso.*
> *Mereceste viver mais um ano.*
> *[...]*
> *Teu pai morreu, teu avô também.*
> *Em ti mesmo muita coisa já expirou, outras espreitam a morte,*
> *mas estás vivo. Ainda uma vez estás vivo,*
> *e de copo na mão*
> *esperas amanhecer.*

Os versos de "Passagem do ano", de Carlos Drummond, voltaram à minha cabeça, assim que entrei no apartamento de Silviano. Algumas semanas antes, relendo *A rosa do povo*, trombara com o poema e tinha até fotografado o trecho para mostrar a Silviano quando estivesse no Rio.

Mas naquele dia não tive coragem. Ainda à porta do apartamento, percebi que Silviano não estava com cara de muitos amigos. Terminar o ensaio Machado/Proust tinha virado sua nova grande obsessão, e ele não se interessava por outro assunto. Entrevistá-lo estava cada vez mais difícil. Como teria só quatro dias no Rio para nossas últimas conversas presenciais, achei melhor deixar o poema de lado. E bancar o objetivo.

"O papo com o André sobre *Vale quanto pesa* rendeu? Sobre o que vamos conversar hoje? *Stella*? Achou as cartas do Agostinho nas caixas?", foi logo metralhando, nem bem abriu a porta. Ele já se acostumara, ou devo escrever se conformara, com meu método de trabalho para narrar a sua história: puxar os fios de sua memória a partir de cartas, fotos e textos antigos.

Naquela tarde comecei o papo falando de Agostinho. Ou melhor: de Agostinho Armando de Carvalho, um dos mais importantes amigos do período em que morou nos Estados Unidos. Foi para Agostinho (ou Auggie), além de Francisco Caetano Lopes Júnior (ou Minnie), que Silviano dedicou *Stella Manhattan*. Amigos desde quando ainda moravam em Belo Horizonte, Agostinho serviria de inspiração para a criação de Eduardo da Costa e Silva, personagem central do romance. O espírito alegre e juvenil do amigo pode ser sentido em várias passagens do romance.

"Agostinho era um cara alto-astral, muito divertido. Engraçado e brincalhão", me contou o escritor Ivan Angelo, que conviveu com ele nos anos 1950, quando ainda morava em Minas. "Ele trabalhava como bancário e, para dizer a verdade, nunca foi um homem de cultura nem se interessava por literatura, não. Nada disso. Estava sempre com a turma do teatro, envolvido nas produções, nas montagens das peças."

No final dos anos 1960, Agostinho deixaria a capital mineira para viver em São Paulo. De lá, depois de dividir apartamento por um curto período com Ezequiel Neves, se muda de mala e cuia para os Estados Unidos. Em Nova York, sobreviveria de biscates, trabalhando como garçom, fotógrafo e o que mais pintasse. Até se firmar como mordomo na casa do todo-poderoso Samuel I. Newhouse Jr., dono do grupo editorial Condé Nast International, que controlava publicações como as revistas *The New Yorker*, *Vogue*, *Vanity Fair* e *Architectural Digest*. Espécie de homem de confiança, ele organizava concorridos jantares e recepções oferecidos pelo bilionário e sua esposa, no East Side de Manhattan.

Li trechos de três cartas de Agostinho, que, não por acaso, fazem lembrar muito do clima *relax* e divertido de *Stella Manhattan*.

> *Big Apple 10 de dezembro de 1976*
>
> *"Silvio Amadíssimo,*
>
> *Apartamento novo: 250W 15 St.Apt.41 New York – NY – 10011 Telefone: (212) 675-3604*
>
> *Sua casa. Tudo legal, cheira a felicidade. Quando vim tomar posse do lugar a primeira coisa que trouxe foi aquela cortina de banheiro que você – com as melhores vibrações – me deu. E ficou linda.*
>
> *O ap é de um quarto, com uma sala bem grande, de lareira e tudo. Feito para Izolda. Penso muito em você – e há muito estava para lhe escrever. Às vezes fico pensando como era bom ter você aqui com quem me abria, lhe contava coisas, enfim desabafava. Agora não tenho ninguém. E isso dói. Mas sempre fico lhe contando coisas nas vibrações dos ares. [...] Tenho fotografado bastante, fazendo portfólios para estes atores desempregados desta Big Apple. E me divirto fazendo um dinheirinho a mais. Outro modo de me lembrar de você é ouvir Patti Smith, que você*

tanto gosta. Radio Ethiopia, *o novo, não é tão bom quanto o primeiro* Horses. *Mas é ouvível (sic).*

NY Janeiro 14 1984

Silviano,

Acabei de desligar o telefone depois de falar com você. Agora vou escrever um cartão, porque depois de tantas risadas – o que é difícil numa ligação internacional porque geralmente as pessoas ficam tão tensas pensando no que vão gastar que no fim não se falam e nem se divertem. Mas, com a gente é sempre ótimo, não sei se te pego numa hora boa ou se você fica bom para mim – mas acho que é um pouquinho de tudo – mais amor do que nunca!

Você sabe todo deboche é um pouquinho de verdade e no fim tudo fica sério demais. Esta parte debochada da Stella vem da mãe – Lucila Snow – e como não sei quem é o pai tenho que falar da parte dela.

Mas Agostinho, Auggie, Izolda, Stella – são quase todas parecidas você sabe e entende.

Depende do momento. [...] Silviano – tenho uma facilidade verbal incrível – mas para escrever sou um desastre total. Mas fica na intenção. Te desejo o que quero para mim.

Do teu irmão, Auggie

Comentei com ele o tom afetuoso, sempre carinhoso, de todas as cartas do amigo. Em algumas ele até desenhava beijos. Diferente de Silviano, que sempre teve muitas dificuldades de exprimir seus sentimentos, Agostinho não tinha travas. Numa época em que a homofobia era lei, o amigo não tinha receio de demonstrar afeto. "Uma das primeiras pessoas a se soltar nestas Minas Gerais das tradições familiares e, por isso, foi parar nos Estados Unidos", como tinha me dito um amigo nosso em comum, que também conheceu Agostinho.

Silviano, durante a leitura, ouviu tudo calado, sem quase se mexer da cadeira. A única reação foi trocar a cara fechada pelo clássico sorriso de Mona Lisa. As lembranças de Agostinho tinham o poder de mudar seu humor. Depois de alguns segundos em silêncio, o escritor passou então a falar, meio aleatoriamente, da época em que escreveu *Stella Manhattan*.

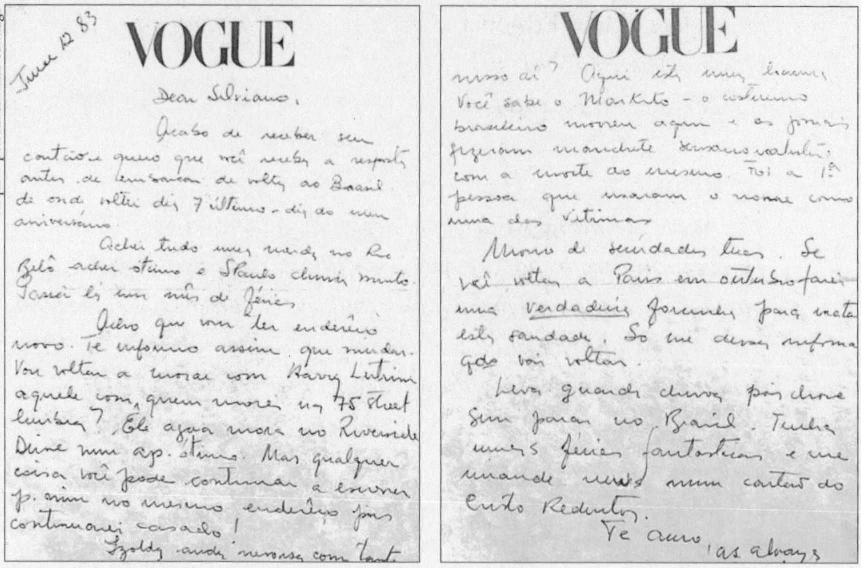

June 12 83

VOGUE

Dear Silviano,

Acabo de receber seu cartão e quero que você receba a resposta antes de embarcar de volta ao Brasil de onde voltei dia 7 último - dia do meu aniversário.

Achei tudo muito mudado no Rio. [illegible] achei ótimo e [illegible] cheio de [illegible]. Passei lá um mês de férias.

Quero que me dê teu endereço novo. Te informo assim que mudar. Vou voltar a morar com Harry [illegible] aquele com quem morei na 75 Street lembra? Ele agora mora no Riverside Drive num ap. ótimo. Mas qualquer coisa você pode continuar a escrever p. mim no mesmo endereço pois continuarei casado!

[illegible] anda nervosa com tanta

VOGUE

nosso aí? Aqui está uma loucura. Você sabe o Markito - o costureiro brasileiro morreu aqui e os jornais fizeram manchete sensacionalista com a morte do mesmo. Foi a 1ª pessoa que usaram o nome como uma das vítimas.

Morro de saudades tuas. Se você voltar a Paris em outubro farei uma verdadeira fondue para matar estas saudades. Só me deixe informado quando vai voltar.

[illegible] grande chance, pois chove sem parar no Brasil. Tenho umas férias fantásticas e me mande uma carta do Cristo Redentor.

Te amo, as always

Arquivo pessoal/Silviano Santiago

Carta de Agostinho de Carvalho de 12 de junho de 1983.

"Depois do sucesso de *Em liberdade*, o editor Pedro Paulo de Sena Madureira me convidou para escrever um novo romance, que ele queria que fosse sobre o poeta Cláudio Manuel. Um livro no qual eu contaria o 'suicídio' do poeta mineiro. A história já aparecia, em parte, no *Em liberdade*. Seria um livro escrito por encomenda, para a Nova Fronteira. Mas eu acabei não aceitando. Um pouco depois, Pedro Paulo me procurou de novo: dessa vez queria que eu escrevesse uma biografia da Clarice Lispector. Ele chegou até a fazer um jantar bem chique em Ipanema. E convidou o filho de Clarice e sua esposa para que tratássemos do assunto. No início até achei a ideia boa. Mas, durante o jantar, percebi que não teria liberdade no tratamento da Clarice, e então desisti."

Foi então que criou coragem e decidiu escrever *Stella Manhattan*.

A ideia do livro não era nova. Já vinha sendo gestada desde quando terminara *Em liberdade*. Silviano queria escrever uma ficção na qual tratasse dos anos em que esteve nos Estados Unidos. Das intensas histórias vividas ao lado do amigo Hélio Oiticica, de Stonewall, do seu companheiro dominicano e das importantes lutas pelos direitos civis da comunidade latina de Nova York.

Mas publicar um livro sobre o universo LGBTQIA+ nos anos 1980 não era das missões mais fáceis. Silviano acabaria pagando um preço pela ousadia. Vivíamos o fim da ditadura militar, e o preconceito era grande.

"Sofri muitos boicotes por causa do livro. Lembro, por exemplo, que, depois que saiu *Em liberdade*, tinha passado a receber muitos convites, de várias universidades, para falar sobre Graciliano Ramos. E esses convites simplesmente sumiram, assim que *Stella Manhattan* saiu. Se a homofobia não era explicita, não dava na cara, isso não quer dizer que ela não existisse. Muito pelo contrário: existia, sim. Muita gente gostava de dizer que *Stella Manhattan* era um livro autobiográfico, que era o relato do período em que morei nos Estados Unidos. Na verdade, a história não é bem assim. Em primeiro lugar, o livro não é uma autobiografia: é uma obra de ficção. Além disso, meu interesse pelo discurso autobiográfico é anterior ao livro. Já desde *Crescendo durante a guerra numa província ultramarina* eu já havia decidido, de forma consciente, utilizar o discurso autobiográfico."

Se no romance *Em liberdade* o ponto central era a liberdade (e a contrapartida do autoritarismo), em *Stella Manhattan* Silviano trouxe para a ficção a questão da liberação sexual (e a sua contrapartida, a repressão). Naqueles meados dos anos 1980, o escritor acreditava que finalmente diversificavam-se os temas dos relatos ficcionais que tinham por pano de fundo a ditadura. E o binômio prisão & tortura, aliado ao seu companheiro exílio & retorno, parecia ter se esgotado. "*Em liberdade* é um livro para pessoas sérias. Já *Stella Manhattan* é um livro de pessoas alegres. Com todos os trocadilhos", não cansava de repetir Silviano quando alguém pedia que ele comparasse os dois romances.

A ação de *Stella Manhattan* se passa em finais da década de 1960 em Nova York. Com o uso de uma linguagem ágil, violenta e transgressora, Silviano dramatizava questões que eram representativas da época: a emergência das minorias sexuais e raciais no cenário político, a guerrilha urbana no Brasil, a influência de Cuba na América Latina e as alianças com os intelectuais conservadores. "A escolha do local de ação, Manhattan, não foi por acaso: me permitiu dar a possibilidade de fazer coexistirem, no mesmo espaço ficcional, diversos personagens que representavam simbolicamente as várias facetas dos problemas da época. Há personagens brasileiros, hispano-americanos e norte-americanos. Por outro lado, busquei dar ao português, à língua portuguesa, uma elasticidade multilinguística que é a sua realidade concreta hoje."

Segundo ele, o livro a princípio pode dar a impressão de ter sido escrito meio às pressas, com uma linguagem imatura, menos trabalhada. Mas o tom foi mesmo proposital. "Queria colocar o leitor dentro do cadinho onde minha vida – onde minha escrita literária estava. Convidá-lo a ser também Soldador, ou seja, um participante, um rearranjador da história que eu conto. No romance, nada mais fiz do que seguir a regra poética imposta ao espectador pelas esculturas de Lygia Clark ou de Hélio Oiticica. Por outro lado, sendo *Stella Manhattan* um romance que propõe a configuração de novas formas de identidade, é também um livro que explicita não ser mais possível configurar o que se chama de identidade única para o ser humano. A identidade única (entre elas, a de *gender*, sexual) é uma falácia. É coisa de carteira de identidade, CPF e passaporte."

Depois de ficarmos ali por quase 40 minutos lembrando divertidíssimas histórias de Agostinho, Silviano então se deu conta de que não tínhamos ainda falado de Chiquinho (Francisco Caetano Lopes Júnior).

"E as cartas do Chiquinho? Você trouxe?"

"Estão aqui", eu disse, entregando a pasta na sua mão. "Mas antes eu queria te mostrar só mais uma carta de Agostinho."

89. **Tente entender o que tento dizer**

Silviano folheava distraído a pasta com os papéis de Chiquinho quando comecei a ler o trecho de mais uma carta de Agostinho, com data de 12 de junho de 1983 e escrita em papel timbrado com a marca da revista *Vogue*. Diferentemente das outras, essa não era divertida. Tampouco engraçada.

> *Isolda anda nervosa com tanta neurose que é AIDS – se fala muito nisso aí? Aqui está uma loucura. Você sabe o Markito – o costureiro brasileiro morreu aqui e os jornais fizeram manchete sensacionalista*

> *com a morte do mesmo. Foi a 1º pessoa que usaram o nome como uma das vítimas.*

Era a aids. E a morte do jovem estilista mineiro, amigo de Agostinho, com apenas 31 anos, no auge da carreira, seria um marco. O começo de uma nova era: mais conservadora e cínica. Com o HIV matando milhões de pessoas em todo o planeta, a revolução sexual começada pela geração 1968 será posta em xeque. A partir daí, como um mantra, moralistas passarão a repetir que a doença era mesmo um "castigo divino", punição para a liberação sexual que o mundo vinha experimentado desde meados dos anos 1970. Como no início o vírus matava mais a comunidade LGBTQIA+, os jornais logo arranjaram um nome acusatório para a doença: "câncer gay".

Durante a leitura, Silviano não se mexeu na cadeira. Parecia nem respirar. Desde o início, eu sabia que seria difícil conversar sobre o assunto. Afinal, tanto Agostinho quanto Chiquinho foram vítimas da aids. Será que tinha sido uma boa ideia mostrar a carta naquele dia? Curiosamente, Silviano reagiu de forma serena, passando a contar os meses finais de Agostinho.

"Ele manteve o alto-astral até o fim, não se entregou. Alguns meses antes de morrer, quando sabia que não tinha mais nenhuma chance, veio ao Brasil e passou algumas semanas hospedado no Copacabana Palace. Jantava todas as noites em lugares caríssimos e convidava os amigos. Na hora de pagar, usava os cartões que tinha nos Estados Unidos: trouxe cinco. Estourou todos. Não é por acaso que *Stella Manhattan* tem um tom meio pessimista. Não podia ser diferente se você levar em conta o período em que foi escrito."

Tendo perdido tantos amigos pela doença, pergunto por que ele nunca quis escrever um romance no qual falasse da aids, com todas as letras e sem rodeios. Alguns dias antes, eu tinha lido um poema seu, "Sim", que faz parte do livro *Tente entender o que tento dizer: poesia + hiv/aids*, organizado pelo poeta Ramon Nunes Mello e publicado em 2018. Assim, eu ficara com o poema na cabeça.

"Nos meus textos ficcionais nunca falei diretamente sobre o assunto tratado. E o melhor exemplo disso talvez seja *Em liberdade*. No final dos anos 1970, quando eram publicados testemunhos de guerrilheiros, preferi escrever um diário falso de Graciliano. Sempre tratei os temas assim: simbolicamente, metaforicamente, fazendo jogos ficcionais."

Enquanto Silviano falava da maneira indireta, dos jogos ficcionais que sempre preferiu usar em seus textos, minha cabeça não parava. Lembrei-me então de *Uma história de família.* Estava me esquecendo do seu romance de 1992, no qual ele também se valeu de uma metáfora. Para justamente falar sobre a aids.

O narrador da história, um moribundo no leito, mantém um diálogo imaginário com um tio louco, já morto, que, devido à sua doença mental, era a grande vergonha da família. No romance, ele aproxima as duas enfermidades: a loucura do tio e a misteriosa doença do narrador. Em *Uma história de família*, Silviano falará da aids assim: não falando. E, quem sabe por isso, nem todas as resenhas publicadas na época em que o livro saiu perceberam que a história tratava da doença. Sem nenhuma cerimônia, pedi a ele detalhes daquelas décadas de 1980 e 1990, dos terríveis primeiros anos da aids, quando ele escreveu o livro.

"Lá vem você de novo com a sua mania de querer que eu explique meus livros. Já lhe disse que isso não é minha função. O que eu posso lhe dizer é que, quando comecei *Uma história de família*, minha intenção era outra: ia escrever um romance histórico. Um livro sobre uma Minas que eu achava que não estava mapeada. Até então, existiam três Minas: a Minas do ouro (da Inconfidência), a do ferro (de Drummond) e a do sertão (de Guimarães Rosa). Quis escrever uma história que mapeasse a Minas do imigrante, fazer um retorno consciente da história da minha família, dos meus antepassados. No início, até que deu certo. Comecei confiante, pensando que escreveria um romance histórico sobre as minhas raízes. Mas aos poucos fui perdendo o controle do texto e acabei vencido por um jogo de forças irracionais sobre as quais eu não tive controle."

Foi então que surgiu *Uma história de família* tal como seria publicada.

"Assim como usei parte da história do meu irmão Haroldo para escrever *Em liberdade*, em *Uma história de família* me vali da vida de meu tio Mário, irmão de minha mãe, para escrever o romance. Esse meu tio tinha uma doença mental que ninguém na família nunca soube o que era, e morava na pensão da vovó Piacedina Farnese, em Pains. Eu ia muito lá quando menino. Muitas vezes, me lembro de ter visto o tio Mário preso numa corrente de ferro, debaixo de uma árvore, no fundo do quintal da casa. Eu deveria ter uns 5 ou 6 anos. Foi a primeira vez que tomei contato com a loucura. Aquela cena, do tio Mário preso debaixo da árvore, isolado do convívio da casa, me marcou para sempre."

Através do narrador do livro, Silviano fará então uma arqueologia familiar: com quem, na família, ele podia conversar? Com quem tinha diálogo? À medida que escrevia o livro, Silviano se dava conta de que o único interlocutor possível era o tio louco. "A referência à aids será muito mais alegórica do que propriamente real. Em vez de tratar a doença de maneira direta, dei um tratamento literário. A questão da aids é tão relevante, transcende de tal forma a especificidade e o campo semântico da doença, que pensei enfocá-la de modo abstrato, através de duas éticas: da vergonha e da culpa. Ou bem você se isola dentro da sua casa e não quer exibir a doença. Ou bem você tenta exorcizá-la numa exposição pública."

Para Silviano, existe, em *Uma história de família*, um jogo entre uma ética da vergonha e uma ética da culpa: "A ética da vergonha conduz você a fazer tudo que quer, desde que não seja em público. E elevar então o privado como valor supremo da sua experiência vital e nunca se voltar contra si mesmo para saber se foi boa ou má sua ação. Já a introjeção da ética da culpa é castradora. É não fazer nem em público nem em particular, porque, de antemão, já é pecado, um mal".

Quando, enfim, parou de falar, não sei bem por que, me veio à lembrança a primeira frase do romance, que, mesmo eu tendo lido o livro há tantos anos, nunca me saiu da cabeça: "Todos querem a sua morte, tio Mário". Pensei até em comentar com ele sobre a frase. Mas, assim como o trecho do poema "Passagem do ano", de Drummond, não tive coragem. É que faltavam só 10 minutos para as cinco da tarde, ou melhor, 10 minutos para sua aula de pilates. E faltava ler o trecho de mais um artigo: "O desabafo público do crítico", sua coluna no *Jornal do Brasil*, publicada no dia 23 de outubro de 1999.

> *Ao entrar para a terceira idade, o crítico lembra-se da cena descrita no romance* A peste, *de Albert Camus. Debaixo do céu cinzento de uma primavera quase inverno, ele vem presenciando a morte de parentes, amigos e de artistas que respeita e admira.*
>
> *Transformou-se num telespectador impotente diante do aparelho que mostra a chacina de crianças pobres e de famílias inteiras, que exibe a morte absurda de indivíduos humildes que transitavam pela vida como ela pôde se lhes oferecer. O crítico entra para a terceira idade sendo telespectador de vendavais, inundações e terremotos, que assolam grandes e pequenas regiões do planeta Terra. Se este retângulo refletisse, não objetos artísticos, mas a sofrida experiência por que vem passando o crítico, estaria sempre recoberto por uma despudorada tarja negra.*
>
> *[...] Um crítico tem o direito de mostrar os andaimes sujos da sua construção mental? de desabafar em público?*
>
> *[...] Morreu, em São Paulo, o ator Rodrigo Santiago, meu irmão.*

A lembrança de Rodrigo deixou o ambiente pesado.

Nossa conversa desandou.

Nos jornais da época, a causa da morte de Rodrigo, com apenas 56 anos, foi dada como em "decorrência de complicações cardíacas em função de uma cirurgia feita alguns meses antes". A verdade é que o irmão ator tinha HIV. E, com saúde muito fraca, não conseguiu se recuperar bem da cirurgia.

Determinado, mesmo doente, Rodrigo trabalharia até o fim. Em 1995, montaria a versão brasileira de *Angels in America: uma fantasia gay sobre temas nacionais*, a premiada peça do dramaturgo e roteirista norte-americano Tony Kushner. Vencedor do Prêmio Pulitzer de Teatro, a montagem, que tratava sobre o tema da aids, foi um grande sucesso em São Paulo. Rodrigo morreria atirando.

Silviano, que até então não havia esboçado nenhuma reação e apenas olhava para a tela do seu computador, levantou bruscamente da cadeira e começou a caminhar em direção à porta de entrada do apartamento.

"O pilates começa em cinco minutos. Falamos mais amanhã. Se você puder, vamos almoçar e depois continuamos a conversa até as quatro."

90. **Bisbilhotar**

No dia seguinte fui britânico. E cinco minutos antes do horário combinado já estava em frente ao prédio de Silviano. O papo do dia anterior sobre *Stella Manhattan* tinha sido pesado, com a morte rondando o tempo todo nossa conversa. Cheguei decidido a mudar de assunto. Nada de ficção: iríamos falar dos ensaios. Teoria literária, pensava ingenuamente, é sempre mais impessoal – e assim daria uma aliviada no astral. Papo abstrato, sabe como é. Eu queria abordar seus textos literários publicados nos anos 1980, parte deles reunidos em *Nas malhas da letra*, de 1989, seu terceiro livro de ensaios, depois de *Uma literatura nos trópicos*, de 1978, e *Vale quanto pesa*, de 1982.

Silviano, para minha surpresa (ou devo dizer desespero), preferiu continuar a conversa de onde tínhamos parado e falar de sua obra ficcional. Do romance *Viagem ao México* (1995), do livro de contos *Keith Jarrett no Blue Note* (1996), da novela *De cócoras* (1999) e da última vez em que se animara a publicar um livro de poemas, *Cheiro forte* (1995). "Acho melhor a gente seguir a ordem cronológica. Você pode se perder", disse ele em tom professoral, assim que chegamos ao restaurante chinês perto de sua casa.

Em 1995 seria publicado aquele que é o seu romance mais ousado: *Viagem ao México*. "É o meu *Grande sertão: veredas*", disse ele certa noite ao historiador Fernando Novais, num jantar de que participei com os dois em Belo Horizonte. Mistura de ensaio e biografia, nesse romance Silviano trabalha não apenas com a biografia do dramaturgo francês Antonin Artaud, mas também com as suas leituras de literatura francesa, cubana e mexicana, que começaram ainda nos anos 1960, quando dava aulas na Universidade do Novo México.

"Escrevi *Viagem ao México* nos anos 1990, mas o livro começou a ser pensado bem antes, já nos anos 1960 e 1970. Na época em que eu dava aulas nos Estados Unidos. Quando morava lá, viajava muito ao México e, numa dessas viagens, li *Os tarahumaras*, do Artaud. Esse livro, em que Artaud conta sua experiência junto a comunidades indígenas mexicanas, me marcou profundamente. Artaud foi um dos mais importantes renovadores do teatro no século XX. Aqui no Brasil, ele influenciou nomes como José Celso Martinez Corrêa e Rubens Corrêa. Hoje vejo que a leitura desse livro, e todas aquelas viagens ao México, me ajudaram a conceber algumas das ideias que estão em 'O entrelugar do discurso latino-americano'. Esse meu ensaio fala exatamente daquilo que não é nem o lá nem o cá, nem o cá nem o lá: *Viagem ao México* também foi uma tentativa de preencher esse entrelugar, essas brechas."

Viagem ao México não é um livro de leitura fácil. A começar pela narrativa, não cronológica, que atravessa diferentes décadas. Assim, ao mesmo tempo que o romance narra o duro e triste cotidiano de Artaud na Paris dos anos 1930 e sua viagem ao México, ele também se passa em 1992, na cidade do Rio de Janeiro. Ao longo da história, os tempos se entrelaçam, em um longo vaivém em que até o próprio Silviano vira personagem. E se a estrutura não cronológica muitas vezes torna a leitura mais difícil, ela também possibilita uma profunda reflexão sobre as tensões entre culturas colonizadoras e colonizadas, assim como sobre o papel do intelectual latino-americano. Ele explica que, se *Em liberdade* escreveu um romance-limite, no qual testava os limites da ficção, da biografia e do ensaio, em *Viagem ao México* sua intenção foi outra: "O livro sobre Artaud é um romance-soma. Reúne minhas leituras, sobretudo das literaturas francesa e hispano-americana. Queria mostrar a complexidade de citações que compõem a imaginação de um artista. Quando publiquei o livro, pedi ao Paulo Rocco, meu editor na época, que não me obrigasse a usar uma única aspa sequer."

E assim foi feito: "escondido" no meio das frases do romance, sem que a maioria dos leitores se dê conta, Silviano rompe as fronteiras entre original e cópia e questiona as hierarquias estabelecidas na literatura ocidental. "Faço referências a autores como Joseph Conrad, Lezama Lima e Alejo Carpentier. Muitos personagens e episódios do livro foram construídos a partir de citações literárias, como, por exemplo, o personagem Marlou, inspirado em Marlowe de *Coração das trevas*, do Conrad."

Enquanto Silviano falava de *Viagem ao México*, talvez por causa do uísque que já tinha tomado, minha cabeça foi longe e me lembrei de outro livro seu: *As raízes e o labirinto da América Latina*, publicado em 2006. Um grande ensaio, em que ele contrasta *Raízes do Brasil*, do brasileiro Sérgio Buarque de Holanda, com *O labirinto da solidão*, do mexicano Octavio Paz. A obra é uma importante tentativa de construir pontes entre a cultura brasileira e um país de cultura hispano-americana: algo raro no Brasil, em que a intelectualidade, ainda hoje, quase sempre está mais interessada no último modelito teórico europeu ou norte-americano. Mas achei que falar do livro sobre Sérgio Buarque e Octavio Paz naquela hora seria desviar o assunto. "Seja cronológico", Silviano já tinha me alertado. E, de novo, fiquei na minha. Só ouvindo. Cronologicamente, estava na hora de falarmos de *Cheiro forte*.

"Um livro realmente importante na minha trajetória é *Cheiro forte*. Você conhece? Talvez não, ele só teve uma edição. É um pequeno livro de poemas e marca uma virada. Eu não publicava poesia desde *Crescendo durante a guerra numa província ultramarina*. Foi escrito de maneira espontânea. Acho que ali a poesia fez sentido. Quando acabei de escrever os poemas, tomei um susto: de repente, me dei conta que tinha ficado velho. *Cheiro forte* já é um livro sobre a velhice. Sabe de uma coisa? Não foi olhando no espelho que me dei conta da velhice: foi lendo. Percebi que a velhice tinha chegado ao ler os novos autores. Ali percebi que estava velho. Os poemas nasceram desse espanto."

Arquivo do *Suplemento Literário de Minas Gerais*

Suplemento Literário
MINAS GERAIS

Um corpo.
Não.
Os dentes do apodrecimento
que, ininterruptamente,
mordiscam,
mordem,
…ram lascas, mastigam, trituram, engolem.
Um corpo.
Não.
Uma boca faminta
de si mesma.
Para o beijo? não,
para o almoço
de todos os segundos.

Cheiro forte
quando passo por um corpo
que me atrai,
como estreito os lábios
contra a polpa
de uma laranja.

É quando sinto
que agarro a solidão
como a uma faca
depois do garfo.

Cheiro Forte*

Silviano Santiago

Abro a janela
e vejo o Papa,
com o dedo em riste,
repreender um padre ajoelhado
na Nicarágua.

Quero compreender
não sei se
o gesto do Papa,
ou se a expressão
dedo em riste.

A água que sacia
não tem gosto,
o fogo que coze
não tem sabor,
o ar que, inspirado,
dilata os pulmões,
não tem cheiro.

A terra
cheira como cadela em cio,
sabe a mesa ajantarada
e aromatiza como esterco.

(Paris, 83)

(*) Título de um provável futuro livro

Poema "Cheiro Forte", publicado na edição do *Suplemento Literário de Minas Gerais* em 10 de setembro de 1983.

Em *Cheiro forte*, ele trata do tema do corpo envelhecido, dolorido, sofrido. É quando a sexualidade vai se esmaecendo aos poucos, até desaparecer por completo. Sobre um corpo que já não responde mais ao desejo. Um corpo que já não responde mais à vontade. Esse corpo que fica um pouco à deriva do acaso, um corpo que já não tem metas. Um corpo que vive muito mais à espera, porque a sua capacidade de construir já não é mais a mesma. "Os poemas falam desse corpo aberto para a morte, que se vicia: no mesmo uísque, nas mesmas pessoas. Acho que a velhice talvez seja isto: você se tornar um viciado. Um viciado na vida, também. Sempre tive uma preocupação muito maior com o comportamental do que com o ideológico. Nesses poemas tentei deixar isso claro. Uma marca minha, que está presente em toda a minha obra, mas sobretudo na poesia."

Cheiro forte receberia boa cobertura da imprensa. Sobretudo quando se pensa que pouca gente, naquela altura, conhecia sua poesia. Em São Paulo, o livro ganharia duas resenhas: na *Folha de S.Paulo*, escrita por Augusto Massi; e no *Estadão*, por Moacir Amâncio. Já no Rio, Antonio Carlos Secchin escreveria um pequeno texto para o *Jornal do Brasil*. A maioria delas destacava o último poema do livro, "No túmulo apedrejado da menina", escrito a partir do acidente com o material radiativo césio-137, em Goiânia, em 1987. Maior acidente radiológico da história brasileira, a tragédia de Goiás deixaria quatro mortos, além de contaminar milhares de pessoas. Silviano ainda hoje gosta do poema, que, segundo ele, foi uma das primeiras coisas escritas sobre o meio ambiente no Brasil. "O que ocorreu em Goiânia foi a morte mais estúpida que já vi: uma morte 'ensimesmada'. Lembro que os caixões tiveram que ser lacrados, para evitar contaminação. Nem para adubo os corpos serviam."

Esperávamos a conta chegar, quando decidi mostrar a Silviano mais uma carta: tinha pressa e decidi aproveitar aqueles últimos minutos. Não podia perder tempo. A carta era de Jacques do Prado Brandão, e eu a tinha encontrado no dia anterior, perdida com um monte de contas amassadas da Light. Data da carta: 27 de janeiro de 1975. Li a ele apenas o início.

> *Silviano,*
>
> *Quase seguindo o exemplo do pai do Emílio Moura, que ao receber uma carta, antes de abrir o envelope já preparava papel, pena e tinta, respondo sua missiva logo após tê-la aberto.*

> *Conversei com Alôncio pelo telefone anteontem e ele me deu notícias de você e da viagem. Ele talvez precise de mais dinheiro para as despesas do apartamento, dado o aumento do condomínio, luz e outros aumentos já esperados. Disse-lhe que qualquer despesa a mais eu forneceria o dinheiro. Já paguei uma prestação do carro e devo pagar o telefone amanhã ou depois. Como vê, tudo em ordem de modo que você possa ficar descansado.*

Silviano, que sempre é muito discreto quando fala de sua intimidade e não gosta de ninguém bisbilhotando sua vida privada, ficou visivelmente emocionado quando viu a carta do seu mentor e amigo Jacques. Escrevendo agora, percebo que exagerei na dose. Mas pegá-lo distraído, depois de tantos anos de conversa, eu sabia que era mesmo a melhor tática para que ele falasse. A carta era perfeita: nela, Jacques falava de Alôncio de forma natural, sem preconceito ou travas. Seu companheiro desde o início dos anos 1970, depois que Silviano voltou para o Brasil, Alôncio da Silva, que trabalhava num cartório no centro do Rio, morreria em 1989. Embora sempre muito resistente a falar sobre seus relacionamentos, Silviano reagiu bem.

"Você encontrou muitas cartas do Jacques? Acho que não são muitas. Quando eu ia dar aulas fora do Brasil, era ele quem passava o meu dinheiro para o Alôncio, que tomava conta do meu apartamento, das minhas contas. Tenho de agradecer muito ao Alôncio. Ele era muito boa companhia. Deixava o ambiente doméstico bem tranquilo. Tanto aqui no Rio quanto no sítio que tive durante alguns anos em Petrópolis. Alôncio era calado, disciplinado e boa pessoa. Um bom ser humano. Mas chega por hoje. Continuamos amanhã?"

Acompanhei Silviano até a porta de sua casa e decidi voltar a pé para o hotel. Aquele tinha sido mais um dia pesado, e eu precisava espraiar. Tinha tentado, sem sucesso, evitar o assunto morte. Quando cheguei ao quarto do hotel, com a ilusão de que pudesse distrair a cabeça, comecei a passar o olho no livro *A mulher calada*, de Janet Malcolm, que trouxera comigo de BH. Nele, a ensaísta estadunidense analisa várias biografias escritas sobre a poeta Sylvia Plath. Minha ideia era ler algumas páginas do livro até o sono chegar. Mas eis que, no meio da leitura, Janet escreve:

> *O voyeurismo e a bisbilhotice que motivam tanto os autores quanto os leitores das biografias são encobertos por um aparato acadêmico destinado a dar ao empreendimento uma aparência de amenidade e solidez semelhantes às de um banco. O biógrafo é apresentado quase como uma espécie de benfeitor. Sacrifica anos de sua vida no trabalho, passa horas intermináveis consultando arquivos e bibliotecas, entrevistando pacientemente cada testemunha. Não há nada que não se disponha a fazer e, quanto mais o livro refletir sua operosidade, mais o leitor acreditará estar vivenciando uma elevada experiência literária e não simplesmente ouvindo mexericos de bastidores e lendo a correspondência alheia. Raramente se leva em conta a natureza transgressiva da biografia, mas ela é a única explicação possível para a popularidade do gênero. A incrível tolerância do leitor (que ele não estenderia a um romance mal escrito como a maior parte das biografias) só faz sentido se for entendida como uma espécie de cumplicidade entre ele e o biógrafo numa atividade excitante e proibida: atravessar o corredor na ponta dos pés, parar diante da porta do quarto e espiar pelo buraco da fechadura.*

Naquela noite, tive insônia de novo.

91. Ênfase na vírgula

"Dá só uma olhadinha na capa." Foi essa a primeira coisa que Silviano me disse quando cheguei ao seu apartamento na manhã seguinte. Assim que ele me entregou o livro, percebi que o acaso aprontara mais uma: logo quando iríamos começar a conversar sobre os contos de *Keith Jarrett no Blue Note*, um pacote com a nova edição do livro chegara pelo correio. "Gostei. Esse livro estava fora de catálogo tinha um tempão." Apesar de não ser nem de longe sua obra mais conhecida, o escritor sempre tem uma atenção especial com *Keith Jarrett*. Publicado em outubro de 1996, seria a primeira vez desde *Stella Manhattan* que voltava a escrever sobre a temática gay.

Depois de quase duas décadas de enormes mudanças comportamentais, e grande liberação sexual, o conservadorismo retornava com força nos anos 1990. E, talvez por isso, muita gente, inclusive na esquerda, tomaria o livro como mais uma provocação desnecessária de Silviano. Por que o consagrado escritor e crítico, um dos intelectuais mais respeitados de sua geração, continuava a insistir no assunto? E, se àquela altura autores como João Silvério Trevisan ou Caio Fernando Abreu já eram nomes consagrados no país, a literatura LGBTQIA+, como hoje é chamada, estava ainda longe de ter o respeito e o reconhecimento merecidos. Naquele final de século, vivíamos os anos da peste da aids, e a doença só fazia aumentar estigmas e o preconceito com o tema.

Destoando do seu jeito discreto e contido, Silviano, agora com mais de 50 anos, parecia não se importar com o possível estrago que os contos eróticos de *Keith Jarrett* pudessem fazer em sua imagem pública. Pelo menos é essa a impressão que fica para quem lê as matérias nos jornais da época sobre o livro. Em uma delas, provocando, Silviano afirma: "Escrevi estas histórias de erotismo e solidão para atingir o intestino do leitor."

Encontrei muitas matérias sobre *Keith Jarrett.* A melhor, de longe, é mesmo a feita pelo jornalista e escritor José Castello. Amigo de Silviano, Castello consegue resumir muito bem as ideias de Silviano por aqueles anos. Por isso, decidi começar a conversa lendo um trecho de uma fala de Silviano da entrevista feita por Castello:

> *É importante, sempre, definir corretamente um produto para o público, para que ele não compre gato por lebre. Assim, alguém que tenha preconceito com as relações homossexuais já fica avisado e não vai comprar meu livro. Mas, por outro lado, ninguém se escandaliza quando eu digo que vou assistir a um faroeste no estilo de John Ford, ou a um filme de cangaço. Logo, é sempre interessante buscar uma definição de gênero. O importante é não ficar nessa definição, mas transcendê-la. Murilo Mendes dizia: "Eu faço poesia, católica". A ênfase está na vírgula. Como ele, eu posso dizer também: "São contos, gays".*

Silviano não fez lá uma cara muito boa enquanto lia o trecho: mas não liguei muito. O importante era que ele falasse.

"Tive a ideia de fazer um livro de contos depois de um *réveillon* que passei numa casa de jazz de Nova York. Na época, eu era professor visitante na Universidade Yale, nos Estados Unidos, e o livro foi quase todo escrito lá. Naquele ano, o inverno foi rigoroso, e era muito difícil sair de casa. Então comprei vários CDs, entre eles o *Blue Note*, do Keith Jarrett, que ouvia sem parar. Tinha acabado de publicar *Viagem ao México*, um romance pesado, cerebral, que me deu um trabalhão. Queria escrever uma coisa mais leve."

Escritos em pouco mais de seis meses, a maior parte deles durante o inverno norte-americano, cada um dos seis contos foi motivado por uma das faixas de *Blue Note*. "A ideia era escrever rapidamente. De todos os meus livros, é o menos idealizado, o menos pesquisado, o menos trabalhado: sabia que não poderia me prolongar muito, a escrita deveria ter fluência, senão perderia a graça do improviso. Não é exatamente isso o que faz o jazz? Para isso, me esvaziei o quanto pude. Deixei sair a escrita mais espontânea que consegui. Não chegou a ser uma escrita automática, mas é uma escrita muito livre, e me deixei guiar por lembranças, associações dispersas, reminiscências. Se for traçar a genealogia desse livro, acho que ele vem um pouco de minhas leituras da revista *New Yorker*. Não queria buscar, por exemplo, o improviso de um Jack Kerouac, que acho muito ingênuo e tem um texto muito sujo. Nada disso. Pelo contrário: *Keith Jarrett* é um livro bastante *clean*."

Escolhido pela Biblioteca Nacional como a melhor obra de contos de 1996, por uma comissão que incluiu Antônio Torres, Sérgio Sant'Anna e Ivo Barbieri, o livro significará uma mudança radical na sua postura como escritor.

"Antes de *Keith Jarrett*, eu escrevia sem pensar no leitor, não ligava para isso. *Viagem ao México* foi o último livro que escrevi sem levar em conta o grande público. Até ali, acho que tinha uma postura muito arrogante. *Keith Jarrett* significou um ponto de inflexão: acho que o escritor, se estiver interessado em ter leitores sem se prostituir, deve buscar novos caminhos. Penso nos escritores norte-americanos, sobretudo os que surgiram depois dos anos 1930. Eram intelectuais que estavam sempre ligados às questões de mercado. No Brasil hoje também existe um mercado. E devemos estar atentos a isso."

Enquanto folheava a nova edição de *Keith Jarrett*, lembrei que o livro tinha sido dedicado a Heloísa Teixeira. Grande amiga do escritor, os dois trabalhariam juntos na organização do Programa Avançado de Cultura Contemporânea (PACC), da UFRJ. Criado ainda em 1994, o PACC seria uma das primeiras, e mais bem-sucedidas, iniciativas de tentar tornar o ensino superior brasileiro menos elitista e excludente. A Universidade das Quebradas, criada em 2009, por exemplo, nasceria por iniciativa do PACC.

Sabia da amizade dos dois, do carinho que ele sempre teve por Heloísa. Por obra do acaso (mais uma vez o acaso), estava na casa de Silviano no dia em que Heloísa lhe telefonou comunicando que tinha sido eleita para a Academia Brasileira de Letras: fui testemunha da felicidade em que Silviano ficou ao saber a notícia da eleição da amiga.

Heloísa morreria alguns meses depois, em março de 2025.

92. **Blanche Dubois**

"*I always depend on the kindness of strangers.*" Não sei dizer quantas vezes já ouvi Silviano citar a frase de Blanche Dubois, personagem de *A Streetcar Named Desire*. Ele sempre lembra o trecho da peça de Tennessee Williams quando se emociona. Mecanismo de defesa para não perder o controle da situação? Talvez. Só sei dizer que ter lembrado os anos 1990, e logo em seguida alguns amigos que já tinham partido – Edilberto Coutinho, Autran Dourado, Wally Salomão, Sônia Coutinho, Eneida Maria de Souza, Antonio Cicero e Helô Teixeira – fez com que ele, naquele dia, se emocionasse. E então, pela enésima vez, repetisse a frase.

"*I always depend on the kindness of strangers.* Acho que os amigos sempre esperaram de mim um algo a mais que, sinceramente, eu não sei se um dia cheguei a dar. Quando publiquei meu primeiro livro, *Duas faces*, junto com o Ivan Angelo, ainda em Belo Horizonte, fui muito malhado. Você não pode imaginar a surpresa que tive quando, bem mais tarde, já nos anos 1980, o Fausto Cunha, um crítico literário muito respeitado e que eu admiro, escreveu elogiando *Em liberdade*."

No início do século XXI, já aposentado, Silviano não terá mais de preparar aulas ou orientar mestrados e doutorados. Com mais tempo livre, pode se concentrar naquilo que tem vontade de escrever.

Metódico, cria uma rígida rotina e passa a fazer longas caminhadas no calçadão de Ipanema.

"Mais ou menos nessa época, passei a ter pressão alta e por isso comecei a me preocupar mais com a saúde. Hoje só faço pilates. Nos anos 1990 era diferente, tinha mais disposição e caminhava sempre. Como nunca gostei de praia, aproveitava o tempo que estava no calçadão para me encontrar com os amigos. Andava muito com o Edilberto Coutinho. Edilberto foi um grande amigo, um excelente interlocutor. Além dele, também me encontrava com o Rubem Fonseca, que era muito bom de papo. Tivemos longas e excelentes conversas. Sempre andando."

Silviano ziguezagueava sem parar, contando alguns dos seus papos com Rubem Fonseca, quando interrompi sua fala bruscamente. Sei que, ao longo dos nossos encontros para este livro, fui muitas vezes indelicado ("grosso" talvez seja a palavra certa) com ele. Mas não tinha outro jeito: precisava terminar o livro. Não estávamos ali para apenas conversarmos de bobeira, como tínhamos nos acostumados ao longo de décadas, desde que nos tornamos amigos, no final dos anos 1990. Assim, quando a prosa tomava um rumo diferente do que eu havia traçado para o livro, eu simplesmente cortava o assunto. Não podia sair dali sem que ele falasse de mais alguns livros. Agora, era a vez do romance *De cócoras*.

Publicado em 1999, em *De cócoras* o engenheiro Antônio de Albuquerque e Silva vive sozinho num casarão no bairro Laranjeiras. Com a morte da mulher, com quem teve um casamento convencional e careta, ele leva uma vida meio besta. Solitário, passa a história toda esperando a morte chegar, rememorando alguns episódios familiares. Li para Silviano um trecho da apresentação do livro, escrita por José Castello.

"Nesse fim de século, a secura, a fobia ao clichê e ao sentimentalismo, a coleira das referências costuma compor a utopia dos escritores, carregando-os para a escrita burocrática e a repetição – imitadores fracassados de Kafka. Professor universitário eminente, crítico literário, intelectual de vanguarda, Silviano Santiago não compartilha desses temores. Não faz uma literatura para críticos, tampouco escreve romances para professores. Tem, ao contrário, uma relação úmida com a escrita. [...] A história desse menino que, já velho, ainda fala com os anjos, uma história simples que margeia o banal, nas mãos de Silviano se transforma. Torna-se um clarão. *De cócoras* é um livro para leitores desarmados, capazes de suportar a nudez que leva direto aos Interiores do humano, sem tempo a perder com afetação e vaidade."

Esperei alguns segundos para ver qual seria sua reação. Ela não veio. Mas não me fiz de rogado: na maior cara de pau, saí teorizando.

"Muita gente boa escreveu sobre o livro: o José Maria Cançado, o Paulo Roberto Pires. Em *De cócoras*, assim como em *Keith Jarrett*, acho que você não teve medo de se jogar, de ser sentimental, esparramado, de se contar. Tem muita coisa de biográfico no livro. Lembrei muito dos últimos anos do Jacques do Prado Brandão aqui no Rio. Dele viúvo, morando sozinho naquele apartamento duplex, enorme."

Silviano, indiferente, não se interessou pelo comentário. Não rendeu assunto. Manter certa distância de segurança, quando o assunto é incômodo, é mesmo uma velha estratégia sua. Eu já estava acostumado. Ter tocado no nome de Jacques, seu mentor que morreu em 2007, admito hoje que não foi uma boa ideia. Não tinham sido nada fáceis os últimos anos de Jacques. Silviano acompanhara, de perto, o fim do amigo. "Fui eu que encontrei o Jacques morto", me confessara. E, assim, depois de longos segundos do mais completo silêncio, o escritor disparou.

"Pela milésima vez, João: não faz o menor sentido eu ficar aqui te explicando meus livros de ficção. Que bobagem."

Dessa vez, fui eu que não reagi. Me fingi de morto. Sabia que, depois da explosão, Silviano sempre se arrepende e amansa. Não deu outra. Um minuto depois da homérica bronca que me deu, ele voltou a seu tom normal. Cordato e educado.

"Não sei se já te contei, mas, quando eu era menino, sempre que chegava alguma visita na casa do meu pai, lá em Formiga, eu corria para debaixo da mesa e ficava de cócoras, me escondendo da visita."

Sorri, meio sem graça, e olhei para o celular: em 10 minutos íamos nos encontrar no restaurante com os amigos Schneider Carpeggiani e André Botelho. Os dois eram figuras-chave para que eu pudesse entender a grande opção, ou devo dizer obsessão, de Silviano dos últimos anos: Machado. Mas estava me antecipando. Então, pragmático, propus:

"Topa conversar depois do almoço sobre mais três livros e aí fechamos esta história? *Nas malhas da letra*, sua edição das cartas entre Mário de Andrade e Drummond e a coleção Intérpretes do Brasil?"

Nem bem tinha acabado de falar, o interfone tocou.

"Schneider e André chegaram. Depois a gente conversa e marca. Vamos descer."

93. **Na mesa do bar**

O almoço com André e Schneider rendeu mais do que o esperado. Passamos a tarde bebendo cerveja e colocando o papo em dia num boteco da Avenida Rainha Elizabeth. Uma grande novidade vinha da Argentina: Mario Cámara, professor de literatura brasileira da Universidade de Buenos Aires, estava finalizando o *Glossário Silviano Santiago*. Um belo trabalho, para o qual convidou 22 pesquisadoras e pesquisadores do Brasil, da Argentina, do Chile e da Espanha a fim de escreverem sobre sua obra. Silviano estava visivelmente feliz com o projeto do pesquisador portenho.

André estava animado, falante. Queria contar a Silviano os detalhes de um seminário que estava organizando e iria acontecer em Ouro Preto dali a alguns dias. O encontro de acadêmicos comemoraria o centenário da famosa viagem de 1924 às cidades históricas de Minas, feita por Mário e Oswald de Andrade, Tarsila do Amaral, Blaise Cendrars, entre outros, que resultaria na descoberta de Aleijadinho e do barroco mineiro pelos modernistas de São Paulo. Com a excursão a Minas, a afrancesada elite paulistana finalmente descobria o Brasil. Silviano, que desde o fim da pandemia não gostava muito de viajar, se animou com o conclave de Ouro Preto e decidira também participar.

Na manhã seguinte, cheguei determinado, querendo liquidar a fatura e compensar o tempo perdido. Por isso nem comentei sobre o divertido almoço do dia anterior: nem sobre a felicidade de André em organizar a festa em Vila Rica; nem sobre os planos de Schneider de editar mais um número dos cadernos de Silviano sobre Machado de Assis. Quando já ia fazer a primeira pergunta do dia, ele me interrompeu.

"Ontem você queria que eu ainda falasse dos meus livros de ensaios e do meu trabalho como pesquisador depois que saí da universidade. Mas não é muita coisa para uma conversa só? Depois que me aposentei, me envolvi em muitos projetos: na época das comemorações dos 500 anos do Descobrimento do Brasil, coordenei a coleção Intérpretes do Brasil; em seguida, fiz uma edição anotada das cartas do Mário de Andrade e do Drummond. Isso sem falar em Archivos, aquela coleção que era dirigida pelo Amos Segala para a Unesco sobre autores da América Latina, que me deu um trabalhão. Não é melhor você escolher e falarmos só de alguns ensaios? Você tinha pensando em algum livro especificamente?"

Desde o início, sabia que seria impossível falar sobre toda a obra. Também sabia que qualquer recorte que fizesse seria arbitrário. Mas não tinha tempo para crise, indecisão, e decidi começar a conversa por *Intérpretes do Brasil*.

Publicada em três volumes, na coleção Silviano selecionou 11 interpretações do Brasil. Começa com *O abolicionismo*, de Joaquim Nabuco, de 1883, e termina com *A revolução burguesa no Brasil*, de Florestan Fernandes, de 1975. É talvez a mais importante sistematização das obras que tentaram entender o enigma chamado Brasil. Nos três tomos, ainda estão reunidos títulos de Euclides da Cunha, Manoel Bomfim, Oliveira Viana, Alcântara Machado, Paulo Prado, Gilberto Freyre, Sérgio Buarque, Graciliano Ramos e Caio Prado Júnior. Cada um dos livros foi entregue a um especialista, que fez uma apresentação da obra. O prefácio de *O abolicionista*, que abre a coleção, seria originalmente escrito por Francisco Iglésias. Mas o historiador morreu durante a preparação do texto. Em homenagem ao amigo, Silviano escreveria o texto, que, no entanto, leva a assinatura de Iglésias. O texto resume um erudito estudo de Iglésias escrito como prólogo de *Un estadista del Imperio y otros textos*, publicado pela Biblioteca Ayacucho, da Venezuela. De brincadeira, perguntei a ele como tinha sido a experiência de escrever um ensaio com o heterônimo Francisco Iglésias. Ele sorriu.

"Iglésias foi outro mentor extraordinário na minha vida. As melhores aulas de História que tive foram dadas por ele, nas mesas da churrascaria Camponesa, lá em Belo Horizonte. Lembro dele sempre me puxando a orelha: 'Você só se preocupa com a análise estética. Tem que também estar atento à história: ela é fundamental. Você tem que contextualizar as coisas'. Nosso convívio era ótimo. Por causa dele, passei a ler os intérpretes do Brasil, e isso foi fundamental para a minha formação. Quando fui estudante no ensino secundário, não dei muita sorte: éramos obrigados a ler um livro de história do Brasil, escrito por Joaquim Silva, da Melhoramentos, que era péssimo. E, por isso, durante a graduação, nunca tive muito interesse por história. Ter lido *Casa-grande & senzala*, que naquela época não era estudado, pelo menos no curso de Letras da UFMG, devo ao Iglésias. Ele era um erudito: conseguia analisar, com grande sabedoria e elegância, do pensamento grego à história econômica, passando pela poesia de Fernando Pessoa e o teatro e o cinema brasileiros. Graças ao Iglésias, não virei um mero diletante em história. Sou autodidata."

Para tentar puxar um pouco mais a sua memória, mostro o trecho de um artigo escrito pela historiadora Isabel Lustosa para o jornal *O Globo*, publicado na época do lançamento de Intérpretes do Brasil.

> *Como sói acontecer em seleções deste tipo fica sempre a indagação: mas por que este e não aquele? Há quem ache, por exemplo, que mais caberia na coleção A ilusão americana, de Eduardo Prado do que* Retrato do Brasil, *de seu sobrinho Paulo Prado. Pois que o primeiro, de maior impacto, se inscreve melhor na categoria de livro fundador, abrindo a senda que depois seria seguida por Vianna Moog. Reclamam outros a ausência de Monteiro Lobato, o dos livros infantis e não o outro, que seriam tão fundamentais para a nossa formação quanto um* Raízes do Brasil, *por exemplo. Há quem ache ainda que mais do que em* Raízes do Brasil, *o melhor Sérgio Buarque está nas páginas de* Visão do paraíso. *Reclama-se a falta que faz Mário de Andrade: como poderia ficar de fora quem ocupou toda a sua vida justamente no ofício de interpretar o Brasil? Por que* Vidas secas *foi eleito como intérprete do Brasil, numa coletânea em que todos os demais textos se inserem na chave da história ou da sociologia ou, como querem alguns, da sociologia histórica? E por que o livro do velho Graça foi eleito em detrimento de tantas outras obras da nossa ficção que cumpririam tão bem quanto ele este papel?*

Silviano ouviu atentamente minha leitura: às vezes mexia a cabeça parecendo não concordar e fazendo cara de irritação. Ao final do texto voltou a falar.

"É claro que ficou faltando um monte de gente. Não poderia ter sido diferente: eram só 11 autores, um número limitado de páginas, e eu tive que escolher. Lembro bem que o Fernando Henrique Cardoso, na época presidente da República, não me perdoou de não o ter colocado na coleção. Mas sabe por que comecei com *O abolicionismo*, do Nabuco? Porque o livro serve de modelo para a transição da escrita romanesca para a ensaística. O livro foi escrito a partir de pesquisas feitas na Biblioteca do Museu Britânico, e a obra expõe os podres da colonização europeia: é um libelo contra o escravismo colonial. Sempre achei a tarefa de Nabuco fundamental. Ele tornou a escravidão odiosa perante os próprios senhores, uma ideia que os românticos nacionalistas relutavam em trabalhar, sempre optando pela segurança das águas mansas do indianismo. A transição se deu a partir da passagem da escrita ficcional nacionalista, sobretudo de José de Alencar, à escrita ensaística cosmopolita de Nabuco."

Mesmo sabendo que *Intérpretes do Brasil* se tornara um grande sucesso editorial, transformando-se numa referência obrigatória para quem estuda identidade nacional, admito: a edição organizada por Silviano das cartas entre Mário de Andrade e Carlos Drummond de Andrade, publicada em 2003, sempre me interessou mais. Com a leitura da correspondência dos dois poetas, que começa em 1924 e vai até a morte de Mário, em 1945, acompanhamos a transformação do jovem provinciano Drummond dos anos 1920, leitor de Anatole France e deslumbrado com a cultura europeia, no maior poeta brasileiro do século XX. E, por isso, nem mesmo eu tinha acabado de guardar o artigo de Isabel Lustosa na pasta, já fui pedindo a ele que me falasse um pouco das lembranças que tinha da época em que publicou a correspondência Mário & Carlos. Tinha achado entre os recortes de Silviano um artigo de jornal inusitado: a famosa crônica de Drummond, publicada no *Jornal do Brasil* do dia 23 de fevereiro de 1980, na qual o poeta se defende das acusações de ter sido cúmplice da ditadura Vargas.

> *Em livro recente,* Intelectuais e classe dirigente no Brasil, *o sociólogo Sérgio Miceli me coloca entre os escritores que, "situados entre os objetos de devoção da crítica militante nos aparelhos de celebração que circulam entre as panelas de letrados, buscam minimizar o quanto suas obras devem aos laços clientelísticos de que são beneficiários". Cita*

mais dois nomes: Rodrigo M. F. de Andrade e Augusto Meyer. Fiquei em excelente companhia, mas a exemplificação é inteiramente errada. Nenhum dos meus dois ilustres companheiros procurou minimizar o que de resto não existiu, e creio que as pessoas de boa-fé pensarão o mesmo de mim. Rodrigo e Meyer (o primeiro, esquivando-se de todas as maneiras a aparecer como escritor) dirigiram serviços culturais com independência e competência, e nada devem ao Estado nem ao sistema de clientelas políticas. Quanto a mim, simples auxiliar de confiança de Gustavo Capanema, de quem sou amigo desde os bancos escolares, exerci mera função burocrática, destituída de qualquer implicação política ou ideológica, sem vinculação direta ou indireta com Getúlio Vargas. Capanema passou a ser, em 1937, Ministro do Estado Novo? Na verdade, antes e depois desse ano, foi sobretudo um promotor de cultura nada oficial, pois aberto à livre criação e às inquietações e indagações do seu tempo. Por isso mesmo, foi combatido no próprio interior do sistema. Posso dizer, sem jactância, que também eu nada fiquei devendo à política de clientela. A revista Veja *tirou ilações maliciosas do livro de Miceli, mas isso não altera a verdade do que foi exposto acima. Tenho dito, e desculpem os leitores este capítulo de menor importância.*

Sempre que o assunto é Drummond, Silviano logo se interessa. E ele então escutou a leitura da crônica com grande atenção. Quando terminei, aproveitei que ele tinha ficado meio atônito com o texto e disparei uma pergunta meio teórica, metida a profunda.

"Achei sintomático você ter guardado essa crônica do Drummond, na qual ele se defende da acusação de ter trabalhado no governo Vargas durante o Estado Novo. A impressão que tenho é que, quando você era mais novo, na época em que escreveu, por exemplo, os ensaios de *Nas malhas da letra*, você era mais crítico, até meio cruel, com os modernistas. E, com o tempo, e isso nas suas notas das cartas Mário & Carlos fica muito claro, você amolece, começa a ser mais compreensivo com eles."

Assim que terminei de falar, achei que tinha extrapolado: sempre evito dar uma de teórico quando conversamos. O motivo é óbvio: o crítico aqui é ele. Ele ficou então alguns segundos olhando fixamente para mim com uma cara fechada, meio enigmática. Mas, para minha sorte, ele pareceu ter gostado do comentário. Ou do texto de Drummond, sei lá. Só sei que ele ficou inspirado.

"Você tem que entender uma coisa: Drummond entrou na política para sobreviver. Precisava de dinheiro e foi trabalhar num jornal, órgão oficial do Partido Republicano Mineiro. E entra para o grupo aliancista. Já o Mário, na década de 1920, trabalha no jornal do Partido Democrático, participa da Revolução de 1932 e em 1935 chefia a Secretaria Municipal de Cultura de São Paulo. É preciso abandonarmos conceitos sociológicos e filosóficos e ver que a formação do intelectual modernista não era política, era literária. Para eles, a literatura era o lugar de reflexão sobre o indivíduo e a sociedade. A política partidária não fazia sentido para eles. Os críticos literários brasileiros da minha geração, e aí eu me incluo, muitas vezes estudaram o texto literário negligenciando a análise do intelectual. Para nós, durante muito tempo, a vida não tinha importância: o que interessava era a obra. E, assim, para entender o intelectual, recorríamos a conceitos da sociologia: acho que isso foi um erro, um atraso. Nos deixamos levar por uma linguagem ideologicamente marcada e impusemos à compreensão desses escritores disciplinas que valorizavam a filiação partidária e a ideologia. A participação dos modernistas no Estado vem de valores que negligenciamos. Tanto Mário quanto Drummond acreditavam que era necessário transformar o país pela educação. Os modernistas liam os clássicos, o melhor da literatura europeia, e sua visão ultrapassava qualquer manual ideológico. Além disso, acho que os escritores modernistas têm direito ao equívoco, à correria do momento e até ao oportunismo. Não sei se passei a ser mais condescendente com os modernistas. Acho que passei a pensá-los em dimensões mais terra a terra, as dimensões de todo e qualquer ser humano. Não há que buscar nelas e neles os heróis, não há que esperar deles a condição de heróis. Sabe de uma coisa? Minha geração foi muito dura com os modernistas."

Enquanto ele falava das cartas de Mário e Drummond, minha cabeça foi longe e me lembrei então de *Machado*, publicado em 2016. No livro, Silviano trata dos últimos cinco anos da vida do autor de *Dom casmurro* e aborda um tema pouco estudado: a epilepsia. Desde a década de 1960, as requintadas análises sociológicas sobre a obra de Machado tinham sempre se concentrado nos livros, esquecendo o homem. Com *Machado*, Silviano humanizaria o escritor, recuperando uma bibliografia que andava esquecida, como o ensaio "O homem subterrâneo", de Augusto Meyer, de 1935, e a biografia de Lúcia Miguel Pereira, de 1936. No entanto, mais uma vez não quis render assunto. Queria mostrar ainda, antes do almoço, mais um artigo a Silviano.

Dessa vez decidi não ler. Apenas mostrei um exemplar do caderno Ideias, do *Jornal do Brasil*, publicado em 4 de fevereiro de 1989. Já pelo título, a matéria da jornalista Marília Martins não deixava dúvidas: "Silviano, um crítico que se expõe".

Sem papas na língua, sem receio de falar o que pensa e muito menos interessado em rasgar seda para o último escritor da moda, a sua metralhadora giratória atirava para todos os lados. E sobrava para todo mundo: dos eruditos e respeitados poetas concretistas ao escritor de *best-sellers* Paulo Coelho. Silviano ficou um tempão olhando a matéria. Às vezes, sorria Mona Lisa. Foi aí que eu decidi provocá-lo.

"É, meu amigo: você não perdoava ninguém."

Ele deu uma risada discreta e então me respondeu.

"Acho que nunca te disse isso: mas praticamente todos os meus ensaios foram feitos por encomenda. Encomenda no sentido amplo da palavra: convites para participar com um *paper* em simpósio, dar uma palestra, conceder uma entrevista ou mesmo escrever resenha de livro. Era muito requisitado pelos jornais, já que escrevia rápido e no prazo."

Nesse momento o telefone fixo tocou: era o poeta Felipe Fortuna. Silviano, ao ver a ligação internacional do amigo, mais que depressa foi logo me dispensando.

"Tinha esquecido que o Felipe ia me ligar de manhã. Continuamos de tarde? Você passa aqui depois das duas?"

Queria ainda que ele falasse de *Aos sábados, pela manhã: sobre autores & livros*, o volume onde reuniu artigos publicados em *O Estado de S. Paulo* entre 2010 e 2013. Me lembrava bem das conversas que tivemos na época em que escreveu os textos. Do cuidado que teve ao redigir cada um dos ensaios: desconfio que aquela coluna do caderno Sabático do jornal paulistano foi a última vez que tivemos um crítico de peso escrevendo regularmente na imprensa. Mas fiquei na minha. Silviano adora conversar com Felipe. O papo dura horas.

O livro podia esperar.

94. **Disforme, fantástico e ameaçador**

O ônibus para Belo Horizonte sairia às 11 da noite. Tínhamos combinado de retomar às duas, mas cheguei mais cedo. Decidira passar antes na biblioteca de Silviano, que agora fica no mesmo prédio onde ele mora. Queria pegar sua edição antiga do *Grande sertão: veredas*. Levar para nosso encontro o exemplar com o qual Ezequiel Neves o havia presenteado. O volume era cheio de anotações. Guardava marcas da primeira vez que Silviano leu o livro.

Um dia antes, tomando um café com Carpeggiani, ele me contara de um papo com Silviano quando o escritor fez 80 anos: só para variar, na época Silviano andava trabalhando como um louco. E escrevia, ao mesmo tempo, dois livros: *Machado* e *Genealogia da ferocidade*. "Machado de Assis e Guimarães Rosa: são os dois grandes nomes da prosa brasileira. Eu preciso acertar minhas contas com quem conta", confessou Silviano ao amigo pernambucano. Nos anos de sobrevivência, Silviano resolvera encarar, juntos, os dois maiores escritores da nossa literatura.

"Acertar minhas contas com quem conta." A frase de Silviano tinha ficado na minha cabeça. E então decidi: a última entrevista seria sobre os dois escritores. Por isso tinha ido até a biblioteca pegar o livro.

Quando cheguei ao apartamento de Silviano, a primeira coisa que fiz, antes de começar o falatório das perguntas, foi lhe mostrar a sua antiga edição do *Grande sertão: veredas*. Abri na página 30: o trecho em que Riobaldo fala da amizade com Diadorim. Tinha me dado conta, sem que eu soubesse explicar bem a razão, de que havia escrito a história de Silviano a partir das suas amizades. Achei que ler o trecho marcado por ele, há mais de meio século, era um bom começo.

Silviano ficou surpreso quando viu a edição antiga do romance de Rosa nas minhas mãos. Embora sua relação com os livros seja sempre pragmática – ele não se apega a eles nem é um colecionador de edições raras –, ele ficou incomodado quando viu o livro na minha mão. Reagiu de forma agressiva.

"Por favor: tome cuidado com esse livro. Foi um presente do Zeca."

Arquivo pessoal/Silviano Santiago

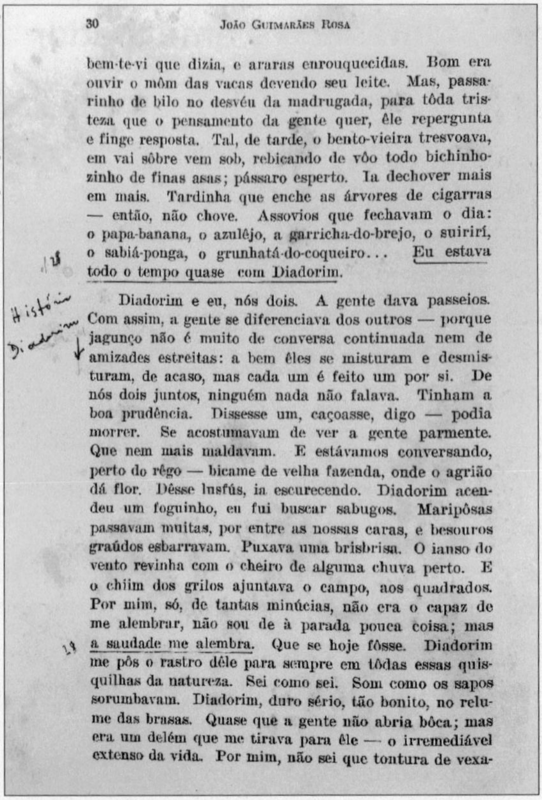

30 JOÃO GUIMARÃES ROSA

bem-te-vi que dizia, e araras enrouquecidas. Bom era ouvir o mômm das vacas devendo seu leite. Mas, passarinho de bilo no desvéu da madrugada, para tôda tristeza que o pensamento da gente quer, êle repergunta e finge resposta. Tal, de tarde, o bento-vieira tresvoava, em vai sôbre vem sob, rebicando de vôo todo bichinhozinho de finas asas; pássaro esperto. Ia dechover mais em mais. Tardinha que enche as árvores de cigarras — então, não chove. Assovios que fechavam o dia: o papa-banana, o azulêjo, a garricha-do-brejo, o suirirí, o sabiá-ponga, o grunhatá-do-coqueiro... Eu estava todo o tempo quase com Diadorim.

Diadorim e eu, nós dois. A gente dava passeios. Com assim, a gente se diferenciava dos outros — porque jagunço não é muito de conversa continuada nem de amizades estreitas: a bem êles se misturam e desmisturam, de acaso, mas cada um é feito um por si. De nós dois juntos, ninguém nada não falava. Tinham a boa prudência. Dissesse um, caçoasse, digo — podia morrer. Se acostumavam de ver a gente parmente. Que nem mais maldavam. E estávamos conversando, perto do rêgo — bicame de velha fazenda, onde o agrião dá flor. Dêsse lusfús, ia escurecendo. Diadorim acendeu um foguinho, eu fui buscar sabugos. Maripôsas passavam muitas, por entre as nossas caras, e besouros graúdos esbarravam. Puxava uma brisbrisa. O ianso do vento revinha com o cheiro de alguma chuva perto. E o chiim dos grilos ajuntava o campo, aos quadrados. Por mim, só, de tantas minúcias, não era o capaz de me alembrar, não sou de à parada pouca coisa; mas a saudade me alembra. Que se hoje fôsse. Diadorim me pôs o rastro dêle para sempre em tôdas essas quisquilhas da natureza. Sei como sei. Som como os sapos sorumbavam. Diadorim, duro sério, tão bonito, no relume das brasas. Quase que a gente não abria bôca; mas era um delém que me tirava para êle — o irremediável extenso da vida. Por mim, não sei que tontura de vexa-

Exemplar de Silviano do romance *Grande sertão: veredas.*

Gostei de sua reação destemperada. Alcançara meu objetivo: tirá-lo do sério. Só assim ele perdia, ao menos em parte, o seu jeitão sempre tão comedido, que o faz pensar 10 mil vezes antes de falar. Seu enorme autocontrole foi a minha maior pedra no caminho desde o início deste livro. Suas falas ditas sem querer, na raiva e no susto, são sempre as melhores. Tirá-lo do sério fazia parte do meu trabalho.

"Fique tranquilo, Silviano. Assim que a gente terminar aqui, eu volto com o livro para a biblioteca. Só fiquei curioso em reler os trechos que você marcou na primeira vez que leu o livro."

Ele continuava a me fuzilar com o olhar. Desconfiado, contrariado. Não gostou da ideia de começar a conversa sobre *Genealogia da ferocidade* falando de suas amizades. "Você leu o ensaio, João? O livro não trata disso."

Não dei bola e segui em frente. Fechei o livro de Rosa e, sem que ele tivesse tempo de reclamar mais uma vez, segui o meu caminho. Entreguei-lhe a cópia de uma crônica sua, publicada no *Diário da Tarde* em 26 de abril de 1960. Nela, o jovem Silviano, recém-chegado à então capital federal, já mostrava seu ceticismo com o projeto desenvolvimentista naquele final dos anos 1950, início dos 1960. No texto escrito para o jornal mineiro, Silviano via com pessimismo a ideia de transferir a capital federal do Rio para Brasília.

> *Meu amigo escreve-me da Novacap, falando-me das inaugurações em massa, das fitas cortadas, das placas comemorativas descerradas, do cardeal Cerejeira que lá foi celebrar a primeira missa e do sino que tocou à meia-noite. Eu, por mim, vim para a Velhacap para presenciar o espetáculo da morte. Sempre este me atraiu mais do que aquele. Se lá houve a presença do legado papal, aqui foram as escolas de samba que desceram dos morros das favelas para anunciar o novo Estado, ou "a nova estrela no auriverde pendão" como afirmava em mau gosto um locutor. Espetáculo por espetáculo sempre preferi os que trazem a presença de Baco. Havia um mundo de gente e de máquinas em Brasília, meu amigo me informa. Aqui só havia gente pela Avenida Rio Branco, nada de máquinas. Dançavam, pulavam, bebiam e diziam-se libertos, como o próprio samba de teleco-teco que os acompanhava. Pergunto-lhe: houve o mesmo por aí? Acredito que não. Só em pensar que houve uma missa, lembro-me de algo acorrentado, constrangido [...] Mas acredito realmente que o espetáculo era o da ruína do fim de alguma coisa. Embora por todos os lados cartazes alertem que o Rio continuará sendo o cartão de visitas do Brasil, já percebo em tudo isso demagogia. Algo do Rio se foi, uma cidade só é grande na medida em que é Capital Federal, o que São Paulo, apesar de tudo, nunca será. E naquela festa toda apesar de não ser carioca, tive vontade de chorar, como um mineiro bobo. Ninguém, penso, teve vontade de chorar em Brasília, meu amigo. Vocês rezavam.*

A leitura da crônica melhorou o astral e destravou o papo, e ele se interessou pela conversa. Começou a falar do clima que vivia o país naqueles anos 1950 e 1960: das promessas de JK em fazer 50 anos em cinco.

"*Grande sertão: veredas* foi publicado num período em que nossa vida cultural estava em plena euforia político-desenvolvimentista. Na mesma época, por exemplo, em que a Bienal de Arte de São Paulo, em 1951, havia premiado o abstracionismo geométrico: a escultura *Unidade tripartida*, de Max Bill, e a tela *Formas*, do Ivan Serpa. Na poesia, só se falava em João Cabral de Melo Neto. Os concretos, em São Paulo, já começavam a dar as cartas: os poemas tinham que ser precisos, exatos, mãos de vaca. Sempre inspirados em Mallarmé ou Valéry. Já na música, é claro, a bossa nova estava no auge. Existia no ar a ideia de que 'menos é mais'. Todos estavam contaminados pela linguagem racional do desenvolvimentismo. E aí surge o Guimarães Rosa com um monstro: *Grande sertão: veredas.*"

Quando a conversa finalmente embalou, o celular dele tocou. Meio sem graça, ele se levantou da poltrona e foi até a mesa atender: telemarketing. "Não param de ligar oferecendo para a gente alguma coisa. Atendi porque pensei que fosse o André. Ele vai me mandar daqui a pouco um texto."

Depois de perdermos quase cinco minutos, ele retomou a conversa. Agora num tom mais professoral.

"Ao longo da minha carreira universitária, dei muitas aulas sobre a obra de Guimarães Rosa, sem nunca sistematizar as leituras. Escrevi esse ensaio porque achava que tinha uma dívida com o livro, queria fazer minha interpretação do romance. Mostrar aspectos negligenciados pela crítica brasileira. E aí, claro, estou pensado no Antonio Candido e no seu ensaio 'O homem dos avessos'."

Publicado apenas alguns meses depois de *Grande sertão: veredas* (com o título "O sertão e o mundo", na revista *Diálogo*) "O homem dos avessos" foi fundamental para que o romance de Rosa fosse mais lido e consagrado. No ensaio, Candido faz aproximações entre *Os sertões*, de Euclides da Cunha, e *Grande sertão: veredas.* Para ele, o livro de Diadorim, assim como o clássico de Euclides, também seria uma representação dos antigos problemas da República Velha. Mais um retrato do mundo violento de jagunços e coronéis. Com a prosa cristalina de Candido, muitos passaram a entender melhor *Grande sertão: veredas*, livro de difícil leitura. A comparação com Euclides tornava o livro de Rosa mais palatável: começava aí a domesticação do romance.

“Comparado ao *Grande sertão: veredas*, *Os sertões* é um livro de muito mais fácil leitura. Trata-se de uma narrativa histórica, que se passa entre a Monarquia e a República, na qual um grupo de fanáticos, liderados por um líder religioso, se insurge contra a jovem República. O livro de Euclides mostra como a República brasileira começa com um crime. Durante muito tempo, essa comparação de Candido foi útil e ajudou na compreensão do romance de Rosa. E, assim, o mundo de Riobaldo, Zé Bebelo, Hermógenes e Diadorim guardaria forte relação com o mundo de *Os sertões*. Mas, relendo *Grande sertão: veredas* ao longo de décadas, com calma e atentamente, comecei a me perguntar: será que a comparação faz mesmo sentido? E concluí que não. Um sertão não tem nada a ver com o outro: o sertão de Euclides é o do agreste, e suas veredas são feitas a facão, são picadas. O sertão de Rosa é o do Alto São Francisco, e suas veredas são os rios. Euclides escreveu um livro historicamente datado: o início do século XX, que fala de barbárie, dos problemas da República, dos militares, da igreja católica. Já *Grande sertão: veredas* não tem nada disso. Não é possível sabermos, precisamente, em que período a história se passa. Embora a gente saiba que corresponde, mais ou menos, à República Velha, não há data no livro. Sabemos que o livro se passa no Alto São Francisco. E só.”

*

Sempre que pensa no lugar que *Grande sertão: veredas* ocupa na literatura brasileira, a imagem que vem à cabeça de Silviano é a de um monstro.

“Para mim, *Grande sertão: veredas* é um ser monstruoso dentro da nossa literatura. De uma literatura que sempre foi acomodada. O que eu quero dizer com isso? É só você olhar no dicionário o significado da palavra ‘monstro’. Se você abrir o *Aurélio*, no verbete ‘monstro’, verá lá três significados para a palavra: disforme, fantástico e ameaçador. Para mim, *Grande sertão: veredas* é isso.”

Para ele, o romance é, em primeiro lugar, disforme porque a forma do livro escapa completamente dos formatos tradicionais do romance ocidental. Para se dar conta disso, basta ler o primeiro parágrafo do livro e constatar que estamos diante de um objeto disforme: Riobaldo conta a história de sua vida para um interlocutor anônimo, que parece anotar tudo.

"Mas atenção: disforme não quer dizer que não tenha forma. Nada disso. O livro tem uma forma, mas essa forma se afirma muito mais pela anarquia do que pela ordem. E essa anarquia é importante, porque o objeto do livro é o selvagem: não o selvagem no sentido de indígena, mas o selvagem naquilo em que ele não observa as regras do que nós chamamos civilização. Além disso, o livro é ainda fantástico e ameaçador. Fantástico porque escapa dos personagens que normalmente estávamos habituados a encontrar na nossa literatura até então. Na literatura brasileira, quase sempre encontramos personagens que estão inseridos na vida letrada do país: personagens que têm pouca, ou nenhuma, relação com a maioria dos brasileiros. E é por fim ameaçador, já que o livro nos mostra aquilo que é o Brasil. Lendo o livro, nos damos conta de que o Brasil não é o lado de cá, o lado civilizado. O Brasil é, sobretudo, aquilo que está fora do mundo letrado. *Grande sertão: veredas* é um livro que tenta compreender aquilo que é o Brasil. E aquilo que somos não nos traz tranquilidade. Aquilo que significa o Brasil nos ameaça. O sertão está ali ao lado, perto da capital, perto de Brasília. Como um enclave. Um enclave arcaico."

"O mais engraçado", interrompi Silviano, me arriscando mais uma vez e bancando o dublê de crítico literário, "é que essa sua crônica para o *Diário da Tarde* já trazia muito do seu ceticismo quanto ao período desenvolvimentista. Tem muito do clima da sua interpretação sobre Rosa."

"Talvez, talvez. Basta você pensar na maneira como foi feita a modernização da cidade do Rio de Janeiro no início da República. Já ali surge um enclave: a favela. A monumental Avenida Central é construída, com seus belos e elegantes edifícios *art nouveau*. E para isso foram demolidas as construções antigas, e os moradores do centro, expulsos, jogados para as favelas. A favela é, portanto, um enclave. Para mim, é exatamente isso que Rosa faz de maneira genial: de forma alegórica, descreve com precisão um enclave. Embora Rosa seja geralmente considerado um autor não político, ele talvez seja o mais radicalmente político: não por retratar o momento atual de forma direta, nada disso. Mas por construir, com uma linguagem completamente dissidente do estilo dominante da época, algo que destaca e nos inquieta. Aliás: você viu a adaptação que a Bia Lessa fez de *Grande sertão: veredas* para o teatro? Conversei muito com ela nessa época sobre o livro. Acho que a montagem tem muito desse clima. A Bia é mesmo muito talentosa."

Nesse momento o "zap" dele toca de novo. "Assim não chego a *Machado* nunca", pensei na hora. Silviano, mais uma vez, se levantou da poltrona para ler a mensagem. "Agora sim: chegou meu texto que mandei para o André. Vou ter que parar aqui. Tenho que entregar esse folhetim até amanhã."

Olhei para o celular: quatro e vinte. A princípio achei que nossa conversa ia, pelo menos, até as cinco e meia. Fazer o quê? Só podia me conformar. No último ano, Silviano só pensava em escrever seu grande ensaio "O grande relógio: a que hora o mundo recomeça", uma nova leitura sobre Machado de Assis. A primeira parte sairia em forma de livro. As outras eram publicadas quinzenalmente num blog que o amigo André Botelho edita.

"Na semana que vem, lá em Ouro Preto, a gente continua nossa conversa. Nos falamos mais depois. Pode ser? Quero te apresentar o Ricardo. Ele vai."

95. "Falamos mais depois"

"Procurei ontem lá em casa um tempão, mas não achei. Não lembro mais quando foi que ele me deu *História de cronópios e de famas* de presente. Deve ter sido em 1969, ou talvez em 1970. Sei que foi antes de 1973, quando conheci o 'Rulio', aqui em Ouro Preto, e me tornei seu amigo. Silviano ainda dava aulas nos Estados Unidos. Quando vinha a Minas, sempre trazia as novidades."

Sentado numa das mesas do restaurante do Grande Hotel de Ouro Preto, enquanto esperamos Silviano para o café da manhã, o prefeito Angelo Oswaldo conta histórias de sua vida literária quando jovem: lembra-se do amigo Sérgio Sant'Anna (e dos tempos em que o contista o ajudava a editar o *Suplemento Literário de Minas Gerais*), das suas conversas com "Rulio" (assim mesmo, com "r" *à la española*, como ele gosta de chamar o escritor argentino Julio Cortázar). Até chegar a Silviano. E aos livros que ele gostava de presentear: Rimbaud traficava armas. Silviano, livros. "Ele sempre me incentivou muito, sempre foi muito generoso."

Arquivo do *Suplemento Literário de Minas Gerais*

O ensaísta Angelo Oswaldo passeia pelas ruas de Ouro Preto com o escritor Julio Cortázar.

Amigos desde os anos 1960, Angelo sorri quando lhe mostro uma de suas cartas para Silviano, que o remetem a um passado remoto. "São minhas *Memórias póstumas de Paris*", ironiza. Escrita em 29 de agosto de 1975, nela Angelo relata sua vida de estudante em Paris: conta que escreveu para o *Le Monde* o obituário do poeta Murilo Mendes e que tinha deixado um exemplar de *Fazenda modelo*, de Chico Buarque, na sede da Gallimard: amigo da escritora Ugnė Karvelis, editora da casa editorial francesa, ele tentava convencer os franceses a traduzirem o romance de Chico. Na carta, Angelo ainda pede a Silviano que entregue ao seu irmão, o ator Rodrigo Santiago, dois livros do dramaturgo argentino Raúl Damonte, o Copi. Nos anos 1970, auge da ditadura militar no país, não era fácil conseguir um livro dele no Brasil. Rodrigo, que se tornara amigo de Copi durante uma viagem a Paris, estava interessado em montar uma de suas peças, o que aconteceria em 1979, quando encenaria *Evita Perón*, com grande sucesso, no Teatro Municipal de São Paulo.

Estávamos já há quase 20 minutos ali, quando Silviano finalmente chegou. Sorrindo. Coisa rara. "Toda vez que me hospedo no Grande Hotel, lembro sempre de minha irmã Nilda: a festa do seu casamento foi aqui", disse assim que sentou à mesa. Silviano estava acompanhado do músico cearense Ricardo Felipe. Os dois se conheceram em agosto de 2023, num terreiro de candomblé de Nova Iguaçu, na Baixada Fluminense. Desde então, sempre que podem estão juntos. Ricardo, que é psicólogo e vive em Sobral, no Ceará, me conta que nunca tinha lido um livro de Silviano antes de conhecê-lo. "Nosso encontro foi muito por acaso. Tinha ido ao Rio para uma cerimônia de candomblé de um grande amigo e trombei com ele por lá. Apesar da nossa diferença de idade, a empatia foi imediata. Estamos sempre nos falando por telefone ou "zap". Só descobri que ele era escritor bem depois. Ele é muito discreto, não é de ficar falando muito de sua vida profissional, de contar vantagem."

Angelo não se estendeu muito no papo. Estava atrasado para uma agenda na Prefeitura e tinha passado no hotel só para combinar um almoço em sua casa mais tarde. Já Ricardo, enquanto me contava um pouco de sua vida no Ceará, percebeu que a escritora Conceição Evaristo estava na mesa ao lado. Expansivo, logo puxou papo com a escritora, engatando uma conversa.

Silviano não demorou muito para perceber que eu estava ali cercando-o para mais uma entrevista. Durante o café da manhã, tinha visto meu gravador, mais alguns livros e papéis, em cima da mesa. E então se lembrou da promessa feita no Rio.

"Ficamos de conversar um pouco hoje, não é? Vamos lá para o *hall* do hotel?"

Arquivo pessoal/Ricardo Felipe

A escritora Conceição Evaristo, o músico Ricardo Felipe e Silviano no Grande Hotel de Ouro Preto em 2024.

Eu trouxera de BH *Machado de Assis e a política*, de Brito Broca. Publicado em 1983, essa coletânea de artigos do crítico literário sobre o autor de *Dom casmurro*, organizada por Alexandre Eulalio, tinha o prefácio de Silviano. Amigos desde o final dos anos 1950, quando Silviano foi estudar no Rio, Alexandre sabia que ele era leitor contumaz de Machado. Grande incentivador e um dos seus mentores, Eulalio seria, para ficarmos em só um exemplo, um dos primeiros leitores do ensaio "Retórica da verossimilhança", escrito quando ainda morava nos Estados Unidos.

No ensaio de Silviano, intitulado "Força subterrânea", já é possível notarmos seu interesse pelos aspectos biográficos do texto literário. Uma guinada, que tinha começado em 1978, com a publicação de *Crescendo durante a guerra numa província ultramarina*, e que se consolidaria mais tarde, tanto em seus textos ficcionais (por exemplo, *Em liberdade*, *Viagem ao México* ou *Machado*) como na edição organizada por ele de *Carlos & Mário: correspondência de Carlos Drummond de Andrade e Mário de Andrade.* Para começar o papo, eu tinha decidido desenterrar aquele antigo prefácio. Nele Silviano chama a atenção para o fato de Brito Broca ter sido um dos primeiros a colocar em xeque a ideia de que Machado fosse um escritor alienado, desinteressado das questões do seu tempo.

> *Nos ensaios de Machado de Assis e a política, Brito Broca procura minimizar o propalado absenteísmo político-social do romancista. Para isso, vale-se da produção jornalística juvenil de Machado, que nos mostra o futuro autor de* Dom Casmurro, *desde a idade de 20 anos, às voltas com agressivos jornais liberais, situados na oposição. Aliado a Quintino Bocaiúva e a Saldanha Marinho, o jovem Machado é crítico violento dos Conservadores, não poupando de suas investidas belicosas um ministro na área econômica, Sales Torres Homem, parlamentares, como o Senador Jobim, militares, como o Duque de Caxias, órgãos da imprensa institucional, como o Echos Maritimos, e até mesmo o Imperador Dom Pedro II.*

"Não lembrava de mais nada desse texto. Só que era uma encomenda do Alexandre. Ele acompanhou todo o meu trabalho de perto. Sabia do meu interesse por Machado, por isso me convidou."

Não sei dizer quantas vezes fomos interrompidos naquele dia: tinha sido mesmo uma péssima ideia fazer a última entrevista ali. Ainda mais em se tratando de um tema tão importante como Machado. O entra e sai no *hall* do hotel era infernal: o tempo todo algum turista eufórico entrava gritando. E aí a conversa empacava. Teimoso, não desisti: precisava ainda entender por que Machado seguia sendo a grande obsessão, desde que completara 80 anos.

Eu tinha encontrado na internet uma pequena matéria no blog da jornalista Lu Lacerda. Na entrevista, Silviano contava à amiga carioca sobre o grande projeto que então começava: escrever um ensaio relacionando Machado e Proust.

> *De repente me veio à mente que tanto os principais narradores e protagonistas de Machado de Assis como os de Proust são figuras humanas que se assemelham em algo: estão sempre a receber o "não"*

da comunidade a que pertencem. Dizem-se "reclusos", mas não o são tanto assim – regalam-se com a vida mundana. Os nãos que recebem são obstáculos à plena realização dos narradores e dos protagonistas. Pertencem a sociedades do impedimento (julgo impedimento um vocábulo mais rico de ressonâncias que preconceito, embora sejam sinônimos); sociedades que criam obstáculos para o que nasceu preto no Brasil e para o que nasceu gay na França. E todos como que se submetem a um forte sentimento comum, o ciúme. Os nãos, de caráter social e econômico, traduzem-se, na intimidade da personalidade de uns e de outros, pelas crises de ciúme – algo que vem de fora vem de dentro também. O ciúme é real, isto é, faz parte da personalidade do romancista carioca, e é também social e econômico, faz parte da sociedade de corte escravocrata.

Silviano sorriu Mona Lisa e começou a falar.

"Talvez não conheça, mas você já ouviu uma velha canção que a Barbra Streisand cantava chamada "Second Hand Rose"? Acho que a produção artística brasileira é um pouco como essa canção: de segunda mão. Sempre copiamos os modelos formais importados. De original, só mesmo o conteúdo, que deve ser selvagem: quanto mais *exotic* melhor. Machado rompeu com isso: ele foi o primeiro inventor de uma forma literária em língua portuguesa. Inventou a moderna narrativa introspectiva em língua portuguesa. Ele não pertence ao cânone nacional. Tinha a intenção de escrever obras literárias que não fossem 'de segunda mão'."

O papo fluía, quando, de repente e do nada, mais um grupo de turistas entrou no *hall* fazendo muito barulho. E dessa vez cantando. Silviano então jogou a toalha.

"Aqui é impossível conversar. Melhor continuarmos nosso papo na semana que vem, quando eu já estiver no Rio. Podemos nos falar pelo Zoom, se preferir. Ou por escrito: acho até melhor."

Na hora não percebi: mas o livro tinha acabado ali.

*

Uma semana depois daquela conversa em Ouro Preto, recebi um e-mail dele.

Assunto: "Últimos anos".

Você quer saber por que decidi gastar os últimos anos da minha vida com Machado? Recorro a uma combinação estapafúrdia de palavras para falar de experiência que vai além do quintoenta da vida, os oitenta. Paciência e prazer, associadas à velhice. A paciência caiu do céu do covid-19 e se instalou como fonte do prazer na sobrevivência. Nunca tive tempo de sobra, para ser paciente. Sou daqueles que, mesmo sentado em sofá, me embebedando, fica batendo os pés calçados no assoalho. Desde os 12 até os 21 anos, o tempo foi preenchido pelo meu pai. Pai-patrão na Dental Santiago. Depois, pela profissão que assumi por ter recusado a herança e só o ia preenchendo a conta-gotas, e aqui e ali, com o trabalho que tenho de fazer e o faço com gosto. Ler e escrever. Fui impaciente até no que gosto de fazer com afinco e cuidado. Na causa mortis do meu atestado de óbito constaria – a impaciência.

De repente, "seja paciente" despencou do céu do covid-19 como se primeiro mandamento da lei de sobrevida. Busquei algo absoluto que, aqui e ali, tivesse sido bicado e tragado, intrigado e encantado, mas nunca sido esquartejado displicente e clinicamente com bisturi sádico e risonho.

A paciência reinventou a obra de Machado no meu cotidiano de velho, isolado – e só não digo casmurro, porque teria de pagar direitos de autor –, no bairro de Copacabana, perto/distante da praia e da estátua de Carlos Drummond, paciente e eterno, que também amo com a sensação de pertencimento à família mineira das Letras.

Me lembrei agora de um verso do Baudelaire, traduzido por Ana Cristina. Que te mando com uma ligeira intervenção minha.

"Fica boazinha, dor; paciente como deve ser, não tão generosa, não."

Falamos mais depois.

Do amigo
Silviano

Arquivo pessoal/João Pombo Barile

Silviano trabalhando em seu escritório em Copacabana, no Rio de Janeiro, em janeiro de 2023.

FSC
www.fsc.org
MISTO
Papel | Apoiando uma gestão florestal responsável
FSC® C092828

2023
CARBON NEUTRAL
SAVE cerrado

Este livro foi composto com tipografia Adobe Garamond Pro
e impresso em papel Off-White 70 g/m² na Formato Artes Gráficas.